知识创富

360°解读
知识产权维权与运营68例

国家版权贸易基地（越秀）
国家商标品牌创新创业（广州）基地 编著

中信出版集团 | 北京

图书在版编目（CIP）数据

知识创富：360° 解读知识产权维权与运营 68 例 / 国家版权贸易基地（越秀），国家商标品牌创新创业（广州）基地编著. -- 北京：中信出版社，2019.12

ISBN 978-7-5217-1252-0

Ⅰ. ①知… Ⅱ. ①国… ②国… Ⅲ. ①知识产权保护－案例－中国 Ⅳ. ① D923.405

中国版本图书馆 CIP 数据核字（2019）第 255673 号

知识创富——360° 解读知识产权维权与运营 68 例

编　　著：国家版权贸易基地（越秀） 国家商标品牌创新创业（广州）基地

出版发行：中信出版集团股份有限公司

（北京市朝阳区惠新东街甲 4 号富盛大厦 2 座　邮编　100029）

承 印 者：北京通州皇家印刷厂

开　　本：787mm×1092mm　1/16　　印　　张：40.5　　字　　数：470 千字

版　　次：2019 年 12 月第 1 版　　印　　次：2019 年 12 月第 1 次印刷

广告经营许可证：京朝工商广字第 8087 号

书　　号：ISBN 978-7-5217-1252-0

定　　价：105.00 元

《知识创富》编审委员会

目　录

序　言

中央宣传部

版权管理局局长

于慈珂

四十年筚路蓝缕，四十年春华秋实。

改革开放40年，中国已发展到一个全新的阶段。在经济全球化与知识产权国际化的推动下，第三产业、知识经济在我国国民经济中的占比迅速提升。知识产权成为经济市场的重要战略要素与资源，是国家竞争力与企业核心竞争力的重要体现。

近年来，党中央、国务院高度重视知识产权工作，出台了《国务院关于新形势下加快知识产权强国建设的若干意见》《“十三五”国家知识产权保护和运用规划》等重要文件，为知识产权产业建设与发展指明了方向。国家版权局紧随步伐，颁布实施了《版权工作“十三五”规划》，坚持新发展理念和稳中求进的工作总基调，采取版权保护与发展“两手抓、两手硬”的重要举措，积极推进版权示范工作，加强版权交易体系建设，建立完善的版权确权、维权、授权和交易机制，努力推进版权产业健康、繁荣地发展。

从2019年发布的数据来看，我国版权产业发展势头良好，行业增加值逐年增长，截至2017年已突破6万亿元，在国民经济中的比重持续提升，已占到我国总体GDP（国内生产总值）的7.35%。版权产业的发展始终与经济、社会和文化建设紧密相连。版权、商标、专利三者之间两两作用、密不可分。

不难预见，随着信息网络科技、创新技术的快速发展和人们品牌意识、消费需求的快速提高，未来版权在传播渠道、产品形式、商业形态、流通方式等方面将会发生颠覆性的变化。时代会赋予版权工作更重要的使命，会对它提出更严苛的检验标准与要求。

因此，版权工作要坚持守正创新。在国家实施创新驱动战略与创新型国家建设的大背景下，我们要提升版权工作的高度，拓展局面，充分融入国家战略，发挥版权内在的创新属性，并在力度、范围、程度、效果上做到“四个保护”；同时，重点培育国家综合改革试验区、自由贸易区、“一带一路”沿线等既符合国家战略又具有发展优势的国家版权交易中心、国家版权贸易基地建设，帮助并支持“国家版权交易中心联盟”有效开展工作。

国家版权贸易基地（越秀）作为国家版权交易中心联盟的一员，自2015年运营以来，在版权保护体系的建设工作及发展模式上收获了许多创新的探索成果，取得了良好的成绩，并于2018年出版了首部著作——《版权维权研究与实务》。如果说那是对基地三年在维权保护方面的运营经验与成果的总结，那么今年基地筹划的《知识创富》一书，无论是从社会、市场的角度出发，还是从基地本身出发，都带着期许与目标，且具有一定的分量与意义。

我们希望本书能为知识产权产业、版权产业的商业化发展之路提供更多有价值的实践指导与参考经验，让知识结果并创造财富！

前　言

主编

武东兴

当前，是以科技创新为引领和以知识产权为核心的国际竞争力的新世纪、新时代。随着移动互联网、云计算、大数据、人工智能、物联网、区块链等技术的快速发展，国内知识产权环境和产业生态也面临着巨大的转变与挑战，诸如知识产权专业运营人才稀缺、知识产权商业价值转化程度急需提升、知识产权质押融资困难等现状，依旧掣肘着我国中小微企业及知识产权市场的健康发展。

随着我国对外开放不断深化，优化营商环境、支撑实体经济健康发展已成为党和人民的共识。党中央、国务院高度重视知识产权保护；党的十九大报告提出，要“倡导新文化，强化知识产权创造、运用、保护”；党的十九届四中全会要求“建立知识产权侵权惩罚性赔偿制度”，加大对知识产权的保护力度，让知识产权与创新同行。

因此，如何紧跟时势，利用政策法律的重拳打击知识产权侵权行为，并结合新的技术工具与手段，全方位保护企业与个人的知识产权，是当今社会关注的热点问题。

国家版权贸易基地（越秀）、国家商标品牌创新创业（广州）基地运营机构、广州市华南版权贸易股份有限公司（以下简称“华版公司”）面向社会整理知识产权专业案例，编著成《知识创富》一书。本书是华版公司运营双基地的成果结晶，是华版公司自2018年出版《版权维权研究与实务》后推出的又一知识产权系列经典读本。华版公司期望通过本书向社会各界提供具备前瞻性、独特性、实战性及全面性的知识产权运营指导建议。

感谢中央宣传部版权管理局局长于慈珂长久以来对国家版权贸易基地（越秀）的关心与支持，以及为本书作序。感谢国家版权贸易基地（越秀）、国家商标品牌创新创业（广州）基地管委会领导的大力支持，感谢基地维权专家委员会维权专家们的共同努力，感谢所有参与本书出版工作的专家、律师、学者和工作人员。

谨以此书献给热爱知识产权产业和奋斗在知识产权发展之路上的中国知识产权人！

第一篇
商标案例

第一章

娇洛诗商标权权属纠纷 / 丁自勇

一、案例背景

本案是一起公司股东之间，以及公司与公司之间的商标权权属纠纷。原告广州娇洛诗化妆品有限公司（以下简称“广州娇洛诗公司”）的三名原始股东，在公司成立之前拟注册商标“娇洛诗CARLROSE”。由于广州娇洛诗公司还未登记成立，于是他们委托被告广州市仙闻贸易有限公司（以下简称“仙闻公司”）杨雪代为申请注册“娇洛诗CARLROSE”商标。之后，广州娇洛诗公司成立，但未办理商标权的转移手续，故该商标一直由仙闻公司拥有。仙闻公司出具商标许可证明给广州娇洛诗公司，声明“娇洛诗CARLROSE”商标由广州娇洛诗公司免费使用。4年后，仙闻公司将该商标转让给被告广州欧倩生物科技有限公司（以下简称“欧倩公司”）。由此，引发商标权权属纠纷。

其间，广州娇洛诗公司在中国台湾注册了“娇洛诗CARLROSE”商标。

这起案件的产生是由于广州娇洛诗公司在商标注册前没有咨询律师的专业建议，以致埋下纠纷隐患。广州娇洛诗公司的三名原始股东毫无法律保护意识，在商标的设计、申请注册、代办申请注册、商标权属转移等方面均不具有专业性，最终导致注册商标的权利归属产生争议。

二、权利的重点信息

商标名称：娇洛诗CARLROSE。

商标英文：CARLROSE。

类别：3。

核定使用商品：肥皂，护发素，清洁制剂，抛光制剂，化妆品用香料，化妆品，指甲护剂，牙膏，香，空气芳香剂。

注册人：广州市仙闻贸易有限公司。

注册人地址：广东省广州市海珠区宝岗大道268号中新大厦1601房（仅作写字楼功能用）。

注册日期：2014年8月7日（有效期至2024年8月6日）。

发证机关：中华人民共和国国家工商行政管理总局商标局。

局长：许瑞表。

2017年12月11日，该商标由仙闻公司转让给欧倩公司。

许可使用情况：从2014年8月7日开始，仙闻公司许可给广州娇洛诗公司使用，但未办理许可登记。

商标注册的其他情况：2013年11月1日，广州娇洛诗公司在中国台湾注册“娇洛诗CARLROSE”商标。

三、案例解析

（一）基本案情

原告：广州娇洛诗公司。

被告：欧倩公司、孙凤霞，仙闻公司、杨雪。

原告于2013年4月2日在广州市天河区工商行政管理局注册成立。2013年2月，因营业执照尚未核发，原告委托仙闻公司杨雪代为申请注册“娇洛诗CARLROSE”商标。2014年8月7日，“娇洛诗CARLROSE”商标经国家商标局注册成功，商标权登记在仙闻公司名下。2013年4月，原告委托仙闻公司杨雪代办“娇洛诗CARLROSE”商标在中国台湾的注册登记。2013年11月1日，中国台湾的“娇洛诗CARLROSE”商标登记在原告名下。“娇洛诗CARLROSE”商标由原告设计，在中国大陆注册登记商标所花费的1 300元及在中国台湾注册登记商标所花费的4 800元均由原告承担。“娇洛诗CARLROSE”商标注册登记后一直由原告使用和经营，仙闻公司将“娇洛诗CARLROSE”商标证书原件交给原告持有。原告投入大量资金和精力进行品牌宣传和推广，取得了较好的品牌声誉。由于中国大陆的“娇洛诗CARLROSE”商标权登记在仙闻公司名下，多年来，原告多次要求仙闻公司将商标权转移到原告名下，但仙闻公司杨雪均以各种理由拒绝。2017年4月19日，仙闻公司将“娇洛诗CARLROSE”商标转让给欧倩公司。

（二）原告诉求

（1）请求法院判令被告仙闻公司和被告欧倩公司的“娇洛诗CARLROSE”商标转让行为无效。

（2）确认“娇洛诗CARLROSE”商标权归原告所有。

（三）被告辩称

“娇洛诗CARLROSE”商标是被告仙闻公司依法注册的，其与原告不存在代理商标注册关系，被告仙闻公司转让商标权的行为是对自己财产的处分。仙闻公司杨雪对“娇洛诗CARLROSE”商标的设计思路陈述如下：英文部分“CARLROSE”中的“CAR”代表“care”，有关爱、呵护的意思；“L”代表“love”，有爱、爱情的意思；“ROSE”代表像玫瑰一样的水嫩肌肤；“娇”是娇嫩；“洛诗”是“ROSE”的音译。同时，杨雪提交了三页“娇洛诗CARLROSE”设计手稿原件（载体为纸质笔记本）。

（四）法院裁判结果

一审法院（广州市海珠区人民法院）：驳回原告广州娇洛诗公司的全部诉讼请求。国家商标局核发的商标注册证载明涉案商标的注册人为仙闻公司，现原告主张仙闻公司杨雪系受其委托以仙闻公司名义申请涉案商标在中国大陆注册，该商标权归属原告所有的事实（下称“待证事实”）存在。对此，仙闻公司、杨雪均予以否认。根据民事诉讼“谁主张、谁举证”的原则，原告对其主张负有举证责任，原告提供的证据不足以证明待证事实存在的，原告将承担不利后果。

对于原告提供的证据，本院分析如下：第一，商标权具有严格的地域性，原告在中国台湾经核准注册了“娇洛诗CARLROSE”商标，并不能证明待证事实存在。第二，原告提交的支付证明单只有原告法定代表人周伟燕署名，对其他人不具有法律效力；原告提交的转账凭证未标明付款用途，支付人也并非原告，以上证据并不能证明涉案商标的登记费用由原告支付及待证事实存在。第三，原告提交的授权委托书的词句文意仅能反映仙闻公司将涉案商标授权给原告使用，即便涉案商标的商标注册证由原告持有、原告企业名称包括“娇洛诗”字样也不能证明待证事实必然存在。第四，原告当庭对“娇洛诗CARLROSE”商标设计思路的陈述与仙闻公司杨雪的陈述比较，仙闻公司杨雪的陈述更具体、更形象贴切、更具说服力，且仙闻公司杨雪持有“娇洛诗CARLROSE”商标的设计手稿。

综上分析，本院认为，国家商标局对涉案商标所核发的商标注册证对外有公示的法律效力，且原告提交的证据具有高度的可能性并不能证明待证事实的存在，故本院对原告主张的待证事实不予认定。待证事实的存在是原告主张的诉讼请求得到支持的大前提，现原告对待证事实举证不足，理由也不够充分，不利后果理应由原告承担。原告主张的诉讼请求缺乏事实和法律依据，故本院不予支持并予以驳回。

二审法院（广州知识产权法院）：驳回上诉，维持原判。

四、律师建议

本案中，广东金桥百信律师事务所的丁自勇律师、贺文华律师分别代理被告仙闻公司和欧倩公司。从被告方来说，维权的难度并不是很大。第一，商标注册证登记的商标权利人是仙闻公司（后转让给欧倩公司），被告具有官方的公示权利证明；第二，仙闻公司能够提供原始设计手稿，并对商标的含义做出具体解释，比原告的证据更有说服力。商标权的享有者应注重商标设计思路形成、设计手稿原件等资料的保存，这些均是证明初始权利的原始证据。本案中，被告仙闻公司提供原始设计手稿，且记载原始手稿的纸质笔记本也显得陈旧，与商标设计完成时间久远的事实比较吻合。

在商业运营的过程中，首先，企业要重视知识产权的保护，不要以为获得了商标证、专利证就万事大吉，而忽视了运营过程中存在的法律风险；其次，企业一定要聘请一个专业的知识产权方面的律师作为法律顾问，为企业知识产权维护提供全方位的法律保护方案。

五、法律链接

《中华人民共和国合同法》（以下简称《合同法》）第三条、第四条、第八条。

《中华人民共和国商标法》(以下简称《商标法》)第二条、第三条、第十五条、第三十三条、第四十二条、第四十五条。

《中华人民共和国民事诉讼法》(以下简称《民事诉讼法》)第六十四条。

《最高人民法院关于适用〈中华人民共和国民事诉讼法〉的解释》第九十条、第一百零五条、第一百零八条。

六、运营思维

资深专利代理师、广州三环专利商标代理有限公司副总经理 · 颜希文

本案是商标权属纠纷领域下因股东缺乏法律意识所导致的权属纠纷案件。从该案件可以看出，知识产权律师并非在涉及法律纠纷时才出场。若企业在创立之初就能咨询律师意见，了解产品所在销售国的商标注册程序手续、商标权属与授权许可的意义，以及后续相关的风险评估等，上述纠纷就不会发生。本案中，被告辩护律师除了对原告不合理的举证进行质证抗辩外，对涉案商标的设计思路陈述得更具体、更形象贴切、更具说服力，并持有涉案商标的设计手稿，从而被法院认可。

知识产权保护的是人类高度集成的智力成果，而商标是品牌企业理念的浓缩剂。代理律师若能够把商标的设计思路陈述得更具体、更形象贴切、更具说服力，就能将其作为案件的切入点。

暨南大学知识产权研究院院长 · 徐瑄

商标代表着一个企业的声誉和形象，是企业重要的无形资产，其产生的价值甚至超过了企业的有形资产。不同于要求独创性的著作权和对创造性有极高要求的专利权，商标仅是一种识别商品或服务来源的标识，即使是没有任何创造性或创造性极低的标识，只要符合《商标法》的规定也能注册为商标。一旦标识被注册为商标，商标权人就能够在全国范围内禁止他人未经许可使用。在注册主义制度下，未注册的商标并不当然享有商标权，而未进行商业使用的标识能先行注册为商标并享有注册商标权，因此未注册商标在投入使用的过程中可能存在极大的侵权风险，甚至会被停止使用。企业在准备将一个具有识别力的标识作为商标使用时，应先进行注册并取得商标权，以加强企业投资打造商标价值的信心和稳定性，促进企业的长远发展。

· 智慧语录 ·

在这个社会中，你不可以缺少一位律师朋友，就像在生活中你不可以缺少一位医生朋友一样。律师朋友可以让你的生活的安全系数提高一个档级！

——丁自勇

首席律师　丁自勇

广东金桥百信律师事务所律师、合伙人，广东省法学会经济法学研究会理事会理事，国家版权贸易基地（越秀）维权专家委员会委员，国家版权贸易基地（越秀）、广东省南方文化产权交易所版权经纪人。

业务擅长领域：专业办理版权、商标、专利、实用新型、外观设计等专利申请、复审、无效及专利维权事务，以及国际贸易、知识产权、建筑工程、商事诉讼和仲裁。

第二章

“微信”商标侵权及不正当竞争案 / 邱斌斌

一、案例背景

微信是腾讯科技（深圳）有限公司（以下简称“腾讯公司”）于2011年年初推出的一款可以发送图文、语音视频信息且支持多人语音对讲等功能的移动社交软件。自推出市场后，微信迅速成为热门移动社交平台，到2013年，月活跃用户数已超过4亿；到2015年，月活跃用户数已超过5亿，在社会上具有很高的知名度。微信改变了人们的沟通方式和生活方式。众多企业借助微信公众平台为用户提供更加定制化和更加创新的服务产品，用户能通过微信体验更便捷的移动互联网生活方式。

一些不良商家看到微信的品牌影响力不断扩大，遂起了“傍名牌”的主意。它们不仅直接将企业字号登记为“微信”，而且还不规范使用企业名称，突出使用“微信”字号，并从事与微信软件相关联的技术开发工作。在微信知名度还未达到驰名的程度，且权利基础的布局尚不能全面覆盖相关商品及服务时，维权存在一定的难度。

二、权利的重点信息

腾讯公司系第9085979号“微信”商标的权利人，该商标核准使用在第9类计算机程序（可下载软件）、计算机外围设备、计算机等商品类别上；系第9085995号“微信”商标的权利人，该商标核准使用在第38类电视播放服务上；系第11140797号“微信”商标的权利人，该商标核准使用在第39类电子数据或文件载体的物理储藏、交通信息、运输等服务上。

三、案例解析

广东微信互联网服务有限公司（以下简称“微信公司”）成立于2014年1月27日，经营范围为软件和信息技术服务业。

微信公司将与腾讯公司注册商标相同的文字作为企业的字号，在其办公环境及官方网站中突出使用“广东微信”，此行为容易使相关公众产生混淆。微信公司未经许可，不仅在公司名称及官方网站中使用“微信”字样，而且提供的服务与腾讯公司提供的服务有相同之处，易使消费者误认为微信公司是腾讯公司的关联公司。

（一）维权诉求

腾讯公司希望可以通过诉讼要求微信公司停止侵权，更改字号，并赔偿经济损失。

（二）对方抗辩

在收到起诉状后，微信公司的主要抗辩观点为：微信公司享有企业名称权，微信公司名称是通过合法登记取得的，在未被撤销前都有合法使用的权利。“微信”“互联网”等只是一种平台类词汇，微信公司在经营中从未单独或突出使用“微信”二字，更未将其作为企业商标、产品服务标识使用，而且微信公司在其经营场所简化使用企业名称的行为也不是商标使用行为，属于合理使用，不构成不正当竞争。腾讯公司只在第9类、第38类、第39类注册了“微信”商标，而微信公司的经营范围“软件和信息技术”属于第42类，但在第42类注册的“微信”商标并不属于腾讯公司，故微信公司不涉及侵害腾讯公司的商标权。企业名称是国家工商行政管理部门核准的，无论微信公司的企业名称是否侵害腾讯公司的商标权，腾讯公司均无权在本案中要求微信公司变更企业字号。如果国家工商行政管理部门认为微信公司的名称不妥，那么其可以做出撤销或者变更企业名称的决定。

（三）法院认定

对于微信公司突出使用“广东微信”的行为，一审法院认为：微信公司在经营场所使用“广东微信”字样，并没有使用其企业名称的全称，具有突出使用的效果。“广东微信”字样中的“广东”为区域名称，不具有识别功能；“微信”是其核心词汇，是微信公司的字号，该“微信”字样与第9085979号注册商标中的文字部分相同。根据我国消费者对中文文字的认知习惯，两者可被认为近似。同时，第9085979号注册商标核定使用的商品和服务类别为第9类计算机程序（可下载软件）、计算机外围设备、计算机等，而微信公司的经营范围为软件和信息技术服务业，两者均为与计算机（软件）相关的商品或服务，实为类似商品或服务。结合腾讯公司开发的微信这一即时通信应用获得的广泛市场占有率和较高的知名度对本案第9085979号注册商标知名度的辐射作用，微信公司将“广东微信”作为企业字号在办公场所、官方网站中突出使用，容易使相关公众产生误认，侵害了腾讯公司的商标权。微信公司在一审判决后，未对此项提起上诉。

对于微信公司的“微信”字号是否构成不正当竞争问题，一审法院认为：腾讯公司基于开发的微信软件于2011年推出的微信即时通信平台，在社会中迅速获得了庞大的用户数量（2013年已达4亿人），具有较高的知名度。而且，微信并不是相关商品（服务）的通用名称，具有显著的区别特征。因此，微信应被认定为知名商品（服务），且是特有名称。微信公司在2014年成立时，仍然在办公场所、官方网站、对外商业活动及宣传推广中使用包含“微信”字样的企业名称“广东微信互联网服务有限公司”。由于该企业名称中的“广东”为区域名称，“互联网”“服务”“有限公司”均为通用名称，故该企业名称的核心识别部分为“微信”二字，即微信公司企业名称的核心部分与腾讯公司的知名商品（服务）特有名称“微信”相同，微信公司主观上具有故意攀附该知名商品（服务）的行为，违反诚实信用原则，易使相关消费者误认为微信公司与腾讯公司存在关系，违反了公平竞争原则，构成不正当竞争。

微信公司就涉及不正当竞争部分的认定提出上诉。

（四）判决情况

对于使用“微信”字号是否构成不正当竞争问题，二审法院则认为：因“微信”商标本身具有较高的知名度，微信公司将“微信”作为其字号，主观上具有明显故意攀附腾讯公司商标商誉的行为。同时，微信公司的经营范围包括软件和信息技术服务，与计算机软件存在一定的关联性。因此，微信公司使用腾讯公司注册商标“微信”作为字号，容易使相关公众认为微信公司提供的服务与腾讯公司存在特定的关联关系，造成相关公众混淆或误认，微信公司构成不正当竞争。

四、律师分析

本案的难点在于，腾讯公司仅在第9类、第38类、第39类上拥有商标权，但在第42类却没有对应的商标权。而微信公司的经营范围为软件和信息技术服务业，属于第42类，与腾讯公司第9类、第38类、第39类商标均是不同类别。腾讯公司主张的权利基础存在一定的缺失。

一审法院认定微信公司的经营范围与腾讯公司第9类商标核准使用的商品（服务）类别近似。根据微信软件的知名度，一审法院认定"微信"属于知名商品的特有名称，微信公司使用"微信"作为字号是故意攀附该知名商品（服务）的行为，违反了诚实信用原则；易使相关消费者误认为微信公司与腾讯公司存在关系，违反了公平竞争原则，构成不正当竞争。而二审法院认为微信公司的经营范围与腾讯公司第9类商标核定使用的范围具有一定关联性，且腾讯公司知名度高，微信公司使用"微信"字号容易使相关公众产生混淆或误认。最后，二审法院认定微信公司使用"微信"字号构成不正当竞争。

五、正确做法

在商标权利基础覆盖不全面的情况下，我们首先需要结合侵权行为的具体表现形式确定最接近类别的商标权利，并通过相关法律规定、法理解释、生效司法判决来说明商标权利的保护范围。同时，商标的显著性和知名度决定了其权利保护范围的大小，律师就此应积极举证，以通过更多证据，特别是更有证明力的第三方证据，证明涉案商标具有很高的知名度，争取更大的保护范围。最后，《中华人民共和国反不正当竞争法》（以下简称《反不正当竞争法》）的相关规定能够扩展和弥补包括商标权在内的其他知识产权的保护范围，是应对复杂侵权行为的有力武器。

六、法律链接

（一）《商标法》

第五十七条 有下列行为之一的，均属侵犯注册商标专用权：（一）未经商标注册人的许可，在同一种商品上使用与其注册商标相同的商标的；（二）未经商标注册人的许可，在同一种商品上使用与其注册商标近似的商标，或者在类似商品上使用与其注册商标相同或者近似的商标，容易导致混淆的……（七）给他人的注册商标专用权造成其他损害的。

第五十八条 将他人注册商标、未注册的驰名商标作为企业名称中的字号使用，误导公众，构成不正当竞争行为的，依照《中华人民共和国反不正当竞争法》处理。

（二）《反不正当竞争法》

第二条 经营者在生产经营活动中，应当遵循自愿、平等、公平、诚信的原则，遵守法律和商业道德。

（三）《最高人民法院关于审理商标民事纠纷案件适用法律若干问题的解释》

第一条 下列行为属于商标法第五十二条第（五）项规定的给他人注册商标专用权造成其他损害的行为：（一）将与他人注册商标相同或者相近似的文字作为企业的字号在相同或者类似商品上突出使用，容易使相关公众产生误认的……

七、风险防范

在进行商标权利布局时，企业应遵循以下原则：首先，在条件有限的情况下，应从自身核心的商品（服务）类别开始注册；其次，注册与核心商品（服务）类别类似的商品（服务）类别；最后，如需要且有条件，可以申请全类别注册。在商标申请注册后，企业应当积极使用，并针对商标的使用证据建立内部收集和存档流程，以便在发生维权案件时能够快速、有效地提供证据支持。

八、运营思维

资深专利代理师、广州三环专利商标代理有限公司副总经理 · 颜希文

本案是侵害商标权及不正当竞争纠纷领域下企业字号故意攀附知名品牌商誉的案件。本案中，微信由原告腾讯公司在2011年推出，被告却于2014年在深圳注册微信公司，经营与微信产品类似的软件和技术服务，高调使用“广东微信”“微商会”“腾讯唯一认证的社群”等字样进行宣传，这属于典型的“傍名牌”行为。被告的抗辩意见为“广东微信”是其企业名称（字号），其企业名称是经工商部门核准后合法注册的，且它并没有单独使用“微信”二字作为区别产品的标识。

对于这种带有“规避意识”的“傍名牌”行为，《最高人民法院关于审理注册商标、企业名称与在先权利冲突的民事纠纷案件若干问题的规定》第四条规定：“被诉企业名称侵犯注册商标专用权或者构成不正当竞争的，人民法院可以根据原告的诉讼请求和案件具体情况，确定被告承担停止使用、规范使用等民事责任。”由此可见，企业名称不正当使用他人具有较高知名度的注册商标，不论是否突出使用均难以避免产生市场混淆的，当事人有权请求判决停止使用或者变更该企业

名称。另外，在认定不正当竞争时，法院还明确表示："在已足以造成消费者的混淆或误认的情况下，腾讯公司未在第42类商品或服务类别上注册商标并不妨碍其依据第9类商品注册商标主张微信公司的行为构成不正当竞争。"

本案的另外一个亮点是，代理律师及原告采集了大量可信且有力的企业出具的业绩报告、知名第三方机构出具的调研报告、行业数据报告、经济报告以及工商局出具的预核保护词库申请回复书，以证明其知名度及影响力。商标对应的指定产品或服务在市场上获得了广泛的占有率及较高的知名度时，其指定产品或服务对商标本身的知名度具有辐射作用，为"微信"商标的显著性增色不少。

暨南大学知识产权研究院院长 · 徐瑄

我国《商标法》对注册商标和未注册的驰名商标实行同类保护，即禁止他人在同一或相似的商品和服务类别上使用与注册商标、驰名商标相同的或相似的商标；对在我国注册的驰名商标实行跨类保护，即禁止他人在不限于相同或类似商品和服务类别上使用与已注册驰名商标相同或相似的商标。已注册的驰名商标的保护范围远大于普通的注册商标，律师可在商标侵权案件中通过法院对驰名商标进行认定以争取商标权的最大保护范围。而这需要商标权人提供大量的证据，因此在商标投入使用的过程中，企业应当注重商标知名度证据的建立。此外，法院对驰名商标的认定仅是个案认定，其效力并不适用于其他案件，实践中可能出现判决不一致的情形，由此导致本应获得驰名商标保护的商标不能获得应有的保护。

首席律师　邱斌斌

自2004年开始从事知识产权工作，法律功底深厚，业务能力突出，积累了丰富的社会资源。其精专于知识产权、企业商事法务等法律领域，特别是在商标、专利、著作权及不正当竞争方面进行了深入实践，在代理与知识产权确权相关的行政诉讼和与知识产权维权相关的民事诉讼案件、品牌运营、技术保护、企业知识产权战略布局等方面具有丰富经验。其代理的案件多次入选最高人民法院、广东省人民法院、广州知识产权法院、佛山市中级人民法院等各级法院发布的典型案例，在行业内具有一定影响力。

助理律师　胡厚财

第三章

“花城制药”商标无效及行政诉讼案 / 程跃华、何传锋

一、案例背景

广州花城制药厂（现名广州花城药业有限公司，以下简称“花城制药厂”）是一家以中成药生产销售为主业的药品生产经营企业，历史悠久，年销售额达数亿元，在医药行业享有一定的知名度和美誉度。其在商品国际分类第5类“药品、中成药”等商品上使用的“花城”商标在国内享有一定的知名度，一直是广东省和广州市著名商标。

而同在广东省的阳江市阳东锦×医疗器械有限公司（以下简称“锦×公司”）作为医疗器械领域的企业，明知花城制药厂的知名度和企业名称简称的事实，却故意混淆视听，在与药品生产领域相类似的医疗器械领域申请与花城制药厂的企业名称简称完全相同的“花城制药”商标。花城制药厂在该商标通过国家商标局初步审定并公告后，为了避免该混淆视听的商标注册和使用对自身造成损害，立即展开了维权行动。

二、权利的重点信息

涉案商标“　”指定商品为“医疗器械和仪器、医用体温计、牙科设备、理疗设备、医用冰袋、奶瓶、避孕套、植发用毛发、矫形用物品、缝合材料”，申请人为锦×公司，商标申请号为第11246952号，于2012年7月24日由锦×公司向商标局申请注册，于2013年9月20日发布初审公告。

三、案例解析

（一）案例具体情况

本案经历了异议、无效宣告、行政诉讼三个程序。

1. 异议阶段

在异议阶段，花城制药厂提出被异议商标“　”指定使用的商品为第10类“医疗器械和仪器、医用体温计等”，异议人的引证商标“　”指定使用的商品为第5类“人用药、医药用糖浆等”，双方指定使用的商品功能、用途相近，销售渠道相同或相近，销售对象相同，应当属于类似商品；被异议商标侵犯异议人著作权、商号权，其注册和使用易造成消费者混淆或误认，易产生不良影响。花城制药厂的观点未获得商标局支持。

2. 无效宣告阶段

花城制药厂不服。在代理人的说服和建议下，在被异议商标获准注册后，花城制药厂在规定时间内向商标评审委员会（以下简称“商评委”）请求宣告涉案商标无效。

花城制药厂的主要理由是：花城制药厂在相关行业享有较高的知名度和美誉度；“花城”是花城制药厂的企业字号，也是花城制药厂独立创造的品牌；争议商标侵犯了花城制药厂的商号权。花城制药厂享有著作权，争议商标与引证商标构成类似商品上的近似商标，且“制药”两字具有引起误解、虚假宣传的含义，会产生误导公众的社会效果，易造成不良影响。

锦×公司抗辩称：争议商标未违犯《商标法》第二十八条和第三十一条，与引证商标未构成类似商品上的近似商标，共存不易引起公众混淆。花城制药厂无法证明自己享有著作权，也不能证明争议商标违犯《商标法》第十条第一款第（七）项和第（八）项的规定，其理由不成立。

商评委认为，争议商标和引证商标在功能、用途、服务对象等方面区别明显，不构成类似商品上的近似商标；“花城”不构成在医疗器械和仪器等商品上使用的商号权；在先著作权也不成立；其他理由也不成立，从而做出了“争议商标予以维持”的裁定。

（二）行政诉讼阶段

花城制药厂不服商评委的裁定。为了避免同在广东省的锦×公司使用争议商标鱼目混珠、混淆视听，在与药品生产领域相类似的医疗器械领域申请与花城制药厂的企业名称简称完全相同的“花城制药”商标，花城制药厂不得不继续通过行政诉讼手段起诉商评委。

1. 花城制药厂主张

指定使用的商品为第10类“医疗器械和仪器、医用体温计”的争议商标“ ”应当被宣告无效。

花城制药厂认为，第一，花城制药厂历史悠久，在医药行业享有较高的知名度和美誉度，涉案商标损害了花城制药厂的在先商号和企业名称权，违犯了《商标法》第三十二条“申请商标注册不得损害他人现有的在先权利”的规定。

在市场上，花城制药厂的产品在医药行业享有较高的知名度和美誉度，获得了众多荣誉。花城制药厂已成为医药行业的知名企业，具有较高的市场占有率，为社会创造了巨大的财富。“花城制药”是花城制药厂的简称，二者建立了唯一对应关系，为广大消费者所熟知。同时，花城制药厂在诉讼中提交了大量“花城制药”指代花城制药厂的新闻报道和广告作为证据。

由于花城制药厂的商号和企业名称在涉案商标申请前就已具有一定知名度，尤其在广东省内已为相关公众所熟知，所以锦 × 公司应当知晓。锦 × 公司注册与花城制药厂商号和企业名称完全相同的涉案商标并使用在医疗器械等商品上，容易使消费者将花城制药厂与锦 × 公司的产品相混淆，侵犯了花城制药厂的商号和企业名称权，损害了花城制药厂的利益。

第二，涉案商标“”与花城制药厂在先注册的商标“”构成近似，且使用在类似商品上，违犯了《商标法》第三十条的规定。

（1）花城制药厂的“”商标享有较高的知名度和美誉度。

早在涉案商标申请日2012年7月24日的8年前，花城制药厂的“”注册商标就已经获得了广州市工商行政管理局和广东省工商行政管理局颁发的广州市著名商标证书和广东省著名商标证书，一直被认定为广州市著名商标和广东省著名商标。

（2）涉案商标“”与花城制药厂在先注册的商标“”构成近似，依法不应被核准注册。

涉案商标与花城制药厂在先注册的商标中文文字相同，图案近似，整体上构成近似，属于相近似商标。首先，涉案商标是由“花城”+图形+“制药”构成，其中，“花城”与花城制药厂在先注册的引证商标文字部分完全相同，而“制药”则是商品或服务的通用名称，在商标中显著性较弱，因此，涉案商标完整地包含了引证商标的文字部分。其次，涉案商标“花城”文字之外的菱形外框图案与引证商标“花城”文字之外的菱形外框图案无论角度还是朝向均是相同的，因此两个商标的图案也是相似的；最后，由外框和“花城”文字组成的涉案商标的整体视觉效果与引证商标的整体布局十分相似，这使得二者的整体视觉效果十分近似，且涉案商标左右侧文字“制药”两字恰恰属于“在他人在先商标中加上本商品的通用名称、型号，易使相关公众对商品或者服务的来源产生误认”的情形。因此，涉案商标与花城制药厂在先注册的引证商标中文文字相同，图案近似，整体上构成近似，属于相近似商标。

（3）涉案商标与花城制药厂在先注册商标指定使用的商品类似。

《最高人民法院关于审理商标民事纠纷案件适用法律若干问题的解释》第十一条规定：“商标法第五十二条第（一）项规定的类似商品，是指在功能、用途、生产部门、销售渠道、消费对象等方面相同，或者相关公众一般认为其存在特定联系、容易造成混淆的商品。类似服务，是指在服务的目的、内容、方式、对象等方面相同，或者相关公众一般认为存在特定联系、容易造成混淆的服务。商品与服务类似，是指商品和服务之间存在特定联系，容易使相关公众混淆。”第十二条规定：“人民法院依据商标法第五十二条第（一）项的规定，认定商品或者服务是否类似，应当以相关公众对商品或者服务的一般认识综合判断；《商标注册用商品和服务国际分类表》《类似商品和服务区分表》可以作为判断类似商品或者服务的参考。”

《最高人民法院关于审理商标授权确权行政案件若干问题的意见》第十五条规定：“人民法院审查判断相关商品或者服务是否类似，应当考虑商品的功能、用途、生产部门、销售渠道、消费群体等是否相同或者具有较大的关联性；服务的目的、内容、方式、对象等是否相同或者具有较大的关联性；商品和服务之间是否具有较大的关联性，是否容易使相关公众认为商品或者服务是同一主体提供的，或者其提供者之间存在特定联系。《商标注册用商品和服务国际分类表》《类似商品和服务区分表》可以作为判断类似商品或者服务的参考。”

因此，在判断商品或者服务是否构成类似时，《类似商品和服务区分表》对于类似群组的划分仅仅是一种判断类似性的参考，而非具有法律法规强制性规定的效力。商品或者服务是否构成类似应当根据案件的实际情况进行个案判定。

涉案商标指定商品为“医疗器械和仪器、医用体温计、牙科设备、理疗设备、医用冰袋、奶瓶、避孕套、植发用毛发、矫形用物品、缝合材料”，引证商标一、二指定商品为“中成药”“人用药、医药用糖浆、药用胶囊、医药制剂、化学药物制剂、医用药物、解热剂、药用化学制剂、药用酵素、抗菌素、片剂、膏剂”。众所周知，药品的用途在于预防、治疗、诊断人体的疾病，而医疗器械则是对疾病的预防、诊断、治疗、监护、缓解起一定的辅助作用的仪器、设备，两者甚至可以相互替代使用。涉案商标与引证商标指定使用的商品功能、用途相似，销售渠道相同（一般均在医院、药店销售），消费对象相同（均为患者使用）。因此，涉案商标与引证商标指定使用的商品在功能、用途、销售渠道、消费对象以及相关公众等方面均具有明显的重合。实际上，与体外用药性状、功能等均相同的体外诊断试剂在分类上直接属于医疗器械，符合《最高人民法院关于审理商标民事纠纷案件适用法律若干问题的解释》第十一条、《最高人民法院关于审理商标授权确权行政案件若干问题的意见》第十五条以及《商标审查及审理标准》中关于“类似商品”的判定标准。涉案商标与引证商标指定使用的商品构成类似，容易导致消费者产生混淆或误认。

商评委在无效程序中称证据不足，没有任何依据。

为了进一步说明相关事实，我们检索相关信息并提交了各网站上的销售页面和已购买产品的证据，发现在实际生产和销售环节，锦 × 公司实际生产、销售了“医用退热贴”和“通气鼻贴”产品。消费者难以区分锦 × 公司销售的这些产品是属于医疗器械还是药品，这些商品与原告药品同台销售，消费人群相同，销售渠道相同，功能相似，构成类似产品。而且，通过当庭演示，商评委代理人无法明确区分锦×公司生产的“医用退热贴”和“通气鼻贴”产品是属于医疗器械还是属于药品；作为审理商标行政案件专家的审判员和陪审员需要在原告代理人的具体提示下，通过反复查看才能确认锦×公司的产品属于医疗器械而不属于药品。我们还补充提交了距离北京知识产权法院仅数百米的一家药店的照片及其销售相关产品的信息，该药店同时在销售属于医疗器械的鸿茅颈痛贴和属于药品的狗皮膏药，而药店营业员首先推荐的是价格高的鸿茅颈痛贴，而不是属于药品的狗皮膏药。我们认为，商评委代理人关于医疗器械属于通过物理作用外用而药品属于内服的观点是完全错误的。药品既有口服的，也有外用的，当然还有注射剂型的，而广大患者在面对具体的药店销售的产品时，根本无法区分何者属于药品，何者属于医疗器械。本案的锦×公司正是企图利用消费者对原告产品的熟知，注册与原告引证商标相近似的商标，从而达到鱼目混珠的目的。

第三，锦×公司与花城制药厂同属医药行业，且处于同一地域，其申请的涉案商标主观上具有利用花城制药厂商标、企业名称的知名度和影响力牟取不正当利益的故意，违犯了《商标法》第四十四条第一款的规定。

我们在诉讼中进一步举证：锦×公司除了抢注原告的“花城制药”商标以外，还刻意抢注了在医药领域具有一定知名度的“曼咽舒宁”“众生”“正克达宁”“九济堂”“诺优能”等商标，更有甚者，抢注了属于广东同一地区的另一家药厂广东亚洲制药有限公司的“亚洲制药”商标。锦×公司的这种大量抢注医药相关领域具有一定知名度的商标的行为，明显属于主观故意的范畴，其搭便车、利用相关企业知名度以达到鱼目混珠、欺骗消费者的目的昭然若揭。

我们认为，商评委认为其尚未达到主观故意的程度是主观臆测和未考虑双方证据的表述。难道只有当锦×公司抢注了“广药”“哈药”甚至更著名的医药企业的商标，市场上出现了多种锦×公司生产的“广药”“哈药”牌医疗器械，导致严重后果的时候，我们才能认定锦 × 公司的恶意?

第四，涉案商标中的“制药”属于动词，具有引人误解、虚假宣传的含义，是商品或服务的通用名称，显示使用该商标的商品不是“医疗器械和仪器”，而是“药品”，使得消费者产生混淆、误认甚至误购。药品和医疗器械、仪器均涉及人类的身体健康和生命安全，两者存在明显的差异，若患者将药品和医疗器械、仪器混为一谈甚至误购、误用，后果不堪设想，这将对社会公共利益和公共秩序造成重大不良影响，违犯了《商标法》第十条第一款第（七）项、第（八）项的规定。

2. 商评委的答辩意见

商评委提交了书面的答辩意见，也派员参加了庭审。商评委答辩坚持背书裁定的认定，认为被诉裁定事实清楚，适用法律正确，程序合法，请求法院予以维持。

3. 北京知识产权法院的审理意见

（1）争议商标在医疗器械和仪器类别上与引证商标属于类似商品上的近似商标。法院认为，争议商标“花城制药”的文字部分完整包含引证商标一、二的文字“花城”；图形部分均为菱形；“花城”两字处于图形中央，竖向排列，因此两者在字形、含义、构图上极为近似，构成近似商标。关于类似商品，法院认为，根据花城制药厂提交的证据及相关的医疗管理条例，医疗器械中的体外诊断试剂与部分体外用药的性状、功能均近似或相同，销售渠道存在重合，一般公众无法区分二者所属类别，属于类似商品。

（2）花城制药厂主张的在先商号权的诉讼请求，应予支持。法院认为，结合花城制药厂在行政诉讼阶段所提交的全部证据来看，花城制药厂在争议商标申请日之前已经连续数年达到较大的营业额，并对“花城制药”这一商号进行了大量的宣传使用，具有一定数量的行政保护记录，在医药领域具有一定的知名度及影响力。在争议商标申请日之前，“花城制药”作为花城制药厂的简称，二者已经建立了唯一对应关系。虽然药品和医疗器械属于不同的商品类别，但二者同属于医疗领域，关联度很高，其经销渠道、消费对象有较大程度的重合。“花城制药”商号在医药领域的知名度能覆盖到医疗器械领域，争议商标“花城制药”的使用易使消费者对商品来源产生混淆，从而对“花城制药”商号造成损害。花城制药厂主张的在先商号权的诉讼请求，应予支持。

（3）关于争议商标的注册是否违犯了《商标法》第四十四条第一款的规定，法院认为，该条规定的立法精神是诚实信用原则，而花城制药厂的权利已经通过《商标法》第三十一条获得了救济，因此不再评述。

法院没有支持花城制药厂关于争议商标的注册违犯了《商标法》第十条第一款第（七）项、第（八）项的规定的意见。

法院判决，撤销商评委关于维持“花城制药”商标的裁定，要求其重新做出裁定。

四、律师建议

本案经过了商标异议、无效宣告和行政诉讼三个环节。商标局和商评委两个部门均机械地根据《商标注册用商品和服务国际分类表》《类似商品和服务区分表》的规定，认为本案争议商标和引证商标核定使用的商品不相近似，同时认为“花城”作为企业字号不构成在医疗器械和仪器等商品上使用的商号权。而“花城制药”牌医疗器械一旦面世，尤其是当其与花城制药厂的药品商品相混淆时，必将对花城制药厂造成损害。因此，律师建议花城制药厂一定要通过行政诉讼来解决商标近似的问题，避免对花城制药厂的商誉造成不利影响，也避免对广大患者的身体健康造成伤害。

五、正确做法

本案中，作为行政机关的商标局和商评委机械地使用其部门的规章与审查指南和审理指南，以及《商标注册用商品和服务国际分类表》《类似商品和服务区分表》。在这种情况下，一旦不能在行政程序环节解决相关争议，在涉及企业核心利益的情况下，权利人只能选择下一步的行政诉讼，以解决争议商标的无效事宜。

同时，企业在通过商标异议、商标无效程序均无法解决相关争议时，应当适时检讨方案。本案中，我们在诉讼阶段增加了“花城制药”作为企业商号权的思路，并进一步直观地提供了法院旁边药店的相关照片（锦 × 公司实际使用争议商标的产品与花城制药厂生产的药品同台销售的证据），以及相关的行政法规作为证据，从而使得法院既支持了花城制药厂商号权的主张，又支持了核定使用的商品属于近似商品的主张，并最终获得了行政诉讼胜诉的结果。

在胜诉后，企业应当适时进行防御性商标的注册，避免类似情形再次发生。

六、法律链接

《最高人民法院关于审理商标民事纠纷案件适用法律若干问题的解释》第十一条、第十二条。

《最高人民法院关于审理商标授权确权行政案件若干问题的意见》第十五条。

七、运营思维

华南理工大学工商管理学院市场营销系主任、教授·陈明

其实，很多商标侵权案都发生在不同组群的类似注册上。按照《商标法》的规定，只要是处于不同群组的商品，注册商标的名称类似和相同都是被认可的，不构成使用在类似商品上的近似商标。

最为关键的是，我们要辨清不同组群的划分标准，以及判断是否有类似的法律依据。本案只要找到与体外用药性状、功能等均相同的体外诊断试剂在分类上却直接属于医疗器械的证据，就可以找到关于“类似商品”的法定判定标准，从而认定锦×公司注册的“花城制药”商标应当被宣告无效。获胜方因为熟悉产品的分类标准以及其所涉及的产品领域，才用无可辩驳的事实赢得了这起行政诉讼案件。不过，最直接、有效的保护自主品牌的方法就是把所有有关品牌的信息都予以注册。比如简称，企业不要只管使用而不去注册，使得抢注方有机可乘。

另外，在提出异议与反驳时，当事人最好提供可信的数据并保持客观的态度。比如，产品为广大消费者熟知，熟知到什么程度，以及品牌知名度有多高。花城制药厂说争议商标容易使得消费者混淆，侵犯了花城制药厂的商号和企业名称权，损害了花城制药厂的利益，可以说得通，但指责对方抢注商标可能造成患者大量死亡，有恶意注册的嫌疑，就未免有些情绪化，冲淡了抗辩的力度和可信度。

首席律师　程跃华

本科毕业于上海医科大学（现复旦大学）药学院，中国政法大学法律硕士。专利副研究员，二级律师，专利代理师，商标代理人，中华全国律师协会知识产权专业委员会委员，中国广州仲裁委员会仲裁员，广州知识产权法院律师调解员，广州市律师协会医事法律专业委员会主任。2011年入选国家第三批“百千万知识产权人才工程”高层次人才；2014年入选广东省律师协会“知识产权讲师团”成员，同年入围广东律师专家库第一批成员名单；2016年被广州市律师协会授予2012—2015年度“优秀律师”称号；2017年荣获“广州知识产权大律师”荣誉称号。

编撰律师　何传锋

第四章

两家汤臣倍健竞争正当之争 / 丁自勇

一、案例背景

本案是由福建汤臣倍健医疗器械有限公司（以下简称“福建汤臣倍健公司”）合法使用自己的注册商标“汤臣倍健+TANGCHENBEIJIAN”以及广州添毅商贸有限公司（以下简称“添毅公司”）销售“汤臣倍健+TANGCHENBEIJIAN”商品而引发的。虽然福建汤臣倍健公司在卡通宝宝退热贴、帮愈创可贴上使用“汤臣倍健+TANGCHENBEIJIAN”标识构成不正当竞争行为，但卡通宝宝退热贴、帮愈创可贴均为《类似商品和服务区分表》第5类的绷敷材料，而非第7695842号“汤臣倍健+TANGCHENBEIJIAN”注册商标核定使用的商品，因此，这属于行为人在其注册商标核定使用的商品范围外使用与其注册商标相同的标识。因该行为并非对注册商标的使用，即使使用该标识的行为构成不正当竞争，商标权人也因未将注册商标使用在核定商品上而不构成不正当竞争，从而法院不能禁止其使用和转让该注册商标。

二、权利的重点信息

（一）注册商标：第7695842号“汤臣倍健+TANGCHENBEIJIAN”

核定使用商品（第10类）：医疗器械和仪器、医用测试仪、牙科设备、电疗器械、口罩、奶瓶、避孕套、假肢、束腹紧身胸衣、缝合材料。

注册人：强身（泉州）健康产业有限责任公司。

受让人：福建汤臣倍健医疗器械有限公司。

注册地址：福建省泉州市丰泽区泉秀路运通大厦7楼H号。

注册有效期限：2010年11月28日至2020年11月27日。

局长：李建昌。

签发机关：中华人民共和国国家工商行政管理总局商标局。

（二）注册商标：第3839270号“汤臣倍健”

核定使用商品（第30类）：非医用蜂王浆、螺旋藻（非医用营养品）、非医用营养液、非医用营养膏、非医用营养粉、非医用营养胶囊。

注册人：汤臣倍健股份有限公司。

注册地址：广东省珠海市金湾区三灶科技工业园星汉路19号。

注册有效期限：2005年10月14日至2015年10月13日。

三、案例解析

（一）案例具体情况

一审基本案情：原告为汤臣倍健股份有限公司，被告为福建汤臣倍健公司、添毅公司。本律师没有代理本案一审，被告福建汤臣倍健公司、添毅公司在一审败诉后才委托本律师提出上诉。

原告诉称：原告是高新科技企业，自成立后一直生产、销售营养健康产品。2010年12月，原告经中国证监会批准，在深圳市证券交易所创业板发行股票，成为迄今为止膳食营养补充剂行业唯一一家上市企业。原告非常重视自身的企业文化建设，自2008年开始使用“汤臣倍健”作为企业字号，还将“汤臣倍健”作为企业商标使用。原告的“汤臣倍健”是精心设计和创作的特殊用语，具有独特的含义和独创性，原告对其享有著作权。2005年10月14日，原告经核准在第30类注册“汤臣倍健”商标（注册号为第3839270号），核定使用商品为非医用蜂王浆、螺旋藻、营养液等。2010年2月18日，原告经核准在第44类注册“汤臣倍健”商标（注册号为第5919690号），核定使用商品为保健、医疗咨询、医疗辅助等。“汤臣倍健”商标还被商标局认定为中国驰名商标。为了保护注册商标专用权，原告在第30类、第5类等其他类别注册了“汤臣倍健”中文、英文、图形及近似商标，并在中国香港及美国、澳大利亚、新加坡等地注册了“汤臣倍健”商标；在第29类、第30类、第32类、第35类等类别注册了“汤臣倍健+BYHEALTH”商标，该商标是原告在“汤臣倍健”文字基础上精心设计并使用的主要组合商标，以对其品牌进行全方位保护。原告每年投入巨额广告费用，通过各地电视台、广播、报纸、杂志、互联网等媒体及展会展览、户外等各种形式发布广告，对“汤臣倍健”品牌产品进行持续、有力的广告宣传。2006年，体操冠军刘璇为原告产品拍摄广告，相关广告在中央电视台八套、十二套的黄金时段播出。自2010年8月至今，国际体坛巨星姚明作为原告产品的形象代言人，相关广告在中央电视台、各省级电视台、网络媒体、报纸杂志上同时播出或刊登，使“汤臣倍健”产品家喻户晓，在中国营养市场获得终端占有率第一、销售额第一。诉请判令：（1）被告福建汤臣倍健公司立即停止生产、销售带有“汤臣倍健+TANGCHENBEIJIAN”商标标识的产品，被告添毅公司停止销售带有“汤臣倍健+TANGCHENBEIJIAN”商标标识的产品；（2）被告福建汤臣倍健公司禁止使用并禁止转让第7695842号“汤臣倍健+

TANGCHENBEIJIAN”注册商标。

被告福建汤臣倍健公司辩称：我司在核准注册第10类“汤臣倍健+TANGCHENBEIJIAN”商标后，有权使用涉案商标，并不存在不正当竞争行为；我司与原告属于不同省份、不同行业的两家企业，原告没有证据证明我司存在不正当竞争行为，也没有证据证明我司使用涉案商标给原告带来了损害。原告从未生产过医疗器械产品，故双方不存在市场份额的竞争，双方也不是法律意义上的竞争对手，故不存在不正当竞争；原告主张我司禁止使用并禁止转让涉案商标，主张涉案产品可能造成相关公众的误认，并没有证据证明。请求法院驳回原告对我司的诉讼请求。

一审法院裁判理由：本案属于注册商标与企业名称之间的权利冲突纠纷。字号是企业名称的核心组成部分，是区别不同市场主体的标志，依法核准登记的企业名称具有权威合法权利。《反不正当竞争法》第一条规定：“经营者在市场交易中，应当遵循自愿、平等、公平、诚实信用的原则，遵守公认的商业道德。”《最高人民法院关于审理注册商标、企业名称与在先权利冲突的民事纠纷案件若干问题的规定》第一条规定：“原告以他人注册商标使用的文字、图形等侵犯其著作权、外观设计专利权、企业名称权等在先权利为由提起诉讼的，符合民事诉讼法第一百零八条规定的，人民法院应当受理。”《商标法》第七条规定：“申请注册和使用商标，应当遵循诚实信用原则。”《商标法》第九条规定：“申请注册的商标，应当具有显著性，便于识别，并不得与他人在先取得的合法权利相冲突。”根据上述法律规定，本案中，判断福建汤臣倍健公司注册的第7695842号“汤臣倍健+TANGCHENBEIJIAN”商标标识中的“汤臣倍健”文字是否侵害汤臣倍健股份有限公司的“汤臣倍健”字号权益，构成不正当竞争行为，应当考虑福建汤臣倍健公司是否违反在先使用原则、诚实信用原则和禁止混淆原则。

本案中，根据汤臣倍健股份有限公司的举证，其使用“汤臣倍健”作为企业名称早于福建汤臣倍健公司第7695842号“汤臣倍健+TANGCHENBEIJIAN”商标的核准注册时间。“汤臣倍健+TANGCHENBEIJIAN”商标的申请注册日为2009年9月14日，注册有效期为2010年11月28日至2020年11月27日。同时，早在2006年，奥运冠军刘璇已经为“汤臣倍健”品牌产品代言；2007年“汤臣倍健”品牌产品已经在中央电视台进行了广告宣传，该品牌产品在中国营养市场零售终端占有率已经位居第一；2008年5月，“汤臣倍健”品牌营养健康系列产品已经成为国家奥林匹克体育中心运动员专用营养健康产品；体育明星姚明的代言也早在2010年8月就已经开始；汤臣倍健股份有限公司的股权简称为“汤臣倍健”的股票也已于2010年12月在深圳市证券交易所上市。结合汤臣倍健股份有限公司的经营规模和纳税情况，这些证据可以证明在2009年9月14日福建汤臣倍健公司第7695842号“汤臣倍健+TANGCHENBEIJIAN”商标申请注册时，汤臣倍健股份有限公司的“汤臣倍健”字号已经为相关公众所知悉，具有较高的知名度。

根据上述分析和认定，福建汤臣倍健公司应该知道“汤臣倍健”字号的知名度，其违反诚实信用原则与禁止混淆原则申请注册涉案商标具有明显攀附汤臣倍健股份有限公司“汤臣倍健”字号知名度的故意，并且福建汤臣倍健公司在其生产的产品上标注“汤臣倍健+TANGCHENBEIJIAN”商标标识，在公司网站的产品介绍、公司介绍等多处单独使用“汤臣倍健”字号。同时，福建汤臣倍健公司的产品销售渠道为大药房、大超市等，与汤臣倍健股份有限公司的销售渠道为大药房、大超市等全国大型连锁零售机构相同，足以使相关公众对商品的来源产生误认，侵犯了汤臣倍健股份有限公司在先的“汤臣倍健”字号权益。故本院认定福建汤臣倍健公司注册使用带有汤臣倍健股份有限公司“汤臣倍健”字号文字的“汤臣倍健+

TANGCHENBEIJIAN”商标构成不正当竞争行为。

二审法院认定理由：关于一审判决福建汤臣倍健公司停止使用并禁止转让第7695842号“汤臣倍健+TANGCHENBEIJIAN”注册商标是否合法合理的问题。虽然福建汤臣倍健公司在卡通宝宝退热贴、帮愈创可贴上使用“汤臣倍健+TANGCHENBEIJIAN”标识构成不正当竞争行为，但卡通宝宝退热贴、帮愈创可贴均为《类似商品和服务区分表》第5类的绷敷材料，而非第7695842号“汤臣倍健+TANGCHENBEIJIAN”注册商标核定使用的商品。现汤臣倍健股份有限公司并未提交证据证明福建汤臣倍健公司存在在第7695842号“汤臣倍健+TANGCHENBEIJIAN”注册商标核定使用的商品上使用第7695842号注册商标并构成不正当竞争的具体行为，因此，汤臣倍健股份有限公司认为福建汤臣倍健公司使用第7695842号“汤臣倍健+TANGCHENBEIJIAN”注册商标构成不正当竞争，要求福建汤臣倍健公司停止使用第7695842号“汤臣倍健+TANGCHENBEIJIAN”商标标识并禁止转让第7695842号“汤臣倍健+TANGCHENBEIJIAN”注册商标的这一主张没有事实依据，本院不予支持。

（二）裁判要旨

当企业使用与注册商标相同的文字作为企业字号时，企业字号的知名度与注册商标的知名度相同。在注册商标依法使用的状态下，我们才能判断其是否构成不正当竞争。例如，行为人在其注册商标核定使用的商品范围外使用与其注册商标相同的标识，因该行为并非对注册商标的使用，即使使用该标识的行为构成不正当竞争，行为人也因未将注册商标使用在核定商品上而不构成不正当竞争，从而法院不能禁止其使用和转让该注册商标。

（三）推荐理由

本案明确了权利只有在依法使用的情况下才存在混淆和权利冲突的问题，对于注册商标是否构成不正当竞争的判断进行了梳理。本案既保持了商标注册制度的稳定性，又打击了不正当竞争行为。

（四）法院裁判

汤臣倍健股份有限公司于2008年10月使用“汤臣倍健”字号。2009年9月，福建汤臣倍健公司在第10类医疗器械和仪器等商品上申请注册第7695842号“汤臣倍健+TANGCHENBEIJIAN”商标，并于2010年11月获准注册。汤臣倍健股份有限公司认为第7695842号注册商标标识中的“汤臣倍健”文字与其企业字号“汤臣倍健”一致，福建汤臣倍健公司使用该商标的行为构成不正当竞争，请求判令福建汤臣倍健公司停止生产、销售带有“汤臣倍健”商标标识的产品，禁止使用并禁止转让第7695842号注册商标，并赔偿经济损失；添毅公司停止销售带有“汤臣倍健+TANGCHENBEIJIAN”商标标识的产品。

一审法院认定汤臣倍健股份有限公司的“汤臣倍健”字号是《反不正当竞争法》规定的“企业名称”，福建汤臣倍健公司违反在先使用原则、诚实信用原则和禁止混淆原则，构成不正当竞争行为，其支持汤臣倍健股份有限公司的诉讼请求。

二审法院认为，现有证据可证明福建汤臣倍健公司使用被诉标识的行为构成不正当竞争，但相关使用行为并非对第7695842号注册商标的使用。因现有证据不能证明第7695842号注册商标在依法使用时构成不正当竞争，因此，汤臣倍健股份有限公司要求福建汤臣倍健公司停止使用并禁止转让第7695842号注册商标没有事实依据，二审法院对该项请求不予支持，并予以改判。

四、运营思维

资深专利代理师、广州三环专利商标代理有限公司副总经理 · 颜希文

本案一审认定福建汤臣倍健公司理应知道“汤臣倍健”字号的知名度，所以认为其攀附汤臣倍健股份有限公司的知名度，在宣传、销售渠道上容易造成消费者的误认；二审则侧重于原告的诉求理由证据不足，从而撤销一审判决。本案的难点在于，在一审法院已经判定双方的商标相似，在宣传、销售渠道上容易造成消费者误认时，二审代理律师如何扭转乾坤。二审代理律师针对原告诉求“被诉侵权产品退热贴、创可贴（第5类）上使用第7695842号（第10类）注册商标构成不正当竞争”进行抗辩。在依法使用该注册商标会构成不正当竞争时，非依法使用即不能使用同样的证据认定这一行为构成不正当竞争。这种充分不必要的逻辑思维方法对商标诉讼的抗辩具有借鉴意义。

暨南大学知识产权研究院院长 · 徐瑄

《商标法》充分体现了在对价中实现衡平的立法精神，商标权作为一项法定权利有其相应的权利保护范围，以其核准注册的商标和核定使用的商品为限。本案第7695842号注册商标专用权在依法使用时，不会构成不正当竞争行为。

商标权权利人不得滥用其权利，如果商标权权利人对商标的使用行为突破了商标权的保护范围，那么商标权权利人可能构成侵权。企业名称权的权利人同样得合法行使权利，不得超越法律规定的权利边界。商标权与企业名称权均要遵循诚实信用原则，在商标与企业名称各自核准的范围内规范合理使用。本案被诉侵权产品是第7695842号注册

商标在核定使用范围之外使用，突破了商标权利的保护范围，超越了《商标法》划定的权利界限，造成了对“汤臣倍健”企业名称专用权的侵犯。

另外，禁止注册商标专用权的转让应当依据法定程序请求撤销或宣告该注册商标无效，司法机关无权判决禁止商标的转让。国家通过周密的考虑、充分的权衡来创制出绝对排他性的商标权，司法机关、行政机关只能严格执行国家的对价条件，无权修改对价条件和衡平原则，否则就是法律上的“越权”。

·智慧语录·

商标所有人在注册商标和运营商标时，均应规范使用，否则会导致注册商标的非商标使用风险。

——丁自勇

首席律师　丁自勇

相关介绍见第一章。

第五章

“非诚勿扰”商标侵权案 / 菅志远、邓梓斌

一、案例背景

《非诚勿扰》电视节目系江苏卫视出品的一档相亲类综艺节目，于2010年1月15日正式开播。该档节目系江苏卫视与电影《非诚勿扰》出品方华谊公司合作出品，双方签订商标许可合同。华谊公司许可江苏卫视使用“非诚勿扰”商标并将其作为电视节目名称。特别设置的游戏规则使得整个节目出现了很多戏剧性的效果，让整个节目颇有情景剧的味道，并使其在广大观众群体中获得了良好的反响，收视率节节攀升。

但在2013年，经营一家婚恋交友服务公司的温州市民金某以商标侵权为由，将江苏卫视及其合作伙伴诉至深圳市南山区人民法院，要求江苏卫视等停止使用“非诚勿扰”商标。一档知名节目面临着改名的严重危机。

二、权利的重点信息

涉案商标：金某系第7199523号“非誠勿擾”（下称“非诚勿扰”）

商标的权利人，申请日期为2009年2月16日，注册公告日为2010年9月7日，核准使用在第45类交友服务、婚姻介绍等商品上。

相关商标：华谊公司系第7068059号“”（下称“非诚勿扰 IF YOU ARE THE ONE”）商标的权利人，申请日期为2008年11月20日，注册公告日为2013年5月7日，核准使用在第41类电影胶片的分配（发行）、动物园、马戏场、摄影、提供卡拉OK服务、为娱乐组织时装展览等商品上。

三、案例解析

金某于2009年申请注册了涉案的“非诚勿扰”商标，该商标于2010年核准公告，使用在婚姻介绍及交友服务中。在《非诚勿扰》节目播出后，金某认为该节目实质上是大型婚恋交友类节目，并且江苏卫视及其合作伙伴珍爱网在周边宣传中也大量使用“非诚勿扰”标志，上述行为容易导致相关公众产生混淆，侵犯了其对“非诚勿扰”商标的商标专用权。

（一）诉讼请求

（1）江苏电视台所属的江苏卫视频道立即停止使用“非诚勿扰”作为节目名称；（2）珍爱网公司立即停止使用“非诚勿扰”名称进行广告推销、报名刷选、后续服务；（3）江苏电视台与珍爱网共同承担案件诉讼费。

（二）答辩理由

江苏卫视在应诉（包括二审以及再审）后提出以下抗辩观点：（1）江苏卫视将“非诚勿扰”用作节目名称并未产生商标区分产源的功能，不属于商标性使用；（2）涉案“非诚勿扰”商标指定使用的服务类别为交友服务、婚姻介绍所，与《非诚勿扰》节目的服务目的、内容、方式、对象均不相容，因此该节目与涉案商标不属于相同或类似的服务类别；（3）《非诚勿扰》节目与涉案商标不会造成混淆或反向混淆，不构成侵权；（4）江苏卫视系通过华谊公司许可使用“非诚勿扰”商标，具有合法来源；（5）涉案商标存在侵权的情况，可能面临被撤销的风险，商标权利不稳固。

（三）法院认定

广东省高级人民法院认为，该案的争议焦点为：（1）江苏电视台对被诉标识的使用是否属于商标性使用；（2）江苏电视台是否侵害了金某涉案商标专用权。

对于争议焦点第一点，广东省高级人民法院认为相关标识具有节目名称的属性，并不能当然排斥该标识作为商标的可能性，而被诉标识在电视节目中的显示位置及样式是否固定、使用的同时是否还使用了其他标识，亦非否定被诉标识作为商标性使用的充分理据。本案中，江苏电视台对“非诚勿扰”标识的使用，并非仅仅为概括具体电视节目内容而进行的描述性使用，而是反复多次、大量地在其官网、招商广告、现场宣传等商业活动中单独使用或突出使用，在使用方式上具有持续性与连贯性，其中标识在整体呈现方式上更具有一定独特性。这显然超出了对节目或者作品内容进行描述所必需的范围和通常认知，具备了区分商品或服务的功能，应被认定为商标性使用。

对于争议焦点第二点，在商标侵权裁判中，法院必须对被诉标识与注册商标是否相同或近似、两者服务是否相同或类似，以及两者是否容易引起相关公众的混淆或误认做出判断。首先，江苏卫视所使用的被诉标识与涉案商标不属于相同标识，但核心部分的文字及整体结构均相似，因此两者在自然组成要素上相近似。其次，被诉《非诚勿扰》节目系一档以相亲、交友为题材的电视文娱节目，其借助相亲、交友场景中现代未婚男女的言行举止，结合现场点评嘉宾及主持人的评论和引导，通过剪辑编排成电视节目予以播放。其服务目的在于向社会公众提供娱乐、消遣的文化娱乐节目，凭节目的收视率与关注度获取广告赞助等经济收入；服务内容和方式为通过电视广播这一特定渠道和大众传媒方式向社会提供和传播文娱节目；服务对象是不特定的广大电视观众。而第45类交友服务、婚姻介绍所系为满足特定个人的婚配需求而提供的中介服务，服务目的系通过提供促成婚恋配对的服务来获取经济收入；服务内容和方式通常包括管理相关需求人员信息、提供咨询建议、传递意向信息等中介服务；服务对象为特定的有婚恋需求的未婚男女。故两者无论是在服务目的、内容、方式还是对象上均区别明显，不构成相同服务或类似服务。

综上所述，广东省高级人民法院认为，虽然被诉“非诚勿扰”标识与金某的涉案注册商标在客观要素上相近似，但两者用于不同的服务类别，也不会使相关公众产生混淆或误认，故江苏卫视不构成侵权。

（四）判决情况

深圳市南山区人民法院一审判决驳回金某诉讼请求；深圳市中级人民法院二审对一审进行改判，判决支持金某诉讼请求；广东省高级人民法院再审判决撤销二审判决，维持一审判决。

四、律师分析

本案的难点以及分析的意义在于反向混淆和商标侵权的认定标准。对于混淆（或称“正向混淆”），大部分人都十分清楚，即常见的假冒、仿冒行为；而反向混淆则十分罕见，在国内判例中的使用也是少之又少。商标的反向混淆是与传统意义上的混淆相对而言的，即在后商标使用人对商标的使用已使之具有较高的知名度，以至消费者会误认为在前商标使用人的商品源于在后商标使用人，或认为二者之间存在某种赞助或认可的联系。在实践中，在后商标使用人可能将他人在先注册的商标用作商标、商号、商品名称等商业标识，在国外一般常见于大公司利用自身资源优势侵夺小公司的商标。本案如不考虑商标实际是否构成侵权，仅从形式上看，是典型的反向混淆情况，值得法律从业者研究、分析和学习。但混淆与反向混淆只是侵权认定的其中一个标准，商标是否构成侵权还需要从多个方面进行综合判定。

商标侵权案件的要点在于侵权的认定标准，如广东省高级人民法院判决所述。在商标侵权裁判中，首先要认定被诉标识是否属于商标性使用，其次分析被诉标识与注册商标是否相同或近似、两者商品或服务类别是否相同或类似，以及两者是否容易引起相关公众混淆。本案中，江苏卫视的代理律师很好地抓住了被诉标识与涉案商标的服务类别不相同、不类似这一点，从两者的服务目的、内容、方式、对象等角度进行全面分析，最终在再审中逆转了案件结果，维护了当事人的合法权益，保住了《非诚勿扰》节目。

五、正确做法

关于如何认定"类似商品或服务"，商评委和人民法院实际上是以《类似商品和服务区分表》作为重要的判断依据的。《商标注册用商品和服务国际分类表》《类似商品和服务区分表》可以作为判断类似商品或服务的依据，但不是最终证据。换言之，不能仅仅以商品或服务是否列于同一类似组群来判断其是否为类似商品或服务，不同类别的商品或服务也可能构成类似。因此，企业或者顾问律师（代理律师）在申请商标以及维护商标的过程中，还需要重点关注类似商品或服务是否存在在先注册商标或者商标是否后续可能造成侵权，从而及早做出防范。本案中，虽然江苏卫视胜诉，但它的风评也受到一定的影响，根源在于它在制作节目前没有与华谊公司做好相关的商标调查以及保护工作。与之相反，阿里巴巴的马云先生在制作《功守道》前所做的商标全类别注册工作则是对商标保护的极致。马云在作品公布前已经将“功守道”标识在所有类别都进行了注册，这样做的成本实际上也不会很高，却极好地避免了潜在的风险。

六、法律链接

（一）《商标法》

第五十七条 有下列行为之一的，均属侵犯注册商标专用权：（一）未经商标注册人的许可，在同一种商品上使用与其注册商标相同的商标的；（二）未经商标注册人的许可，在同一种商品上使用与其注册商标近似的商标，或者在类似商品上使用与其注册商标相同或者近似的商标，容易导致混淆的……（七）给他人的注册商标专用权造成其他损害的。

第五十八条 将他人注册商标、未注册的驰名商标作为企业名称中的字号使用，误导公众，构成不正当竞争行为的，依照《中华人民共和国反不正当竞争法》处理。

（二）《反不正当竞争法》

第二条 经营者在生产经营活动中，应当遵循自愿、平等、公平、诚信的原则，遵守法律和商业道德。

（三）《最高人民法院关于审理商标民事纠纷案件适用法律若干问题的解释》

第九条 商标法第五十二条第（一）项规定的商标相同，是指被控侵权的商标与原告的注册商标相比较，二者在视觉上基本无差别。

商标法第五十二条第（一）项规定的商标近似，是指被控侵权的商标与原告的注册商标相比较，其文字的字形、读音、含义或者图形的构图及颜色，或者其各要素组合后的整体结构相似，或者其立体形状、颜色组合近似，易使相关公众对商品的来源产生误认或者认为其来源与原告注册商标的商品有特定的联系。

第十条　人民法院依据商标法第五十二条第（一）项的规定，认定商标相同或者近似按照以下原则进行：（一）以相关公众的一般注意力为标准；（二）既要进行对商标的整体比对，又要进行对商标主要部分的比对，比对应当在比对对象隔离的状态下分别进行；（三）判断商标是否近似，应当考虑请求保护注册商标的显著性和知名度。

第十一条　商标法第五十二条第（一）项规定的类似商品，是指在功能、用途、生产部门、销售渠道、消费对象等方面相同，或者相关公众一般认为其存在特定联系、容易造成混淆的商品。类似服务，是指在服务的目的、内容、方式、对象等方面相同，或者相关公众一般认为存在特定联系、容易造成混淆的服务。商品与服务类似，是指商品和服务之间存在特定联系，容易使相关公众混淆。

七、风险防范

企业在使用标识或者注册商标前必须做好商标调查工作，除了调查在同类别上是否注册了相同的商标，还要在类似的商品或服务（在一般消费者认知范围内，可能属于类似商品或服务）类别上进行深入调查。比如，在申请过程中，商评委认为申请商标与引证商标构成相同或类似，不予注册的，企业应从商标自然组成要素、申请注册类别、混淆可能性等方面进行综合论述。同时，在商标注册以后，企业还需要对其进行维护和监控，对市场上的侵权行为进行打击，以在保护自身权益的同时维护良好的市场竞争秩序。

八、运营思维

资深专利代理师、广州三环专利商标代理有限公司副总经理 · 颜希文

本案是商标侵权纠纷领域下在后申请商标诉在先申请商标的侵权纠纷案件。本案中，虽然公众印象中的《非诚勿扰》是一档相亲真人秀节目，但公众却不会对《非诚勿扰》节目与非诚勿扰公司产生混淆或误认。这是因为《非诚勿扰》节目与非诚勿扰公司在服务内容、行业、传播与销售渠道、消费对象等方面均具有明显的区别。作为罕见的“在后商标诉在先商标”的纠纷案件，该案件一审、二审、再审的判决情况也表明这类案件具有较大争议，值得相关机构和法律从业者借鉴学习与思考分析。

商标侵权判定一直是司法审判和学术研究的难点，而是否构成商标性使用与是否产生混淆或误认是商标侵权判定的关键。广东省高级人民法院对“非诚勿扰”商标侵权案的再审判定回应了商标性使用与产生混淆或误认的两个《商标法》基本问题。

暨南大学知识产权研究院院长 · 徐瑄

商标实质上是商标权人、商标标识与商品（或服务）之间指代与被指代的关系，商标性使用的关键是对相关公众起到区分商品或服务来源的作用。江苏电视台反复多次、大量地在其招商广告、现场宣传等商业活动中使用“非诚勿扰”，且使用方式具有持续性与连贯性，其中标识在整体呈现方式上具有独特性，这充分地将“非诚勿扰”与自己的电视节目联系起来，使其客观上具备区别商品或服务的功能，使得公众不难将《非诚勿扰》电视节目与江苏电视台联系起来，足以构成商标性

使用。

《商标法》要保护的不是商标标识本身，而是商标所具有的识别和区分商品或服务来源的功能，实质上是凝结在商标标识上的商誉。对于近似商品或服务的侵权判定，我们除了考量涉案商标的客观要素外，还应结合相关商品或服务的目的、内容、方式、对象等情况综合考量。在商标注册、运营的过程中，企业通过辛勤劳动、智慧创造促使商标的识别性不断增强，而商标所承载的商誉价值不断累积，所获得的《商标法》保护就越强。

首席律师　营志远

2003—2014年先后在广东省珠三角某法院执行局、民二庭、民一庭、民三庭（知识产权庭）担任执行员、审判员、副庭长，累计办理各类知识产权、民商事、执行案件1 400多件。在民三庭担任副庭长期间，累计办理各类知识产权案件共140多件。自法院辞职进入广东盈隆律师事务所，先后代理上海、杭州、广州、深圳、佛山等地客户的商标、专利、著作权、侵权诉讼及商标异议、商标复议、专利无效复审等事务30多宗，处理知识产权类型案件的经验丰富，被广东省知识产权局评为首批入库专家，成为广州市律师协会商标法专业委员。曾公开发表《证明责任在知识产权侵权诉讼中的适用》、《知识产权侵权诉讼中分配证明责任的一般规则》（载于《岭南知识产权律师行思集》）。

编撰律师　邓梓斌

第六章

周黑鸭“锁鲜”商标保住！成功“锁”住新“鲜”！ / 菅志远、黄韵

一、案例背景

标志的“显著性”是指该标志使用于某种商品、服务上，具备识别该商品、服务的来源的功能，从而将使用该标志的商品、服务与同种或类似商品、服务加以区分，是该标志与商品、服务之间联系的“桥梁”。该“桥梁”有两种搭建方式。第一，与生俱来的固有显著性。该符号与商品、服务的组合本身即具备可识别性。第二，因长期使用产生的获得显著性。该符号因长期使用于商品、服务上，使得消费者心中已认可了它与商品、服务的联系。“桥梁”的搭建与否是该标志在法律上是否可注册为商标的必要条件。当消费者认可了这座“桥梁”，商标就具备了其所应有的价值，亦成为企业商誉的载体，因此商标显著性的重要性不言而喻。

周黑鸭创始于1997年，其独具风味的鸭制品深受消费者喜爱。为解决熟食储藏、保鲜及便于携带等问题，周黑鸭于2012年推出“锁鲜装”，并于2013年向商标局提出“锁鲜”（下称“锁鲜”）商标在第29

类商品上的注册申请。2015年1月，第13403629号“锁鲜”商标被核准使用在肉、死家禽、板鸭、豆腐制品、熟蔬菜、熟制豆等第29类商品上。2015年11月，武汉零点绿色食品股份有限公司（以下简称“武汉零点公司”）针对上述“锁鲜”商标向商评委提出无效宣告请求，主张“锁鲜”商标直接表示了食品的质量特点，用于商标注册不具有显著性。

二、权利的重点信息

第13403629号“锁鲜”商标系湖北周黑鸭企业发展有限公司（以下简称“周黑鸭公司”）于2013年10月22日向商标局提出注册申请，核定使用在第29类肉、死家禽、板鸭、豆腐制品、熟制豆等商品上，专用权期限自2015年1月14日起至2025年1月13日止。

三、案例解析

（一）案例具体情况

第13403629号“锁鲜”商标由周黑鸭公司于2013年10月22日向商标局提出注册申请，核定使用在第29类肉、死家禽、板鸭、豆腐制品、熟制豆等商品上，专用权期限自2015年1月14日起至2025年1月13日止。2015年11月12日，武汉零点公司依据《商标法》第十一条第一款第（二）项和第（三）项的规定，以该商标不具备显著性为由向商评委提出无效宣告申请。

商评委于2016年7月15日做出无效宣告请求裁定，认定“锁鲜”使用在该商标核定使用的第29类商品上，仅直接表示了商品的包装技术、质量等特点，不能起到商标应有的区分商品来源的作用，缺乏商标应有的显著性。而且，周黑鸭公司在其官方网站上对“周黑鸭散装食品全面升级为锁鲜装”进行了宣传，进一步证实了“锁鲜”是一项包装技术。据此，商评委裁定对“锁鲜”商标予以无效宣告。

周黑鸭公司因不服商评委上述无效宣告请求裁定，于法定期限内向北京知识产权法院提起行政诉讼。2016年12月23日，北京知识产权法院做出一审判决，判令撤销商评委做出的商标无效宣告请求裁定并重新做出裁定。

武汉零点公司、商评委不服，向北京市高级人民法院提起上诉。2017年6月27日，二审判决判令驳回上诉，维持原判。

（二）维权诉求

周黑鸭公司不服商评委做出的无效宣告请求裁定，认为该裁定的做出程序违法且存在事实认定及法律适用错误，请求法院撤销该裁定，并判令商评委重新做出裁定。

（三）对方抗辩

商评委和武汉零点公司提交包括周黑鸭公司官方网站相关页面打印件、湖北省科技信息研究院查新检索中心出具的关于《可可哥锁鲜鸭制品加工关键技术集成》的科技查新报告、名称为“锁鲜鸭制品加工关键技术集成的科技成果”登记证书、“锁鲜”的网络查询结果、“锁鲜”作为一种食品行业包装技术的情况说明在内的证据，证明“锁鲜”是广泛存在和运用于食品行业的包装技术。周黑鸭公司对“锁鲜”的使用仅体现了商品包装、食品的质量特点，且周黑鸭公司的网站宣传也表明其认可“锁鲜”是一项包装技术，并未将“锁鲜”作为一个注册商标使用，故根据《商标法》第十一条第一款第（二）项和第（三）项的规定，“锁鲜”用于商标注册不具有显著性。

（四）法院认定

关于“锁鲜”是否违犯《商标法》第十一条第一款第（二）项的

规定，二审法院认为："锁鲜"一词意指"锁住新鲜"，并非中文固有词汇，该词使用在肉、死家禽、板鸭等商品上，是对上述商品具有较高保鲜品质这一食品质量状况的期许。肉、死家禽、板鸭等商品的质量特点与"锁鲜"并无直接关联，相关公众在看到"锁鲜"一词时，需要经过一定程度的演绎、想象，才能将"锁鲜"与肉、死家禽、板鸭等商品具有较高保鲜品质这一选购标准相对应，其属于"暗示性标志"。因此，"锁鲜"并非是对上述商品的质量或其他特点的直接表述，能够起到指明商品来源的作用，并未违犯《商标法》第十一条第一款第（二）项的规定。

关于"锁鲜"是否违犯《商标法》第十一条第一款第（三）项的规定，二审法院认为：商评委和武汉零点公司在本案中提交的名为《解开速冻技术锁鲜的秘密》的三全食品的宣传稿件、科技查新报告、湖北省科技成果登记证书、六份同业者的情况说明等证据，仅表明"锁鲜"一词在速冻技术保鲜、真空保鲜等不同技术领域均有使用，并具有不同的内容指向。在争议商标的申请日之前，"锁鲜"尚未被明确为一项包括具体方法、步骤、标准、应用环境在内的食品包装技术或速冻技术，所谓的"锁鲜技术"亦未广泛应用于食品生产行业。食品包装的重要目的之一是保证食品材质的新鲜程度，不宜将所有有助于实现这一目的的技术手段统称为"锁鲜技术"。因此，"锁鲜"也不构成食品行业通用的包装技术或速冻技术名称。

（五）判决情况

二审法院认为，在未构成对商品质量等特点的直接表述和食品行业通用的包装技术或速冻技术名称的情况下，"锁鲜"是不构成《商标法》第十一条第一款第（二）项所指的"仅直接表示商品的质量特点的"，亦不构成第（三）项所指的"其他缺乏显著特征"的情形。"锁鲜"并非同业经营者在描述商品特点时所常用的直接表达方式，同业经营者在相关商品的表述上仍具有较大的选择空间，将"锁鲜"注册为商标不会不适当地影响同业经营者的合法权益。二审法院还指出，商评委对同一事实同时适用《商标法》第十一条第一款第（二）项和第（三）项规定，属适用不当。

四、律师分析

如本文开头所述，“显著性”是标志与其所使用的商品、服务之间联系的“桥梁”，而对于该联系的密切程度的认知与认定即为本案的关键。

首先，根据标志与其所使用的商品、服务之间联系的密切程度的大小，我们可将标志分为通用标志、直接描述性标志、暗示性标志、臆造性标志。而密切程度与固有显著性呈负相关，即密切程度越大，固有显著性越小。暗示性标志的认定为该标志可予以注册为商标的最低标准。（通用标志或直接描述性标志因长期使用而获得显著性的在此不论。）

其次，判断商标属于直接描述性标志还是暗示性标志，应从以下两个方面来考虑。第一，相关公众的第一认知。当相关公众看到某一标志时，若无须想象即能判断其是直接描述商品或服务特点的，则该标志为直接描述性标志；若需要经过一定程度的演绎、解释、说明或想象才能将该标志与商品或服务的特点相对应，则该标志为暗示性标志。第二，是否属于同业经营者描述该特点所使用的常用方式。如果某一标志为同业经营者用来描述此类商品或服务功能、用途、特点的常用标志，则该标志为直接描述性标志。

因此，本案的焦点在于“锁鲜”一词是否仅直接表示了商品的质量等特点，以及在“锁鲜”商标注册申请日之前，是否已存在一项明确的食品包装技术或速冻技术被称为“锁鲜”。对此，武汉零点公司和商评委应承担举证责任。

第一，“锁鲜”一词不是仅直接表示了商品的质量等特点。“锁鲜”一词意指“锁住新鲜”，并非中文固有词汇，是对肉、死家禽、板鸭等商品具有较高保鲜品质这一食品质量状况的期许。“锁鲜”一词与肉、死家禽、板鸭等商品本身的质量等特点无直接关联，相关公众在看到“锁鲜”一词时，需要经过一定程度的演绎、想象，才能将“锁鲜”与肉、死家禽、板鸭等商品具有较高保鲜品质这一选购标准相对应。

第二，武汉零点公司和商评委提供的证据仅表明“锁鲜”一词在速冻技术保鲜等不同技术领域均有使用，并具有不同的内容指向，且该“锁鲜技术”亦未广泛应用于食品生产行业，不宜将有助于保证食品材质的新鲜程度的技术手段统称为“锁鲜技术”。因此，在“锁鲜”商标申请日之前，“锁鲜技术”尚未被明确。

五、正确做法

无论是在商标注册申请、驳回复审中还是在无效宣告程序中，判断标志是否具有固有显著性实际是对上文所述标志与商品、服务之间联系“桥梁”建造与否的正确认识，关键在于判断该标志属于直接描述性标志还是暗示性标志。该认知与认定过程必然带有一定的主观意志，那么我们该如何相对客观地做出判定呢？主要有以下几点需要注意。

首先，应基于一般公众的通常理解和认识。对于《商标法》第十一条第（二）款“仅直接表示商品的质量、主要原料、功能、用途、重量、数量及其他特点”的规定，我们应从两个方面来准确认知。第一，“仅直接表示”的定义。“仅直接表示”是指相关公众除了看到该标志以外，无须借助其他中间力量、无须联想就可明白当中的意思，这属于对标志与其所使用的商品之间联系、联想的认知范畴，即如何更好地认识联系的“桥梁”本身。第二，“商品的质量、主要原料、功能、用途、重量、数量及其他特点”的定义。所谓“质量、主要原料、功能、用途、重量”等，我们应结合该标志所申请使用的商品的质量、主要原料、功能、用途、重量等通常定义，以普遍多数人在实际生活中的普遍认识来判断，而非个别认知。例如，重量是指该商品的常用计量单位，在商品上使用“数字和千克”缺乏固有显著性。

其次，应准确认知使用商品、服务本身。标志与商品、服务之间的联系应直达商品、服务的质量等特点，而非商品、服务的引申。在本案中，判断“锁鲜”是否具有显著性应聚焦于“锁鲜”是否仅直接描述板鸭等商品本身的质量特点，而非板鸭等商品包装速冻技术的特点。若某标志描述的仅是该标志申请使用商品或服务的引申特点，其就不属于直接描述性标志。

再次，把标志视为整体来判断。标志经常由一个或者数个要素组合而成，因为其中某个要素不具备固有显著性，从而认定标志整体不具备固有显著性是错误的。我们应当从标志整体出发，客观正确地认知该标志的固有显著性。

最后，是否属于同业经营者的常用方式。直接描述性标志还应当是同业经营者描述该特点所使用的常用方式。由于将同业经营者描述商品特点时通常使用的直接表达方式注册为商标会不适当地影响同业经营者的合法权益，故直接描述性标志不具备固有显著性，不应予以注册使用。

六、风险防范

对于判断标志是否具备显著性或显著性强弱，我们认为应当遵循以下两个步骤：第一，判断该标志属于直接描述性标志还是暗示性标志，包括考察标志与商品或服务之间联系的密切程度、对标志整体的认知、结合相关公众的普遍认知程度；第二，在标志固有显著性较弱时，应多角度综合判断该标志是否已获得显著性，包括该标志所申请使用的商品或服务的具体内容、该标志的使用方式及范围、该标志的使用广度和强度以及标志所有人设计及使用的主观意图。

七、法律链接

《商标法》第十一条　下列标志不得作为商标注册：（一）仅有本商品的通用名称、图形、型号的；（二）仅直接表示商品的质量、主要原料、功能、用途、重量、数量及其他特点的；（三）其他缺乏显著特征的。前款所列标志经过使用取得显著特征，并便于识别的，可以作为商标注册。

八、运营思维

资深专利代理师、广州三环专利商标代理有限公司副总经理 · 颜希文

本案是撤销商标无效宣告纠纷领域下针对商标显著性特征问题进行抗辩的案件。对于该类非固有词汇，但属于一般消费者一看就知道其意思的缩略标识（例如，“微博”是“微型博客”的缩写，“微单”是“微型单反”的缩写，“锁鲜”是“锁住新鲜”的缩写）是否具有商标的显著性特征，本案例给出了最好的答案。虽然“锁鲜”一词明显是保证食品材质的新鲜程度的包装工艺的描述，但是正常来说，人们会使用“保鲜”这一固有词汇，而非“锁鲜”。“锁鲜”属于申请者通过对非固有词汇组合形式的长期使用获得的与指定商品之间的联系，产生了显著性。代理律师将“锁鲜”一词解释为：非中文固有词汇，属于“暗示性标识”，非对商品质量或其他特点的直接表述，在相关商品的表述上有较大选择空间，本词非唯一也非固有表述，是对肉类有较高保鲜品质的期许，并非是一种广泛应用的技术。以上对涉案商标的解释无疑是本案能够胜诉的关键因素之一。

白云山制药总厂法务总监 · 许淑文

本案是关于商业标志固有显著性认知的典型案例。“锁鲜”商标由于“先天不足”而命运波折。

显著性是商标的固有属性，也是商标的内在灵魂。通常，商业标识要获得商标性保护有两个途径：一是有与生俱来的固有显著性，二是因长期使用产生获得显著性。

该案例揭示了商业标志固有显著性的判断思路，即根据标志与其所使用的商品、服务之间联系的密切程度来判断。该案例也提出了私权利与公权利的范围界定问题。“锁鲜”是否构成食品行业通用的包装技术或速冻技术名称，是判断其能否注册为商标从而纳入私权利范围的关键问题。在无效请求人未能充分举证的情况下，将“锁鲜”注册为商标不会不适当地影响同业经营者的合法权益。

本案的启示在于，企业应尽可能避免申请“先天不足”的商标，也要尽量避免将公共领域有争议的标志注册为商标，同时对于“先天不足”的商标要做好“后天补救”，如通过使用获得显著性。企业通过对商标赋予新的含义，增强标识的显著性，从而避免确权司法诉累，也为侵权指控奠定基础。

首席律师 营志远

相关介绍见第五章。

编撰律师 黄韵

第七章

优衣库商标侵权案 / 菅志远、何晓君

一、案例背景

近年来，囤积商标待价而沽、恶意抢注商标索要高价的情形越发严重，对我国商标注册秩序产生了极大的负面影响。所谓囤积商标牟利行为，表现为大量将他人在先使用的商标通过恶意抢注据为己有，或者大量注册与他人正在使用的商标尽可能相近似的商标，但注册的目的不是使用这些商标，而是欲通过兜售或诉讼要挟的方式从商标使用人处牟取不正当利益。本案被告优衣库建立于1984年，通过改变经营策略、扩大经营规模等方式发展壮大，现已成为国际知名服装品牌。优衣库是日本株式会社迅销旗下的核心品牌之一，也是日本服装零售业的领军品牌。在面对原告提出的维权诉求时，代理律师通过全面调查和了解案情，发现原告所主张的商标侵权诉讼行为有违行使商标权的“诚实信用原则”，最终全面击破原告的诉求，使得法院驳回原告全部诉讼请求。

二、权利的重点信息

广州市指南针会展服务有限公司（以下简称“指南针公司”）和广州中唯企业管理咨询服务有限公司（以下简称“中唯公司”）是注册商标“UL”的共有人。该注册商标核定使用的商品为第25类，包括游泳衣、足球鞋、鞋、童装、帽、袜、服装、皮带（服饰用）、婚纱、领带，有效期为2013年6月21日至2023年6月20日。

被告优衣库商贸有限公司（以下简称“优衣库公司”）与案外人迅销（中国）商贸有限公司系株式会社迅销在中国设立的子公司，共同经营“优衣库”品牌。

株式会社迅销是“UNIQLO”注册商标、“UNIQLO”注册商标、“优衣库”注册商标的专用权人，核定使用商品均为第25类。2012年11月3日，株式会社迅销向商标局申请商标“UL”领土延伸（该商标的优先权日期为2012年8月2日，专用期限为2012年8月13日至2022年8月13日），申请注册商品为第25类。

三、案例解析

（一）案例具体情况

指南针公司成立于2004年7月，经营范围包括展览活动策划、展具租赁等。中唯公司则成立于2005年4月，主要经营企业管理咨询、企业形象设计、商标代理等。2012年3月14日，指南针公司和中唯公司共同申请注册诉争商标“UL”，随后被核准使用在25类鞋、帽等产品上。

迅销（中国）商贸有限公司成立于2006年12月，其股东为日本株式会社迅销。日本株式会社迅销于1995年取得“UNIQLO”注册商标专用权，并于2003年取得“优衣库”等注册商标专用权。经日本株式会社迅销授权，迅销（中国）商贸有限公司在经营过程中，在宣传相关商品时多次使用了“UNIQLO”、“优衣库”以及被诉标识“”。

指南针公司和中唯公司发现优衣库公司上海船厂路店（以下简称“船厂路店”）内销售的高级轻型羽绒系列服装上多处突出使用“”标识。因此，指南针公司和中唯公司认为，船厂路店是优衣库公司的分公司，而优衣库公司和船厂路店未经许可在相同商品上及相关网络推广宣传中使用与涉案注册商标相同的标识，侵犯了指南针公司和中唯公司享有的注册商标专用权。此外，被诉标识使用在衣服等相关产品上，与诉争商标核定使用商品相同，涉嫌构成商标侵权。

（二）维权诉求

指南针公司和中唯公司请求法院判决优衣库公司和船厂路店立即停止侵犯注册商标专用权的行为，并赔偿经济损失。

（三）抗辩理由

优衣库公司和船厂路店的主要抗辩观点如下：（1）被控侵权标识“”是与“”共同使用的，旨在说明商品的特性，并非商标性的使用；（2）优衣库公司和船厂路店在涉案商品上使用了具有较高知名度的自有商标，且均采用SPA（自有品牌服饰专业零售商）经营模式，涉案商品仅通过使用自有商标的直营店或网络专卖店进行销售，消费者进入店铺即明确其销售的商品均为自有品牌，不会对涉案商品的来源产生混淆、误认；（3）涉案注册商标没有实际使用，不具有价值和知名度，故指南针公司和中唯公司没有实际损失，优衣库公司和船厂路店不应承担赔偿责任；（4）指南针公司和中唯公司申请注册大量商标却不实际使用，企图通过诉讼索取高额商标转让费，且指南针公司和中唯公司已就与本案基本相同的事实向全国各地法院提起诉讼42宗，具有滥用诉权的恶意。

（四）法院认定

对于优衣库公司和船厂路店使用诉争商标的行为，一审法院认为：指南针公司和中唯公司为“UL”注册商标专用权人，其合法权益受法律保护。从公众的认知能力和认知习惯来看，优衣库公司和船厂路店使用的“UL”标识已经具有区分商品来源的功能，应属于商标性使用，公众必然会对使用在相同商品上的相同商标产生混淆。因此，优衣库公司和船厂路店构成商标侵权，一审法院判决优衣库公司和船厂路店停止侵权，并驳回指南针公司和中唯公司的其他诉讼请求。

在一审判决后，指南针公司、中唯公司和优衣库公司提起上诉。二审法院判决驳回上诉，维持原判。之后，优衣库公司向最高人民法院申请再审。

最高人民法院认为，根据一审法院查明的事实及本院查明的事实，本案的争议焦点为：指南针公司、中唯公司是否滥用其商标权。一审法院和二审法院已经查明指南针公司、中唯公司未能成功转让涉案注册商标，即指南针公司、中唯公司分别以优衣库公司、案外人迅销公司及其各自门店侵害该商标专用权为由，就基本相同的事实展开系列诉讼，并在每个案件中均以优衣库公司或迅销公司及其门店作为共同被告起诉，利用优衣库公司或迅销公司门店众多的特点，形成全国范围内的批量诉讼。指南针公司、中唯公司的行为明显违反诚实信用原则，对其借用司法资源以商标权牟取不正当利益的行为，依法不应受法律保护。

（五）判决情况

二审法院虽然考虑了指南针公司、中唯公司之恶意，判令不支持其索赔请求，但对其是否基于诚实信用原则行使商标权未进行全面考虑，适用法律有所不当，最高人民法院予以纠正。最后，最高人民法院判决撤销该案的一审、二审判决，并驳回指南针公司、中唯公司的全部诉讼请求。

四、律师分析

本案的转折点主要是最高人民法院把争议焦点转化为指南针公司、中唯公司是否滥用其商标权，并就此争议焦点进行深入的探讨，查明及判断指南针公司、中唯公司这种囤积商标以及在全国范围内提起大批量商标侵权诉讼的行为是否违反诚实信用原则。一审、二审法院查明，指南针公司、中唯公司主营商标代理和商标转让等与商标有关的业务，持有较多数量的商标。两家公司在对优衣库公司提起诉讼之前，曾经与优衣库公司磋商关于转让商标“UL”的事宜，但最终因价格问题导致交易不成功。指南针公司、中唯公司囤积商标、提起批量诉讼的行为足以表明其恶意性。

五、正确做法

商业模式不断在更新，知识产权纠纷也日益增多。某些商家会囤积商标以高价转让，如果转让不成功则恶意提起多宗诉讼以牟取经济利益。针对这类事件，企业、商家应当具备商标意识，尽早注册商标，保护知识产权。另外，如果已经被诉侵权，企业可以寻求行政手段，如就涉案商标向国家工商行政管理总局商评委申请宣告无效。同时，企业还应当尽量搜集对方囤积商标的证据，以证明对方行为的恶意性质。

六、法律链接

（一）《商标法》

第七条 申请注册和使用商标，应当遵循诚实信用原则。

第四十四条第一款 已经注册的商标，违反本法第十条、第十一条、第十二条、第十九条规定的，或者是以欺骗手段或者其他不正当手段取得注册的，由商标局宣告该注册商标无效；其他单位或者个人可以请求商标评审委员会宣告该注册商标无效。

第五十七条 有下列行为之一的，均属侵犯注册商标专用权：（一）未经商标注册人的许可，在同一种商品上使用与其注册商标相同的商标的；（二）未经商标注册人的许可，在同一种商品上使用与其注册商标近似的商标，或者在类似商品上使用与其注册商标相同或者近似的商标，容易导致混淆的；（三）销售侵犯注册商标专用权的商品的；（四）伪造、擅自制造他人注册商标标识或者销售伪造、擅自制造的注册商标标识的；（五）未经商标注册人同意，更换其注册商标并将该更换商标的商品又投入市场的；（六）故意为侵犯他人商标专用权行为提供便利条件，帮助他人实施侵犯商标专用权行为的；（七）给他人的注册商标专用权造成其他损害的。

（二）《最高人民法院关于审理商标民事纠纷案件适用法律若干问题的解释》

第九条第一款 商标法第五十二条第（一）项规定的商标相同，是指被控侵权的商标与原告的注册商标相比较，二者在视觉上基本无差别。

第十条 人民法院依据商标法第五十二条第（一）项的规定，认定商标相同或者近似按照以下原则进行：（一）以相关公众的一般注意力为标准；（二）既要进行对商标的整体比对，又要进行对商标主要部分的比对，比对应当在比对对象隔离的状态下分别进行；（三）判断商标是否近似，应当考虑请求保护注册商标的显著性和知名度。

七、运营思维

资深专利代理师、广州三环专利商标代理有限公司副总经理·颜希文

本案是商标侵权纠纷领域下再审法院因原告滥用商标权而转移争议焦点的案件。本案的争议焦点曾为“被告是否侵害原告商标权利”，后因被告的抗辩转化为“原告是否滥用其商标权”。原告注册批量未实际使用的商标，通过高额商标转让费来赢利，在双方未能达成转让协议的情况下，便就基本相同的事实对被告众多门店展开系列诉讼。该类行为明显违反诚实信用原则，具有滥用诉权的恶意。虽然本案最后因适用法律不当被撤销判决，但是本案可作为滥用商标权案件的抗辩范例，也明确了原告借用司法资源以知识产权牟取不正当利益的行为，依法不应受到法律保护。

广州知识产权法院四级高级法官·朱文彬

《商标法》第七条及第三十二条分别规定，申请注册和使用商标，应当遵循诚实信用原则；申请商标注册不得损害他人现有的在先权利，也不得以不正当手段抢先注册他人已经使用并有一定影响的商标。据此，针对滥用商标权的商标囤积牟利行为，若在先权利人因在先使用而享有未注册驰名商标以及有一定影响的商品名称、字号等在先于注册商标的权利，在先权利人既可以通过商标无效宣告申请的行政程序使该注册商标宣告无效，也可以起诉权利滥用人使用的注册商标侵害其在先使用的未注册驰名商标权利和侵害其在先权利构成不正当竞争。反过来，对于权利滥用人起诉在先权利人的商标侵权的诉讼，在先权利人亦可据此做出不侵权抗辩。但是，若被诉侵权人无法证明其相对于商标权人享有在先权利，则不仅应在民事诉讼中证明商标权人在商标注册中存在违反诚实信用原则的行为以及明显的主观恶意，更重要的是，应及时提起商标无效宣告申请程序，如本案中迅销公司通过无效宣告申请以及后续的行政诉讼使权利滥用人注册的商标被宣告无效。这从源头上解决了权利滥用人本不该享有商标权利的基础问题。

·智慧语录·

知识产权发明单位要具有强烈的知识产权转移转化意识和知识产权的创造价值意识，以及增加知识产权壁垒、提高市场竞争力的意识。

相关机关应坚持拟制权利不可转让原则，使已经注册而未使用，即未转化为现实权利的商标禁止转让。

——菅志远

首席律师　菅志远

相关介绍见第五章。

编撰律师　何晓君

第八章

世界级检测精度设备商标侵权案 / 罗穗芳

一、案例背景

已离职员工曾作为公司的区域经销商，在离职前注册了与公司注册商标文字相同的企业名称，并以该企业的名义与公司签署了区域销售总经销合同。同时，该员工也注册了与公司域名近似的域名，在其网站上大量使用了与公司相同的企业内容、产品文字和图片进行宣传、许诺销售，但公司无法获得该企业生产的侵权产品实物。

本案中，原告诺信公司成立于2002年8月，其自主开发生产的“信和”光栅传感器系列是我国机床工具数显行业的前列品牌，占据国内市场份额约53%，是世界上第二大生产光栅数显的专业厂家，曾是中国光栅数显行业出口创汇最多的企业。

被告广东信和光栅数显公司（以下简称为“广东信和公司”）股东兼法定代表人甘某于2003年入职诺信公司关联公司广州信和公司，后调入诺信公司工作，任区域销售负责人，2014年从诺信公司离职。2012年，甘某在东莞市成立东莞市信和光栅数显有限公司（以下简称“东莞信和公司”），后变更为广东信和公司。

二、权利的重点信息

诺信公司是第9类“信和”商标和“S”图形商标权利人，“信和”商标于2007年7月14日核准注册，“S”图形商标于2007年9月7日核准注册，两个商标指定保护商品为“计算尺、精密测量仪器等”。“信和”及“S”图形商标的原权利人是诺信公司的关联公司广州信和公司，其后被转让至诺信公司名下。2011年，“S”图形商标在精密测量仪器上被认定为广东省著名商标；2010年，诺信公司的“S”商标牌光栅线位移传感器（光栅尺）被认定为广东省名牌产品；2013年，诺信公司的“信和”商标牌光栅线位移传感器（光栅尺）被认定为广东省名牌产品。

广州信和公司早在2000年就已在光栅数显产品上使用“SINO”标识。

三、案例解析

（一）案例具体情况

原告诺信公司成立于2002年8月，从广州信和公司发展而来，是一家专业开发、研制、生产数控装备的民营高科技公司，专门生产光栅线位移传感器、光栅数显表和数控系统、数控铣床系列产品，拥有一系列世界上最先进的检测精度设备，主要产品包括光栅尺、数显表、数控系统、数控机床等，产品技术水平达到国内领先乃至国际先进水平，先后获得国家科技部技术创新项目2项，粤港关键领域重大突破项目2项，省、市和区科技攻关计划项目各1项、3项、5项，省、市科技创新项目各1项、2项，各项知识产权56项。

甘某于2003年入职诺信公司关联公司广州信和公司，2009年被调入诺信公司工作，任区域销售负责人，2014年从诺信公司离职。2012

年，甘某在东莞市成立东莞信和公司，甘某是股东并担任法定代表人。2014年年底，东莞信和公司变更企业名称为广东信和公司。

被告广东信和公司的经营范围为“光栅尺、数显表、测量仪器、数控机械设备、计算机软件及辅助设备、电子产品、电线电缆、金属材料，通用机械设备维修，计算机系统集成服务”。广东信和公司的光栅尺、数显表对外以“信和光栅尺”“信和数显表”的名称进行销售，产品外形、装潢与原告的光栅尺、数显表高度近似，对外宣传使用的产品型号也与原告相同。

2012年，东莞信和公司登记注册域名“www.sino-ld.cn”，该域名与诺信公司域名相比，仅后缀“cn”不同。广东信和公司网站的公司简介、企业文化全部抄袭自诺信公司，并将诺信公司的部分证书作为其公司的资质证书对外宣传。在公司网站多处，被告以“SINO信和光栅数显有限公司信和光栅”名义进行标示。

（二）维权诉求及理由

作为同行业的相同产品经营者，诺信公司的维权诉求包括：广东信和公司停止在产品上使用“信和”商标。由于广东信和公司同时使用了与诺信公司注册商标“信和”相同的文字作为企业字号，并注册了与诺信公司域名“www.sino-ld.com”近似的英文域名“www.sino-ld.cn”，所以诺信公司的维权诉求亦包括：广东信和公司变更企业名称，并将“www.sino-ld.cn”英文域名转让、变更至诺信公司名下使用。

（三）对方抗辩情况

广东信和公司答辩称，广东信和公司是诺信公司的经销商，所销售的涉案产品均来自原告，得到原告的授权并负责涉案产品的销售及售后服务，并没有侵害原告的商标权。“SINO”是未注册商标，不具有独特性，不具备商标或商标标识的属性，不能注册为商标，广东信和公司不存在侵害"SINO"标识的行为：相关规定也没有禁止"sino"注册登记为域名，不同意诺信公司要求广东信和公司停止使用域名的请求。广东信和公司是依法注册登记的，并未突出使用"信和"字样，不存在不正当竞争行为。

（四）法院认定结果

广东信和公司的抗辩理由如下：一是广东信和公司是诺信公司的区域经销商，其销售的产品具有合法来源；二是广东信和公司的企业名称和域名的登记注册在形式上是合法的。广东信和公司利用了企业名称的核准是在企业成立的行政区域内登记注册，而不是在中国大陆统一注册的，从而顺利取得"信和"企业名称在东莞市的注册，并在获准注册后将东莞信和公司变更为广东信和公司。而广东信和公司的企业域名注册也因其后缀"cn"不同，而获得域名"sino"的登记注册。

一审法院判决，被告广东信和公司立即停止侵害原告诺信公司"信和"注册商标专用权、"S"注册商标专用权的行为；被告变更企业名称，变更后的企业名称中不得含有"信和"字样；被告立即停止使用"www.sino-ld.cn"域名并将"www.sino-ld.cn"域名权利变更到诺信公司名下，赔偿原告经济损失50万元。二审法院判决驳回上诉，维持原判。

四、律师建议

本案与其他知识产权案件比较而言，存在较大的维权难度。一是广东信和公司或其经销商没有实体店或网络店销售侵权产品，诺信公司无法取得广东信和公司销售的侵权产品。在没有侵权产品实物的情况下，诺信公司无法对广东信和公司在侵权产品上使用的标识与诺信公司注册商标进行比对。二是广东信和公司主张其是诺信公司的区域经销商，并向一审法院提供了与诺信公司之间的经销合同、销售发票及商品清单。若法院认可广东信和公司所销售的信和光栅尺、信和数显表来自诺信公司，广东信和公司销售的产品可能因有合法来源而不构成侵害诺信公司的商标权。三是广东信和公司与诺信公司之间的经销合同是以东莞信和公司的名义签署的，即诺信公司对东莞信和公司的登记成立是知晓的。

经办律师发现，诺信公司与广东信和公司之间的销售合同是东莞信和公司作为区域经销商与诺信公司签署的区域总经销合同，其中约定广东信和公司在经营诺信公司产品的同时，不得经营其他对诺信公司的产品有竞争或冲击的同类产品。

在无法取得侵权产品的情况下，律师建议诺信公司向一审法院提交广东信和公司存在实际销售的初步证据，申请一审法院对广东信和公司的生产车间进行证据保全，以取得广东信和公司的侵权产品实物。同时，诺信公司整理收集与广东信和公司间的销售收据提交给一审法院，结合广东信和公司提交的销售发货单和证人证言，以充分证明诺信公司销售给广东信和公司的光栅尺、数显表仅占广东信和公司光栅尺、数显表销售额的小部分，其大量销售的是自己生产的光栅尺、数显表。

在知识产权案件中，被控侵权一方有可能会在诉讼期间对与原告近似的商标办理商标注册申请、著作权美术作品登记，或对原告的产品申请专利外观设计，并将商标受理书、著作权登记证书或专利权证书提交给法院作为其不构成侵权的抗辩理由。在诉讼中，原告应关注被告相关的知识产权信息，及时提出异议或无效宣告申请。

五、正确做法

诺信公司与广东信和公司的区域销售总经销合同约定，广东信和公司维护诺信公司在当地的公司形象及产品的品牌形象，并在销售过程中不得隐瞒或除去诺信公司的“SINO”标识，保护诺信公司的知识产权和无形资产不受侵犯。

企业通常会有多种知识产权存在于产品上，如商标权、著作权、外观设计专利权、实用新型权甚至发明专利权。因此，在销售合同中明确知识产权的归属是非常有必要和重要的，对将来的知识产权纠纷起着提前防范的作用。例如，在经销合同中增加知识产权条款：本合同项下的销售货物所含的知识产权均属于乙方，不因本合同的存在而发生任何变化，甲方不得以任何方式侵犯乙方的知识产权，如有违反，甲方除应承担违约责任外，还应赔偿乙方所受的损失（包括但不限于诉讼费、调查取证费、证据保全费、差旅费、律师费等）。

六、法律链接

（一）《商标法》

第五十七条 有下列行为之一的，均属侵犯注册商标专用权：（一）未经商标注册人的许可，在同一种商品上使用与其注册商标相同的商标的；（二）未经商标注册人的许可，在同一种商品上使用与其注册商标近似的商标，或者在类似商品上使用与其注册商标相同或者近似的商标，容易导致混淆的；（三）销售侵犯注册商标专用权的商品的；（四）伪造、擅自制造他人注册商标标识或者销售伪造、擅自制造的注册商标标识的；（五）未经商标注册人同意，更换其注册商标并将该更换商标的商品又投入市场的；（六）故意为侵犯他人商标专用权行为提供便利条件，帮助他人实施侵犯商标专用权行为的；（七）给他人的注册商标专用权造成其他损害的。

（二）《中华人民共和国商标法实施条例》

第七十六条　在同一种商品或者类似商品上将与他人注册商标相同或者近似的标志作为商品名称或者商品装潢使用，误导公众的，属于商标法第五十七条第二项规定的侵犯注册商标专用权的行为。

（三）《最高人民法院关于审理商标民事纠纷案件适用法律若干问题的解释》

第一条　下列行为属于商标法第五十二条第（五）项规定的给他人注册商标专用权造成其他损害的行为：（一）将与他人注册商标相同或者相近似的文字作为企业的字号在相同或者类似商品上突出使用，容易使相关公众产生误认的；（二）复制、摹仿、翻译他人注册的驰名商标或其主要部分在不相同或者不相类似商品上作为商标使用，误导公众，致使该驰名商标注册人的利益可能受到损害的；（三）将与他人注册商标相同或者相近似的文字注册为域名，并且通过该域名进行相关商品交易的电子商务，容易使相关公众产生误认的。

（四）《最高人民法院关于审理涉及计算机网络域名民事纠纷案件适用法律若干问题的解释》

第五条　被告的行为被证明具有下列情形之一的，人民法院应当认定其具有恶意：（一）为商业目的将他人驰名商标注册为域名的；（二）为商业目的注册、使用与原告的注册商标、域名等相同或近似的域名，故意造成与原告提供的产品、服务或者原告网站的混淆，误导网络用户访问其网站或其他在线站点的；（三）曾要约高价出售、出租或者以其他方式转让该域名获取不正当利益的；（四）注册域名后自己并不使用也未准备使用，而有意阻止权利人注册该域名的；（五）具有其他恶意情形的。被告举证证明在纠纷发生前其所持有的域名已经获得一定的知名度，且能与原告的注册商标、域名等相区别，或者具有其他情形足以证明其不具有恶意的，人民法院可以不认定被告具有恶意。

（五）《最高人民法院关于审理注册商标、企业名称与在先权利冲突的民事纠纷案件若干问题的规定》

第四条 被诉企业名称侵犯注册商标专用权或者构成不正当竞争的，人民法院可以根据原告的诉讼请求和案件具体情况，确定被告承担停止使用、规范使用等民事责任。

七、运营思维

资深专利代理师、广州三环专利商标代理有限公司副总经理 · 颜希文

商标不仅承载了企业的标识和用以区别商品或服务的来源，而且代表了企业的文化、商誉，与企业的生存和发展息息相关。随着国家知识产权战略的不断推进，商标申请和注册数量屡创新高，各企业越来越重视知识产权保护工作。然而，商标侵权纠纷案件层出不穷，如广药集团与加多宝商标纠纷案、上海高通与美国高通商标及不正当竞争纠纷案、周乐伦与新百伦公司商标纠纷案。商标纠纷案的发生往往会对企业的生存和发展造成重大影响。

（一）商标先于市场布局而行

本案中，诺信公司的“SINO”标识在行业内具有极高的知名度，客户认牌购货主要是以产品上的“SINO”来辨识真品的。诺信公司关联企业广州信和公司在公司成立时已将“SINO”作为商标在产品上使用，但直至本案起诉时仍未办理商标注册，以至在本案中错失以注册商标专用权维权的机会。

当今网络市场迅猛发展，商标知名度的提升也随之加快。若企业的商标未能获得法律保护，市场上各类“傍名牌”“搭便车”的侵权行为便会不断出现。这样，不仅企业会面临无法制止侵权的尴尬局面，而且其会对企业经营发展造成严重阻碍，以至出现“劣币驱逐良币”的被动情形。

因此，企业必须有前瞻性的规划，在进入市场前（或同时）即应做好商标布局，提前申请注册商标和关联产品商标，为自身在市场上的经营保驾护航。

（二）勤于管理，维护好商标

商标的生命力在于使用，商标的知名度也是在使用中建立的。创商标知名度难，守商标知名度更难。在本案中，一方面，诺信公司的注册商标具有较高的知名度，但诺信公司对注册商标的保护未能延伸到企业员工。在员工的劳动合同和区域经销合同中，诺信公司对知识产权的归属没有做好预防措施，也没有对知识产权的归属予以明确。另一方面，诺信公司对员工将自身注册商标注册为企业字号的情况未予以警觉，未能发现潜在的不正当竞争风险。

在商标注册后，如果企业不注意商标的保护，那么不仅会存在商标被侵权的风险，而且会出现企业字号与商标名称的不正当竞争行为，甚至会出现商标沦为产品通用名称的风险。

广州知识产权法院四级高级法官・朱文彬

在双方当事人存在合作关系，特别是合作包括商标许可、特许经营、经销商标权人的商品等内容时，被许可人或者经销商根据合同约定将商标权人的商标作为其企业字号使用，或者为经销商品在宣传中使用等，属于经营中的常见情形。但是，在上述合作关系结束后，经销商即使仍有部分源于商标权人的正品库存需要继续销售，也应谨守合理规避义务，不能超越普通销售者使用商标权人的商标的合理范围，不应导致相关公众误认为其仍然是商标权人的特约经销商，以及其后续制造和销售的自有产品均源于商标权人或者与商标权人存在其他特定联系。在本案中，甘某于2012年2月开设的东莞信和公司与诺信公司之间存在合作关系，当时其使用“信和”作为企业字号并无不当。但到了2014年12月，双方已终止合作关系。此时，东莞信和公司在进行企业名称变更时本应做出合理规避，但其在变更企业名称时继续采用与“信和”商标相同的“信和”字号登记为企业名称，导致相关公众误认为其销售的产品与“信和”商标之间存在某种特定联系，构成了不正当竞争，应承担相应的法律后果。

首席律师　罗穗芳

广东法制盛邦律师事务所合伙人、商标代理人，从事知识产权法律服务20年，曾为多家省市大中型企业提供商标国内外申请、商标评审、知识产权海关备案、商标侵权等商标法律服务，在知识产权保护、知识产权侵权、合同、反不正当竞争案件方面具有丰富的理论知识及实践经验。

第九章

三水酒厂"帝一"商标异议复审行政纠纷案 / 王建良

一、案例背景

为了"帝一"酒类商标的注册，10余年来，佛山市三水区酒厂有限公司（以下简称"三水酒厂"）和肇庆市帝一酒业有限公司（以下简称"肇庆帝一公司"）从国家工商行政管理总局商标局、商评委、北京市第一中级人民法院到北京市高级人民法院一直争夺不休。2005年11月，三水酒厂向商标局申请注册"帝一及图"商标。2008年6月，商标通过初审进行公告。2008年7月，肇庆帝一公司提出商标注册异议。2010年11月，异议结束，商标局核准注册。2010年12月，肇庆帝一公司向商评委提出异议复审，复议结果为三水酒厂商标不予注册。之后，三水酒厂对异议复审裁定进行行政诉讼，北京市第一中级人民法院维持商评委决定不予注册。2016年5月，北京市高级人民法院做出终审判决，撤销北京市第一中级人民法院判决，撤销商评委复审裁定书，由商评委重新做出裁定。

二、权利的重点信息

三水酒厂是“帝一及图”商标（被异议商标）的权利人，该商标申请日是2005年11月16日，2008年6月20日经商标局初步审定公告，指定使用在商标分类第33类米酒、黄酒、料酒、烧酒、酒（饮料）、清酒、含酒精浓汁、葡萄酒、汽酒、蜂蜜酒商品上。

肇庆帝一公司是“帝一秀DISHY”商标（引证商标）的权利人，该商标申请日是2001年12月27日，专用期限至2023年2月27日，指定使用在商标分类第33类酒精饮料（啤酒除外）、酒（饮料）、白兰地、威士忌酒、葡萄酒、鸡尾酒、开胃酒、果酒（含酒精）、料酒、汽酒商品上。

涉案知识产权权利见图9-1。

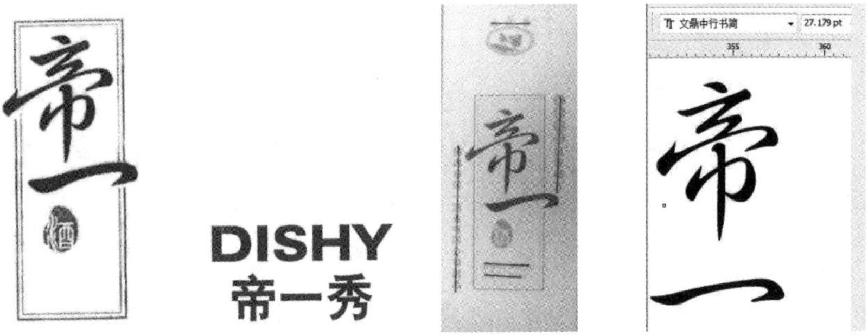

（1）　　（2）　　（3）　　（4）

注：（1）为三水酒厂涉案商标，2005年11月申请。

（2）为肇庆帝一公司引证商标，2009年3月受让。

（3）为三水酒厂引证在先著作权，失效外观专利。

（4）为“文鼎中行书简”电脑字体，该字体于2001年9月创建，是一种国产通用的电脑字体。

图9-1　涉案知识产权权利

三、案例解析

（一）案例具体情况

2005年11月16日，三水酒厂申请注册“帝一及图”商标；2008年6月20日，三水酒厂商标在通过初审后进行公告；2008年7月28日，肇庆帝一公司提出注册异议；2010年11月10日异议结束，商标局核准三水酒厂注册。

2010年12月16日，肇庆帝一公司提出异议复审。异议理由：（1）涉案商标与肇庆帝一公司字号相冲突；（2）涉案商标构成与在先注册帝一秀商标相近似；（3）涉案商标侵犯肇庆帝一公司外观设计专利权、相关著作权。复审结果为三水酒厂商标不予注册。决定内容为：因企业字号注册晚于涉案商标申请日，与企业字号不冲突；涉案商标与引证商标“帝一秀”因不易使相关公众混淆，不构成近似商标；涉案商标不构成对两件外观专利的在先专利权。但根据在先判定，认定涉案商标构成对肇庆帝一公司权利人苏应海的外观专利权、在先著作权的侵犯，属于《商标法》第三十一条规定的损害他人在先权利的行为。

之后，三水酒厂对异议复审裁定提出行政诉讼（一审），法院判决维持商评委决定，商标不予注册。北京市第一中级人民法院判决理由：法院认定焦点问题为涉案商标是否侵犯肇庆帝一公司权利人苏应海的著作权，故认定涉案商标与肇庆帝一公司外观专利中的要部书法体“帝一”所采用字体、表现手法无明显不同，构成实质性近似，构成对肇庆帝一公司权利人苏应海著作权的侵犯。

行政诉讼二审，法院判决商评委对三水酒厂提出的商标异议复审申请重新做出裁定。法院认为，根据三水酒厂提供的证据，肇庆帝一公司的外观专利在申请日前被相近似的外观设计公司公开使用，三水酒厂是否具有接触肇庆帝一公司所主张著作权的涉案作品可能性，可能影响被异议商标是否侵犯涉案作品的著作权的判断。

（二）维权诉求

三水酒厂的被异议商标使用在先，并未构成对涉案“第一酒（B版）包装盒及瓶贴”著作权的侵犯，应当予以注册。

（三）对方抗辩

商评委及肇庆帝一公司的主要抗辩观点为：认定涉案商标与肇庆帝一公司外观专利中的要部书法体“帝一”所采用字体、表现手法无明显不同，构成实质性近似，构成对肇庆帝一公司权利人苏应海著作权的侵犯。涉案商标构成对肇庆帝一公司的外观专利在先著作权的侵犯，属于《商标法》第三十一条规定的损害他人在先权利的行为。

（四）法院认定

《商标法》第三十一条规定，申请商标注册不得损害他人现有的在先权利，也不得以不正当手段抢先注册他人已经使用并有一定影响的商标。判断被异议商标的申请注册是否损害他人的在先著作权，应当从他人所主张的涉案作品是否构成《中华人民共和国著作权法》（以下简称《著作权法》）意义上的保护客体、涉案作品的权属情况、被异议商标申请人是否在被异议商标申请注册日前存在接触涉案作品的可能，以及被异议商标与涉案作品是否构成实质性相似四个方面进行认定。肇庆帝一公司的外观专利，即名称为“酒包装盒”的外观设计由上部的椭圆形图案，中部的文字“帝一”及下部异型的印章“酒”构成，前述三部分整体被长方形边框包围。因该外观设计各部分构成要素的选择、排列、表现形式及整体外观视觉效果上较为独特，具有独创性，故属我国《著作权法》意义上的美术作品，而作品的著作权经转让为苏应海享有。根据肇庆帝一公司外观设计专利的申请公开日，法院认定三水酒厂所提交的《广东酒业》2004年第3期、第4期的相关页面等证据，即涉案外观设计在申请日前被相近似的外观设计公司公开使用。因此，三水酒厂在申请注册与涉案外观设计中图形部分相近似的被异议商标时，是否具有接触肇庆帝一公司所主张著作权的涉案作品的可能性，且原审判决及被诉裁定均未认定肇庆帝一公司所主张涉案作品的完成时间及首次公开发布日期，将直接影响被异议商标是否侵犯涉案作品的著作权的认定。

（五）判决情况

为了确保各方当事人的合法诉讼权利，商评委应当在结合三水酒厂新提交的证据的基础上，对诉争商标是否侵犯在先著作权的基本构成要素逐一进行认定，从而审查确定被异议商标是否构成侵犯涉案作品的著作权，故北京市高级人民法院撤销北京市第一中级人民法院判决，撤销商评委复审裁定书，由商评委重新做出裁定。

四、律师分析

本案的难点在于，此次商标注册异议案件中涉及的“帝一及图”是否应该获得著作权保护。第一，“帝一及图”属于“帝一”酒整体包装盒设计图案的组成部分，不能构成独立作品，不应该获得著作权保护。第二，“帝一及图”仅仅是“竖长方形+深黄色色块+棕黑色字体”的简单排列，而图案主体部分的“帝一”二字为“文鼎中行书简”电脑字体，不是书法艺术作品，字库著作权也跟肇庆帝一公司没有任何关系。因此，涉案图案不具备独创性，不应该构成独立作品。第三，“帝一及图”作为失效的外观设计专利的主体部分，已经随整体设计方案进入公众领域，其并不具有独创性的“竖长方形+标准电脑字体”的设计方案，不应该继续作为独立作品予以保护。

三水酒厂最早使用“帝一”作为商品名称，并经过长期宣传推广形成巨大商业价值，其使用“帝一”作为注册商标具有合法性和正当性，符合社会道德规范和法律规范。肇庆帝一公司成立以来，一直在产品包装、宣传中仿冒三水酒厂的“帝一”酒知名商品，造成公众混淆，其行为应该被禁止。

与“酒盒包装”外观设计专利相近似的外观设计早已处于公开状态，且肇庆帝一公司未提供“酒盒包装”的完成时间及首次公开发表时间，不能直接证明三水酒厂的申请商标侵犯涉案作品的著作权。

五、正确做法

申请商标注册不得损害他人现有的在先权利，也不得以不正当手段抢先注册他人已经使用并有一定影响的商标。在先著作权属于法定的权利。在判断被异议商标的申请注册是否损害他人的在先著作权时，应当从他人所主张的涉案作品是否构成《著作权法》意义上的保护客体、涉案作品的权属情况、被异议商标申请人是否在被异议商标申请注册日前存在接触涉案作品的可能，以及被异议商标与涉案作品是否构成实质性相似四个方面进行认定。

六、法律链接

（一）《商标法》

第三十一条　两个或者两个以上的商标注册申请人，在同一种商品或者类似商品上，以相同或者近似的商标申请注册的，初步审定并公告申请在先的商标；同一天申请的，初步审定并公告使用在先的商标，驳回其他人的申请，不予公告。

第三十二条　申请商标注册不得损害他人现有的在先权利，也不得以不正当手段抢先注册他人已经使用并有一定影响的商标。

第五十七条　有下列行为之一的，均属侵犯注册商标专用权：

（一）未经商标注册人的许可，在同一种商品上使用与其注册商标相同的商标的；（二）未经商标注册人的许可，在同一种商品上使用与其注册商标近似的商标，或者在类似商品上使用与其注册商标相同或者近似的商标，容易导致混淆的……（七）给他人的注册商标专用权造成其他损害的。

第五十八条　将他人注册商标、未注册的驰名商标作为企业名称中的字号使用，误导公众，构成不正当竞争行为的，依照《中华人民共和国反不正当竞争法》处理。

（二）《中华人民共和国专利法》

第二十三条　授予专利权的外观设计，应当不属于现有设计；也没有任何单位或者个人就同样的外观设计在申请日以前向国务院专利行政部门提出过申请，并记载在申请日以后公告的专利文件中。授予专利权的外观设计与现有设计或者现有设计特征的组合相比，应当具有明显区别。授予专利权的外观设计不得与他人在申请日以前已经取得的合法权利相冲突。本法所称现有设计，是指申请日以前在国内外为公众所知的设计。

七、风险防范

商标的注册应具有合法性和正当性，应符合社会道德规范和法律规范。申请商标不得损害他人现有的在先权利，也不得以不正当手段抢先注册他人已经使用并有一定影响的商标。在商标注册人申请商标注册前，他人已经在同一种商品或者类似商品上先于商标注册人使用与注册商标相同或者近似并有一定影响的商标的，注册商标专用权人无权禁止该使用人在原使用范围内继续使用该商标，但可以要求其附加适当区别标识。

八、运营思维

广州知识产权法院四级高级法官·朱文彬

根据我国《商标法》及相关司法解释的规定，申请商标注册不得损害他人现有的在先权利，在先权利包括当事人在诉争商标申请日之前享有的民事权利或者其他应予保护的合法权益，包括著作权、外观设计专利权、企业名称权、姓名权等。这些权利的构成要件、产生方式、保护的落脚点、权利有效期、损害的认定标准等均存在差异，需要分别予以审查。以当事人主张诉争商标损害在先著作权为例，首先，审查机构从客体的角度审查作品是否具有独创性，比如，争议商标为图形商标，则应审查相应客体是否构成美术作品。其次，审查机构从主体的角度审查当事人是否为著作权人、邻接权人或者著作权被许可人等有权主张著作权的利害关系人。由于作品创作完成即产生著作权，故审查机构应结合设计底稿、原件、著作权登记证书、取得权利的合同等审查确定权利归属的主体问题，同时一并审查著作权有效期的问题。最后，根据“接触可能性加实质相似”规则，审查机构结合作品是否已经公开发表、商标申请人是否具有接触作品的可能性、商标与作品是否构成实质相似等事实加以审查，判断商标是否损害在先著作权。

首席律师　王建良

广东翰锐律师事务所律师，2008年通过律师资格考试，2011年获得专利代理人资格证书。其拥有机械制造、计算应用与维护和法律专业背景，长期从事专利、商标、版权以及不正当竞争等知识产权方面的法律事务，擅长商标授权、品牌运营、品牌许可、品牌维权的知识产权保护。他曾制订中国电影博物馆商标知识产权战略保护全程方案；曾任奥妮集团（中国香港）有限公司知识产权经理，全程参与日化行业第一商标大案涉案标的3 100万元的“奥妮”商标法律诉讼；曾成功代理“奥特朗”品牌热水器、“爱玛”品牌电动车、“百特”品牌陶瓷、“ABC”品牌卫生棉等申报驰名商标。

第十章

“福临门”商标侵权案 / 吴山林

一、案例背景

中粮集团有限公司（以下简称“中粮集团”）是中央直属的大型国有企业，是我国最大的粮油食品进出口公司和实力雄厚的食品生产商，是《财富》杂志世界500强企业，享誉国际粮油食品市场。自1994年起，中粮集团先后注册了核定使用的多个“福临门”商标。经过长期使用和广泛宣传，“福临门”品牌系列食用油产品的销量位居行业前茅，该品牌已经成为国内食用油行业的顶尖品牌之一。中粮集团投入大量的广告费用宣传推广这个品牌，使“福临门”成为享誉全国、深受消费者喜爱的知名粮油品牌。

一些不良厂家和销售商在看到“福临门”品牌影响力不断扩大后，遂起了“傍名牌”的主意，市面上生产、销售侵犯中粮集团注册商标商品的现象层出不穷：在同类涉案商品的正面标签上突出放大使用与中粮集团“福临门”商标写法相同的“福”字（由具有独特写法的“福”字及“福”字一侧的两个较小文字构成），导致消费者产生混淆，从而构成侵权。

二、权利的重点信息

中粮集团系第690278号“福臨门及图”（　）商标的权利人，核准使用在第29类食用油脂商品类别上，该商标于2011年6月13日被认定为驰名商标。中粮集团系第6167565号“福臨门及图”（　）商标的权利人，核准使用在第29类食用油脂、食用菜子油、食用核桃油、食用油、玉米油、食用棕榈果仁油、芝麻油、食用棕榈油、食用橄榄油、食用葵花籽油等商品类别上。

三、案例解析

东莞市丰喀隆百货有限公司（以下简称“丰喀隆公司”）成立于2012年4月27日，经营范围为零售：预包装食品、散装食品、乳制品（含婴幼儿配方乳粉）、酒类、卷烟；日用百货、家用电器、服装、服饰、玉器、鞋、金银饰品、手机、文具、体育用品、化妆品、钟表等。

其销售的被控侵权产品的正面标签为“福双多”（　），相比于常见的假冒产品，本案的“福双多”食用调和油产品的侵权形式和手法更为隐秘：首先，侵权商家已合法注册“福双多”商标；其次，完全相同的部分主要在于“福”字元素；最后，“福双多”与“福临门”单纯从字音义的角度来看，区别明显。因此，本案中的各级法院在认定是否构成侵权的问题上争议极大。就本款产品而言，甚至一审法院（东莞市第二人民法院）的不同法官在多个系列案件中也曾分别做出认定侵权和不认定侵权的判决，但东莞市中级人民法院最终统一判决认定“福双多”食用调和油不构成侵权。

此后，中粮集团不服二审判决，向广东省高级人民法院提起再审，最终代理人的观点被再审法院认可和采纳，广东省高级人民法院依法改判“福双多”食用调和油构成侵权。

（一）维权诉求

中粮集团希望可以通过诉讼要求丰喀隆公司停止侵权销售，并要求其赔偿经济损失。

（二）对方抗辩

在收到再审申请后，丰喀隆公司主要的抗辩观点与一、二审的抗辩观点基本一致。一是通过对比被诉侵权标识与涉案商标表明，二者虽均有“福”字，但在整体含义、读音方面存在较大区别，不会引起消费者混淆误认。二是被控侵权标识与涉案商标仅仅“福”字相同，不能单凭此就认定它们构成相近似。二者使用的“福”字均是常见的字体，显著性十分薄弱。中粮公司曾就“福”字单独申请注册商标被驳回，这也说明其缺乏显著性。三是相关公众对中粮公司的商标认知为“福临门”，并非单独福字，中粮公司在本案中扩大了商标权的禁用范围，被控侵权标识与涉案商标存在很大区别，不存在近似，不构成侵权。

（三）法院认定

一审法院认为，被控侵权产品上的标识与中粮集团第6167565号、第690278号注册商标在文字组合、读音含义、整体构成等方面均存在差异，不会造成相关公众的混淆，不构成近似。

中粮集团不服一审判决及认定，提起上诉。

二审法院认为：首先，以相关公众一般注意力为标准，相关公众施以普通注意力即可同时注意到被诉侵权商品上的“福双多”三字；其次，虽然中粮集团的涉案商标有一定的知名度，但深入百姓心中、朗朗上口的是“福临门”而非“福”字；最后，中粮集团无证据证实“福”字能够形成与中粮集团或其相关产品的关联。因此，丰喀隆公司并未侵害中粮集团的商标专用权。

中粮集团不服一、二审判决及认定，向广东省高级人民法院提起再审。

（四）判决情况

再审法院认为：首先，中粮集团提交的补强证据说明其通过广泛宣传和使用已使涉案注册商标获得了较高知名度，足以使相关公众对涉案注册商标与中粮公司产生联想，故对涉案商标的保护程度应与显著性和知名度相适应；其次，通过比对，被控侵权标识与涉案注册商标的整体布局及各要素均大致相同，二者构成相近似，故认为中粮集团关于被诉侵权标识构成侵权的再审申请理由成立。再审法院依法撤销一、二审判决，并进行改判。

四、律师分析

本案的难点在于，相比于常见的假冒产品，本案的“福双多”食用调和油产品的侵权形式和手法更为隐秘，各级法院在认定是否构成侵权的问题上争议极大。排列方式是否近似、涉案商标是否构成与中粮集团的联系，是本案的重点。

代理人在再审阶段，一方面从两个商标的文义、整体视觉特征、构图、背景图案等多角度进行比对，详细论述两个商标如何构成近似，并强调提出“商标显著部分近似亦可认定侵权”的观点；另一方面通过不断补强福临门商标知名度的证据，不仅强调“虽‘福’字是一个在产品上非常常见的文字，但独特写法的‘福’字在常年的使用推广中应被认定具有显著性”，而且结合提出“认定商标是否侵权应结合商标的市场知名度进行考虑，知名度越高的商标保护范围理应更广”的观点。

五、正确做法

在面对隐蔽性“傍名牌”、打“擦边球”侵权行为时，首先，我们需要结合被控侵权标识的具体文义、整体视觉特征、构图、背景图案等进行多角度比对，具体阐述两个商标如何构成近似；其次，商标的显著性和知名度决定了其权利保护范围的大小，对是否构成侵权的影响极大，应在此方面积极举证，证明其知名度及显著性，以扩大商标保护范围。

六、法律链接

（一）《商标法》

第五十七条 有下列行为之一的，均属侵犯注册商标专用权：（一）未经商标注册人的许可，在同一种商品上使用与其注册商标相同的商标的；（二）未经商标注册人的许可，在同一种商品上使用与其注册商标近似的商标，或者在类似商品上使用与其注册商标相同或者近似的商标，容易导致混淆的……

（二）《最高人民法院关于审理商标民事纠纷案件适用法律若干问题的解释》

第十条 人民法院依据商标法第五十二条第（一）项的规定，认定商标相同或者近似按照以下原则进行：（一）以相关公众的一般注意力为标准；（二）既要进行对商标的整体比对，又要进行对商标主要部分的比对，比对应当在比对对象隔离的状态下分别进行；（三）判断商标是否近似，应当考虑请求保护注册商标的显著性和知名度。

七、风险防范

针对部分商家不规范使用自身的注册商标，特别是故意改造、变形、突出部分商标要素，使之与他人注册商标构成近似并具有一定混淆性的隐性侵权行为，本案有较好的警示作用，即对于侵权行为，法律绝不姑息。此案提醒广大经营者应当自觉规范使用商标，对“傍名牌”“搭便车”等违法行为不可存有侥幸心理，必须诚信守法经营。

八、运营思维

资深专利代理师、广州三环专利商标代理有限公司副总经理 · 颜希文

《最高人民法院关于审理商标民事纠纷案件适用法律若干问题的解释》第十条规定：“人民法院依据商标法第五十二条第（一）项的规定，认定商标相同或近似应按照以下原则进行：（一）以相关公众的一般注意力为标准；（二）既要进行对商标的整体比对，又要进行对商标主要部分的比对，且比对应在比对对象隔离的状态下分别进行；（三）判断商标是否构成近似，应当考虑请求保护注册商标的显著性和知名度。”结合本案的具体情况，我们不难发现，终审法院判断原被告双方的商标是否构成近似，就是从以上几个方面进行判别的。

首先，判断商标是否构成近似应以相关公众的一般注意力为标准。一方面，《商标法》所称的相关公众是指与商标所标识的某类商品或服务有关的消费者，或者经营者和与前述商品或者服务的营销有密切关系的其他经营者。在现实生活中，不同商品涉及的相关公众往往不同，确定相关公众应考虑商品的性质、种类、价格等因素的影响。另一方面，所谓一般注意力是指相关公众在选择商品或服务时所施加的普通注意力，而非高度的、特别的注意力。其次，判断商标是否构

成近似应以整体比对为主，主要部分比对为辅，并在隔离状态下分别进行。再次，判断商标是否构成近似还要从注册商标的显著性和知名度两方面来进行考量。商标的显著性是指商标识别商品来源作用的强弱；商标的知名度是指商标为相关公众所知晓的程度。一方面，原告的注册商标“福临门”显然具有明显而独特的特征，能明确地将其食用油产品与其他食用油产品相区别。另一方面，原告已在北京、天津、上海、河北等地经营及授权经营“福临门”食用油产品多年，并为品牌宣传投入了高达数亿元的资金，在国内市场上建立了很高的知名度，而被告无论是注册时间还是市场知名度都远远小于原告。

“傍名牌”和商标近似是极易出现的商标问题，一方面，俗话说同行是冤家，谁都想在市场上成为独一无二的，如果说很多商标都是通用词，那么先注册了商标并且已经成功了的商家必会占据有利地位，后来者必然会处于被动的地位。另一方面，先占据有利地位的申请者也必须认识到，注册多类别、多形态的保护性商标的重要性；同时，提高注册商标的显著性和知名度，也是应对后来者跟风山寨的办法之一。

白云山制药总厂法务总监 · 许淑文

大部分消费者对产品商标的记忆顺序为：颜色—图形—文字。换句话说，消费者首先记住的是商标的颜色，其次是商标的形状、结构、排列组合等，最后才是文字。在实践中，有些小企业通过抄袭知名产品商业标识并进行细微修改，实施“傍名牌”行为。这样的产品有一个特别的名字，叫“山寨产品”。本案就是一个典型的山寨产品和正品较量的案例。

本案中，丰喀隆公司没有规范使用自身的注册商标，而是以自有商标为要素，以突出模仿他人驰名商标要素重新构造新的商业标识。而新的商业标识与正品注册商标的整体布局及各要素均大致相同，二者构成相近似并在同类产品上使用，造成消费者混淆，从而达到“傍名牌”和“搭便车”的目的。

本案例提供了对隐性侵权行为的侵权判定思路，即整体视觉比对结合商标知名度进行判断，决定权利保护范围的大小。

运营启示在于：规范使用注册商标既是权利也是义务。名牌企业一方面应积极维权，另一方面也应不断积累商誉，获得更多补强证据维护合法权益。当然，山寨产品也可能通过对合法注册商标的持续性投入实现逆袭。

首席律师　吴山林

现为广东天穗律师事务所高级合伙人、国家版权贸易基地（越秀）专家、广东省版权保护联合会监事、广东中医药发展基金会监事、广东省律师协会法律顾问专业委员会委员、广州市律师协会知识产权专业委员会委员。在知识产权维权打假、管理、交易以及商业秘密保护和反不正当竞争方面具有丰富的实践经验，专注于知识产权、投融资、公司法务领域已有十余年，擅长代理各类诉讼及非诉讼法律事务、纠纷案件，尤其能够快速有效地处理好各种重大、疑难、复杂案件。先后为世界知名品牌德国PUMA（彪马）、美国Paul Frank（大嘴猴）、中国驰名商标雷士照明、美的集团、中粮集团、英国某科技巨头公司等大型企业提供知识产权服务，是珠三角地区著名的知识产权专业律师。

助理律师　周怡馨

第十一章

狭路相逢，两家“达意隆”的较量 / 姚小娟

一、案例背景

广州达意隆包装机械股份有限公司（以下简称“广州达意隆公司”）是中国饮料包装行业领先的设备供应商，提供饮料工厂的全面解决方案——从前期处理、吹瓶、灌装到二次包装整线及单机设备，拥有多项领先技术及系列设备，是多项国家标准的起草单位。作为中国包装龙头企业，广州达意隆公司也是可口可乐、百事可乐、法国达能、生力集团等国际化公司的认证供应商，为娃哈哈、乐百氏、椰树、健力宝、紫江、中富等国内知名饮料品牌提供了良好的设备和完善的服务。“达意隆”作为企业字号及核心品牌，凭借优质的产品及多年的持续经营，在包装行业已具有极高的知名度及美誉度。

2010—2017年，在国内外的橡胶、包装产品等大型专业展会中，观众在广州达意隆公司的展位不远处经常能发现一家名为“黄岩达意隆”的参展商，其突出使用“达意隆模具”字样，使得很多参展人员误以为它是广州达意隆公司的相关产品。

二、权利的重点信息

原告广州达意隆公司成立于1998年12月18日。2008年1月，达意隆A股在深交所正式上市，其自成立以来一直使用“达意隆”作为企业字号及商标。在先注册“达意隆”商标权利情况如表11-1所示。

表11-1 “达意隆”商标注册情况

类别	注册号	商标	申请日期	法律状态	核准使用商品
7	14087026A	达意隆	2014-02-27	2015-06-21 注册	包装机（打包机）、瓶子压盖机、印模冲压机、铸模机、铸模（机器部件）、万向节、轴承（机器零件）、贴标签机（机器）
7	9048864	达意隆	2011-01-12	2012-04-21 注册	瓶子冲洗机、洗罐机、食品包装机、抽啤酒用压力装置、汽水饮料制造机、果酒榨汁机、制矿泉水机械、装瓶机、包装机、瓶子封口机、包装机（打包机）、自动吹制机、制瓶机

被告台州市黄岩达意隆模具有限公司（以下简称为“台州达意隆公司”）于2006年7月25日在台州市黄岩区成立，其营业范围为“模具、塑料制品、瓶盖模压机、瓶盖组合机、瓶盖测漏机、吹瓶机、塑料加工专用设备制造，技术进出口和货物进出口”。台州达意隆公司于2010年1月19日申请注册第8006398号“DY达意隆模具”商标，核准使用产品为“切割机”。

三、案例解析

2017年4月，原告广州达意隆公司向广州市海珠区人民法院提起诉讼，主张台州达意隆公司作为包装加工同行，以“达意隆”为字号成立公司，且在网站和各种展会上突出使用“达意隆模具”商标进行宣传推广，攀附原告商誉，故意制造混淆，构成商标侵权及不正当竞争。

（一）维权诉求

原告广州达意隆公司请求法院判令台州达意隆公司立即停止商标侵权行为，限期变更企业名称，赔偿原告经济损失并在行业期刊中刊登声明，消除影响。

（二）对方抗辩

被告台州达意隆公司在收到起诉之后，主要抗辩观点如下。

首先，台州达意隆公司并未侵害原告第9048864号、第14087026A号“达意隆”注册商标权。被告对“达意隆”商标的使用是对已注册第8006398号“ ”商标的合法使用，与原告已注册第9048864号“达意隆”商标并未构成相同或类似商品上的近似商标。

其次，台州达意隆公司未构成不正当竞争。“达意隆”为其合法登记的字号，成立时间虽晚于广州达意隆公司，但二者不属于同行业，且原告所提交的证据无法证明其字号在全国范围内具有较高知名度。

最后，被告自成立起积极参与各类展会，努力提升企业知名度为自主发展所需，并无攀附商誉的恶意。

（三）法院认定

关于台州达意隆公司是否构成商标侵权，一审法院认为：首先，被告申请注册的第8006398号“ ”商标的申请时间虽然早于原告的第9048864号“达意隆”注册商标，但是二者核定使用的商品既不相同也不类似，且被告第8006398号“ ”商标仅限于“切割机”

上使用，被告辩称的对“达意隆”的在先权利并不成立；其次，原告经公证的侵权行为及对被告的工商查处通知，均能证明被告在展览会、公司网站宣传及使用的“DY达意隆模具”商标。其与原告第9048864号“达意隆”相比，核心内容均明确指向中文文字“达意隆”，二者构成近似商标。最后，被告生产的瓶盖制作机及瓶盖模压机与原告的商标权利所核定的商品均属于瓶盖及封瓶制作相关的商品范畴，二者的使用目的和销售对象具有统一性，即被告在上述商品上使用与原告商标近似的标识极有可能造成相关消费者的混淆及误认。

综上所述，一审法院认定：被告在生产、销售的瓶盖制作机及瓶盖模压机上使用“DY达意隆模具”标识容易造成相关消费者误认，侵犯了原告第9048864号“达意隆”注册商标专用权。

关于台州达意隆公司是否构成不正当竞争，一审法院认为：原告成立于1998年12月18日，从事经营的核心名称一直为“达意隆”，以“达意隆”为企业字号进行经营，在业内已经取得了一定荣誉及知名度。被告应当知道原告的企业字号，却选择“达意隆”作为字号在类似服务行业进行企业名称登记，客观上使相关公众误认为被告企业与原告企业存在关联，主观上有“攀附”的意图，构成不正当竞争。

关于原告要求被告公开赔礼道歉以消除影响的诉求，一审法院认为：因注册商标专用权属于财产权利范畴，不具有人格权等人身权利，且原告未证明其商誉因被告的商标侵权行为受到侵害，判决停止侵权和赔偿损失已可弥补原告损失。但被告侵犯原告企业名称权的不正当竞争行为，因被告主观恶意明显，影响较大，故其在承担侵权责任的同时，还应当承担消除影响的民事责任。

被告台州达意隆公司已提起上诉，二审已开庭但还未宣判。

（四）一审判决

一审法院最终判决被告停止生产及销售侵犯原告广州达意隆公司

第9048864号“达意隆”商标专用权的产品，并停止使用“达意隆”企业字号，赔偿原告经济损失及维权合理支出20万元，同时连续5日在《食品饮料工程》《酒·饮料技术装备》杂志中刊登声明，消除影响。

四、律师分析

本案难点之一，由于原告“达意隆”商标指定使用的0721群组上的“瓶子压盖机”商品属于包装机械，是对已经生产的瓶子压盖的机械，但被告使用的“压盖机”商品实际上是制盖机，属于0726群组的“加工塑料用模具、塑料加工机器、模压加工机器”的使用，在《商品和服务区分表》中并不属于类似商品，因此，要证明二者应当被认定为类似商品成为一大难点。

代理律师依据《最高人民法院关于审理商标民事纠纷案件适用法律若干问题的解释》第十一条的规定，通过多维度提交证据，证明被告使用的瓶盖制作机及瓶盖模压机与原告商标核定使用的商品在功能、用途、生产部门、销售渠道、消费对象等方面存在一致性，最终一审法院突破《商品和服务区分表》认定两者构成类似商品。

本案难点之二，要证明原告构成不正当竞争，就需证明原告所使用的“达意隆”字号具有足够的知名度。代理律师团队通过收集原告2006—2017年长达10余年的证据材料，证明原告的企业字号已经具有足够的知名度和美誉度，最终得到法院的认可。

五、正确做法

在注册商标核定使用的商品及被诉侵权商标使用的产品不属于《商品和服务区分表》中的相同或类似商品的情况下，律师首先需要深入了解产品的特性功能、行业标准、销售渠道等方式，通过对司法解释的理解来证明商品和服务的关联性。

六、法律链接

（一）《商标法》

第五十六条　注册商标的专用权，以核准注册的商标和核定使用的商品为限。

第五十七条　有下列行为之一的，均属侵犯注册商标专用权：（一）未经商标注册人的许可，在同一种商品上使用与其注册商标相同的商标的；（二）未经商标注册人的许可，在同一种商品上使用与其注册商标近似的商标，或者在类似商品上使用与其注册商标相同或者近似的商标，容易导致混淆的……

第六十三条　侵犯商标专用权的赔偿数额，按照权利人因被侵权所受到的实际损失确定；实际损失难以确定的，可以按照侵权人因侵权所获得的利益确定；权利人的损失或者侵权人获得的利益难以确定的，参照该商标许可使用费的倍数合理确定。对恶意侵犯商标专用权，情节严重的，可以在按照上述方法确定数额的一倍以上三倍以下确定赔偿数额。赔偿数额应当包括权利人为制止侵权行为所支付的合理开支。

（二）《最高人民法院关于审理商标民事纠纷案件适用法律若干问题的解释》

第十一条　商标法第五十二条第（一）项规定的类似商品，是指在功能、用途、生产部门、销售渠道、消费对象等方面相同，或者相关公众一般认为其存在特定联系、容易造成混淆的商品。

（三）《反不正当竞争法》

第六条　经营者不得实施下列混淆行为，引人误认为是他人商品或者与他人存在特定联系：（一）擅自使用与他人有一定影响的商品名称、包装、装潢等相同或者近似的标识；（二）擅自使用他人有一定影响的企业名称（包括简称、字号等）、社会组织名称（包括简称等）、姓名（包括笔名、艺名、译名等）……

七、运营思维

白云山制药总厂法务总监·许淑文

本案有两个案由，分别是商标侵权和不正当竞争。

突破《商品和服务区分表》，构成类似商品的诉讼思路是商标确权、商标侵权判定原被告双方常用的。本案一审法院正是基于突破《商品和服务区分表》，认定被告在类似商品上使用类似商标，并且以被告自有商标仅限于“切割机”上使用否定了被告提出的合法使用其在先商标权的抗辩理由，判定构成商标侵权。

一审法院适用《反不正当竞争法》，以保护经营者在先拥有的“有一定影响的企业名称”的合法权益，并从保护消费者的角度制止混淆，判定被告在承担侵权责任的同时还应当承担消除影响的民事责任。

启示：通常，商业标识类侵权行为很少简单直白，特别是在“傍名牌”等巧取他人商誉方面，侵权人往往进行自有权利布局，并以合法使用相抗辩。因此，权利人一方面对于核心商标要做好布局，尽量全类保护并做好防御性商标注册；另一方面要善于运用《商标法》和《反不正当竞争法》。在商标侵权难以判断的情况下，《反不正当竞争法》能够为权利人提供较好的保护。

·智慧语录·

从企业的角度而言，一方面需积极全面布局，获得核心商标权利；另一方面，对于竞争对手的商标侵权及不正当竞争行为，应及时进行维权布局。

——姚小娟

首席律师　姚小娟

广东杰海知识产权部负责人、国家版权贸易基地（越秀）维权专家、酷狗音乐前法律顾问、中华商标协会《商标法》修法课题组成员、时代创立方·E-PARK天河等园区创业导师、昱丁网络法学院课程讲师。拥有7年知识产权专业经验，专注于商标、专利、版权、不正当竞争、商业秘密及互联网领域，服务于国内外大中型企业，擅长为企业提供知识产权争议解决方案。负责知识产权非诉及诉讼案件700多件，服务企业超过100家，如韩后、例外、膳魔师(中国)、绿瘦、南方新媒体、国光集团、大自然地板等企业。

第十二章

“酷狗”无效宣告及驰名商标案 / 姚小娟

一、案例背景

广州酷狗计算机科技有限公司（以下简称“酷狗公司”）是中国领先的数字音乐交互服务提供商，以酷狗音乐播放器为核心，形成了听、看、唱、玩的多音乐产品布局，2017年入选中国互联网百强企业。

酷狗音乐品牌创立于2004年，在众多在线音乐应用中，连续多年在用户数量、日播放量、市场份额等方面位居榜首。截至2018年，第三方数据显示，酷狗音乐月活跃用户达4.5亿，播放量达30亿。酷狗音乐已经成为中国最大的P2P（对等网络）音乐共享软件，是广大用户的首选音乐软件。

酷狗公司的第一枚“酷狗”商标于2005年申请，但是第41类所在的音乐娱乐服务却被汕头市利丰电器有限公司（以下简称“利丰公司”）抢注。

二、权利的重点信息

2009年7月30日，利丰公司在41类“安排和组织音乐会，健身俱乐部，节目制作，流动图书馆，培训，提供卡拉OK服务，图书出版，为艺术家提供模特，夜总会，娱乐”上申请注册了第7583066号“KuGou酷狗”商标（下称“争议商标”），并于2011年12月7日取得该商标注册。申请信息如图12-1所示。

商品/服务	安排和组织音乐会，健身俱乐部，节目制作，流动图书馆，培训，提供卡拉OK服务，图书出版，为艺术家提供模特，夜总会，娱乐				
类似群	4101，4102，4103，4104，4105，4107				
申请/注册号	7583066	申请日期	2009年7月30日	国际分类	41
申请人名称（中文）	汕头市利丰电器有限公司				
申请人名称（英文）					
申请人地址（中文）	广东省汕头市泰山路火车客运站前市场E区261号				
申请人地址（英文）					
初审公告期号	1278	注册公告期号	1290	是否共有商标	否
初审公告日期	2011年9月6日	注册公告日期	2011年12月7日		一般
专用权期限	2011年12月7日 至 2021年12月6日			商标形式	

图12-1　“KuGoo酷狗”商标注册信息

三、案例解析

2014年11月，酷狗公司针对利丰公司的争议商标提出无效宣告，商评委认为争议商标构成对酷狗公司在先未注册驰名商标“酷狗”的复制与摹仿，同时也是对酷狗公司在先商号以及在先使用并具有一定影响力的“酷狗”商标的侵犯。因此，商评委裁定撤销争议商标全部核定服务，并依据在案证据认定“酷狗”商标在“提供在线音乐（非下载）”服务上为未注册驰名商标。

2016年4月，利丰公司不服争议商标无效宣告裁定，向北京知识产权法院提起一审行政诉讼。2016年11月，北京知识产权法院经审理做出一审判决，认为争议商标违犯《商标法》第三十一条，却认为已无必要认定“酷狗”商标是否驰名，判决维持争议商标在部分服务上的注册。

酷狗公司和利丰公司不服一审法院判决，向北京市高级人民法院提起上诉。

（一）上诉理由

利丰公司上诉理由为：（1）“酷狗”商标在争议商标申请前并不构成使用在“提供在线音乐（非下载）”服务上的未注册驰名商标，且争议商标核定使用的服务与“提供在线音乐（非下载）”服务不构成类似服务，故争议商标的注册未违犯2001年《商标法》第十三条第一款的规定；（2）在争议商标申请前，酷狗公司的“酷狗”商号和商标并不具有知名度，争议商标核定使用的服务与酷狗公司使用在线商号所经营的服务不类似，且利丰公司注册争议商标不具有主观恶意。

酷狗公司上诉理由为：（1）未注册驰名商标的保护范围与《商标法》第三十一条在先商号权利所适用的保护范围有所不同，前者的保护范围应当宽于后者，否则就没有设置未注册驰名商标条款的必要；（2）在争议商标申请前，“酷狗”商标在“提供在线音乐（非下载）”服务上已经达到驰名程度；（3）“提供在线音乐（非下载）”服务与“流动图书馆、培训、图书出版、为艺术家提供模特等”服务存在较大关联性，争议商标的注册和使用在上述服务中极易引起相关公众的混淆或误认，争议商标在上述服务上违犯2001年《商标法》第十三条第一款的规定。

（二）法院认定

北京市高级人民法院经审理认为，根据酷狗公司向商评委提交的证据，可以认定在2009年7月30日之前“酷狗”商标在“提供在线音乐（非下载）”服务上达到广为公众知晓的驰名程度。“流动图书馆、图书出版、培训、为艺术家提供模特”服务与“提供在线音乐（非下载）”同属于41类，这些服务可能与在线音乐存在一定关联，且利丰公司具有借用酷狗公司未注册驰名商标商誉的故意。酷狗公司的上诉理由成立，对其上诉请求予以支持。

（三）判决情况

2017年3月，北京市高级人民法院终审判决，认定“酷狗”商标为“提供在线音乐（非下载）”服务上的驰名商标，利丰公司第7583066号“KuGou酷狗”商标在全部服务上宣告无效。

四、律师分析

本案具有多个争议焦点，既涉及是否有必要将“酷狗”认定为驰名商标，又涉及互联网公司在不同于传统企业的宣传及赢利模式的情况下，如何证明其知名度及影响力。

五、正确做法

为了证明在行业内的知名度及影响力，我们需结合行业的产业、服务及赢利模式特点灵活使用驰名商标认定的条件和要求。驰名商标认定的核心要件在于相关公众的认知程度。就互联网领域而言，相比传统企业的宣传推广和赢利模式，互联网品牌的传播方式迅速即时，其品牌影响力在短时间爆发，广大公众已熟知，已足够达到认定驰名商标所需的知名度及影响力。二审法院正是考虑到互联网的行业属性，最终认可了酷狗公司的主张。

六、法律链接

本案实体问题适用于2001年《商标法》。

第十三条第一款 就相同或者类似商品申请注册的商标是复制、摹仿或者翻译他人未在中国注册的驰名商标，容易导致混淆的，不予注册并禁止使用。

第十四条 认定驰名商标应当考虑下列因素：（一）相关公众对该商标的知晓程度；（二）该商标使用的持续时间；（三）该商标的任何宣传工作的持续时间、程度和地理范围；（四）该商标作为驰名商标受保护的记录；（五）该商标驰名的其他因素。

第三十一条 申请商标注册不得损害他人现有的在先权利，也不得以不正当手段抢先注册他人已经使用并有一定影响的商标。

七、风险防范

互联网公司由于行业的特殊性，需要通过计算机或者移动设备等媒介提供其实质内容，其提供的产品或服务并非单纯某个商品或服务类别可以涵盖。酷狗公司其实在2005年便开始了商标申请布局，但是由于互联网产品的特殊性，此前其商标仅覆盖42类的计算机搜索等服务，对其实质提供的音乐娱乐服务并未覆盖。因此，对于商标战略而言，企业申请商标时必须结合行业的特性进行布局。

八、运营思维

华南理工大学工商管理学院市场营销系主任、教授·陈明

商标注册的目的是保护商标拥有者在市场上的权益。而在如今的

互联网跨界时代，行业的边界越来越模糊。随着市场的竞争和消费者多元化需求的加强，企业的业务范畴会不断扩大，因此，做好预先的跨类保护、连带注册以及跨区域注册，是保证今后业务顺利开展以及市场成果不被侵犯的有效手段。

品牌是否驰名以及是否有影响力是一个软性的指标，较难量化，容易引起争议，而是否在先使用以及是否注册则一般不会产生异议。本案还反映了几个法律上需要注意的问题：一是未注册驰名商标的保护范围应该宽到什么程度；二是各类型的业务描述是否有清晰的概念外延，各业务之间的关联性如何准确判断，以及标准是什么，确实需要今后进一步完善，否则依法断案就很难做到公平服众，也会给商标注册主体带来一定程度的困扰。操作不当会为今后的争议留下隐患。

·智慧语录·

商标是品牌的基础，企业在进行商标布局时必须考虑行业和企业的产品特点，结合当下及长远的发展需求。国家知识产权局对于恶意注册的大力打击，对于真正的商标权人也是重要助力。

——姚小娟

首席律师　姚小娟

相关介绍见第十一章。

第十三章

"3E椰梦维"商标诉讼案 / 董咏宜、张满兴

一、案例背景

昆山吉美川纤维科技有限公司（以下简称"吉美川公司"）是床垫等产品的生产厂家，在2010年研发出无须使用胶水就能黏合的椰棕垫产品，其于2011年推出市场后广受欢迎。吉美川公司将这种新型椰棕垫产品命名为"3E椰梦维"。由于它比较环保、优质、经济，因此取Environmental（环保）、Excellent（优质）、Economic（经济）三个英文单词的首字母，简称"3E"；而新型椰棕垫产品的主要原料为椰子外壳纤维，且吉美川公司希望该款产品能给消费者带来美梦，因此命名为"3E椰梦维"。

2016年，吉美川公司发现市场上有多家企业在椰棕垫、床垫产品上及宣传中使用"3E椰梦维""椰梦维"等标识，这种行为严重侵害了自己的商标权，吉美川公司想要维权。但由于百度等网络将"椰梦维"或者"3E椰梦维"作为一种床垫内芯的新型环保椰棕材料的描述，以及相关同行为了推销自己的产品，将"3E椰梦维"标识作为床垫内芯材料进行宣传，"3E椰梦维"的商标识别性及显著性被削弱，

给维权带来一定难度。

二、权利的重点信息

吉美川公司是一家高科技创新性企业，主要经营床垫等相关产品，且是“3E椰梦维3E YEMENGWEI”商标（3E椰梦维 3 E YE MENG WEI）的权利人，该商标核准使用在第20类办公家具、家具、床垫、细木工家具、床、金属家具、医院用病床、沙发、陈列柜（家具）商品上。

三、案例解析

吉美川公司在2010年对椰棕垫采用的胶水黏合压膜成型的传统制备工艺进行革新，其采用熔点高低不同的纤维材料，通过热熔热风穿透融化黏合冷却技术将椰棕垫产品制作成型。这种新技术使得椰棕垫产品不再使用胶水，具有无甲醛、绿色环保、防潮耐用等特点，因此，该产品自2011年推出市场后广受欢迎。吉美川公司将这种新型椰棕垫产品命名为“3E椰梦维”，并享有第14236826号“3E椰梦维3E YEMENGWEI”注册商标。

本案被告某家具有限公司（下称“某家具公司”）是经营床垫的同业经营者，其在淘宝平台开设的“××木业家具旗舰店”“克××旗舰店”销售涉案侵权床垫，将“椰梦维”或“3E椰梦维”设置为产品的“宝贝标题”（商品名称）并在天猫网进行推广宣传，同时，在商品详情中多处使用含有“椰梦维”或“3E椰梦维”的语句进行销售宣传，并在产品、产品合格证、外包装、发货清单上使用“椰梦维”或“椰梦维A款”等标识。这类标识在文字上与吉美川公司“3E椰梦维3E YEMENGWEI”商标的主要识别部分构成相同或近似，容易导致相关消费者产生混淆或误认。

（一）维权诉求

原告吉美川公司的诉讼请求：

（1）请求依法判令被告立即停止对原告第14236826号“3E椰梦维3E YEMENGWEI”商标专用权的侵权行为。

（2）请求判令被告立即删除带有“3E椰梦维”或“椰梦维”标识的任何形式的宣传、销售链接，并且销毁床垫及椰棕垫上的被控侵权标识，销毁带有被控侵权标识的发货清单、产品合格证、外包装、宣传资料等。

（3）请求判令被告连带赔偿原告经济损失及合理维权费用共计100万元。

（二）对方抗辩

某家具公司的主要抗辩观点为：“椰梦维”“3E椰梦维”是无胶水椰棕垫（环保棕）的通用名称，将产品通用名称注册为商标违犯《商标法》第十一条的规定，其也不具备商标显著性的特性。某家具公司在床垫上使用“3E椰梦维”主要是为了说明产品的材质，即涉案产品含有环保棕，因此，使用“3E椰梦维”是合理使用，并不构成《商标法》意义上的商标使用，不构成商标侵权。

某家具公司提供了百度、百度贴吧、天猫、淘宝、京东等网站上关于“椰梦维”表述的证据，以及有人将“椰梦维”记载在专利文献中的证据，以证明相关公众是将“椰梦维”作为无胶水椰棕垫的通用名称的。

这个案件在商标是否相同或者近似、产品是否相同或者类似方面并没有多大的争辩空间，而吉美川公司在推出相应的产品时也或多或少有些不规范的行为，导致相关公众直接用“3E椰梦维”来指代这种新型的环保无胶水的椰棕垫。为此，某家具公司主要从这个商标是没有显著性的通用名称和它的使用是合理使用两个方面进行抗辩。

（三）一审法院认定

对于某家具公司的涉案行为，一审法院以百度等网站上将“椰梦维”或者“3E椰梦维”作为一种床垫内芯的新型环保椰棕材料的描述，认为“3E椰梦维”即使尚不构成无胶水椰棕垫的通用名称，也有很多同行经营者和消费者将其作为床垫内芯材料予以介绍和使用，其商标识别性及显著性日渐削弱和淡化，而某家具公司没有单独或者突出使用，并且同时标注了商标“××木业”。为此，一审法院认定某家具公司的使用构成合理使用，不构成商标侵权。吉美川公司不服一审判决，向杭州市中级人民法院上诉。

（四）二审判决情况

二审法院对于某家具公司使用被控侵权标识“3E椰梦维”是否属于商标意义上的使用则认为：首先，“3E椰梦维”本身是臆造词，具有较强的显著性，从一般消费者的知识水平和认知能力出发，他们也不会将“椰梦维”“3E椰梦维”和无胶水环保椰棕垫材料直接联系起来；其次，百度等网站的内容并非由主流媒体或权威机构发布，仅能代表个人观点。因此，某家具公司的使用行为不构成合理使用。

二审法院认为，某家具公司使用“椰梦维”“3E椰梦维”属于商标性使用。相关公众在浏览及购买商品时，很容易观察到被控侵权标识“3E椰梦维”，这客观上起到了区分商品来源的作用，应认定其为商标意义上的使用。同时，被控侵权标识“椰梦维”“3E椰梦维”与吉美川公司涉案注册商标构成《商标法》意义上的近似商标，且容易造成相关公众混淆，这侵害了吉美川公司的注册商标专用权。

关于赔偿数额，二审法院综合考虑涉案注册商标的知名度、某家具公司侵权行为的性质及主观过错程度、吉美川公司为制止侵权所支出的合理费用等因素，依照法定赔偿的方式酌情确定赔偿数额15万元。某家具公司已全部履行给付金钱义务。

四、律师建议

通用名称的认定标准一直是《商标法》理论界和实务界颇具争议的问题。在司法实践中，认定商业标识是否已演变为通用名称需要秉持严格把握和审慎评判的态度，否则商标权的效力和边界将会存在很大的不稳定性和不确定性。本案的重点在于，如何证明“3E椰梦维”具有显著性，没有被淡化，更没有演变成通用名称，以及被告的使用不构成合理使用等。律师主要从以下两个方面进行论述。

（一）判断商业标识是否演变成通用名称需从严把握

首先，通用名称是指能够反映一类商品与另一类商品根本区别的规范化称谓，或是相关公众经过长时间使用而在全国或全行业对某种商品约定俗称的统一称谓，其包括法定的商品名称和约定俗成的商品名称。在判断商业标识是否演变成通用名称时，应考虑商业标识的独创性和显著性，以及国家标准、行业标准、专业工具书和辞典对于商业标识的记载，并从一般消费者的知识水平和认知能力出发，进行从严把握，审慎评判。

其次，百度等网站的内容并非由主流媒体或权威机构发布，仅能代表个人观点，而不具有行业内的普遍性和权威性。

最后，结合本案证据，“3E椰梦维”为吉美川公司所臆造且最先使用在床垫及环保椰棕垫上的商标，并非是固有词汇，并且因吉美川公司自2011年至今长期持续使用，其已具有一定知名度，能起到识别商品来源的作用，没有演变成通用名称。

（二）商标权的合理使用必须满足必要性、合理性和非混淆可能

由于对注册商标的合理使用已经进入商标权的专有控制范围，本来就属于对商标权的限制，因此，这种使用必须满足必要性、合理性

和非混淆可能三个条件。

结合本案，第一，涉案行为可使用其他词语进行描述，而非必要使用“3E椰梦维”。某家具公司使用“3E椰梦维”的目的在于描述销售的床垫内芯材料包含无胶水环保椰棕垫的事实，而使用“无胶水环保椰棕垫”更能清晰说明，其使用“3E椰梦维”的行为并非是无法避免的使用。第二，涉案行为是多次使用、突出使用“3E椰梦维”的情形，使得相关公众很容易观察到“椰梦维”或“3E椰梦维”，客观上起到了区分商品来源的作用，超出适度与合理的范围。第三，涉案行为客观上造成相关公众的混淆与误认。因此，涉案侵权行为不属于合理使用。

最终，二审法院采纳了吉美川公司的上诉理由，撤销一审判决，认定某家具公司使用“椰梦维”或“3E椰梦维”标识的行为构成商标侵权。

五、正确做法

本案与朗科公司“U盘”商标案、“金俊眉”红茶案、“阿司匹林”药品案等是类似的，均是企业突破性地研发出新产品并对产品赋予一个全新的名称。为了将新产品快速推向市场，使其为经销商及消费者所接受，这些企业没有将商标与商品名称很好地分开宣传，使得有些公众将新的商标名称直接作为商品名称。企业若不及时制止，商标名称就有可能演变成为通用名称。

幸好吉美川公司有一定的知识产权保护意识，及时注册了“3E椰梦维”商标，并快速针对涉嫌侵权者展开维权行动，从而保护了自身的合法权益。

我建议企业在推出创新性的新产品的同时，要注意区分商标与商品名称，在宣传中有所区别，免得商标被淡化，从而使权益无法受到保护。

六、法律链接

《商标法》第十一条 下列标志不得作为商标注册：（一）仅有本商品的通用名称、图形、型号的；（二）仅直接表示商品的质量、主要原料、功能、用途、重量、数量及其他特点的；（三）其他缺乏显著特征的。前款所列标志经过使用取得显著特征，并便于识别的，可以作为商标注册。

第五十七条 有下列行为之一的，均属侵犯注册商标专用权：（一）未经商标注册人的许可，在同一种商品上使用与其注册商标相同的商标的；（二）未经商标注册人的许可，在同一种商品上使用与其注册商标近似的商标，或者在类似商品上使用与其注册商标相同或者近似的商标，容易导致混淆的，……（七）给他人的注册商标专用权造成其他损害的。

第六十三条 侵犯商标专用权的赔偿数额，按照权利人因被侵权所受到的实际损失确定；实际损失难以确定的，可以按照侵权人因侵权所获得的利益确定；权利人的损失或者侵权人获得的利益难以确定的，参照该商标许可使用费的倍数合理确定。对恶意侵犯商标专用权，情节严重的，可以在按照上述方法确定数额的一倍以上五倍以下确定赔偿数额。赔偿数额应当包括权利人为制止侵权行为所支付的合理开支。人民法院为确定赔偿数额，在权利人已经尽力举证，而与侵权行为相关的账簿、资料主要由侵权人掌握的情况下，可以责令侵权人提供与侵权行为相关的账簿、资料；侵权人不提供或者提供虚假的账簿、资料的，人民法院可以参考权利人的主张和提供的证据判定赔偿数额。权利人因被侵权所受到的实际损失、侵权人因侵权所获得的利益、注册商标许可使用费难以确定的，由人民法院根据侵权行为的情节判决给予五百万元以下的赔偿。

七、运营思维

华南理工大学工商管理学院市场营销系主任、教授·陈明

《商标法》规定，仅有本商品的通用名称、图形、型号及缺乏显著特征的，不得作为商标注册。那么，“3E椰梦维”既然已经注册，就是专属的产品名称和辨识商标，而不是行业的通用名称。

通用名称和公用品牌一样，在被注册为商标之前就应该被行业内众多企业广为使用，并在市场上形成了对同类产品的统一认识和称谓。而且，正如本案律师所陈述的，在司法实践中认定商业标识是否已演变为通用名称，需要秉持严格把握和审慎评判的态度，而不能仅仅根据百度等网站上发布的内容以及同行都在使用而认定其属于通用名称。

其实，如果网络平台以及同行对“3E椰梦维”和“椰梦维”的介绍以及使用是在“3E椰梦维”被注册以后，且没有征得该名称和商标权益人的同意，那么这本身就构成了侵权。仅仅根据其被广泛使用而不考虑使用本身已经存在侵权行为就认定其为通用名称，这本身也不符合法律的规定和事物推演的一般逻辑，有狡辩的嫌疑。

首席律师 董咏宜

广东三环汇华律师事务所律师，自2004年起作为专职律师一直专注于知识产权领域，特别是商标及不正当竞争领域，所参与撰写的图书如

《红罐之争——谁是凉茶领导者》《知识产权典型案例主办律师评述》《知识产权业务律师基础实务》《博物馆知识产权管理与保护实务》等也围绕知识产权展开。其参与的多个案件被评为当年全国或全省典型案例，如康宝公司商标争议行政案、荣华月饼商标侵权及不正当竞争案、诸葛酿酒不正当竞争案、蕉叶确认不侵犯商标专用权案、星群不正当竞争案、奥妮商标案、白云机场专利使用费案等。

编撰律师　张满兴

第十四章

侵害“Vinnic”电池知名商品特有包装装潢不正当竞争纠纷案 / 刘孟斌、孟午君

一、案例背景

松柏公司是一家规模较大的港资企业，其生产的“Vinnic”牌电池已有30余年的历史，在业内具有较高的知名度。与此同时，松柏公司也不断受到侵权者的攀附。

松柏公司发现，近年来，随着知识产权的普及和民众知识产权意识的提高，侵权形式也发生了多种多样的变化。例如，本案被告陈某为使自身的“搭便车”行为合法化，甚至还注册了“Vinlec”等商标，申请了与松柏公司商品近似的电池及包装盒的外观设计专利，等等。同时，由于其生产、销售行为较为隐蔽，取证难度较大，这给原告维权带来了重重阻碍。在此情况下，如何有效地从根源上制止侵权，更加全面的保护企业知识产权，是一个新的问题和挑战。

二、权利的重点信息

（1）第267684号“Vinnic”商标：1986年10月30日核准注册，核定使用的类别为第9类“电芯、电池、蓄电池、蓄电池箱、电力蓄电池、电池充电器等产品。

（2）涉案包装、装潢：电池本身的包装从中间部分隔开，上半部分为橘色，下半部分为黑色；上部标有松柏公司注册的第267684号商标，该商标中心为“Vinnic”字样，周围为椭圆形地球图案，地球图案上部有一环线；下部为电池型号及“EXTRA HEAVY DUTY”字样，分为两行或三行居中书写，字样正下方有一正方形方框，其内有图案，方框下部有一环线（英文文字）。电池外包装采用盒装，右侧印制有一倾斜的电池图案，左侧及右侧电池图案下方标注有各类字样；包装盒正面左侧有一曲线，曲线左侧上方系第267684号商标，曲线上部下方有“EXTRA”字样，下方标注有电池具体型号、尺寸等字样；包装盒侧面主要标注各类文字。上述电池及电池包装盒在图案与文字设计、位置排列等方面均体现出一定的特色，包含显著性较高的设计元素，形成特点鲜明的包装、装潢风格，具有较强辨识度。

三、案例解析

本案原告松柏公司生产的“Vinnic”牌电池已有30余年的历史，具有一定知名度，同时松柏公司也不断受到侵权者的攀附。本案被告陈某为使其“搭便车”行为合法化，甚至还注册了“Vinlec”等商标，申请了与松柏公司商品近似的电池及包装盒的外观设计专利。由于其生产、销售行为较为隐蔽，取证难度较大，这给原告维权带来了重重阻碍。2015年，原告代理人通过义乌购网站公证购买到800节由被告陈某生产、销售的“Vinlec”电池。针对得来不易的侵权证据，在代理律师的策划下，松柏公司首先提起了商标侵权诉讼。在当时陈某的“Vinlec”注册商标仍然有效存续的情况下，松柏公司的诉求仍获得法院支持，两审法院均判决陈某停止侵犯松柏公司商标权并赔偿30万元。2017年，在商标侵权诉讼案件胜诉以后，松柏公司认为仅凭商标侵权，被告简单改换另一个近似的商标仍可以继续生产与原告“Vinnic”电池包装近似的商品。松柏公司及代理律师提出，利用2015年公证取得的陈某的“Vinlec”电池，以侵犯松柏公司知名商品的包装装潢权为由再次提起诉讼，全面保护松柏公司的合法权益。

（一）维权诉求

请求法院判令被告陈某立即停止使用并销毁与松柏公司“Vinnic”电池及电池盒包装、装潢近似的电池及电池包装盒，并赔偿松柏公司的经济损失。

（二）对方抗辩

陈某的主要抗辩理由为：松柏公司的网站是英文网站，其客户以外国客户为主，商品销售主要为出口，不应认定其具有中国境内的知名度。松柏公司在2012—2014年有13 033.74万美元的出口销售，而扣减出口额之后销售额均在1亿元左右，这不足以认定其在国内具有较大的市场份额。对此，松柏公司代理律师指出，一方面，该认定适用标准明显错误。《反不正当竞争法》要求的知名度的本质在于，在商品具有一定知名度的情况下，商品特有的包装装潢在法律上会具有区别商品来源的功能，因此商品具有一定知名度即可，并不要求其广为人知，本案证据可以证明松柏公司的“Vinnic”电池经过宣传、销售后广为人知，应认定其具有《反不正当竞争法》要求的知名度。另一方面，相关公众的范围不仅包括与商品有交易关系的终端消费者，还包括相关行业的经营者（如在国内代国外客户采购的贸易公司、进出口公司等）。此外，原告律师还指出产品知名度的认定标准应该是统一的，产品的国外销量高不应成为提高产品知名度认定标准的理由。

（三）法院认定与判决结果

二审法院认为，关于涉案包装、装潢所依附的商品及其知名度问题，对商品知名度的把握不宜过严，在中国境内具有一定的市场知名度且为相关公众所知悉的商品，即可认定为知名商品。其中，相关公众不仅包括与商品有交易关系的终端消费者，还包括相关行业的经营者。根据在案证据，涉案电池在中国境内已具有一定的市场知名度，应当认定其为知名商品。

陈某与松柏公司的经销商均在义乌购网站上销售电池产品，双方的销售渠道存在重合。同时，其不仅使用了与松柏公司注册商标相近似的商标，而且在产品及包装盒的包装、装潢上擅自使用了与松柏公司涉案电池近似的包装、装潢，具有明显的主观故意，构成擅自使用知名商品特有包装、装潢的不正当竞争行为。

二审法院最终判令陈某立即停止使用并销毁与涉案包装、装潢相近似的电池及电池包装盒，并赔偿松柏公司的经济损失。

四、律师建议

在知识产权保护力度逐渐加强的今天，侵权行为实际上也在花样翻新，侵权者往往会以模仿、变造、复制等手段申请、注册多项相应权利，造成了一种以假乱真、似是而非的混乱局面。在此情况下，如何从全局把握案情和维权策略，正确选择权利客体、诉讼顺序，全面维护当事人的合法权益是知识产权律师所面临的新挑战。此外，在“一带一路”国家级顶层合作倡议和“走出去”国家战略政策下涌现出的不同经济形式和新型法律问题，也有待法律工作者进行与时俱进的研究。

五、正确做法

本案的焦点问题在于：（1）针对同一被告的同一批被控侵权产品，原告在已获得商标权保护的情况下，能否再获得《反不正当竞争法》规定的包装装潢权的保护。（2）原告商品的出口销量远超国内销量，是否能够认定其在中国境内属于知名商品，以《反不正当竞争法》予以保护。（3）"一带一路"倡议下新型外贸形式中的销售方式和消费群体同一性的认定。

针对以上问题分析如下：

（1）商标和知名商品的特有包装、装潢是两个不同的商品来源识别体系，各自发挥着对商品来源的识别作用。尤其在本案中，虽然原告已获得商标权的保护，但若被告继续使用类似原告商品的包装，原告仍不能完全杜绝侵权行为带来的损害。可见，本案的侵权行为不仅限于商标本身，也延伸到了产品的包装装潢，原告仅依靠一般商标保护不能有效制止侵权，因此，再次以《反不正当竞争法》规定的知名商品特有包装装潢权进行补充保护是非常必要的。

（2）本案被告陈某主张松柏公司的网站是英文网站，其客户以外国客户为主，商品销售主要为出口，不应认定其具有中国境内的知名度。一审判决认为，松柏公司在2012—2014年有13 033.74万美元的出口销售，而扣减出口额之后销售额均在1亿元左右，不足以认定其在国内具有较大的市场份额。对此，松柏公司代理律师在二审中指出，一方面，该认定适用标准明显错误。《反不正当竞争法》要求的知名度的本质在于，在商品具有一定知名度的情况下，商品特有的包装装潢在法律上会具有区别商品来源的功能，因此商品具有一定知名度即可，并不要求其广为人知。本案证据可以证明松柏公司的“Vinnic”电池经过宣传、销售后广为人知，应认定其具有《反不正当竞争法》要求的知名度。另一方面，相关公众的范围不仅包括与商品有交易关系的终端消费者，还包括相关行业的经营者。此外，原告律师还指出产品知名度的认定标准应该是统一的，产品的国外销量高不应成为提高产品知名度认定标准的理由。因此，一审法院对此认定存在明显错误，二审法院接受了原告律师的上述观点。

（3）在国家大力推动“一带一路”倡议与“走出去”战略的政策环境下，很多中国品牌商品有了更多机会销往世界各地的机会，其中不乏与本案类似的外销销量大于内销销量的情况。而在当今多种对外贸易形式繁荣发展的情况下，中国品牌商品的出口早已不同于若干年前单纯的以一般贸易出口为主的情况。与本案类似，基于义乌购等跨境电商平台，通过“授权商—进出口公司（贸易公司）—国外客户”销售环节，由中间商在国内采购商品后出口国外的情况非常常见。这种情况并不完全是商品品牌在国外具有知名度的表现，很可能是企业参加广交会等外贸展会且产品在业内具有较高影响力，使得国内贸易公司、进出口公司等从事外贸采购的群体对产品广为知悉的结果。对于这类企业给予相应的知识产权保护，是企业顺应国家外贸政策发展的根本保障。

六、法律链接

（一）《反不正当竞争法》（1993年）

第五条 ［禁止仿冒］经营者不得采用下列不正当手段从事市场交易，损害竞争对手：……（二）擅自使用知名商品特有的名称、包装、装潢，或者使用与知名商品近似的名称、包装、装潢，造成和他人的知名商品相混淆，使购买者误认为是该知名商品；……

（二）《最高人民法院关于审理不正当竞争民事案件应用法律若干问题的解释》

第一条 在中国境内具有一定的市场知名度，为相关公众所知悉的商品，应当认定为反不正当竞争法第五条第（二）项规定的“知名商品”。人民法院认定知名商品，应当考虑该商品的销售时间、销售区域、销售额和销售对象，进行任何宣传的持续时间、程度和地域范围，作为知名商品受保护的情况等因素，进行综合判断。原告应当对其商品的市场知名度负举证责任……

第二条 具有区别商品来源的显著特征的商品的名称、包装、装潢，应当认定为反不正当竞争法第五条第（二）项规定的“特有的名称、包装、装潢”……

第四条 足以使相关公众对商品的来源产生误认，包括误认为与知名商品的经营者具有许可使用、关联企业关系等特定联系的，应当认定为反不正当竞争法第五条第（二）项规定的“造成和他人的知名商品相混淆，使购买者误认为是该知名商品”。在相同商品上使用相同或者视觉上基本无差别的商品名称、包装、装潢，应当视为足以造成和他人知名商品相混淆。认定与知名商品特有名称、包装、装潢相同或者近似，可以参照商标相同或者近似的判断原则和方法。

七、运营思维

华南理工大学工商管理学院市场营销系主任、教授 · 陈明

其实，无论商品在市场上是否知名，在同一个商品组群内的近似注册都应该被认为是侵权行为。对于在不同区域（如境内、境外）的商标保护，其判定的标准应该以注册地为准。即使商品在注册地没有任何的销量，只要注册商标被当地法律认定为是有效的，商评委就不

应该允许在同一个注册地的同一个商品组群内注册近似的商标。抢注或者未经允许使用了近似的商标，包括采用了近似的包装装潢，都应该判定为侵权行为。

个人认为，在维权方面，法律的适用应该简洁明了且推理严谨。如果律师纠缠于产品的销量与知名度的大小，以及主要是在境内还是境外销售，而不直接从注册地保护和同组群内的近似注册等清晰的法律条文入手，就有点避重就轻了。

同时，需要注意的是，松柏公司如果不及时在其产品的销售国对“Vinnic”电池的商标以及包装装潢等进行商标国际注册，就很有可能在境外遭到商标和包装装潢被抢注和被保护的情况，维权行为将会非常被动。

首席律师　刘孟斌

现为国家知识产权专家库专家，2017年被广州市律协授予“广州知识产权大律师”称号，担任中华全国专利代理人协会常务理事、广州市律协常务理事、广州仲裁委员会仲裁员等社会职务。其执业多年，代理的案件有不少成为各级法院、政府和行业协会认定的典型案例。例如，佛陶案和康宝案是1996年中美知识产权谈判中我方谈判代表向美方列举的体现中国知识产权保护成果的两个典型案例；又如LUX商标侵权案是我国的平行进口第一案。

编撰律师　孟午君

第十五章

“广云贡饼”商标被动使用案 / 刘孟斌、宁崇怡

一、案例背景

商标是商品的生产者、经营者在其生产、制造、加工、拣选或经销的商品上，或者服务的提供者在其提供的服务上，采用的用于区别商品或者服务来源的，由文字、图形、字母、数字、三维标志、颜色组合而成的，具有显著特征的标志。商标的功能主要体现在两个方面：一方面，区分商品或者服务的来源，便于消费者进行选择；另一方面，作为商誉的载体，承载因消费者对于商品或者服务的信赖而产生的品牌价值。因此，商标是企业重要的无形资产，在捍卫核心商标的战役上，不少企业不惜耗费巨资，历经数年谋求有利的结果。商标权和商标申请权的纷争常常涉及的一个法律条款是《商标法》第三十二条，该条规定作为我国商标法律制度中“申请注册在先原则”的补充，以法律规定的形式承认未注册商标的使用在一定条件下也产生对抗他人不当注册的权利。

二、权利的重点信息

关某某于2005年4月11日在茶、冰茶、茶饮料、茶叶代用品类别上申请注册“广云贡饼”商标；GDCY进出口有限公司于2007年12月17日对该商标的申请注册提出异议。

三、案例解析

关某某于2005年4月11日向国家商标局申请注册“广云贡饼”商标，GDCY进出口有限公司于2007年12月17日对该商标的申请注册提出异议。其主要认为，“广云贡饼”特指自己生产的普洱茶在业界已得到共识，关某某曾为公司员工，明知该事实，却仍将“广云贡饼”申请注册为商标，明显属于恶意抢注行为，要求国家商标局对关某某的注册申请不予核准。

国家商标局经审理认为，关某某在茶、冰茶、茶饮料、茶叶代用品类别上申请注册“广云贡饼”商标已构成以不正当手段抢先注册GDCY进出口有限公司已经使用并有一定影响的“广云贡饼”商标的行为，违犯了《商标法》第三十二条有关“申请商标注册不得损害他人现有的在先权利，也不得以不正当手段抢先注册他人已经使用并有一定影响的商标”的规定，遂于2010年7月21日裁定对关某某在上述商品上申请注册“广云贡饼”商标不予核准。

关某某不服国家商标局的裁定，于2010年8月23日向国家商评委申请复审。国家商评委经审理，于2012年2月6日裁定对关某某在茶、冰茶、茶饮料、茶叶代用品类别上申请注册“广云贡饼”商标予以核准。GDCY进出口有限公司不服国家商评委的裁定，于2012年3月29日向北京市第一中级人民法院起诉。案件历经两审行政诉讼，二审法院判决撤销国家商评委的商标异议复审裁定。关某某提起再审，但终被驳回。

（一）诉求

关某某主张：国家商标局在茶、冰茶、茶饮料、茶叶代用品类别上核准关某某注册“广云贡饼”商标。

GDCY进出口有限公司主张：在商标公告期内提出异议，要求国家商标局对关某某的注册申请不予核准。

（二）抗辩要点

关某某主张：GDCY进出口有限公司并没有在先使用“广云贡饼”商标，“广云贡饼”并不特指GDCY进出口有限公司生产的普洱茶，他在任职期间从未听闻GDCY进出口有限公司使用过“广云贡饼”商标且使其达到知名的程度。

GDCY进出口有限公司主张：“广云贡饼”是GDCY进出口有限公司知名商品的特有名称，关某某侵犯了其知名商品的特有名称这一在先权利，国家商评委对这一事实存在漏审，以及关某某存在恶意抢注的不正当竞争行为。

（三）法院认定

再审法院认为，首先，关于“广云贡饼”是否属于GDCY进出口有限公司已经使用并有一定影响的商标。本案的被异议商标由关某某于2005年4月11日向国家商标局提出注册申请。根据一、二审法院查明的事实，GDCY进出口有限公司为证明其持续使用“广云贡饼”商标，在评审阶段和诉讼阶段提交了多份证据。在二审庭审中，关某某对上述证据的真实性均予以认可。法院认为，根据上述证据可以认定以下事实：（1）自20世纪60年代开始，GDCY进出口有限公司以云南、广东等地的大叶种茶青为原料，采用独特的工艺技术生产饼状的普洱茶，颇受消费者青睐；（2）GDCY进出口有限公司在此种饼状的普洱茶产品上标注的商标为“中茶”或“金帆”；（3）因茶饼以云南、广东等地的原料为主生产，并融入了GDCY进出口有限公司独创的工艺技术，具有广式韵味，因此自GDCY进出口有限公司生产的此种饼状普洱茶面世以来，广大消费者和业内人士称之为“广云贡饼”；（4）GDCY进出口有限公司在20世纪90年代曾一度中断过此种普洱饼茶的生产，后于2002年恢复生产，广大消费者和业内人士仍以“广云贡饼”指称此种普洱饼茶。关某某申请再审称，GDCY进出口有限公司从未在其产品上使用过“广云贡饼”商标，一、二审判决中关于“广云贡饼”系GDCY进出口有限公司在先使用的未注册商标的认定缺乏根据。法院认为，根据《商标法》第八条的规定，尽管商标存在不同的外在表现形式，如文字、图形、字母、数字、三维标志、颜色组合以及上述要素的组合等，但商标的功能均为“将自然人、法人或者其他组织的商品与他人的商品区别开”。基于标识产品来源这一功能，商标的本质实为产品与其生产者之间通过一定媒介（如符号、声音、气味等）建立起来的一种联系。这种联系的建立、加深和巩固需要生产者持续不断地将带有其商标的产品投入市场，包括进行广告宣传，进而达到让消费者一接触到该商标就能立刻条件反射般地联系到生产者的目的。从商标权人的角度来看，《商标法》对注册商标提供的商标专用权的保护，以及对未注册商标提供的在先使用权益的保护，均是起到保护商标权人努力建立起来的此种联系不被他人所破坏或损害的作用。从消费者的角度来看，这则是为了保护消费者对市场中存在的此种联系的信赖。本案中，GDCY进出口有限公司在20世纪60年代向市场推出普洱饼茶时，实际使用在该产品上的商标为“中茶”，但基于该产品的原料、工艺、形状、品质等自身特质，消费者口口相传、约定俗成地称其为“广云贡饼”。20世纪90年代，GDCY进出口有限公司曾一度中断过普洱饼茶的生产，直至2002年恢复生产。由于这段时期市面上仍有GDCY进出口有限公司之前生产的普洱饼茶在流通，加之停产时间不长，故GDCY进出口有限公司与其生产的普洱饼茶之间通过“广云贡饼”所建立起来的“联系”并未中断和减弱。在当下的茶叶市场中，一提到“广云贡饼”，消费者和业内人士都知道是特指GDCY进出口有限公司生产的普洱饼茶。GDCY进出口有限公司通过多年的商业经营活动，客观上以“广云贡饼”这一符号为媒介，与其生产的普洱饼茶之间建立起了稳固的“联系”。因此，尽管GDCY进出口有限公司未在其普洱饼茶上实际标注“广云贡饼”，但是基于以上事实，我们可以认定“广云贡饼”属于GDCY进出口有限公司已经使用并有一定影响的商标。

其次，关于关某某是否存在以不正当手段抢先注册的行为。一、二审法院查明以下事实：（1）关某某曾在GDCY进出口有限公司及其下属单位工作30余年；（2）2005年7月11日，关某某离开广东茶叶金帆发展有限公司之前担任该公司副总经理；（3）离任后，关某某担任广州盈誉茶叶有限公司经理，广州盈誉茶叶有限公司自2006年开始销售“广云贡饼”茶叶；（4）关某某在向商评委提起异议复审申请时，以及在本案一审庭审中均主张，被异议商标中的“广”源于广东或广州，用于标识商品来源，“云”字源于“白云山”，“贡饼”是指女儿出嫁时的一种喜饼。

综合考察上述事实，法院认为：第一，关某某作为在GDCY进出口有限公司及其下属单位工作30余年的老员工，理应知晓GDCY进出口有限公司及其产品的历史，知晓其生产的普洱饼茶在市场中被称为“广云贡饼”；第二，在GDCY进出口有限公司于2005年推出金帆牌女儿红广云贡饼茶时，关某某担任该公司下属广东茶叶金帆发展有限公司的副总经理，不可能不知道这个情况；第三，关某某在离职前于2005年4月11日申请注册被异议商标，指定使用的商品类别包括茶、冰茶、茶饮料、茶叶代用品，其后，由其担任经理的广州盈誉茶叶有限公司自2006年开始销售“广云贡饼”茶叶。这些事实均与关某某对其申请注册“广云贡饼”的解释，即“女儿出嫁时的一种喜饼”相冲突。综上，法院认为，关某某在茶、冰茶、茶饮料、茶叶代用品类别上申请注册被异议商标构成以不正当手段抢先注册的行为。

关某某申请再审另称，一、二审判决中关于GDCY进出口有限公司被动使用“广云贡饼”商标的认定于法无据，我国在立法上并未规定“商标被动使用”这一概念，司法中亦不乏对商标被动使用行为持否定态度的判决实践。对此，法院认为，根据《商标法》第八条关于“任何能够将自然人、法人或者其他组织的商品与他人的商品区别开的标志，包括文字、图形、字母、数字、三维标志、颜色组合和声音等，以及上述要素的组合，均可以作为商标申请注册”的规定以及前述分析，某一标志能否成为商标不在于商标权人对该标志是“主动使用”还是“被动使用”，关键是生产者与其产品之间以该标志为媒介的特定联系是否已经建立。而且，由于商标权益为私权，基于私法自治、私权处分的原则，商标权人当然也享有放弃该权益的自由。关某某申请再审所提到的司法持否定态度的另案，或是因为生产者与其产品之间以涉诉标志为媒介的特定联系尚未建立，或是因为商标权人曾明确表示对有关特定联系的建立不能接受，均与本案情况不同。因此，关某某提出的该项申请再审理由不能成立。

综上，法院认为，被异议商标在指定使用的茶、冰茶、茶饮料、茶叶代用品类别上的注册违犯了《商标法》第三十一条的规定。

四、律师建议

商标俗称是社会公众对特定经营者所提供的商品或服务的习惯性称呼，经营者一般没有对其进行注册，甚至从未在商业活动中主动使用过。此时，社会公众对商标俗称的使用相对于特定经营者来说就可称为“商标被动使用”，这种使用方式是否属于《商标法》意义上的商标使用行为，以及商标俗称可否获得《商标法》保护等问题，在学术上一直存在争议，司法认定的差异也很大。

明确“商标被动使用”行为是商标使用行为，对商标使用制度乃至整个《商标法》都具有重要的意义。《最高人民法院关于审理商标授权确权行政案件若干问题的意见》（法发〔2010〕12号）第二十条第二款规定：“商标权人自行使用、许可他人使用以及其他不违背商标权人意志的使用，均可认定属于实际使用的行为。”根据该规定，商标权人的实际使用方式从商标权人自行使用、许可他人使用扩大到了“不违背商标权人意志的使用”。《最高人民法院关于审理商标授权确权行政案件若干问题的规定》（法释〔2017〕2号）第二十六条第一款也规定：“商标权人自行使用、他人经许可使用以及其他不违背商标权人意志的使用，均可认定为商标法第四十九条第二款所称的使用。”换言之，如果“商标被动使用”不违反商标权人的意志，那么我们可将其视为法律意义上的商标使用行为。

五、正确做法

笔者认为，判断商标是否构成“被动使用”应考虑其是否包括如下要素：（1）商标俗称为未注册商标；（2）商标俗称是基于社会公众的使用而产生的；（3）社会公众对商标俗称的使用不违背商标权人的意志；（4）商标俗称明确指向特定的商品或服务的提供者。在考虑《商标法》第三十二条的适用性和对“商标被动使用”进行认定时，法院应综合考虑以下条件：（1）诉争商标是未注册商标，基于社会公众在大陆范围内使用，具有一定知名度；（2）已形成商标俗称、商品或服务、商品或服务的提供者三者之间特定的对应关系，请求方应当是诉争商标所指向的特定的商品或服务提供者；（3）请求方在商标注册日前已完成从“被动使用”向“主动使用”的商业性使用转换；（4）对构成“在先使用”和“产生一定影响”的判断须满足“商标申请注册日”这一时间节点要求；（5）抢先注册人采取了不正当手段并具有主观恶意。

六、法律链接

（一）《商标法》

第三十二条 申请商标注册不得损害他人现有的在先权利，也不得以不正当手段抢先注册他人已经使用并有一定影响的商标。

第四十八条 本法所称商标的使用，是指将商标用于商品、商品包装或者容器以及商品交易文书上，或者将商标用于广告宣传、展览以及其他商业活动中，用于识别商品来源的行为。

（二）《最高人民法院关于审理商标授权确权行政案件若干问题的意见》

第二十条第二款 商标权人自行使用、许可他人使用以及其他不违背商标权人意志的使用，均可认定属于实际使用的行为。实际使用的商标与核准注册的商标虽有细微差别，但未改变其显著特征的，可以视为注册商标的使用。没有实际使用注册商标，仅有转让或许可行为，或者仅有商标注册信息的公布或者对其注册商标享有专有权的声明等的，不宜认定为商标使用。（法发〔2010〕12号）

第二十六条第一款 商标权人自行使用、他人经许可使用以及其他不违背商标权人意志的使用，均可认定为商标法第四十九条第二款所称的使用。（法释〔2017〕2号）

七、风险防范

虽然商标最早出现时是“被动使用”的状态，但商标使用人应在商标注册日前完成从“被动使用”向“主动使用”的转换，即主动在商业活动中使用商标俗称，将商标用于商品或包装、容器标签、说明书、价目表或其他类似的载体上。或者，商标使用人具有在商品、服务的推销或广告宣传中使用或予以展示的行为，建立起了该商标俗称与商品或服务提供商之间的联系。这样，商标使用人在主张商标的申请权时才可能获得司法上的支持。

八、运营思维

白云山制药总厂法务总监・许淑文

本案中，“商标俗称”应被认定为未注册商标，从而被视为经营者的在先权利，因此，异议商标注册人由于侵犯在先权利，且以不正当手段抢注他人已经使用并有一定影响的未注册商标的行为而最终败诉。

本案例的特别之处在于，“商标俗称”被动使用，且这种“被动使用”行为不违反商标权人的意志，符合法律意义上的商标使用行为，构成未注册商标在先权利，得到《商标法》保护。

商标作为区分商品或服务的来源的标志，承载了经营者的产品和服务长期积累的商誉，在某种意义上是企业的生命。《商标法》作为专门法在保护经营者商业标识上是最直接和有力的，《反不正当竞争法》作为兜底性法律一般在无法适用专门法的情况下才适用。本案中，GDCY进出口有限公司试图以知名商品特有名称来保护商标显然容易导致自己被动。因此，经营者要加强商标保护意识，在经营活动中要有意识地将商业标识及时注册；对未注册的商业标识，要做好使用证据的保存，建立未注册标识与商品或服务提供商之间的联系，形成在先未注册商标，从而获得法律保护。

首席律师　刘孟斌

相关介绍见第十四章。

编撰律师　宁崇怡

第十六章

“4A国际4A INTERNATIONAL及图”商标撤销复审的行政诉讼案 / 谢有林、侯宇航

一、案例背景

“4A国际4A INTERNATIONAL及图”为广告代理行业通用的国际标准标志。4A标志源于美国广告代理协会（the American Association of Advertising Agencies），该协会以其严格的广告服务标准而知名。随后，世界各地都参照其标准，取其从事广告业、符合资格、有组织的核心规则，形成了地区性的4A广告公司。

广州市广告行业协会综合性广告代理公司委员会（以下简称“广告行业协会”）是国内最早成立的4A's组织，是广州综合性广告代理公司（包括国有、民营、合资及外资等）以及相关研究机构组成的自律性、非营利性的专业委员会，旨在加强行业自律，促进广州广告事业的健康发展，并促进广州广告业逐步向符合国际惯例的广告代理制迈进。在适用行业标准时，作为4A's组织，广告行业协会也沿用了“4A国际4A INTERNATIONAL及图”作为标准标志。

诉争商标由第三人陈伟桐于2010年7月28日注册在第35类广告等

服务上，商标图样与“4A国际4A INTERNATIONAL及图”一致，占用了广告行业国际通用的行业标志。

为了解决行业公共资源被个人占用及抢注的问题，广告行业协会委托委员会秘书处于2013年10月8日对诉争商标提出撤销三年不使用申请。

2014年10月30日，商标局做出撤Y000443号决定，对诉争商标予以撤销。陈伟桐（下称“第三人”）不服该决定，于2014年12月5日向商评委申请复审，并提供了使用证据，请求维持诉争商标。

2015年9月24日，商评委做出复审决定，决定对诉争商标在广告、广告策划、广告传播、广告代理、广告设计、广告宣传等服务上予以维持，在其余服务上予以撤销。广告行业协会不服，于2016年6月24日向北京知识产权法院提起行政诉讼，请求撤销上述复审决定。

二、权利的重点信息

权利的重点信息如表16-1所示。

表16-1　权利的重点信息

重点项目	具体信息
编号	第5485621号
商标图样	
核定服务	广告，广告策划，广告传播，广告代理，广告设计，广告宣传，公共关系，效率专家，推销（替他人），人事管理咨询
申请日期	2006年7月17日
注册日期	2010年7月28日
撤销公告日期	2017年6月27日

三、案例解析

（一）维权诉求及理由

（1）第三人称其提交的《国际服装广告布展合同》及布展现场图片，为普宁世邦广告有限公司（以下简称“世邦广告”）承办第八届普宁国际时代衬衣节及重点项目开幕式的相关合同及图片。代理律师核实发现第八届普宁国际时代衬衣节的举办时间为2010年12月29日至31日，第三人不可能在2013年9月15日签订合同时承办任何第八届普宁国际时代衬衣节。基于前述情况，代理律师调查收集了第八届普宁国际时代衬衣节及重点项目开幕式的现场照片，发现在开幕式官方新闻图片中展会场地的相应位置上并未出现第三人提供证据中的诉争商标。

（2）为核实第三人合同发票的真实性，代理律师登录广东省国家税务局网站，利用涉税查询功能对第三人提交的复审材料中的发票进行查询。查询结果为“发票销货方名称有误”，即该编号的发票并非由世邦广告开出，真实性明显存疑。

（3）除前述真实性问题外，第三人提供的其他证据则存在未体现商标图样、产生时间在要求使用的期间外、未能体现使用时间等关联性问题。

基于代理律师的分析及收集的证据情况，广告行业协会继续委托本案原告何榆向北京知识产权法院提起诉讼并主张：第三人存在明显的虚构事实、伪造证据的行为，其所提交的证据材料应从严审查。第三人所提交的证据材料缺乏合法性、真实性与关联性。据此，请求判决撤销被告做出的商评字（2015）第0000065515号《关于第5485621号“4A国际4A INTERNATIONAL及图”商标撤销复审决定书》，并判令被告重新做出决定。

（二）对方抗辩

被告商评委认为被诉决定认定事实清楚，适用法律正确，审理程序合法，请求判决驳回原告诉讼请求。同时，被告向法院提供了以下证据复印件：（1）第三人与世邦广告于2006年12月31日签订的《商标使用授权书》，显示第三人将商标授权给世邦广告使用；（2）世邦广告与普宁市国际服装城于2013年9月15日签订的《国际服装广告布展合同》及相应发票、布展现场图片；（3）2010—2012年世邦广告与普宁市利泰饮水有限公司、揭西县天竺矿泉水有限公司、广州市婷彩化妆品有限公司签订的《（4A国际）广告合同书》及相应发票复印件；（4）世邦广告在金点子传媒、金点子广告上发布的广告复印件；（5）世邦广告的户外广告、画册、车体广告复印件，以及施工统一服装、门店的图片打印件；（6）2014年4月29日世邦广告自营网站打印件；（7）世邦广告于2008年8月8日制作的广告传单。

第三人同样认为被诉决定认定事实清楚，适用法律正确，审理程序合法，请求判决驳回原告诉讼请求。

（三）法院判决

北京知识产权法院判决：（1）撤销被告做出的商评字（2015）第0000065515号《关于第5485621号“4A国际4A INTERNATIONAL及图”商标撤销复审决定书》；（2）被告针对原告就第三人“第5485621号“4A国际4A INTERNATIONAL及图”商标所提撤销复审申请重新做出决定。

（四）案件焦点

本案是适用2001年《商标法》，还是适用修订后的2014年《商标法》；诉争商标是否在2010年10月8日至2013年10月7日期间（下称

“指定期间”）在其核定使用的广告、公共关系等服务上进行了真实有效的商业使用。

1. 焦点一

本案诉争商标为2014年《商标法》施行前已经核准注册的商标，因此，虽然本案撤销复审请求的受理时间处于2014年《商标法》施行期间，但诉争商标被核准时的审查依据是2001年《商标法》。依据《中华人民共和国立法法》第九十三条，并参照《最高人民法院关于商标法修改决定施行后商标案件管辖和法律适用问题的解释》第七条的规定，本案程序问题的审理应适用2014年《商标法》，而本案实体问题的审理应适用2001年《商标法》。

2. 焦点二

依据2001年《商标法》第四十四条第（四）项的规定，对于注册商标连续三年停止使用的，商标局可以撤销该注册商标。本案中，判断诉争商标是否违反前述规定应同时考虑如下条件：（1）在案使用证据所显示的商标使用行为是否发生于指定期间；（2）在案使用证据是否显示有与诉争商标相同或基本相同的标识；（3）在案使用证据所显示的使用行为是否是在诉争商标核定使用的商品或服务上的；（4）在案使用证据是否能够证明诉争商标的使用行为是“真实、善意的商标使用行为”，而非“象征意义的使用行为”。

本案中，第三人提交的在案证据均为复制件，原告对第三人提交的复制件的真实性亦不予以认可。原告针对第三人提交的发票进行了检索，未检索到发票的有效性信息。基于此，法院难以确定第三人提交的证据的真实性。即便考虑到第三人提交的在案证据，其中也仅有四份广告合同及数张发票是在指定期间形成的，但合同所体现的商标为“4A国际”，与诉争商标有所不同。另外，第三人未提交其他具体履行前述合同的证据。数份不清晰的宣传材料复印件因无原件予以核实，无法确定发行时间。因此，仅依据前述数量有限的合同及发票不足以证明诉争商标在指定期间进行了真实、善意的商业使用。

综上所述，第三人提交的证据不能证明第三人对诉争商标的使用行为符合2001年《商标法》第四十四条第（四）项的规定。

四、律师分析

本案的实质是行业自律组织为行业整体利益排除个别经营者对行业公共资源闲置占用的过程。诉争商标是对广告行业通用标准标志的抄袭模仿，但由于在该行业标准进入我国时，诉争商标的注册时长已超过了《商标法》第四十五条规定的5年时间，广告行业协会已难以通过恶意抢注等理由对其提出无效宣告。但若放任，这种行为则可能对行业整体的规范造成阻碍。本案中，原告针对公共资源抢注人往往是为囤积牟利并无实际使用意图的特点，采用撤销三年不使用商标程序，并在案件结果反复失败时坚持收集证据反驳对方，最终成功解决了行业公共资源闲置占用问题。本案对行业协会等行业自律组织在处理类似问题时有较大的参考意义。

本案是关于注册商标连续三年停止使用的撤销问题，法律依据是2001年《商标法》第四十四条第（四）项的规定。由于我国商标资源闲置占用的情况较多，所以在商标撤三案件中存在伪造商标使用证据以期继续占用商标资源的情况。本案中，原告对第三人所提供的使用证据的真实性逐一进行排查，并根据第三人提供的使用证据所体现的内容逐一核对相关信息，比如核对合同所涉展会的新闻图片、发票的税务信息等，最终排除了可疑证据，成功撤销诉争商标。本案对类似商标撤销案件的代理工作有明显的指导意义。

五、示范意义

第一，本案涉及广告行业公共资源被个人抢注和占用的问题，且该抢注行为已经超过5年的相对理由无效宣告期限，所以代理律师退而采用商标撤销程序，解决了类似商标难以通过恶意抢注为由宣告无效的问题。通过撤销程序的诉辩对抗，法院最终依法排除了个别经营者对广告行业资源的闲置占用，为行业自律组织维护行业资源提供了具有代表性的示范案例。因此，本案被广东省知识产权保护协会评为2016年度广东知识产权保护协会知识产权典型案例。

第二，代理律师在质证过程中针对各个证据，通过权威渠道核对相关信息，从而有效排除了可疑证据，打击了在商标撤销程序中假造证据的行为，对类似商标撤销案件的代理工作有明显的示范意义。

六、运营思维

华南理工大学工商管理学院市场营销系主任、教授·陈明

关于品牌和商标的公共资源被个人抢注和私人占用的问题，无论占用个人出于何种目的，我们都应该尽可能采取法律的手段予以解决，这是合理使用公共资源和维护其权威性的必然选择。如果放任个人抢注和使用，那么这将对公共资源所涉及的众多单位的权益造成损害和损失。

目前，无论是政府、行业协会还是区域产业管理组织，都应该快速增强对共用品牌和商标的注册、宣传和维权意识，尽量杜绝权益受到损害和不必要的经济损失。如果品牌和商标失去在行业组织中的信任与权威，将非常不利于公共资源的管理和行业的良性发展。

·智慧语录·

知识产权保护不仅关乎权利的救济，还关乎追求公平竞争与价值的创造。

——谢有林

首席律师　谢有林

广东哲诚律师事务所合伙人律师，专利代理师和助理研究员，广东哲力知识产权事务所高级法务顾问。现担任广东省专利代理协会诉讼维权委员会委员、广东省知识产权保护协会专家、广州知识产权维权援助专家、国家版权贸易基地（越秀）维权专家、是广东卫视《法案追踪》栏目的特约专访律师。

从业10年，擅长知识产权与不正当竞争领域的的行政确权和维权诉讼，并提供合同商事法律顾问及刑事辩护等服务，服务过海康威视股份、广汽集团、南方都市报业集团、广发证券、天地壹号股份等。其经办的典型案例包括2015年/2016年/2018年广东省知识产权保护十大典型/推荐案例、2016年中华商标协会优秀商标代理案例、2017年广东省工商与市场监督局典型案例、2018年佛山南海区十大知识产权保护案例等。

编撰律师　侯宇航

第十七章

关于“东引ESTAB”商标撤销复审案 商标许可追认权的分析 / 谢有林

一、案例背景

在商标资源越来越有限和申请注册需求无限发展的趋势下，通过提出在先注册商标撤销程序，从而排除在后申请障碍已成为商标注册惯常使用的手段，这也是商标提高申请门槛后企业获得注册商标的有效解决方案之一。为了应对潜在申请人或竞争对手的干扰，企业急需自主或委托专业律师团队搭建完善的品牌防御体系，其中包括对商标的有效商业使用，特别是如果商标许可使用合同存在瑕疵，那么企业应当通过专业的方案补救。

本案就是商标许可补救的典型案例，它在商标许可合同存在重大漏洞的情况下，明确了“被许可人事后出具的对商标使用许可行为的效力进行追认的确认函是判断许可合同双方真实意思表示的重要证据”。这为日后存在许可合同瑕疵的类似撤三案件提供了有效的解决方案和参考判例，因此该案件被广州市律师协会授予“2017年业务成果奖”。

二、权利的重点信息

第3093940号"东引ESTAB"商标（以下简称"东引商标"）于2002年2月8日向商标局申请注册，2003年3月14日核准注册。2004年4月21日转让给受让人郑飞跃，2014年再次转让给本案原告福建省天顺贸易有限公司（以下简称"天顺公司"）。东引商标的转让情况如图17-1所示。

图17-1　东引商标的转让情况

三、案例解析

（一）案例情况

1. 撤销三年不使用阶段

2010年2月25日，马祖酒厂实业股份有限公司（以下简称"马祖公司"）针对第3093940号东引商标向国家商标局提出"撤销三年不使用申请"。东引商标原持有人郑飞跃在法定答辩期内提交了用于证明东引商标在2007年2月25日至2010年2月24日进行商业使用的证据，商标局审理后于2014年2月13日做出撤销第201000783号决定——东引商标维持注册。

2. 撤销三年不使用复审阶段

2014年3月19日，马祖公司不服商标局做出的决定，向商评委申请撤销复审，期间因东引商标于2014年7月4日办理了从郑飞跃转让给原告天顺公司的转让手续，造成撤销复审答辩文件的送达存在接收地址未及时变更的失误，延误了撤销复审答辩的时机。商评委审理后认定:（1）东引商标许可合同的签订时间为2003年4月18日，但被许可人落款盖章的公司名称却为2006年1月13日方才变更的福州市保税区东森贸易有限公司（以下简称“东森公司”），据此可知，郑飞跃提供的许可合同内容自相矛盾，不具备真实性。（2）基于许可合同的不真实性，东森公司的销售发票等使用证据不足以证明复审商标进行了有效的商业使用，商评委决定将东引商标予以撤销。原告天顺公司不服，向北京知识产权法院提起行政诉讼，请求撤销上述撤销复审决定。

（二）维权诉求及理由

（1）东引商标原持有人郑飞跃和被许可人东森公司早在2003年4月18日就已经订立了口头的商标使用许可合同，两者建立了真实、合法的商标许可合同关系。

（2）郑飞跃与东森公司于2006年1月13日补签《商标使用许可合同》时将签订日期填写为2003年4月18日，事实上是在行使商标许可的追认权，结合郑飞跃出具的确认函应当认定郑飞跃与东森公司签订的书面《商标使用许可合同》真实有效。

（3）东森公司在2007年2月25日至2010年2月24日期间使用复审商标的行为，应当被认定为属于不违背商标权人意志的使用行为。

为了证明上述事实，原告提交了郑飞跃、证人萧某的证人证言、确认函、身份证明书，以及私营企业登记基本情况表、北京市高级人民法院做出的（2012）高行终字第355号行政判决书和（2014）高民终字第825号民事判决书等证据。

（三）对方抗辩

被告认为商评委的被诉决定认定事实清楚，适用法律正确，做出程序合法，应予维持。原告天顺公司的诉讼请求不能成立，请求法院予以驳回。

第三人马祖公司辩称：郑飞跃与东森公司不存在诉争商标的商标许可法律关系，郑飞跃提交的证据亦不能证明诉争商标在2007年2月25日至2010年2月24日进行过实际使用。被诉决定认定事实清楚，适用法律正确，做出程序合法，应予维持。

（四）法院认定

北京知识产权法院依法做出的（2015）京知行初字第3589号行政判决书认为：

首先，郑飞跃与东森公司签订的商标许可合同的落款时间为2003年4月18日，此时东森公司的工商登记名称为福州市保税区雄飞贸易有限公司，但合同落款处所盖的公章为福州市保税区东森贸易有限公司。两个企业名称之间是企业名称的变更关系，被许可人是明确且唯一的，郑飞跃作为商标注册人对此也未提出异议，并在2016年6月1日出具确认函，对使用许可行为及使用期限再次予以确认。

其次，北京市高级人民法院在2012年和2014年做出的生效判决明确了“许可人出具的确认函是对双方商标授权许可合同的确认，属于授权行为的追认”。本案中，许可人郑飞跃出具确认函明确认可该商标的许可合同，故针对商评委仅仅依据许可合同所载被许可人名称与合同落款时间被许可人工商档案名称不一致就否认许可合同的真实性，进而对其他使用证据不予考虑的行为，法院予以纠正。

最后，结合原告向商标局提交的经过公证的销售发票，法院可以认定该份许可合同真实有效且已实际履行。东森公司在高粱酒上所用的东引商标虽与诉争商标存在繁体与简体的差别，但呼叫相同、外观近似，未改变商标显著部分的特征，亦是在指定使用商品上使用。撤销连续三年停止使用商标的目的在于促进商标真实投入商业使用，而非针对其使用过程中的某些具体行为进行非《商标法》意义上的评判，因此法院对诉争决定予以纠正。

（五）判决情况

（1）北京知识产权法院依法撤销商评委做出的商评字（2015）第30649号关于诉争商标的撤销复审决定。

（2）北京知识产权法院要求商评委就诉争商标的撤销复审申请重新做出决定。经办律师核查，诉争商标最终予以维持注册。

四、律师分析

本案是关于注册商标连续三年停止使用的撤销问题，法律依据是2001年《商标法》第四十四条第（四）项的规定。随着商标资源的有限性和申请注册需求的无限性发展，通过提出在先注册商标撤销程序，从而排除在后申请障碍已成为商标注册惯常使用的手段。在撤三案件中，如果商标属于商标权人自行使用的情况，则容易界定；但在商标许可他人使用后，如何认定商标许可的追认权和不违背商标权人意志的使用则是司法实践中的难题。

原注册人郑飞跃在本案商评审阶段提交了10组使用证据，特别是证据10的销售票据全部是经过福州市公证处公证的复审商标产品销售发票，强有力地证明了复审商标在撤三期间进行了持续、有效的商业使用。但问题恰好出在商标许可合同所载的被许可人名称与合同落款时间被许可人工商档案名称不一致，从而使得许可法律关系存在证据链上的断层，没有被商评委认可。另外，从签章来看，该许可合同可能存在倒签的嫌疑，原告处于非常不利的地位。为了证明商标许可合同的真实性，原告代理律师大胆地利用对商标许可追认权的在先判例作为商标许可合同效力补救的理论依据，并提出不违背商标权人意志使用的主张和依据。

在主张商标许可追认权时，原告代理律师通过确认函、证人证言等核心证据论证商标许可合同是许可人和被许可人的真实意思表示，并结合事实合同的法律关系对东引商标许可法律关系进行重新衔接，最终使法院采纳了原告的意见和主张，并做出撤销复审决定的判决。

五、示范意义

第一，北京知识产权法院突破大陆法系的界限，直接援引（2012）高行终字第55号判决，将在先判例认定的追认权理论写入判决叙述，并作为支持原告诉讼请求的核心证据，这在司法实践中极为少见。

第二，该判决明确了“被许可人事后出具的对商标使用许可行为的效力进行追认的确认函是判断许可合同双方真实意思表示的重要证据”。这为日后存在许可合同瑕疵的类似撤三案件提供了有效的解决方案和参考判例，因此该案件被广州市律师协会授予“2017年业务成果奖”。

六、法律链接

（一）《商标法》（2001年）

第四十四条 使用注册商标，有下列行为之一的，由商标局责令改正或者撤销其注册商标：……（四）连续三年停止使用的。

（二）《商标法》（2013年）

第四十八条 本法所称商标的使用，是指将商标用于商品、商品包装或者容器以及商品交易文书上，或者将商标用于广告宣传、展览以及其他商业活动中，用于识别商品来源的行为。

第四十九条 商标注册人在使用注册商标的过程中，自行改变注册商标、注册人名义、地址或者其他注册事项的，由地方工商行政管理部门责令限期改正；期满不改正的，由商标局撤销其注册商标。注册商标成为其核定使用的商品的通用名称或者没有正当理由连续三年不使用的，任何单位或者个人可以向商标局申请撤销该注册商标。商标局应当自收到申请之日起九个月内做出决定。有特殊情况需要延长的，经国务院工商行政管理部门批准，可以延长三个月。

（三）《最高人民法院关于审理商标授权确权行政案件若干问题的规定》

第二十六条　商标权人自行使用、他人经许可使用以及其他不违背商标权人意志的使用，均可认定为商标法第四十九条第二款所称的使用。

七、运营思维

白云山制药总厂法务总监·许淑文

《商标法》有关撤销三年不使用的规定有利于打击商标囤积、抢注知名商标等非正当注册行为，对于合理配置商标资源、促进商标有效运用、践行《商标法》"促进社会主义市场经济的发展"的立法宗旨有很好的促进作用。

但良法也需善治。实践中，利用撤三程序打击竞争对手或商标权人疏于使用管理而丧失权利的案例时有发生。

本案例就是权利人被提起撤三，通过商标许可补救的典型案例。它在商标许可合同存在重大漏洞的情况下，将被许可人事后出具的对商标使用许可行为效力进行追认的确认函作为判断许可合同双方真实意思表示的重要证据，使其与销售发票一起构成商标使用证据，弥补商标性使用证据链断裂的瑕疵，为司法实践提供了商标性使用的证据效力指引和参考判例，也为企业维护合法商标权益提供了维权思路。

实践中，企业为落实品牌战略所采取的措施是围绕企业主品牌申请系列防御性和储备性商标，而这类商标遭遇撤三诉讼是比较常见的。企业应如何应对呢？除了对注册商标进行定期核查、适时使用（包括自己或授权他人在相关类别上使用）并注意留存使用证据等方法外，本案例给出了可借鉴的思路。

首席律师　谢有林

相关介绍见第十六章。

第十八章

突破商标审查和审理标准的限制，成功争取跨类经营商标 / 谢有林

一、案例背景

商标近似审查一直是商标注册管理和司法实践的难题，为此，国家知识产权局制定《商标审查及审理标准》，但该标准旨在加快审查速度，提高审查效力，在个案适用过程中往往会发生“一刀切”的机械适用情况。因此，本案的代理律师在明知审查标准已经有明确指导范例的前提下，打破固有的审查思路，创新性地推翻了审查标准的认定规则，为广东的驰名塑料企业争取到了跨类经营的重要商标。

原告广东海兴塑胶有限公司（以下简称“海兴公司”）始创于1989年，是我国塑料家居用品行业的龙头企业，历年荣获14个国家级、23个省级及多个市、区级荣誉。例如，中国塑胶行业先进单位、中国日用塑料及其他塑料制品行业十强企业、中国工业创新型先进企业、中国塑料家具用品出口基地、广东省著名商标、广东省创新型企业等。

海兴公司在先持有的第1629100号“HAIXIN”商标于2001年9月7日核准注册，核定使用在第21类水桶、提桶、塑料器皿等商品上，于

2012年12月31日被商标局认定为中国驰名商标。而本案复审商标指定使用在家具、塑料包装容器等商品上。但在复审商标经过驳回复审后，商评委仍然认为其与引证商标三和引证商标四构成类似商品上的近似商标，故驳回复审商标的注册申请。

海兴公司不服，委托广东哲诚律师事务所谢有林、蔡雅霜律师向北京知识产权法院提起行政诉讼，请求撤销上述驳回复审决定书，并判令被告重新做出决定。最终，北京知识产权法院和北京市高级人民法院突破了《商标审查及审理标准》的规定，支持原告的诉讼请求，使得复审商标通过初审并获准注册。

二、权利的重点信息

权利的重点信息如表18-1所示。

表18-1　权利的重点信息

复审商标 第16860598号	引证商标三 第3401900号	引证商标四 第6950257号
HAIXIN	海　欣	海欣 HAIXIN

三、案例解析

（一）案例情况

2015年5月4日，海兴公司向商标局申请注册了第16860598号“HAIXIN”商标（下称“复审商标”）。商标局审查后以复审商标与四个在先引证商标构成权利冲突为由驳回了该商标的注册申请。海兴公司不服，向国家商评委申请驳回复审。2016年12月5日，国家商评委做出《关于第16860598号“HAIXIN及图”商标驳回复审决定书》，认定复审商标显著认读部分“HAIXIN”与引证商标三中的“HAIXIN”、引证商标四显著部分“海歆”在呼叫、含义方面相近，已构成近似商标。复审商标指定使用的家具等商品与引证商标三、引证商标四核定使用的家具等商品在功能、用途等方面相近，属于同一种或类似商品，两者共存于市场易导致相关公众对商品来源产生混淆、误认。因此，复审商标在上述商品上与引证商标三、引证商标四构成使用在同一种或类似商品上的近似商标，除“非金属扫帚柄”外的其余复审商品上的商标注册申请予以驳回。

海兴公司不服，委托广东哲诚律师事务所谢有林、蔡雅霜律师向北京知识产权法院提起行政诉讼，请求撤销上述驳回复审决定书，并判令被告重新做出决定。

（二）维权诉求及理由

（1）引证商标三在家具等商品上的注册已被依法撤销，不应再作为复审商标注册的在先障碍。

（2）复审商标与引证商标三、引证商标四在构成要素、呼叫、含义及整体外观等方面存在较大差异，不会导致相关公众产生混淆或误认，不构成近似商标。商标近似分析如表18-2所示。

表 18-2　商标近似分析

近似分析	复审商标	引证商标三	引证商标四
唯一共同特点： 含有字母“HAIXIN”	HAIXIN	海　欣	海歆 HAIHIN
“HAIXIN”所占比例	50%	小于10%	小于20%
“HAIXIN”识别性	可直接识别	无法直接识别	非主要识别元素

复审商标是一个方形的图文组合商标，其中图形部分为五个白色几何图形的组合，下方为汉语拼音“HAIXIN”，二者共同置于一个方形图案内。复审商标中的“HAIXIN”无对应汉字予以辅助理解，相关公众无法对其进行准确呼叫。

引证商标三由一个圆环图案、汉字“海欣”及对应拼音“HAIXIN”组成。其中，圆环图案内有一条波浪形的飘带，飘带上有汉字“海欣”，飘带下方还有几乎无法辨认的拼音“HAIXIN”，故引证商标三的显著识别部分为汉字“海欣”。相关公众会以“海欣”对引证商标三进行呼叫。

引证商标四由图形、汉字“海歆”及对应拼音“HAIXIN”组成。图形位于左侧，汉字及其拼音呈上下结构排列在图形右侧，商标整体呈左右结构。引证商标四的显著识别部分为图形及汉字“海歆”。相关公众会以“海歆”对引证商标四进行呼叫。

因此，复审商标在构成要素、呼叫、含义及整体外观等方面与引证商标三、引证商标四存在较大差异，不构成近似商标。

（3）原告持有的第1629100号“HAIXIN”商标是中国驰名商标，复审商标与前述驰名商标完全一致，且二者核定的商品构成类似或存在紧密的关联性，故复审商标是在先驰名商标的权利延伸。

原告基于上述事实及理由，主张被告在审查复审商标驳回复审案件时，存在认定事实错误、适用法律错误等问题。

（三）对方抗辩

被告认为第16860598号复审商标违犯了《商标法》第三十条的规定。因为按照《商标审理及审查标准》第三部分商标相同、近似的审查第17条的规定：商标包含汉字及对应拼音，与含单独相同拼音的商标，易使相关公众对商品或者服务的来源构成混淆的，判定为近似商标，例如“志新 ZHI XIN”与“ZHI XIN”。而本案中，复审商标包含单独拼音“HAIXIN”，引证商标四包含汉字海歆及对应拼音“HAIXIN”。若依照上述审查标准的认定逻辑，复审商标是一个方形的图文组合商标，图形部分为五个白色几何图形的组合，汉语拼音“HAIXIN”在图形下方，其与引证商标在呼叫、含义方面相近，已经构成近似商标。据此认为被诉决定认定事实清楚，适用法律正确，审理程序合法，请求判决驳回原告诉讼请求。

（四）法院认定

北京知识产权法院经审理后，在（2017）京73行初1088号行政判决书中认定：复审商标是一个方形的图文组合商标，图形部分为五个白色几何图形的组合，汉语拼音“HAIXIN”在图形下方；引证商标三、引证商标四的显著识别部分为“海欣”“海歆”及其图形。但是，复审商标的汉语拼音与引证商标三、引证商标四的中文部分并不存在对应关系，前者与后者的图形部分差别也比较大。因此，被告认定复审商标与引证商标三、引证商标四构成近似不当，本院予以纠正。

（五）判决情况

判决撤销被告于2016年12月5日做出的商评字（2016）第0000105194号《关于第16860598号“HAIXIN及图”商标驳回复审决定书》，并重新做出审查决定。

商评委不服，上诉至北京市高级人民法院，北京市高级人民法院审理后做出（2017）京行终2674号判决书，维持一审判决。

四、律师分析

本案突破了《商标审理及审查标准》的规定，在商标审查中具有里程碑的作用。本案中，复审商标包含单独拼音“HAIXIN”，引证商标四包含汉字海歆及对应拼音“HAIXIN”，若依照审查标准应当判定两者为近似商标。但在明知审查标准有在先规定的情况下，该案代理律师大胆尝试向法院提出两者在构成要素、呼叫、含义及整体外观等方面存在较大差异，不会导致相关公众产生混淆或误认，不构成近似商标的主张。最终，北京知识产权法院及北京市高级人民法院突破了《商标审查及审理标准》的规定，判定复审商标与引证商标四不构成近似商标。本案对日后类似案件的审理具有较大的指导意义。

本案充分利用了驰名商标跨类保护和权利延伸的原则。2014年，北京市高级人民法院实施的《北京市高级人民法院关于商标授权确权行政案件的审理指南》第八条规定了基础注册商标的商业信誉可以在在后申请注册的商标上延续。复审商标和基础商标的比对如表18–3所示。

表18–3　复审商标和基础商标的对比

项目	复审商标	基础商标
标识	HAIXIN	HAIXIN
指定商品	塑料包装容器	水桶，提桶，筛（家用器具），非贵重金属制厨房容器
	木制或塑料制箱	垃圾箱，纸篓，日用搪瓷塑料器皿（包括盆、碗、盘、壶、杯）
	非金属扫帚柄，家具用非金属附件，食品用塑料装饰品	非贵重金属厨房用具
	非纺织品制窗帘圈，家养宠物栖息箱，软垫，家具，镜子（玻璃镜）	晾衣架，卫生纸架

海兴公司持有的第1629100号“HAIXIN”商标于2001年9月7日核准注册，核定使用在第21类水桶、提桶、塑料器皿等商品上，于2012年12月31日被商标局认定为中国驰名商标。而本案复审商标指定使用在家具、塑料包装容器等商品上，与上述在先驰名商标核定使用的商品构成类似，两者的指定使用商品在生产者、功能用途、消费对象、销

售渠道等方面存在紧密关联性。因此，海兴公司在诉讼中极力主张复审商标系对在先驰名商标的商誉延续，并提供了大量使用证据和判例作为支撑。北京知识产权法院在认定复审商标与引证商标不构成类似时，也考虑到了海兴公司的驰名商标跨类保护及商誉延伸事实，最终使得复审商标顺利获得了注册商标专用权。

五、风险防范

鉴于商标注册的独立性，商标注册人在就相同标识进行跨类申请注册时，必然会受到拟指定商品或服务上在先注册或在先申请商标的近似性审查。为了规避申请商标被驳回的法律风险，商标注册人应当综合运用《商标法》赋予的驳回复审、商标撤销等法律手段。

该案代理律师在商标驳回阶段就进行了综合分析，专业地判断并阐述了复审商标与引证商标一、引证商标二不构成近似，针对引证商标三也提出了连续三年停止使用的撤销，积极排除商标障碍。基于此，在商评委做出驳回复审决定时，引证商标三在家具商品上的注册恰好已被依法撤销。因此，在复审商标存在众多权利障碍的情况下，代理律师积极做出专业的决策判断并排除权利障碍，以尽可能小的代价帮助权利人在行政确权阶段合理排除主要障碍，为后续的行政诉讼打下了坚实的法律基础。

在司法实践中，代理律师要大胆突破《商标审查及审理标准》的限制，特别是在商标设计要素出现图文组合时，要通过大量的案例对显著性部分于商标识别的影响力、商标的历史渊源及关联商标知名度等因素进行综合考虑，可以通过出奇制胜的方式获得商标权利。

六、法律链接

（一）《商标法》

第二十四条 注册商标需要改变其标志的，应当重新提出注册申请。

第三十条 申请注册的商标，凡不符合本法有关规定或者同他人在同一种商品或者类似商品上已经注册的或者初步审定的商标相同或者近似的，由商标局驳回申请，不予公告。

（二）《商标审查及审理标准》

第三部分商标相同、近似的审查第17条 商标包含汉字及对应拼音，与含单独相同拼音的商标，易使相关公众对商品或者服务的来源构成混淆的，判定为近似商标，例如“”与“”。

七、运营思维

暨南大学知识产权院院长·徐瑄

关于争议商标与引证商标是否相近似的认定需要非常慎重，这涉及法律规定、理论价值以及司法认定与行政认定的实务操作。我国商标近似认定的行政审查标准与司法适用标准趋于一致：比对商标在音形义构成要素或者整体构图方面是否相同或者相近；比对使用的商品或者服务是否属于同种类；判断两者是否会造成混淆。行政认定与司法认定具有细微差别：关于商标是否相近似，前者选择商标审查人员作为参照对象，后者选择以相关公众的一般注意力为准。司法认定特别强调不能简单地把商标构成要素的客观近似视为商标近似，应当注重是否容易导致相关公众混淆等因素。

知识产权法的正当性在于，鼓励更多的智慧信息被表达，从而保障社会公众获得更多的智慧信息。《商标法》在践行知识产权法正当性价值的过程中，对具有智慧信息的商标甚至是近似商标也应当给予充分保护。《商标法》鼓励商标被创造、被注册、被使用，更重要的是促使更多的智慧信息被投入商标的使用，促使商标标识被赋予更多的智慧创造，最终形成旨在保护和激励商誉价值的《商标法》。

首席律师　谢有林

相关介绍见第十六章。

第十九章

护身符商标驳回复审的行政诉讼案 / 谢有林、侯宇航

一、案例背景

品牌在设计时往往会融入多元的古典元素，以增加品牌的文化底蕴。本案中的“ ”商标的创意灵感就来自古代埃及文化，图形部分是一个夸张尖叫版的图腾盾牌，配上时尚张扬的艺术英文词组，整体设计风格大胆前卫，非常贴合时尚服装品牌的理念。但文化的多元性也必然会导致不同国家对同一单词产生不同的理解，这种含义差别往往会成为商标近似性审查的难题。

二、权利的重点信息

广州新佑安贸易有限公司（下称“原告”）于2013年3月1日向国家商标局提出“ ”商标（下称“申请商标”）的注册申请，然而商标局在审查后于2014年3月4日予以驳回，驳回理由为：申请商标与“Menalita梦娜莉塔及图”商标（下称“引证商标一”）、“护身符HUSHENFU”商标（下称“引证商标二”）、“护身符”商标（下称

“引证商标三”）构成同一种或类似商品上的近似商标。

涉案商标信息如表19-1所示。

表19-1　涉案商标信息

申请商标	引证商标一	引证商标二	引证商标三
menat FOREVERMENAT	Menalita 梦 娜 莉 塔	护身符 HUSHENFU	护身符

三、案例解析

（一）案例具体情况

2014年3月8日，原告不服，委托广东哲力知识产权事务所有限公司向商评委申请复审。2015年6月24日，商评委做出《关于“MENAT FOREVERMENAT及图”商标驳回复审决定书》，认为原告申请注册的商标中的“MENAT”一词译为“护身符”，故而认定申请商标与引证商标三构成近似商标，并据此裁定驳回申请商标。

2015年8月11日，原告不服商评委的裁定，委托广东哲诚律师事务所谢有林、梁东晖律师向北京知识产权法院提起诉讼。北京知识产权法院经审理认为：就申请商标与引证商标三的整体而言，两个商标在字形、读音、构图方面差别很大。鉴于“menat”一词并非常见、常用的英文单词，其含义难以被申请商标指定使用商品的相关公众所了解，因此，申请商标与引证商标三指定使用在相同或类似商品上不至于使相关公众对商品的来源产生混淆和误认，两个商标未构成近似商标。据此，法院撤销了商评委做出的复审决定。

商评委不服，向北京高级人民法院申请复审，北京高级人民法院判决维持一审判决。至此，原告一场维持三年的申请商标确权案件尘埃落定。

（二）维权诉求及理由

第一，申请商标与引证商标三的整体含义并不相同，不会造成相关公众的混淆与误认。引证商标三为中文“护身符”，申请商标则为英文“MENAT”，其并非“护身符”的一般含义，而是特指古埃及人所佩戴的护身符，在英文中属于生僻词汇。因此，申请商标与引证商标三的英文含义并非完全对应。而且，申请商标的图形部分为抽象的面具图形，并非对护身符形象的直接描绘，整体并未指向护身符的含义。因此，对相关公众而言，申请商标与引证商标三的含义并不相同，被告并未以相关公众的一般注意力为标准进行认定。

第二，申请商标与引证商标三所指定使用的商品不属于相同商品或类似商品。申请商标指定使用的商品主要起运动保护、便于运动等作用，这些商品往往由专门的运动用品生产商生产，在专业的运动服饰店面销售，消费群体亦为从事运动的专业群体。因此，申请商标指定使用的商品在功能用途、生产方式、销售方式、消费群体上皆区别于引证商标三所指定使用的一般服饰商品，二者不构成类似商品。

第三，申请商标经使用已经具有较高的知名度和影响力，与原告形成了较强的对应关系，相关公众足以对申请商标与引证商标三做出区分。

据此，原告提交了如下主要证据：商务印书馆《牛津高阶英汉双解词典》第8版中以“mena”开头的单词内容页、中国知网关于“menat”的文献检索结果，以及《大学英语四、六级达标词》《大学英语1–6级词汇词典》中以“mena”开头的单词内容页等。这些证据佐证该词具有以下含义：第一，“menat”一词在通行的高阶英汉字典中无收录，为生僻英文词汇。“menat”一词特指古代埃及哈托尔神的一种祭祀用品，含义不同于“护身符”的一般内涵。第二，申请商标已投入实际销售使用并具有稳定的市场地位。同时，原告请求判决撤销被告做出的《关于“MENATFOREVERMENAT及图”商标驳回复审决定书》，并判令被告重新做出决定。

（三）对方抗辩

首先，被告商评委通过牛津词典等正规英文词典找不到该单词含义，最后在金山词霸电子版里找到“menat”为护身符的词意解释，进而坚持被诉决定是正确的。

其次，被告商评委在原告抗辩金山词霸软件不属于法定的词典后，抗辩认为该软件是商标行政审查的常用工具，代表了相关公众的认知水平，理应予以采纳。所以，被诉决定认定事实清楚，适用法律正确，做出程序合法，请求人民法院判决驳回原告的诉讼请求。

（四）法院判决

北京知识产权法院经审理认为，“menat”一词并非常见、常用的英文单词，其含义难以被申请商标指定使用商品的相关公众所了解。如果该外文单词是比较生僻的单词，被告就不能苛求中国境内的相关公众按照“护身符”含义进行理解。同时，申请商标包含了凸显的图形设计，因此整体的视觉效果可以与引证商标做出区分。据此判决：（1）撤销被告国家工商行政管理总局商评委做出的关于申请商标驳回复审决定；（2）被告国家工商行政管理总局商评委就原告针对申请商标提出的驳回复审申请重新做出决定。在被告上诉至北京高级人民法院后，北京高级人民法院依然维持一审判决。

四、律师分析

本案的焦点在于，申请商标与引证商标三是否构成使用在同一种或类似商品上的近似商标。

《商标法》第三十条规定："申请注册的商标，凡不符合本法有关规定或者同他人在同一种商品或者类似商品上已经注册的或者初步审定的商标相同或者近似的，由商标局驳回申请，不予公告。"本案中，被诉决定已认定申请商标与引证商标一未构成近似商标，且引证商标二已不构成申请商标获准初步审定的在先权利障碍，原告对此亦不持异议。

根据相关法律规定，类似商品是指在功能、用途、生产部门、销售渠道、消费群体等方面相同，或者相关公众一般认为其存在特定联系、容易造成混淆的商品。认定商品是否类似，应当以相关公众对商品的一般认识进行综合判断，《类似商品和服务区分表》可以作为判断类似商品的参考。本案中，申请商标指定使用的驾驶员服装、骑自行车服装、防水服商品与引证商标三核定使用的长筒袜、长皮毛围巾（披肩）商品均为较为常见的日常穿戴类商品，在功能、用途、销售渠道、消费群体等方面相同或者具有密切的联系。若在这些商品上使用相同或者近似的商标，容易造成相关公众的混淆，故这些商品构成类似商品。原告关于上述商品不构成类似商品的主张不能成立。原告对申请商标指定使用的其余商品与引证商标三核定使用的商品构成类似商品不持异议。

根据相关法律规定，商标近似是指商标文字的字形、读音、含义或者图形的构图及颜色近似，或者其各要素组合后的整体结构相似，或者其立体形状、颜色组合近似，易使相关公众对商品的来源产生误认，或者认为其与他人在先注册商标具有特定联系。本案中，申请商标为""，引证商标三为中文"护身符"。虽然金山词霸及有道词典的查询结果显示，"menat"具有"护身符"的含义，但原告提交的证据证明"menat"一词并非常见、常用的英文单词。另外，申请商标除了"MENATFOREVERMENAT"文字外，还带有图形要素，且图形要素亦属于其中的显著部分。就申请商标与引证商标三的整体而言，两个商标在字形、读音、构图方面差别很大。鉴于“menat”一词并非常见、常用的英文单词，其含义难以被申请商标指定使用商品的相关公众所了解，因此，申请商标与引证商标三指定使用在相同或类似商品上不至于使相关公众对商品的来源产生混淆和误认，两个商标未构成近似商标。

商标近似审查一直是商标评审案件中的难题。由于个案审查和主观性的影响，商标驳回复审案件的行政诉讼成功率较低。在驳回复审的确权案件中，当申请商标存在多个引证商标权利障碍时，代理律师不仅要通过商标比对进行突破，还要采取消除权利障碍的“撤三”策略。

在商标比对中，本案代理律师并未局限于商标本身含义的比对，而是根据商标近似判断的主体应为“相关公众”的规定，以“对我国相关公众而言‘menat’一词是否为‘护身符’的含义”作为案件突破口。在代理过程中，其通过提交《牛津高阶英汉双解词典》《大学英语四、六级达标词》《大学英语1-6级词汇词典》、国家图书馆的检索报告、调查问卷等证据，证明“menat”对于相关公众而言为生僻词汇，从而说明申请商标与引证商标并不属于含义相同的商标。

法院最终采纳了代理律师的意见，裁定撤销商评委裁定。该案对非常用英文商标的驳回复审申请案件提起行政诉讼具有典型的指导意义。

五、正确做法

我们可以从该案例中得知商标注册和保护的如下几点启示。

第一，商标近似审查包括多含义相同的冲突性审查，因此企业在设计商标时应对特定外文进行多方检索，包括在专业的牛津词典或对应国家语言的词典中进行含义查找，确定该外文对应的中文含义没有在先注册或在先申请的商标，以免出现含义相同的情况而导致商标驳回。

第二，由于商标文字的有限性，朗朗上口且简洁易记的文字商标日益稀少。所以，即便出现与在先注册的商标构成含义相同或近似的情况，企业也可以通过字体的设计使其图形化，并使图形占据商标的主要视觉部分，淡化外文的字体比例，同时适当增减外文的字母，使其变成无含义的臆造词等。

第三，如果某个外文单词的含义无可避免地会与在先注册商标构成冲突，企业则需要像本案一样用图文组合商标的形式，同时充分检索该单词是否为生僻的单词，以至存在中国境内的相关消费者并不知悉的情况。如果有，企业则可以在评估风险后尝试申请注册，并通过后续的驳回复审乃至诉讼进行技术攻坚，最终拿下商标权。

六、法律链接

《商标法》第三十条 申请注册的商标，凡不符合本法有关规定或者同他人在同一种商品或者类似商品上已经注册的或者初步审定的商标相同或者近似的，由商标局驳回申请，不予公告。

第三十四条 对驳回申请、不予公告的商标，商标局应当书面通知商标注册申请人。商标注册申请人不服的，可以自收到通知之日起十五日内向商标评审委员会申请复审。商标评审委员会应当自收到申请之日起九个月内做出决定，并书面通知申请人。有特殊情况需要延长的，经国务院工商行政管理部门批准，可以延长三个月。当事人对商标评审委员会的决定不服的，可以自收到通知之日起三十日内向人民法院起诉。

七、运营思维

广州知识产权法院四级高级法官・朱文彬

商标近似判断与外观设计专利近似、作品（尤其是美术作品）近似判断标准的最大差异在于，除图案、形状、色彩、文字、发音、含义等标识性构成要素的近似判断外，商标近似判断还需要考虑因使用带来的市场知名度变化所导致的商标显著性差异。也就是说，在商标近似判断中，除了考虑商标标志的音形义等构成要素是否足够近似外，商标因使用而产生的显著性和知名程度、相关公众的注意程度等因素同样影响着商标近似的判断。至于商标知名程度的证明，包括使用商标的商品的销售情况和利税金额、商标的持续使用时间、商标宣传情况以及获得的市场声誉等事实。在某些特殊的情况下，当两个商标均具有较高知名度且在特殊条件下形成共存使用时，认定商标近似还应尊重历史传统并考虑二者的实际状况、主观因素等。

首席律师　谢有林

相关介绍见第十六章。

编撰律师　侯宇航

第二十章

五个“深晖”豆浆商标的真假抗争之路 / 屈文静

一、案例背景

《类似商品和服务区分表》是以世界知识产权组织《商标注册用商品和服务国际分类表》为基础并总结大量商标审查实践制定而成的，具有非常高的权威性。商标注册申请人按照《类似商品和服务区分表》的分类进行商标注册申请，该分类会直接影响注册商标的保护范围。同时，在商标异议、商标无效程序中，《类似商品和服务区分表》是判断类似商品或服务的主要依据，突破《类似商品和服务区分表》则是例外。因此，在商标确权、侵权纠纷案件中，关于类似商品的认定，各方当事人的争议往往很大，如“鞋”与“衣物”是否为类似商品，“盥洗室（抽水马桶）与坐便器”“蒸气浴设备与电热水器”是否构成类似商品。实践中，我们遇到的问题是，在何种情况下可以突破《类似商品和服务区分表》认定类似商品。

二、权利的重点信息

诉争商标及引证商标的具体情况如表20-1所示。

表 20–1　诉争商标及引证商标的具体情况

商标	申请人	商标图案	核定使用的商品	申请时间
诉争商标	兄弟食品厂	深晖	[3001] 巧克力酱；[3008] 去壳燕麦；薄片（谷类产品）；[3010] 虾味条；[3003] 冰糖；[3011] 豆浆；豆浆精；[3009] 方便面；[3012] 含淀粉食物	2011.8.30
引证商标一	深晖公司	深晖	[3202] 无酒精饮料	1993.11.15
引证商标二	深晖公司	深晖	[3202] 豆奶；蔬菜汁（饮料）；水（饮料）；柠檬水；杏仁奶（饮料）	1998.6.22
引证商标三	深晖公司	深晖	[2907] 牛奶饮料（以牛奶为主的）；牛奶制品；奶茶（以奶为主）；酸奶；可可牛奶（以奶为主）；牛奶；[2910] 果冻；[2901] 肉干；[2905] 泡菜、酸菜	2004.8.24
引证商标四	深晖公司	深晖	[3002] 茶；冰茶；茶饮料；茶叶代用品；[3004] 实用糖果；[3005] 非医用营养液；[3006] 糖点（酥皮糕点）；调味品；[3007] 年糕；[3013] 冰激凌	2004.8.24
引证商标五	深晖公司	深晖	[3002] 茶；[3002] 冰茶；[3002] 茶饮料；[3002] 茶叶代用品；[3004] 实用糖果；[3005] 非医用营养液；[3006] 糖点（酥皮糕点）；[3007] 年糕；[3013] 冰激凌；[3006] 调味品	2005.5.27

三、案例解析

（一）案例具体情况

2011年8月30日，兄弟食品厂申请注册“深晖”商标，该商标于2016年3月21日核准注册，核定使用在第30类巧克力酱、冰糖、薄片（谷类产品）、虾味条、豆浆精、含淀粉食物、豆浆商品上。深晖公司以诉争商标与引证商标构成使用在相同或者类似商品上的近似商标为由，请求商评委宣告诉争商标无效。商评委认为，诉争商标核定使用的商品与引证商标核定使用的商品不属于同一种或类似商品，双方商标在非类似商品上并存不易使相关公众对商品的来源产生混淆和误认，未构成使用在相同或类似商品上的近似商标。深晖公司不服商评委的无效宣告请求裁定书，向北京知识产权法院提起诉讼。北京知识产权法院经审理认为，诉争商标与引证商标构成使用在类似商品上的近似商标，支持了深晖公司的诉求。之后，商评委、兄弟食品厂双双提起上诉，坚持诉争商标与引证商标核定使用的商品不构成类似商品。最终，北京市高级人民法院同意一审法院的意见，认定诉争商标与引证商标核定使用的商品为类似商品。

（二）维权内容及诉求

深晖公司及“深晖”商品所获荣誉、新闻报道、广告宣传、调查数据、行业认定以及“深晖”商品的销售等情况均可以证实，深晖公司及“深晖”商品具有一定知名度。

深晖公司主要经营凉茶、豆奶等饮料，并在相应类别上注册了引证商标。兄弟食品厂注册的诉争商标核定使用的商品包括巧克力酱、冰糖、豆浆等，与引证商标核定使用的无酒精饮料、豆奶、牛奶饮料、茶、冰茶等商品均属于生活中常见的饮食商品。结合本案具体情况，商评委应突破《类似商品和服务区分表》认定两者为类似商品，因为两者核定使用的商品均属于生活中常见的饮食商品，在功能、用途、生产部门、销售渠道、消费对象等方面具有密切的关联性。

兄弟食品厂注册地揭阳市和深晖公司所在地深圳市同在广东省，深晖公司的“深晖”牌饮料、食品在广东省进行销售并深受消费者喜爱。消费者在选购和食用这些食品及饮料时，看到字形及排列顺序完全一样的“深晖”两个字，很容易把它们误认为是同一个厂家生产的商品。同时，两个商标共存，也会让消费者产生混淆。

鉴于此，深晖公司向商评委申请诉争商标无效。

（三）对方抗辩情况

商评委和兄弟食品厂均认为，诉争商标与引证商标分属于《类似商品和服务区分表》不同的商品类别，且不构成类似商品。

（四）法院认定

北京知识产权法院、北京市高级人民法院均认为，类似商品是指在功能、用途、生产部门、销售渠道、消费群体等方面相同，或者相关公众一般认为其存在特定联系、容易造成混淆的商品。判定商品或者服务是否类似，应当以商标注册时指定使用的商品或者服务为准，基于相关公众对商品或者服务的一般认识进行综合判断。诉争商标核定使用的巧克力酱、冰糖、豆浆等商品与各引证商标核定使用的无酒精饮料、豆奶、牛奶饮料（以牛奶为主的）、茶、冰茶等商品均属于生活中常见的饮食商品，在功能、用途、生产部门、销售渠道、消费群体等方面多有重合，且考虑到引证商标在茶饮料等相关商品上经过使用具有一定的知名度，诉争商标与各引证商标同时使用在上述商品上容易引起相关公众的混淆和误认，构成使用在类似商品上的近似商标。据此，法院撤销了商评委的无效宣告请求裁定。

四、律师建议

本案中，五个“深晖”引证商标能否使在后申请的“深晖”商标无效，关键在于引证商标与诉争商标核定使用的商品是否为类似商品。而对于类似商品的认定，保守的做法就是严格按照《类似商品和服务区分表》中明确的类别来确定，突破《类似商品和服务区分表》则需根据个案的具体情况来确定。就本案而言，深晖公司应围绕类似商品的认定标准，努力向法院展示诉争商标与引证商标核定使用商品的密切关联性、引证商标的知名度及混淆可能性等。

五、正确做法

第一，做好商标的布局与规划。在申请商标时，企业必须明确具体的类别，且不大可能将全部类别的商标均申请注册。因此，企业在申请注册商标时，应结合自身的具体情况做好商标的布局或规划，将与自己经营的商品或服务相关的商标予以注册，并将自己未来可能涉及的领域的商标予以注册，以免相关商标被他人抢注，自己的商标被弱化。

第二，对于类似商品的认定标准，司法实践已无太大分歧，但相关的认定主观性很强，企业需要结合认定标准提交相应证据并说服审查员或法官，以维护自己的合法权益。

六、法律链接

《最高人民法院关于审理商标民事纠纷案件适用法律若干问题的解释》：商标法第五十二条第（一）项规定的类似商品，是指在功能、用途、生产部门、销售渠道、消费对象等方面相同，或者相关公众一般认为其存在特定联系、容易造成混淆的商品。

《商标审查及审理标准》：类似商品，是指在功能、用途、生产部门、销售渠道、消费对象等方面相同，或者相关公众一般认为其存在特定联系、容易造成混淆的商品。

《类似商品和服务区分类表》：类似商品，是指在功能、用途、所用原料、销售渠道、消费对象等方面具有一定的共同性，如果使用相同、近似的商标，易使相关公众认为其存在特定联系，使消费者误认为是同一企业生产的商品。

七、运营思维

资深专利代理师、广州三环专利商标代理有限公司副总经理·颜希文

本案是商标无效行政诉讼领域撤销了商评委出具的维持商标有效的结果并驳回上诉的案件。商评委与法院认定商标有效的标准不一，商评委相对保守，法院则是针对诉争商标与引证商标是否相同或相似，及其产品或服务类别是否在功能、用途、生产部门、销售渠道、销售对象等方面相同或相关，以至会使消费者产生混淆与误认。本案中，虽然乍眼一看诉争商标与引证商标核定使用的产品属于不同的类别，但是通过实际对比我们可以看出它们都是针对饮食商品的，消费者很容易会混淆与误认销售豆浆的“深晖”品牌与销售牛奶或者茶饮的“深晖”品牌。因此，法院认定诉争商标与引证商标核定使用的商品为类似商品，诉争商标无效。

广州知识产权法院四级高级法官·朱文彬

根据《商标法》及相关司法解释的规定，认定商品或者服务是否类似可以参考《商标注册用商品和服务国际分类表》《类似商品和服务区分表》，但更应当尊重市场实际情况，从相关公众的通常认知和一般认识出发，结合商品的功能、用途、生产部门、销售渠道、消费对象等因素进行判断。这要求举证人对于商标使用的市场状况有深刻的了解，而非局限于《类似商品和服务区分表》关于商品服务类别的文义区分。只有这样，举证人才能在行政程序和民事诉讼中获得支持。当然，如果能证明商标申请人明显存在混淆的主观恶意或者已经实际造成市场混淆，也可以作为判断商品类似的参考因素。同理，若引证商标通过实际使用在市场中已产生较高知名度，认定商品类似则要充分考虑商标知名程度的影响。

首席律师　屈文静

现为广东维邦律师事务所合伙人、国家版权贸易基地（越秀）维权专家委员会委员。其一直致力于知识产权等法律的研究与实践，代理过“葫芦娃”、《查理九世》、“四云奶盖贡茶”、“深晖”和“菊花茶”等著作权、商标及不正当竞争纠纷案，发表专业文章若干，具有非常丰富的实践经验和深厚的理论功底。

第二篇

版权案例

第二十一章

多方位抗辩，华盖创意公司终撤回诉讼 / 程跃华

一、案例背景

2019年4月10日，人类历史上首张黑洞照片公布，这张动用了全球8台望远镜、“冲洗”过程花费两年的历史性图片，一经公布就吸引了众多目光。然而，在经历一夜的网络传播后，4月11日，主打所谓“正版商业图片”的视觉中国网站上出现了这张黑洞图片，其被打上“视觉中国”标签。图片旁边的基本信息栏注明“此图为编辑图片，如用于商业用途，请致电或咨询客户代表”。尚未从这张来自外太空的美妙照片中回过神来的人们，瞬间被这充满商业味道和版权声明的视觉中国雷到了。人们首先关注的是，视觉中国是否拥有所有权；其次，视觉中国是否取得了黑洞照片著作权人的许可。网友们发现，在照片发布当晚，中科院院士吴向平明确表示：“（照片）一旦发布了，就是全世界可以使用的，媒体上也可以看见，只要标注是哪儿来的就行了。”4月12日，欧洲南方天文台称，未将黑洞照片版权授权给视觉中国。网友们甚至还发现，国旗、国徽的相关照片在视觉中国网站上也被标注版权所有。共青团中央官微直接点名视觉中国，质问：“国旗、

国徽的版权也是贵公司的？”

二、权利的重点信息

华盖创意公司在某展销会上收集到被告佛山鹰×公司的产品宣传册中有如图21-1所示的图片（不含gettyimages©），向佛山鹰×公司发送版权确认函及图片打印件，声称其享有该图片的著作权，该图片属于《著作权法》第三条规定的摄影作品。华盖创意网站信息显示：标题为Smiling girl，图片编号为73722720，摄影师为Datacraft，品牌为imagenavi。

图21-1　佛山鹰×公司宣传册上的图片

三、案例解析

华盖创意公司是美国盖帝图像有限公司（以下简称“美国盖帝”）与其全资子公司优力易美（北京）图像技术有限公司于2005年在北京设立的一家中外合资企业。华盖创意公司在成立后，凭美国盖帝的授权在中国“展示、销售和许可他人使用”指定的图片。此后，华盖创意公司以许多企业未经许可使用了其图片为由，依据该授权和《图像许可和销售服务协议》的条款，以原告的身份在中国境内开展了大规模的维权诉讼。根据视觉中国官网信息，华盖创意为其旗下品牌。

2011年4月，华盖创意公司在某展销会上收集到被告佛山鹰×公司的产品宣传册中有如图21-1所示的图片（不含gettyimages©），向佛山鹰×公司发送版权确认函及图片打印件，声称其享有该图片的著作权，要求该公司支付版权费；6月向佛山鹰×公司发送最后通知；在佛山鹰×公司未明确回应的情况下，于当年11月向法院提起了诉讼。

（一）维权诉求

华盖创意公司声称根据美国盖帝的授权（证据显示为美国盖帝某高管的自述授权），主要通过参加展销会、购买书籍及软件扫描（近年来，视觉中国基于图像大数据与人工智能技术自行研发了‘鹰眼’——图像版权网络追踪系统，能够追踪到公司所拥有的图片在网络上的使用情况）等方式获取他人使用其网站上图片的证据，然后向图片使用人发送著作权确认函、律师函等并要求赔偿；若图片使用人拒绝或者就赔偿数额达不成协议的，其即向法院起诉。华盖创意公司每年在中国境内提起的系列案件就有上千起，而这些案件大部分以调解或华盖创意公司胜诉结案，赔偿数额从上千元到数万元不等。在视觉中国的黑洞照片事件中，引起众怒的正是“疯狂诉讼”下的收入模式：从个案小额赔偿的诉讼开始，到以较大金额和解的谈判，再到购买后续使用的授权，金额都是由小变大，继而形成可持续的稳定收入。

本案中，华盖创意公司向佛山鹰×公司索赔15 000元，并要求其承担诉讼费。

（二）对方抗辩

佛山鹰×公司通过抗辩华盖创意公司不享有涉案图片的版权，来说明华盖创意公司不是适格的原告和版权人，或者授权其维权的美国盖帝也不是版权人，从而争取本案的胜诉机会。

首先，华盖创意公司是通过检索来查找网络上是否有其他网站刊载涉案图片的，并通过水印或文字声明的方式声称对涉案图片享有著作权。对此，多数法院并不予理会。不过，部分法院以华盖创意公司网站的涉案图片上的“gettyimages©”水印为《著作权法》意义上的署名，以图片下方标注的版权日期“copyright：1995—2011”[①]作为其享有著作权的时间，或者以被告无法提供被控图片合法来源、存在被告接触华盖创意公司图片的可能性为由，直接认定华盖创意公司拥有著作权，同时认定被告构成侵权。

通过对美国盖帝网站上大量图片的信息进行对比、分析，佛山鹰 × 公司发现，无论这些图片下方的“copyright”处标示的是否为美国盖帝，图片上的水印几乎都为“gettyimages©”。由此可以看出，这里的水印并不是《著作权法》意义上的署名。另外，佛山鹰 × 公司发现有其他网站刊载了涉案图片，通过比较其他网站与美国盖帝网站上图片的像素，发现其他网站的涉案图片像素更高[②]，显然这些网站作为著作权人的可能性更高。

我们认为，这足以构成《著作权法》第十一条第四款“如无相反证明，在作品上署名的公民、法人或者其他组织为作者”中的“相反证明”。华盖创意公司如果坚称美国盖帝是涉案图片的真正著作权人，则需要提交诸如著作权登记证书、原始创作凭证之类的权属证明，法院不能仅仅以其网站上的涉案图片上有水印、版权日期等为由认定其对涉案图片享有著作权。

---

① 有趣的是，在相同页面上，美国盖帝标注的是“copyright：1999—2011”，晚于华盖创意公司。

② 依据的是像素技术常识，即同一张图片，原始图片的像素最高，经过处理的图片的像素不变或者变小。

其次，从2008年作为上市公司的美国盖帝向美国证监会提交的2007年度报告[①]中其对自己的“Intellectual Property”（知识产权）等部分的介绍可知，美国盖帝自认其对网站上的绝大部分图片仅享有分销权，图片的著作权仍然在原始著作权人手中的事实。美国著名摄影师吉姆·皮克雷尔（Jim Pickerell）撰写的《为何图片素材会赖账》（*Why Photodisc is a Deadbeat*）[②]、《为何全职摄影师是濒危物种》（*Why Full-Time Stock Photographers Are an Endangered Species*）[③]等文章也在一定程度上揭露了美国盖帝尚未取得与之相互独立的合作摄影者创作图片的著作权的真相。这些证据进一步佐证了美国盖帝对其网站上的图片并不一定享有著作权的事实，但多数案件对此未进行公证办理，因而未被法院采信。

通过对美国盖帝网站上大量图片的信息进行比较、分析，佛山鹰×公司发现，美国盖帝会在享有著作权的图片下方的信息栏里明确标示出其为著作权人；如果图片并未标示著作权人的信息，那么该图片的著作权是否属于美国盖帝则是有疑问的。

我们认为，在具体的案件中，如果被告方提供了足够的“相反证明”，那么要求华盖创意公司出示进一步的权属证据对判断案件真实性是很有必要的。陕西高院在（2011）陕民三终字第00012号判决书[④]中做出了一个很好的示范——只认定有美国著作权登记证书的图片是美国盖帝及华盖创意公司享有著作权的图片。本案中，被告提供了经公证的美国盖帝的2007年度上市公司报告及翻译件作为华盖创意公司并不享有全部图片著作权的佐证，法院对此份证据的真实性予以确认。

---

① 参见美国证券交易委员会网站，网址为 http://www.sec.gov/Archives/edgar/data/1047202/000119312508043931/d10k.htm。

② 参见 http://rising.blackstar.com/why-photodisc-is-a-deadbeat.html。

③ 参见 http://rising.blackstar.com/is-it-time-to-give-up-shooting-stock.html。

④ 参见中国知识产权裁判文书网，网址为 http://ipr.chinacourt.org/public/detail_sfws.php?id=46561。

因此，在此后的案件中，经该份生效判决确认的上述年度报告中的事实可以用来证明两份公证书不能作为华盖创意公司享有全部图片著作权的充分依据，不必再进行公证。

最后，考虑到前述抗辩理由很少被法院采信，我们创造性地从商标的角度出发来探究华盖创意公司或美国盖帝是否享有版权和诉权。

我们采取了如下步骤：

第一步，我们将涉案图片在美国盖帝和华盖创意公司的网站上的信息进行对比，发现了两条重要的线索——涉案图片的品牌为“imagenavi”；两个网站对涉案图片的信息披露有不一致的地方，如华盖创意公司的网页上隐瞒了“credit：datacraft”的信息。通过查询权威字典，我们知道了“credit”为“对作品有主要贡献、直接完成作品的人”的意思，即可以理解为“创作者”“作者”。在没有标示著作权人的情况下，我们认为，根据《著作权法》第九条的规定，图片的著作权人为“credit：datacraft”的可能性极大。

第二步，我们在中国商标网与美国专利和商标局官网上分别查找，查看“imagenavi”是否为注册商标，结果在类似商品和服务项目上，中国商标网上有两个注册商标，美国专利和商标局网站上有一个注册商标，它们均指向同一名商标权人——datacraft co., ltd.（德塔克拉夫股份有限公司）。参照《最高人民法院关于产品侵权案件的受害人能否以产品的商标所有人为被告提起民事诉讼的批复》（法释［2002］22号），涉案图片的著作权应当属于datacraft co., ltd.。

第三步，我们以“datacraft co., ltd.”为关键词在谷歌上检索，查找到datacraft co., ltd.的网站。该公司网站的子网站“sozaijiten.com”和“imagenavi.com”以及关联网站上均有销售涉案图片，而且均显示涉案图片的著作权人为datacraft co., ltd.。事实上，美国盖帝网站上销售的涉案图片相关人员的系列图片，在这些网站上均能查找到。经比对这些网站与美国盖帝网站上的涉案图片的像素，前者（宽 × 长 = 4

167×5 870）要比后者（宽 × 长=3 572×5 031）高。根据图片像素技术常识，同一张图片，原始图片的像素是最高的。因此，这进一步表明美国盖帝并非涉案图片的著作权人。而上述网站上的涉案图片的像素是目前能找到的涉案图片中最高的，这进一步印证了涉案图片的著作权应当属于datacraft co., ltd.。

第四步，我们向datacraft co., ltd.发送邮件，询问涉案图片的著作权人情况。datacraft co., ltd.表示其即为涉案图片的著作权人，并出具了权利证明书及告知了涉案图片的创作时间。

第五步，我们在网上进一步检索，查找到了datacraft co., ltd.的中国代理商——富尔特数位影像，其网站上公开显示了其与datacraft co., ltd.有合作关系，且有涉案图片的授权证明。该公司在上海设有机构——上海富昱特图像技术有限公司，其提供的证据属于域内证据的范畴。在法院认可原告对域内网站信息不必公证的前提下，基于民事诉讼当事人诉讼地位平等原则，该域内证据不必办理公证手续，法院可直接上网确认其真实性。

以上证据环环相扣，已经形成了一个完整的证据链。在庭审的相互发问阶段，华盖创意公司的代理人虽然不清楚案件的细节，但也不得不认可“作者为datacraft”。基于此，涉案图片的著作权人为datacraft co., ltd.，美国盖帝披露的图片信息“credit：datacraft”中的“datacraft”应该为“datacraft co.,ltd.”的简写，为其字号。对于涉案图片，datacraft co., ltd.授权了多个分销商，其中就有中国的分销商——富尔特数位影像。美国盖帝即便能证明其有合法的分销权（本案中，华盖创意公司并没有提供该项证据），其最多也只是非排他性的分销商。

在美国盖帝仅仅是非排他性的分销商且并未获得著作权人明确授权的情况下，其在国内的代理人华盖创意公司显然不享有诉权，也不享有赔偿请求权。

（三）法院认定

在大量的事实面前，华盖创意公司不得不向法院撤回了诉讼请求。实际上，与佛山鹰×公司一起参加庭审的其他被告也获得了较少赔偿额的判决，想必佛山鹰×公司的抗辩对法官的心证也产生了一定的动摇。

四、律师分析

根据本案的思路，我们在中国商标网与美国专利和商标局官网上对华盖创意公司出示的确认授权书的公证书［北京市方圆公证处（2008）京方圆内经证字21711号公证书］附件中所列的美国盖帝声称有权的品牌，在类似商品和服务项目上进行了商标检索，发现在138个品牌中，属于美国盖帝独有或者共有的注册商标只有10个①。对于附件中的品牌，中国商标网与美国专利和商标局网站目前公开的数据显示，有相当一部分的注册商标为案外人所有。

根据以上情况，结合美国华盖的网站信息及上市公司报告中披露的信息，我们可以大胆地推断华盖创意公司在中国境内提起的系列诉讼中很可能有大量的情况属于美国盖帝对涉案图片没有著作权。但华盖创意公司却通过大量的谎言，利用美国盖帝在全球享有的一定知名度和法院对“水印”的认可及对国外知识产权的尊重，误导法院做出有违客观事实的判决。同时，华盖创意公司利用大量的类似判决在国内形成审判思维定式，并以其在中国境内滥诉形成的判决威胁力和对国人的心理威慑力去开展新一轮的“维权行动”，使得整个事件走进一个逻辑怪圈。华盖创意公司的行为不但损害了我国图片使用人的利益，还损害了真正著作权人的合法权益。

① 10个注册商标为：Archive films、lifesize、one80、photodisc、riser、iconica、photonica、TAXI、STONE、stockbyte。

由于华盖创意公司对大部分的图片是不享有著作权的，所以其在著作权维权行动中获得的赔偿费用也就理应不属于赔偿款，而是诉讼欺诈所产生的非法利益。从民法上讲，其属于“不当得利”；从刑事上讲，其属于利用诉讼手段实施敲诈勒索，基于获利特别巨大，其直接构成严重的刑事犯罪。而美国盖帝通过华盖创意公司的上述行为，从2005年起每年在中国境内得到的非法利益是极为惊人的。

在承接相关案件的过程中，应诉律师不应当仅仅看到案涉标的较小，就不认真对待。在律师提交的证据足够且有相关说服力的情况下，据理力争是能够获得法院的支持和当事人的敬重的。尽管个案可能并未取得特别满意的效果，但是从长久来看，律师一定能获得当事人的信任和法院对代理人工作的理解。另外，对于确实属于对方享有权利且当事人存在侵权行为的情况，和解不失为一种有益的手段。

五、正确做法

营利性维权已经越来越成为不少企业以知识产权为幌子、行强行许可乃至行“敲诈勒索”的武器。企业一旦发展到一定阶段，就将面临各种知识产权权利人的主张。

对此，企业首先应当自查是否存在不规范经营。

（1）是否存在使用盗版软件、随便使用网上图片等行为。如果存在并收到相关版权确认函等文件，企业应立即委托专业律师核实对方是否确实享有著作权；如果对方确实享有著作权，核实该著作权是否已过著作财产权的保护期。例如，华盖创意公司就在其网站上将拍摄于1950年的金门大桥的照片标示为1990年的作品。

（2）是否存在侵害著作人身权如署名权、修改权、保护作品完整权的情形。

（3）是否存在停止侵权的可能性。如果存在停止侵权的可能性，企业可以先停止侵权，再行和解谈判或者应诉。如果不存在停止侵权的可能性，企业可以选择和解或者应诉答辩。企业需要考虑诸多问题，比如和解方式是一揽子解决还是个案处理，今后是采取许可方式还是通过其他渠道或者利用其他替代软件或者图片等。

六、法律链接

（一）《著作权法》

第十一条 ……如无相反证明，在作品上署名的公民、法人或者其他组织为作者。

第四十七条 有下列行为之一的，应当根据情况，承担停止侵害、消除影响、赔礼道歉、赔偿损失等民事责任：……（七）使用他人作品，应当支付报酬而未支付的；……

（二）《最高人民法院关于产品侵权案件的受害人能否以产品的商标所有人为被告提起民事诉讼的批复》（法释［2002］22号）

你院京高法［2001］271号《关于荆其廉、张新荣等诉美国通用汽车公司、美国通用汽车海外公司损害赔偿案诉讼主体确立问题处理结果的请示报告》收悉。经研究，我们认为，任何将自己的姓名、名称、商标或者可资识别的其他标识体现在产品上，表示其为产品制造者的企业或个人，均属于《中华人民共和国民法通则》第一百二十二条规定的“产品制造者”和《中华人民共和国产品质量法》规定的“生产者”。本案中，美国通用汽车公司为事故车的商标所有人，根据受害人的起诉和本案的实际情况，本案以通用汽车公司、通用汽车海外公司、通用汽车巴西公司为被告并无不当。

七、运营思维

资深专利代理师、广州三环专利商标代理有限公司副总经理 · 颜希文

本案是著作权侵权纠纷领域下进行大规模营利性维权的流氓案件。在知识产权的维权案件中，不乏商标抢注、专利流氓、版权霸主等权利人，他们利用拥有的知识产权对侵权者进行批量维权处理。一方面，大量被维权者付出了沉重的金钱代价；另一方面，这一定程度上也警醒了知识产权滥用者应当尊重他人的智力成果。但在本案中，最核心的问题是原告是否拥有知识产权的所有权利，以及是否拥有对侵权人提起维权诉讼的权利。不仅该案应当被列为知识产权典型案例，原告还应当通过新闻媒体揭露此类诉讼欺诈获利行为。

香港动漫画协会会长 · 郭夏方

维权是双方的，法律是公平的，它同时保障了版权方和侵权方的利益，关键在于我们如何用好法律武器来保障自身的利益。

我的观点：（1）即便华盖创意公司只是分销商，但只要有创作者的授权，它同样也可以起诉侵权者，执行维权的权益。（2）佛山鹰 × 公司的确使用了照片，这从理论上来讲已经构成侵权行为，即使辩方律师利用其他方面的手段来为自己辩证，使用照片也是事实。（3）至于照片，在网络上广泛流传后，它的属性定义是什么？如果只是注明照片的出处就可以规避法律责任，那以后所有人使用照片都只需要多加一句话。我本人也非常反对用钓鱼的方式引诱别人来使用在网络上广泛流传的照片，从而利用诉讼牟利。如果你把图片放在一个销售网站上并标明价格，那么大家就会很清晰地知道它是需要用钱去购买的。

（4）时代在发展、进步，公民的意识还没跟上，我觉得真正要做的是普及版权意识，让大众知道版权和尊重版权，维护创作人的利益。

首席律师　程跃华

相关介绍见第三章。

第二十二章

计算机软件著作权侵权案高额赔偿之适用技巧 / 李治国

一、案例背景

北京拓尔思信息技术股份有限公司（现更名为"拓尔思信息技术股份有限公司"，以下简称"拓尔思公司"）成立于1993年，是中文全文检索的创始者。该公司在企业和互联网搜索、内融管理和信息挖掘等领域具有领先的技术和产品，是国内领先的大数据技术和服务提供商，亦是国家规划布局的重点软件企业和全国第一家在A股上市的大数据技术企业，在大中华地区拥有约2 000家企业级用户，是非结构化信息处理技术领域的创新者和领导者，为政府、安全、金融、教育等领域提供了强有力的大数据应用解决方案。

在信息化产业飞速发展的今日，随着软件产业的不断发展，软件的价值逐渐得到市场的认可。一些同行企业在看到拓尔思公司计算机软件的巨大经济效益后，在利益的驱使下未经许可擅自复制、发行并销售拓尔思公司相关的计算机软件，致使拓尔思公司的客户流失，严重影响了该公司的业务发展。软件著作权案件具有专业性、复杂性及跨领域性等特点，计算机软件侵权案件代理人与人民法院在处理该类案件时均会面临一定的挑战。

二、权利的重点信息

软著登字第087129号《计算机软件著作权登记证书》载明：登记号为2007SR21134，软件名称为“TRS内容协作平台”软件（下称“TRS WCM V6.0软件”），著作权人为拓尔思公司，权利取得方式为原始取得，权利范围为全部权利，首次发表日期为2007年8月28日。软著登字第091999号《计算机软件著作权登记证书》载明：登记号为2008SR04820，软件名称为“TRS内容协作平台”软件（下称“TRS WCM V6.0软件”），著作权人为拓尔思公司，权利取得方式为承受取得，权利范围为全部权利，首次发表日期为2007年8月28日。

软著登字第1430627号《计算机软件著作权登记证书》载明：登记号为2016SR252010，软件名称为“捷报内容管理系统V1.0”（下称“被诉侵权软件”），著作权人为湖南捷报信息技术有限公司（以下简称“捷报公司”），权利取得方式为原始取得，权利范围为全部权利，首次发表日期为2016年3月17日。

三、案例解析

捷报公司系于2011年7月5日成立的有限责任公司，经营范围为：软件开发，软件技术服务，电子产品研发，计算机技术开发、技术服务，计算机网络系统工程服务，信息系统集成服务，数据处理和存储服务，计算机、办公设备和专用设备维修，安全技术防范系统设计、施工、维修，综合布线。

拓尔思公司发现捷报公司未经其许可，将“TRS WCM V6.0软件”用于企业和政府门户网站制作、设计等经营活动，使用涉案软件制作的门户网站包括龙山县人民政府、湖南省湘潭市人民检察院、湘潭市雨湖区人民检察院、湖南省人民检察院等12家用户。拓尔思公司认为捷报公司未经许可使用“TRS WCM V6.0软件”为其客户制作网站，谋取非法利益，给拓尔思公司的正常运营造成了重大的冲击，其行为已严重侵害拓尔思公司享有的计算机软件著作权，据此提起诉讼。

（一）维权诉求

拓尔思公司要求捷报公司立即停止侵害拓尔思公司“TRS WCM V6.0软件”的著作权，赔偿侵权损失及合理费用合计500万元，在《湖南日报》上公开赔礼道歉并承担诉讼费用。

（二）对方抗辩

捷报公司的主要抗辩观点为：

（1）被诉侵权软件系捷报公司自行开发并署名，拓尔思公司仅凭网站部分页面有其信息就主张涉案软件作者为其公司，证据不足；拓尔思公司仅提交了软件著作权登记证书，但未提交权利作品源代码及文档，更未进行同一性比对，其举证义务没有完成，无法证明捷报公司的侵权行为。

（2）拓尔思公司提供的其与第三方签订的相关销售合同和发票并不能作为《著作权法》规定的赔偿数额的依据。首先，销售价格并非利润本身；其次，拓尔思公司提供的合同明确包括其他产品及服务的价格；最后，拓尔思公司提供的合同是2008—2010年签订的合同，而被控侵权软件集中在2012—2014年，用四五年前的软件市场价格来推定现在的价格不具有说服力。

（3）捷报公司除了经营捷报内容管理系统外还提供其他多项技术服务，拓尔思公司仅凭捷报公司网站公布的“成功案例”来推定“TRS WCM V6.0软件”的使用数量没有事实依据。

（三）法院认定

关于捷报公司是否实施了侵犯拓尔思公司著作权的行为，一审湖南省长沙市中级人民法院认为：认定捷报公司是否实施了侵权行为的关键在于，对被控侵权作品与权利作品是否具有同一性的认定。相对于其他形式的作品而言，软件作品具有一定的特殊性，指能得到某种运行结果的代码化指令序列或者可以被自动转换成代码化指令序列的符号化指令序列或者符号化语句序列以及相关文档，因此软件作品著作权人享有程序本身的权利，而非程序运行的结果。判定两个软件作品是否相同、相近时，审查机构应当对其源程序、目标程序或者文档进行比对。因此，上述显示原告信息的界面系认定被告侵权的初步证据，我们无法凭此直接认定被告使用的系原告涉案权利作品。拓尔思公司仅提交了软著登字第091999号《计算机软件著作权登记证书》，并未提交其权利作品，且明确主张不将调取的被诉侵权软件源代码作为证据提交，亦未主张将从雨花区人民检察院网站公证取得的代码作为比对对象。根据《民事诉讼法》第六十四条及《最高人民法院关于适用〈中华人民共和国民事诉讼法〉的解释》第九十条的规定，拓尔思公司未针对被控侵权行为进行举证，应当承担举证不能的不利后果，因此驳回拓尔思公司全部诉讼请求。

拓尔思公司不服一审判决，提出上诉。关于捷报公司是否实施了侵犯拓尔思公司著作权的行为，二审湖南省高级人民法院充分肯定了拓尔思公司代理律师的观点，认为：捷报公司在其“捷报科技”官方网站及“成功案例”栏目链接的五个门户网站中，均呈现了拓尔思公司、“TRS WCM V6.0软件”的相关内容简介，并有“版权所有@2002-2011TRSCorp.”内容记录，这属于捷报公司对被诉侵权软件版权的自认。结合拓尔思公司提交的两份《计算机软件著作权登记证书》，拓尔思公司已尽到《著作权法》第十一条规定的“如无相反证明，在作品上署名的公民、法人或者其他组织为作者”的举证责任。捷报公司抗辩该被诉侵权软件系自行开发，并认为不能仅凭网站版权声明等事实确定被诉侵权软件的著作权人，但其并未提交证据对已查明被诉侵权软件中包含拓尔思公司相关内容记录的事实进行逐一抗辩。同时，捷报公司作为专业的软件开发公司，不仅没有在其主张的自行开发过程中处置关于拓尔思公司的记录，反而在其官方网站和链接的其他门户网站均有拓尔思公司的署名信息及版权声明，这在计算机软件开发、著作权侵权领域也极不合常理，该抗辩显然没有事实依据。综上所述，捷报公司并未依照《著作权法》第十一条的规定提交充分有效的相反证明，应承担举证不能的法律后果，判定捷报公司未经拓尔思公司许可复制、发行涉案软件，其行为构成著作权侵权，应停止侵害并承担赔偿损失的民事责任。

关于捷报公司应承担的民事责任的问题，二审湖南省高级人民法院认为：拓尔思公司提交了合同、发票等证据拟证明涉案软件作品的许可使用费等事实，但因合同签订时间及合同相对方所在地与本案侵权行为所在地经济发展水平的差异，并不能证明权利人的实际损失和侵权人的违法所得。根据《著作权法》第四十九条的规定，综合考虑涉案作品类型、合理使用费、侵权行为性质、后果等情节，酌定捷报公司应赔偿拓尔思公司经济损失50万元（含维权合理开支）。

四、律师分析

在计算机软件侵权纠纷案件审理中，代码比对是认定权利代码与涉嫌侵权代码是否构成实质性相似的基本要求。如果权利代码与涉嫌侵权代码经比对构成实质性相似，且侵权人存在接触权利人代码的事实，则涉嫌侵权人侵害权利人软件作品著作权的结论成立，这是人民法院处理软件侵权案的基本思路。但在法院调取本案证据的过程中，捷报公司所制作的湖南省人民检察院官方网站服务器出现了“14服务器1211bak”文件突然消失的情况。拓尔思公司代理律师认为，捷报公司存在妨碍法院取证的行为，使法院提取的涉嫌侵权软件代码不完整，不具备软件代码比对的基础。因此，拓尔思公司代理律师明确主张不将法院调取的涉嫌侵权软件源代码作为证据提交，亦不主张将从雨花区人民检察院网站公证取得的涉嫌侵权代码作为比对对象。拓尔思公司代理律师发现，捷报公司官方网站及其制作的其他6家门户网站（包括湖南省人民检察院官方网站）均存在大量拓尔思公司的署名信息及版权声明事实。根据我国《著作权法》第十一条的规定，上述捷报公司制作的其他6家门户网站所使用的软件署名人为拓尔思公司，在无相反证明的情况下，涉嫌侵权软件权利人即为拓尔思公司。拓尔思公司并未许可或授权捷报公司使用“TRS WCM V6.0软件”，因此捷报公司未经许可复制、发行“TRS WCM V6.0软件”构成侵权。这种处理思路得到湖南省高级人民法院的认可。

五、正确做法

软件侵权案件的代理思路需依照具体事实而确定，如果代理律师固守接触+实质性相似的处理思路，则本案必败无疑。本案中，“14服务器1211bak”文件突然消失、无法调取，而拓尔思公司的技术员工反映该文件代码独创性很高，如果将已缺失的“14服务器1211bak”文件代码的涉嫌侵权源代码与拓尔思公司的软件源代码进行比对，则两者基本不可能构成实质性相似，软件侵权结论就不会形成。因此，拓尔思公司代理律师基于本案的其他事实大胆适用我国《著作权法》第十一条规定的主张权利，据理力争，最终得到法院认可和支持。

六、法律链接

（一）《著作权法》

第十一条　著作权属于作者，本法另有规定的除外。创作作品的公民是作者。由法人或者其他组织主持，代表法人或者其他组织意志创作，并由法人或者其他组织承担责任的作品，法人或者其他组织视为作者。如无相反证明，在作品上署名的公民、法人或者其他组织为作者。

第四十九条　侵犯著作权或者与著作权有关的权利的，侵权人应当按照权利人的实际损失给予赔偿；实际损失难以计算的，可以按照侵权人的违法所得给予赔偿。赔偿数额还应当包括权利人为制止侵权行为所支付的合理开支。权利人的实际损失或者侵权人的违法所得不能确定的，由人民法院根据侵权行为的情节，判决给予五十万元以下的赔偿。

（二）《计算机软件保护条例》

第二条　本条例所称计算机软件（以下简称软件），是指计算机程序及其有关文档。

第三条　本条例下列用语的含义：（一）计算机程序，是指为了得到某种结果而可以由计算机等具有信息处理能力的装置执行的代码化指令序列，或者可以被自动转换成代码化指令序列的符号化指令序列或者符号化语句序列。同一计算机程序的源程序和目标程序为同一作品。（二）文档，是指用来描述程序的内容、组成、设计、功能规格、开发情况、测试结果及使用方法的文字资料和图表等，如程序设计说明书、流程图、用户手册等……

第八条　软件著作权人享有下列各项权利：（一）发表权，即决定软件是否公之于众的权利；（二）署名权，即表明开发者身份，在软件上署名的权利；（三）修改权，即对软件进行增补、删节，或者改变指令、语句顺序的权利；（四）复制权，即将软件制作一份或者多份的权利；（五）发行权，即以出售或者赠与方式向公众提供软件的原件或者复制件的权利；（六）出租权，即有偿许可他人临时使用软件的权利，但是软件不是出租的主要标的的除外；（七）信息网络传播权，即以有线或者无线方式向公众提供软件，使公众可以在其个人选定的时间和地点获得软件的权利；（八）翻译权，即将原软件从一种自然语言文字转换成另一种自然语言文字的权利；（九）应当由软件著作权人享有的其他权利。软件著作权人可以许可他人行使其软件著作权，并有权获得报酬。软件著作权人可以全部或者部分转让其软件著作权，并有权获得报酬。

（三）《民事诉讼法》

第六十四条 当事人对自己提出的主张，有责任提供证据……

（四）《最高人民法院关于适用〈中华人民共和国民事诉讼法〉的解释》

第九十条 当事人对自己提出的诉讼请求所依据的事实或者反驳对方诉讼请求所依据的事实，应当提供证据加以证明，但法律另有规定的除外。在作出判决前，当事人未能提供证据或者证据不足以证明其事实主张的，由负有举证证明责任的当事人承担不利的后果。

七、运营思维

资深专利代理师、广州三环专利商标代理有限公司副总经理 · 颜希文

本案是计算机软件著作权侵权纠纷领域下无法比对被控侵权

作品与权利作品的源代码文件时，如何证明被控侵权作品侵害原作者著作权的案件。在无法通过正常途径比对被控侵权作品与权利作品的同一性时，本案代理律师大胆地跳出了在作品之间进行文本对比的举证思维，抓住了权利者在被控侵权作品中标记了署名信息这一个细节，成功获得了法院的认可。在软件著作权案件中，能适用《著作权法》第十一条“如无相反证明，在作品上署名的公民、法人或者其他组织为作者”的情况并不常见，原告在作品中添加署名及版权说明的意识十分值得各类著作权作者参考与学习。例如，即使是自己创作的公众号文章、PPT（演示文稿）作品，乃至朋友圈分享的摄影作品，只要其具有独创性的作品内容，也都可以添加署名及版权说明，以便公众知晓原作品的版权信息及授权范围。

香港动漫画协会会长 · 郭夏方

软件著作权侵权的确是一种很难辨别的侵权行为，因为它不是以结果为导向的，而是透过结果生成的源代码来决定的。思路接近，但源代码不一样，也未必能构成侵权行为。但是，在做不同的产品和网站时，同样的源代码也会出现不同的结果。因此，我们在著作权保护的前提下要做好这些基础工作。

从本案来分析，侵权是确定的，但赔偿500万元是否合理是值得研究的。除了普及版权法之外，赔偿的依据也要有一定的标准。

首席律师　李治国

武汉大学法学学士、美国伊利诺伊理工大学法学硕士；广东外语外贸大学法学院兼职教授、法律硕士生导师。曾任或现任政协第十一届广东省委员会特聘委员、中国版权理事会理事、全国涉外领军人才律师库律师、国家版权贸易基地（越秀）维权专家委员会副主任、致公党广东省委会社法委副主任、广东省知识产权局知识产权专家库专家、广东省律协涉外知识产权律师、广州市律协版权委副主任等。

其于2002年开始从事知识产权工作，服务过的知识产权非诉专项或诉讼客户有中国联通、广州汽车集团股份有限公司、广东海利集团有限公司等，代理知识产权胜诉案件逾百件。代理案件曾成功入选广东省高级人民法院、广州知识产权法院、广东外语外贸大学华南国际知识产权研究院、广东省知识经济发展促进会、广州市律师协会等发布的典型案例，积累了丰富的知识产权实战经验。

助理律师　李晓慧

第二十三章

动漫形象的高额侵权赔偿之路 / 屈文静

一、案例背景

根据长沙市中级人民法院《知识产权民事案件损害赔偿额判定状况（2011—2015）》，77%的著作权侵权案件的赔偿金额都低于1万元，而高于10万元的案件仅占1%。当然，北京、上海、广州、深圳等一线城市的赔偿金额会高一些，但知识产权侵权赔偿金额总体上不高，像“熊大”“喜羊羊”等经典动漫形象的侵权赔偿金额仅为几千元至几万元。加大知识产权侵权的惩罚力度是现行法律规定、国家政策的应有之义，但提高知识产权侵权的赔偿金额仍然是权利人、代理人以及审判人员在实践中需解决的难点问题。

二、权利的重点信息

“吾皇万睡系列”系漫画家白茶创作的作品，作品登记于2017年6月8日，登记号为国作登字-2017-F-00471680。经白茶授权，一间宇宙公司享有“吾皇万睡系列”作品著作权的独占授权。一间宇宙公司作为“吾皇万睡系列”的版权运营方，一直致力于动漫IP（知识产权）的开发创作和“吾皇万睡系列”的品牌运营。经过一间宇宙公司多年的使用和推广，“吾皇万睡系列”动漫形象已具有较大影响力和知名度，具有非常高的商业价值。

三、案例解析

一间宇宙公司享有“吾皇万睡系列”作品著作权的独占授权。自然醒公司是一家经营家居快时尚的企业，在全国具有直营门店达200家，“自然醒”品牌已成为珠三角家喻户晓的生活家居零售连锁品牌。自然醒公司未经权利人的授权许可，在其生产、销售的“复古陶瓷杯”中使用“吾皇万睡系列”作品。一间宇宙公司认为，自然醒公司的行为已严重侵害了“吾皇万睡系列”作品的著作权，自然醒公司应停止侵害、承担赔偿损失等民事法律责任。经过法院审理，法院判决自然醒公司停止侵权，赔偿经济损失及合理费用20万元。

（一）维权诉求

一间宇宙公司认为，自然醒公司在生产、销售的侵权商品中使用“吾皇万睡系列”作品，实施了权利人享有的著作权控制的专有行为。为此，一间宇宙公司请求法院判令自然醒公司立即停止生产、销售侵犯“吾皇万睡系列”作品著作权的行为，赔偿经济损失以及公证费、律师费等合理维权费用80万元。

（二）对方抗辩

自然醒公司辩称，自然醒公司不是生产商，侵权商品具有合法来源，其不应承担赔偿责任。但合法来源抗辩仅适用于销售者，自然醒公司应认定为侵权商品的生产商，其主张的合法来源抗辩不能成立。

（1）根据侵权商品的外观，“自然醒”标识印在商品之上，商品的标签仅显示“自然醒”相关信息。（2）结合《产品质量法》以及《最高人民法院关于产品侵权案件的受害人能否以产品的商标所有人为被告提起民事诉讼的批复》（法释〔2002〕22号）等相关规定，任何将自己的姓名、名称、商标或者可资识别的其他标识体现在产品上，表示其为产品制造者的企业和个人均应认定其为产品的生产者。

自然醒公司认为其没有恶意侵权行为，且侵权商品的总计销售额只有5万余元，扣除成本后基本是不赢利的商品，因此一间宇宙公司主张的赔偿金额过高。但结合“吾皇万睡系列”作品的独创性与知名度、自然醒公司严重的侵权情节等因素，自然醒公司应承担高额赔偿责任，具体考量因素包括：“吾皇万睡系列”作品具有十分高的独创性、知名度及商业价值，深受公众的喜爱；自然醒公司在多处使用多个不同神态、动作的“吾皇万睡系列”形象；自然醒公司在全国范围内拥有200家门店，侵权范围非常广；自然醒公司销售侵权商品的数量非常多，销售时间非常长；自然醒公司侵权的主观恶意非常明显；自然醒公司拒不如实提供相关生产、销售数据等。

（三）法院认定

深圳市宝安区人民法院经审理认为，自然醒公司在其生产、销售的侵权商品上未经权利人授权许可使用吾皇和巴扎黑的形象，侵犯了权利人的著作权。虽然自然醒公司称侵权商品是向第三方采购的，但侵权商品上仅有自然醒公司的信息，故对自然醒公司的辩解不予采信。人民法院根据涉案作品的类型、作品知名度、侵权行为人的过错程度、侵权行为所造成的损害后果等因素综合确定赔偿数额，酌定为20万元。自然醒公司在收到判决后，主动履行了应尽义务，向一间宇宙公司全额支付了赔偿款项。

四、律师建议

就本案而言，自然醒公司的侵权事实非常清楚，其提出的合法来源抗辩显然不能成立，而案件的争议焦点是如何确定赔偿金额。根据相关法律规定，人民法院可按权利人的实际损失或侵权人的违法所得确定赔偿金额，如实际损失及违法所得均不能确定，则由人民法院根据侵权情节确定赔偿金额。在司法实践中，实际损失和违法所得都较难举证证明，绝大多数案件均是由人民法院根据侵权情节等因素酌定赔偿金额，本案亦是如此。本案中，一间宇宙公司对作品独创性与知名度、侵权方的恶意程度、损害结果等相关问题进行了充分的举证，大量的证据形成了证据链，影响了法官心证，说服法官支持高额的赔偿。

五、正确做法

第一，创作一个与众不同的IP（知识产权）。“吾皇”系一只猫的形象，黑白毛色、肉墩墩的身材、一张大圆脸、一双半眯着的细长眼睛，给人霸道、高冷、贱萌贱萌的感觉。“吾皇”形象以及漫画内容具有非常鲜明的特点，漫画中的“就喜欢你看我不爽，又干不掉我的样子”“遇事冷静，脸小三分”等句子脍炙人口，“吾皇”形象深受公众的喜爱。“吾皇万睡”微信公众号的每篇文章阅读量均为10万+，微博粉丝达260万+，绘本销量突破200万册。“做好IP，首先要创造好的角色和好的故事，缺一不可。但最最重要的是：与众不同。”[①]独创性极高的作品或形象是知识产权运营的必要前提，亦是获得高额侵权赔偿的重要考量因素。

第二，推广与运营，方显IP价值。一间宇宙公司积极参与各

① 李舜，张予．卡通IP时代——品牌卡通形象设计揭秘［M］．北京：人民邮电出版社出版，2017.

种IP评奖活动，“吾皇”形象已荣膺多个IP大奖，包括CLE新锐IP奖、中国十佳新锐动漫奖、中国动漫金龙奖、中国二次元指数十佳漫画作品、最佳科幻美术作品等。“吾皇万睡”微信公众号发布广告文章的许可费达数十万元。一间宇宙公司已与华为、海尔、小米、伊利、中国邮政、大众、联合利华、英菲尼迪、肯德基等国内外众多知名品牌进行深入合作。通过成功的运营与推广，“吾皇”已具有非常高的知名度和广泛的影响力，众多媒体对“吾皇”形象进行了宣传报道。

第三，用证据说话。一间宇宙公司在运营“吾皇”形象的过程中，在“吾皇”形象的获奖、授权许可等方面均有报道并留下了痕迹。本案中，一间宇宙公司对作品的独创性与知名度、侵权方的恶意程度、损害结果等相关问题进行了充分的举证，最终影响了法官的心证，说服法官支持高额的赔偿。本案获得高额赔偿，再次证明提高知识产权案件赔偿金额的关键应当是，结合相关法律规定专业地进行举证，给法官一个支持高额赔偿的理由。

六、法律链接

（一）《著作权法》

第四十九条 侵犯著作权或者与著作权有关的权利的，侵权人应当按照权利人的实际损失给予赔偿；实际损失难以计算的，可以按照侵权人的违法所得给予赔偿。赔偿数额还应当包括权利人为制止侵权行为所支付的合理开支。

（二）《最高人民法院关于审理著作权民事纠纷案件适用法律若干问题的解释》

第二十五条 权利人的实际损失或者侵权人的违法所得无法确定

的，人民法院根据当事人的请求或者依职权适用著作权法第四十八条第二款的规定确定赔偿数额。人民法院在确定赔偿数额时，应当考虑作品类型、合理使用费、侵权行为性质、后果等情节综合确定。当事人按照本条第一款的规定就赔偿数额达成协议的，应当准许。

七、运营思维

资深专利代理师、广州三环专利商标代理有限公司副总经理·颜希文

本案是著作权侵权纠纷领域下明星动漫形象的著作权赔偿额的合理认定的案件。本案的争议焦点是如何合理确定赔偿数额。在知识产权侵权诉讼中，因侵权人的违法所得或者权利人的实际损失举证困难，所以法院以法定赔偿方式确定赔偿数额存在局限性。最高人民法院多次提出要加大知识产权保护力度："以实现市场价值为指引，进一步加大损害赔偿力度。在确定知识产权赔偿数额时，既要力求准确反映被侵害的知识产权的相应市场价值，又要适当考虑侵权行为人的主观状态，实现以补偿为主，以惩罚为辅的双重效果。"在确定赔偿数额时，除了基本的侵权损害证明，还应当考虑到被侵权作品随时间波动的客观市场价值、权利人潜在利益受损程度、被告的主观恶意程度。本案通过大量举证涉案著作权的独创性、知名度，侵权方的恶意程度，侵权方对权利人造成的损害结果的事实，最终获得了较高的赔偿额。另外，由于各地法院对判赔额的保守程度不一，当侵权方在各地多达数百家门店时，选取较能接受创新做法的法院提起诉讼也是一种比较容易提高赔偿额的做法。

香港动漫画协会会长 · 郭夏方

自然醒公司侵权已经非常明显，这种行为盗取了创作者的智慧产权，为自己的商品谋取利益。一个超级IP的诞生是需要众多的智慧融合、资金投入、市场推广、时间等因素的。

版权方往往会面对一个取证难的问题，即没有办法确切知道侵权方的销量和实际数据，从而没有办法去判定一个合理的赔偿金额。

但一间宇宙公司也未必必须通过法律诉讼的手段来处理这个事情。“吾皇万睡”的确是一个知名IP品牌，但品牌是需要更多人去推动、推广的，我们可以通过协商、谈判、调解的方式，引导侵权方变成合法的授权企业，这样更有助于“吾皇万睡”IP品牌的传播，双方可以共享市场的利益。

首席律师　屈文静

相关介绍见第二十章。

第二十四章

被诉版权侵权后怎么办？ / 吴师法

一、案例背景

2019年4月，视觉中国“黑洞”图片版权事件刷爆了朋友圈。随着事件发酵、官媒愤怒、国家版权局发声，视觉中国及相关公司被全民起底和声讨。不到一个工作日，天津市互联网信息办公室连夜约谈视觉中国，随后视觉中国关闭网站开展整改，相关执法部门介入。天津市互联网信息办公室决定给予视觉中国公司全资子公司汉华易美（天津）图像技术有限公司（以下简称“汉华易美公司”）罚款30万元的行政处罚。

笔者结合这次事件，分析经办的汉华易美公司起诉他人侵害作品信息网络传播权的案件，并提出针对著作权侵权案件的防范策略。

二、权利的重点信息

汉华易美公司主张美国公司GettyImagesInc.对涉案图片享有著作权，并主张取得美国公司GettyImagesInc.的合法授权来提起。

三、案例解析

获得授权的汉华易美公司以被告广东某制药有限公司未经允许在微博上使用其图片为由，起诉被告侵害作品信息网络传播权。

（一）维权诉求

（1）要求被告支付经济损失及合理开支10 000元。

（2）被告承担本案诉讼费。

（二）我方抗辩

（1）视觉中国网站（××）上登载印有“gettyimages”水印的涉案图片，但不能据此认定美国公司GettyImages Inc.对涉案图片享有著作权。GettyImages网站上显示的该图片不仅有“gettyimages”水印，还有“Flyingcolours”水印，同时图片上的水印不应理解为作者，而应理解为图片系在该网站上进行展示的确认。因此，从现有水印信息来看，不能证明GettyImages公司对涉案图片享有著作权。

（2）涉案授权确认书证明力不足，不能单独据此认定汉华易美公司对涉案图片享有著作财产权。美国公证员不对公证事实做实质审查，无法证明文件内容是否真实，而美国公司GettyImages Inc.的单方声明不足以证明其对品牌所列图像享有著作权。

（3）汉华易美公司为固定证据，所使用的“可信时间戳认证”服务系由联合信任时间戳服务中心提供，该中心不具备相关资质，该时间戳认证不应被采纳。

（4）原告主张的赔偿数额无事实及法律依据，合理支出的部分律师费并非只针对一个案件，至少对应了多个案件。另外，原告也未证明该律师费已实际支付。

（三）法院认定

根据双方当事人的诉辩意见，本案法院认为争议问题如下：

（1）美国公司GettyImagesInc.是否对涉案图片享有著作权。法院认为，在被告不能提供相反证明的情况下，根据法律规定以及汉华易美公司提交的证据所载明的事实，应当认定美国公司GettyImagesInc.对涉案图片享有著作权。

（2）汉华易美公司是否取得合法授权来提起本案诉讼。法院认为，美国公司GettyImagesInc.法律总顾问兼高级副总裁约科·米亚舍特（Yoko Miyashita）由GettyImagesInc.授权以公司名义出具授权确认书，经过美国华盛顿州公证员康斯坦丝·G.查普曼（Constance G. Chapman）对约科·米亚舍特的身份及有权执行公司GettyImagesInc.文件的公证和美国华盛顿州务卿兼州印监管人金·怀曼（Kim Wyman）对康斯坦丝·G.查普曼公证员的身份证明，并最终经美国国务院公证及中华人民共和国驻美国大使馆领事部进行了认证，该公证文书合法有效。根据该授权确认书记载内容可知，汉华易美公司取得了GettyImagesInc.的合法授权，有权在中国境内以自身名义就2016年8月13日之前及之后他人未经授权使用涉案图片的行为提出诉讼主张。

（3）一审判决确定的赔偿金额是否合理。法院认为，本案中，在汉华易美公司因被告的侵权行为造成的损失及被告的违法所得无法确定的情况下，法院综合考虑涉案图片类型、被告主观过错、侵权后果及汉华易美公司为维护权利而支付的合理费用等因素，酌情确定赔偿数额，符合法律规定，且酌定的赔偿数额并无明显不当。

（四）判决情况

获得授权的原告以被告未经允许在微博使用其图片为由，起诉被告侵害作品信息网络传播权。一审法院判决被告于判决生效之日起五日内赔偿原告经济损失及维权合理开支合计1 000元；案件受理费50元，由原告承担45元，被告承担5元。二审维持原判。

四、律师分析

这类案件的关注焦点如下：

（1）是否对涉案图片享有著作权。《最高人民法院关于审理著作权民事纠纷案件适用法律若干问题的解释》第七条规定，当事人提供的涉及著作权的底稿、原件、合法出版物、著作权登记证书、认证机构出具的证明、取得权利的合同等，可以作为证据。在作品或者制品上署名的自然人、法人或者其他组织视为著作权、与著作权有关权益的权利人，但有相反证明的除外。

（2）原告是否是以合法的授权提起本案诉讼的。

（3）赔偿金额是否合理。在原告因被告的侵权行为造成的损失及被告的违法所得无法确定的情况下，法院综合考虑涉案图片类型、被告主观过错、侵权后果及原告为维护权利而支付的合理费用等因素，酌情确定赔偿数额。

（4）若被告知名或违法所得过高，那么判赔金额将不一样。

（5）若被告违法使用多张图片，这可能导致多个案件。

版权即著作权，是用来表述创作者因其文学和艺术作品等智力成果而享有的权利的一个法律用语。作者对其创作的文学、艺术和科学作品依法享有的某些权利，非经同意，他人不得出版或更改。《著作权法》所称的作品，是指文学、艺术和科学领域内具有独创性并能以某种有形形式复制的智力成果，包括创作的文学、艺术和自然科学、社会科学、工程技术等作品。需要留意的是，《著作权法》所称的创作，是指直接产生文学、艺术和科学作品的智力活动。为他人创作进行组织工作，提供咨询意见、物质条件，或者进行其他辅助工作，均不视为创作。

保护合法版权是必须的。国家版权局于2019年4月12日再次重申重视图片版权保护，依法维护著作权人合法权益，将图片版权保护纳入即将开展的“剑网2019”专项行动，进一步规范图片市场版权秩序。我国《著作权法》就是为了更好地保护文学、艺术和科学作品作者的著作权，以及与著作权有关的权益，鼓励有益于社会主义精神文明、物质文明建设的作品的创作和传播，促进社会主义文化和科学事业的发展与繁荣，根据宪法制定的。1886年于瑞士伯尔尼通过的《保护文学和艺术作品伯尔尼公约》（以下简称《伯尔尼公约》），是关于著作权保护的国际条约，全球达成著作权保护共识。

五、正确做法

因知识产权使用不当引发的版权纠纷，将给企业带来一定的法律风险，同时企业将面临法律制裁。那么，企业在遇到版权诉讼时该怎么办呢？企业若调解不了应怎么积极抗辩呢？企业应从哪些角度入手呢？

（1）对方是否享有著作权。《最高人民法院关于审理著作权民事纠纷案件适用法律若干问题的解释》第七条规定，当事人提供的涉及著作权的底稿、原件、合法出版物、著作权登记证书、认证机构出具的证明、取得权利的合同等，可以作为证据。在作品或者制品上署名的自然人、法人或者其他组织视为著作权、与著作权有关权益的权利人，但有相反证据证明的除外。

（2）对方是否是以合法的授权提起本案诉讼的，或者从对方是否是合适的原告来入手进行抗辩。

（3）赔偿金额是否合理。在原告因被告的侵权行为造成的损失及被告的违法所得无法确定的情况下，法院综合考虑涉案图片类型、被告主观过错、侵权后果及原告为维护权利而支付的合理费用等因素，酌情确定赔偿数额。

（4）是否属于为说明某一问题而对涉案著作权的转换性使用。抗辩提出是在于传递其所承载的中文语言含义，而非主要展示其作为美术作品的艺术价值。

（5）是否合理使用。例如：为个人学习、研究或者欣赏，使用他人已经发表的作品；为介绍、评论某一作品或者说明某一问题，在作品中适当引用他人已经发表的作品；为报道时事新闻，在报纸、期刊、广播电台、电视台等媒体中不可避免地再现或者引用已经发表的作品；报纸、期刊、广播电台、电视台等媒体刊登或者播放其他报纸、期刊、广播电台、电视台等媒体已经发表的关于政治、经济、宗教问题的时事性文章（作者声明不许刊登、播放的除外）；报纸、期刊、广播电台、电视台等媒体刊登或者播放在公众集会上发表的讲话（作者声明不许刊登、播放的除外）；为学校课堂教学或者科学研究，翻译或者少量复制已经发表的作品，供教学或者科研人员使用（不得出版发行）；国家机关为执行公务在合理范围内使用已经发表的作品；图书馆、档案馆、纪念馆、博物馆、美术馆等为陈列或者保存版本的需要，复制本馆收藏的作品；免费表演已经发表的作品，该表演未向公众收取费用，也未向表演者支付报酬；对设置或者陈列在室外公共场所的艺术作品进行临摹、绘画、摄影、录像；将中国公民、法人或者其他组织已经发表的以汉语言文字创作的作品翻译成少数民族语言文字作品在国内出版发行；将已经发表的作品改成盲文出版等。

六、法律链接

（一）《著作权法》

第十条　著作权包括下列人身权和财产权：……（二）署名权，即表明作者身份，在作品上署名的权利……

第十一条 著作权属于作者，本法另有规定的除外。创作作品的公民是作者。由法人或者其他组织主持，代表法人或者其他组织意志创作，并由法人或者其他组织承担责任的作品，法人或者其他组织视为作者。如无相反证明，在作品上署名的公民、法人或者其他组织为作者。

第四十八条 有下列侵权行为的，应当根据情况，承担停止侵害、消除影响、赔礼道歉、赔偿损失等民事责任；同时损害公共利益的，可以由著作权行政管理部门责令停止侵权行为，没收违法所得，没收、销毁侵权复制品，并可处以罚款；情节严重的，著作权行政管理部门还可以没收主要用于制作侵权复制品的材料、工具、设备等；构成犯罪的，依法追究刑事责任：（一）未经著作权人许可，复制、发行、表演、放映、广播、汇编、通过信息网络向公众传播其作品的，本法另有规定的除外；（二）出版他人享有专有出版权的图书的；（三）未经表演者许可，复制、发行录有其表演的录音录像制品，或者通过信息网络向公众传播其表演的，本法另有规定的除外；（四）未经录音录像制作者许可，复制、发行、通过信息网络向公众传播其制作的录音录像制品的，本法另有规定的除外；（五）未经许可，播放或者复制广播、电视的，本法另有规定的除外；（六）未经著作权人或者与著作权有关的权利人许可，故意避开或者破坏权利人为其作品、录音录像制品等采取的保护著作权或者与著作权有关的权利的技术措施的，法律、行政法规另有规定的除外；（七）未经著作权人或者与著作权有关的权利人许可，故意删除或者改变作品、录音录像制品等的权利管理电子信息的，法律、行政法规另有规定的除外；（八）制作、出售假冒他人署名的作品的。

第四十九条 侵犯著作权或者与著作权有关的权利的，侵权人应当按照权利人的实际损失给予赔偿；实际损失难以计算的，可以按照侵权人的违法所得给予赔偿。赔偿数额还应当包括权利人为制止侵权行为所支付的合理开支。权利人的实际损失或者侵权人的违法所得不能确定的，由人民法院根据侵权行为的情节，判决给予五十万元以下的赔偿。

（二）《中华人民共和国电子签名法》

第八条　审查数据电文作为证据的真实性，应当考虑以下因素：（一）生成、储存或者传递数据电文方法的可靠性；（二）保持内容完整性方法的可靠性；（三）用以鉴别发件人方法的可靠性；（四）其他相关因素。

（三）《最高人民法院关于审理著作权民事纠纷案件适用法律若干问题的解释》

第七条第二款　在作品或者制品上署名的自然人、法人或者其他组织视为著作权、与著作权有关权益的权利人，但有相反证明的除外。

（四）《最高人民法院关于审理侵害信息网络传播权民事纠纷案件适用法律若干问题的规定》

第三条　网络用户、网络服务提供者未经许可，通过信息网络提供权利人享有信息网络传播权的作品、表演、录音录像制品，除法律、行政法规另有规定外，人民法院应当认定其构成侵害信息网络传播权行为。

七、风险防范

诉讼是企业最后的屏障。为了避免版权侵权，经营者在日常经营中应当做好防范，提高版权意识，尊重和敬畏知识产权。

（1）建立版权使用规范手册。企业知识产权使用部门制定版权使用的审批流程、检索流程、发布流程，从源头和使用上规范版权的使用，进一步降低版权侵权使用风险。

（2）积累正版素材数据库。企业可以在日常工作中积累免费的正规版权素材库，便于日后经营活动使用，亦可以像人民网的倡议一样，业内建立合作同盟，实现互联互通。

（3）加强经营合同中知识产权权属约定。除了经营者自己收集使用外，大多数版权资料可能来自外部采购，企业需要在合同中明确知识产权权属、许可使用范围、侵权责任承担，必要时要求供方提供知识产权权属证明，避免涉嫌侵权。

（4）及时保护自身版权。作品涵盖：文字作品；口述作品；美术、建筑作品；摄影作品；电影作品和以类似摄制电影的方法创作的作品；工程设计图、产品设计图、地图、示意图等图形作品和模型作品；计算机软件；等等。企业自身其实拥有众多的版权，包括企业的标志（logo）、宣传册、产品图样、外观作品、企业装潢等，企业要及时进行版权登记。版权与商标权、外观专利权常有竞合，如图形商标在先权利、外观宣告无效中有效的证明力、专利无效后著作权主张维权等方面，客户往往提供不了有证明力的证据。根据最高人民法院司法解释，提供的著作权登记证书可以作为证据，将有利于维护自身的合法权利。

八、运营思维

资深专利代理师、广州三环专利商标代理有限公司副总经理 · 颜希文

近些年来，我国网络版权保护取得的进步大家有目共睹。但我们也要看到，置身快速发展的互联网时代，网络版权保护面临的一系列

新挑战不容忽视。版权无形性和互联网无边界性叠加，使得侵权手段更加隐蔽、形式更加多样、成本更加低廉，而版权交易平台在运营中的种种乱象也暴露出巨量内容确权、维权方面的痛点。

走好网络版权保护之路的当务之急是，探索建立适应当下需要的版权保护模式。互联网深刻地改变着传播方式，伴随着人工智能、云计算、大数据等新技术与网络聚合等商业模式的不断发展，智能语言、网络直播、电子竞技等新业态层出不穷，这对网络版权保护提出了更高要求。一方面，适应网络时代侵权行为的隐蔽性、复杂性、裂变性等特点，要通过健全版权管理机制、加大执法力度、创新技术手段编织更加严密的版权保护网。另一方面，版权交易平台滥用诉权谋取私利的歧途启示我们，唯有在版权的确权、授权、交易、使用上找准各方利益平衡点，版权保护才能发挥其“保护和激励原创，促进文学、艺术、科学繁荣”的作用。

没有一个良性的版权市场，就不会有版权事业的长足发展。如何构建一个健康的版权保护交易市场，关键在于多方合作。对于使用者（媒体和公众）而言，版权意识在任何时候都不能丢，尤其是在使用网络作品时，企业知识产权使用部门必须严格制定版权使用的审批流程、检索流程、发布流程，从源头和使用上规范版权的使用，进一步降低版权侵权使用风险。同时，企业要注意以下几点：（1）建立企业内部版权使用规范手册；（2）积累正版素材数据库；（3）加强经营合同中知识产权的权属约定；（4）及时留存档案，保护自身版权；（5）持续关注最新版权法律法规及热点案件。只有加强保护意识和维权意识，避免“拿来就用”，做到“规则紧绷”，市场参与各方形成强大合力，版权保护方能朝着健康有序的方向迈进。

香港动漫画协会会长·郭夏方

本案中，侵权已经是事实，虽然汉华易美公司不是直接的著作权拥有者，但是有著作权拥有者的授权同样可以合法维权。虽然被告只是在微博上使用照片，同时无法核实利益所得，但是从侵权行为本身来讲，我觉得应该加上惩罚性的处罚。值得思考的是，1 000元是否可以起到阻吓的作用？

首席律师　吴师法

国家版权贸易基地（越秀）维权专家委员会委员、广州文化投资有限公司入库律师、广州市百所千企知识产权服务专家、广州开发区知识产权维权援助服务专家委员会主任、广东玉树工业园和保利中创孵化器创业导师。

自2008年起，其一直从事知识产权工作，具有扎实的知识产权和相关法律理论基础，以及多年的知识产权事务实践经验。多年来，其共为100余家企业申请商标超过500件，其共为100家企业申请专利超过1 000件，共为近20家企业代理版权工作，共为超过50家企业规范知识产权管理，现已通过国家认证的超过30家。其中，广州白云山制药股份有限公司广州白云山制药总厂知识产权贯标专项服务入选2015年度广东律师六大知识产权非诉典型案例。

第二十五章

不可忽视的字体著作权侵权之《九层妖塔》电影侵权案 / 吴师法

一、案例背景

2015年9月30日，由小说《鬼吹灯之精绝古城》改编而成的电影《九层妖塔》在中国上映。书法家向佳红发现，在《九层妖塔》电影先导预告片、终极预告片中出现的道具《鬼族史》旧书和《华夏日报》报纸上出现的汉字“鬼、族、史、华、夏、日、报”（以下称为“涉案单字”）与本人原创作品中相应的汉字近似，两者从字形整体结构、偏旁部首比例到笔画的长短、粗细及曲直选择等方面均无明显区别。向佳红认为，《九层妖塔》未经许可使用涉案单字，涉嫌侵犯其著作权。据此，向佳红以梦想者电影（北京）公司、北京环球艺动影业有限公司、乐视影业（北京）有限公司及中国电影股份有限公司（下称“梦想者公司等四被告”）侵犯其对书法作品享有的署名权和复制权为由，将四被告起诉至北京市朝阳区法院，请求法院判令四被告公开赔礼道歉，并支付版权使用费50万元和精神抚慰金1万元。一审判处梦想者公司等四被告在判决生效30日内向原告向佳红公开赔礼道歉，共同赔偿14万元。梦想者公司等四被告不服判决，提起上诉。

二、权利的重点信息

在这起书法字体涉嫌著作权侵权的案件中，书法家向佳红主张电影中出现的涉案单字所使用的是自己创作的字体，且已在广东省版权局进行登记，以侵犯其著作权为由进行起诉。一审法院经审理后认为，向佳红主张权利的涉案单字融入了书写者独特的智力判断和选择，属于《著作权法》规定的美术作品范畴。

三、案例解析

2013年12月，书法家向佳红向广东省版权局申请了“向佳红毛笔行书字体”的作品著作权登记，并在此套字体库中明确说明此套字体仅用于学习交流，商业使用需经其授权，同时留有联系方式。梦想者公司等四被告没有征得书法家向佳红同意，却在影片的道具《鬼族史》和《华夏日报》中使用了“向体”的涉案单字作为书籍的封面和报纸的报头，遂被起诉。

（一）维权诉求

（1）判令梦想者公司等四被告共同向书法家向佳红支付版权使用费50万元。

（2）判令梦想者公司等四被告在《北京晚报》上向书法家向佳红公开赔礼道歉。

（3）判令梦想者公司等四被告共同赔偿书法家向佳红精神抚慰金1万元。

（二）双方诉争

原告书法家向佳红陈述事实和理由：电影《九层妖塔》由梦想者公司等四被告进行制作、发行、投资及传播，影片票房逾7亿元，并且在各大影视平台上线付费观看模式。梦想者公司等四被告在该电影以及该电影的先导预告片、终极预告片中出现的道具《鬼族史》图书和《华夏日报》报纸上均使用了其书法作品。而且，这些道具在拍摄镜头中多次出现，是整个剧情的重要组成部分，对影片的完整性起到了一定的突出作用。梦想者公司等四被告的上述行为未经过其许可，也未给涉案单字署名，严重侵害了向佳红对上述书法作品享有的署名权、复制权，给其造成了经济损失。

梦想者公司、环球艺动公司、中影公司共同辩称：涉案单字不是向佳红创作的，其对此不享有著作权；在三公司使用之前，涉案单字已经发表，且涉案单字仅出现在涉案电影的道具中，目的仅为说明道具名称，为汉字基本使用方法，属于为说明某一问题而对涉案单字的转换性使用，在于传递其所承载的中文语言含义，而非主要展示其作为美术作品的艺术价值。同时，涉案单字在涉案电影中居于辅助和从属地位，该种使用方式使涉案单字具有了新的意义及功能，未影响其作为美术作品的正常使用，也未给向佳红造成实质性影响，符合我国《著作权法》关于适当引用的规定，属于合理使用，故无须承担侵权责任；涉案单字及其存在的字库均可以通过公开渠道轻易获得，且获取渠道并未显示任何权利声明内容，向佳红对于他人使用涉案单字及字库的态度是放任的，不应对使用者课以过高的注意义务；向佳红主张的版权使用费及合理费用过高，且其主张的公开赔礼道歉、支付精神抚慰金的诉讼请求也于法无据。此外，中影公司作为涉案电影的投资主体而非涉案单字的实际使用人，不应承担任何责任。综上所述，三公司不同意向佳红的诉讼请求。

乐视影业公司辩称：涉案单字不具有独创性，不属于美术作品；

涉案单字可在网站上在线生成并保存在个人电脑中，向佳红未对涉案单字及其所在的字库进行足够的权利限制；涉案单字仅为涉案电影的一个要素，在影片中所占的比重极小，不影响影片的商业价值；乐视影业公司仅负责涉案电影的投资、宣传和发行，未参与拍摄、制作，也不掌握电影道具的制作情况，不应承担任何责任。综上所述，不同意向佳红的诉讼请求。

（三）法院认定

（1）书法是一种展现文字之美的艺术表现形式，兼具传情达意和艺术美化的功能。虽然书法的书写受限于汉字本身笔画和结构上的固定搭配，但书写者仍可借助具体的线条、点画等，在字形结构、偏旁部首比例、笔画长短、粗细选择、曲直设计等诸多方面进行调整和创造，融入自己的选择和判断，表现出独特艺术美感，体现出书写者自己的个性，从而使之具有符合《著作权法》要求的独创性，成为《著作权法》保护的美术作品。

（2）向佳红也提交了涉案单字的手稿原件或手稿复印件，涉案单字与上述在线生成的相应单字一致，仅仅存在作品载体的区别。而且，向佳红也提交了作品名称为《向佳红毛笔行书字体》的著作权声明书、作品说明书、作品登记证书。上述证据能够相互印证，足以证明涉案单字是向佳红书写的，涉案单字的著作权归向佳红所有。

（3）梦想者公司等四被告使用涉案书法作品并未征得向佳红的许可，侵害了向佳红对涉案书法作品享有的复制权。在电影作品和以类似摄制电影的方法创作的作品中，制片者通常会以片头、片头字幕或者屏幕标注等方式为编剧、摄影、作词、作曲等作者署名。参考该种署名方式，梦想者公司等四被告在涉案电影中使用向佳红涉案书法作品不存在无法署名等特殊情况，但梦想者公司等四被告却在使用涉案书法作品时未以适当方式表明向佳红是该书法作品的作者，侵害了向佳红的署名权。

（4）著作权使用费一般指作品的使用者因使用作品而向著作权人支付的经济报酬。本案为侵害著作权纠纷，向佳红主张的50万元著作权使用费实际上是经济损害赔偿。对于梦想者公司等四被告应当承担的具体经济损害赔偿数额，本院将综合考虑涉案单字的艺术价值、涉案侵权行为的具体情节、梦想者公司等四被告的主观过错程度、向佳红相关书法作品的对外许可使用费情况等因素，酌情确定。

（四）判决情况

（1）梦想者公司等四被告于本判决生效之日起30日内履行在《北京晚报》上登载致歉声明的义务，向原告向佳红公开赔礼道歉（致歉声明的内容须于本判决生效后10日内送本院审核，逾期不履行，本院将在同类报刊上公开本判决主要内容，所需费用梦想者公司等四被告共同承担）。

（2）梦想者公司等四被告于本判决生效之日起10日内共同赔偿原告向佳红经济损失14万元。

（3）驳回原告向佳红的其他诉讼请求。

四、律师分析

根据《中华人民共和国著作权法实施条例》（以下简称《著作权法实施条例》）的规定，《著作权法》所称作品，是指文学、艺术和科学领域内具有独创性并能以某种有形形式复制的智力成果。

这类案件的关注焦点如下：（1）涉案单字是否具有独创性，是否属于美术作品；（2）著作权是否清晰；（3）是否属于为说明某一问题而对涉案单字的转换性使用，在于传递其所承载的中文语言含义，而非主要展示其作为美术作品的艺术价值；（4）是否合理使用；（5）主张的版权使用费及其他费用是否合理。

五、正确做法

近年来，美术、书法等艺术作品的作者财产权会屡遭侵害，著作权审判发展迅猛，新情况、新问题层出不穷。书画作者财产权益保护一直是社会各界，特别是艺术界高度关注的话题。但实际上，艺术家们在推动这项事业发展并争取合法权益保护的时候，总是很迷茫与无助。因为目前社会各界都对书画作者财产权益问题缺乏全面、系统的认识，甚至一些与该项权益保护有关的消息都被强势利益方左右。对书画作品的著作权的保护，实际上也是对艺术工作者的创作信心的保护。因此，大家要养成著作权保护意识，同时要积极主张保护自身合法权利。

六、法律链接

《著作权法》第二十二条 在下列情况下使用作品，可以不经著作权人许可，不向其支付报酬，但应当指明作者姓名、作品名称，并且不得侵犯著作权人依照本法享有的其他权利：……（二）为介绍、评论某一作品或者说明某一问题，在作品中适当引用他人已经发表的作品……

第四十七条 有下列侵权行为的，应当根据情况，承担停止侵害、消除影响、赔礼道歉、赔偿损失等民事责任：（一）未经著作权人许可，发表其作品的……

第四十八条 有下列侵权行为的，应当根据情况，承担停止侵害、消除影响、赔礼道歉、赔偿损失等民事责任；同时损害公共利益的，可以由著作权行政管理部门责令停止侵权行为，没收违法所得，没收、销毁侵权复制品，并可处以罚款；情节严重的，著作权行政管理部门还可以没收主要用于制作侵权复制品的材料、工具、设备等；构成犯罪的，依法追究刑事责任：（一）未经著作权人许可，复制、发行、表演、放映、广播、汇编、通过信息网络向公众传播其作品的，本法另有规定的除外……

七、风险防范

为了避免字体著作权侵权，经营者在日常经营中应当做好防范，提高字体著作权保护意识，制定版权使用的审批、检索、发布、宣传等工作流程，从源头和使用上规范版权使用，进一步降低著作权侵权使用风险。企业可以在日常工作中积累免费的正规版权素材，这有利于企业在日后经营活动中使用。大多数版权资料可能来自外部采购，因此，企业需要在合同中明确知识产权权属、许可使用范围、侵权责任承担等权利义务，必要时要求供方提供知识产权权属证明，避免涉嫌侵权，从而导致诉争。

八、运营思维

资深专利代理师、广州三环专利商标代理有限公司副总经理 · 颜希文

字体保护问题在国内立法上仍属空白，国际上也没有一致的做法，加之中国汉字所独具的特点，使得这个问题在知识产权学界存在普遍争议。我国虽非判例法国家，但值得一提的是，中文字体的知识产权保护问题得到越来越多专家学者的关注。

在现实的经济活动中，使用者对于具有鲜明风格和特点的字体的商业性使用往往是数量有限的单字使用，而不可能是整个字库的使用，

且这种使用是完全由其自主选择的。否认字库单字的著作权，将使得字体权利人几乎无从追究大部分未经许可商业性地使用其字体的行为。字体往往凝聚了开发创造者大量的智力劳动，是非常富有创造性的表达，在这种情况下，认可其独创性和保护其著作权，既能保障字体权利人的合法权益，也不会让使用者为其使用行为支付高昂费用。在保护字体权利人的创造性劳动和语言文化传播之间，我们需要寻找一个适当的利益平衡点；如果保护力度过小，不利于整个字体行业的发展；如果保护力度过大，则会无益于文化的进步和传播。对于企业用户而言，在市场环境下进行商业推广、办公、软件开发都不可避免地会使用字体字库，这时我们应当尽量注意以下几点：（1）收集免费字体，同时购买正版字体版权，建立企业自身的字体数据库，保留授权证书和购买发票；（2）不要随意使用网络上、QQ群中、朋友发送以及免费下载的字体作为企业海报、电视媒体等载体上的设计稿字体，这些字体往往是需要购买版权才能使用的，须知免费下载不等于可以免费使用；（3）企业主们要检查自己公司里的电脑上所安装的字体是不是已经有授权，如发现没有购买版权的字体，应及时删除；（4）企业主们在做任何经营活动或者广告宣传设计时，切记要跟设计师明文约定，避免含有侵权字体、侵权图片，并在设计合同中注明侵权责任分配问题；（5）设计师在设计图片、字体、背景、画册时要时刻注意保留原始设计手稿文档，如必须外部购买，则立即与甲方沟通，做好外购部分的版权维护。

广东省知识经济发展促进会会长、广东省华南知识产权文化促进中心理事长·顾奇志

对于有书法功底或美术功底的专业人士或者业余人士而言，独创

一种字体并通过许可他人使用得到收益，不失为一种低成本的“创业”活动，因为创作字体仅需要投入个人的时间成本和智慧成本，不需要太多的金钱。而且字体一旦被创作出来，就可以享用作品版权的保护期限，保护时间为作者去世后五十年。也就是说，如果某位作者创造了一种独特的字体，该字体广泛流传使用，那么其不但可以造福自己，还能造福子孙。

当然，首先，相关创作字体必须具有独创性，不得模仿现有字体。其次，创作字体要在创作完成之后进行版权确权，目前通行的办法是版权登记，或者通过公证保管确权。再次，通过一定的宣传，使相关字体为大众知晓，养成设计界使用该字体的“消费习惯”。最后，通过跟专业服务机构或者平台的合作，对该字体进行监控，及时发现侵权对象，并通过谈判或者诉讼获得许可费用。

在自行设计或者委托设计相关宣传品的时候，企业一定要高度重视使用的字体的版权问题，强调使用免费字体，或者进行付费获得许可使用。尤其在注册商标等需要长期使用的应用场景中，一定要搞清楚相关字体的版权问题，不然就很容易中招，陷入侵权的泥淖，白白浪费大量的广告投入，或者需要付出巨大的代价才能平息纠纷。

首席律师 吴师法

相关介绍见第二十四章。

第二十六章

网络游戏公司在网站上运营含有他人动漫形象的游戏，是否应承担侵权责任？ / 徐嵩、罗红

一、案例背景

A公司是一家以设计、运营国内原创动漫形象“阿喵”为主的动漫文化公司。自成立以来，A公司组织员工创作出了“阿喵”动漫形象与童话故事，以其为主线整合动漫网络资源，带动相关衍生品的发展，形成了以“阿喵”系列形象为核心，创作动画、绘本以及集图书与动画片的出版发行、动漫周边产品开发与销售、动漫形象授权合作于一体的多元化动漫产业链。A公司通过网络进行了大量推广，深度挖掘“阿喵”等动漫形象的周边产品，并自主研发动画片，授权开发出多款网络游戏，深受玩家追捧。

“阿喵”等系列动漫形象深入人心，商家趋之若鹜，不良商家发现了有利可图，在没有经过任何授权的情况下，在其所有并经营的网站上向公众传播含美术作品的游戏，侵犯原动漫形象美术作品的复制权和信息网络传播权，导致“阿喵”等动漫形象的盗版侵权现象泛滥成灾。

二、权利的重点信息

“阿喵”有着自己独特的魅力和形象精神，已经成为国内极具影响力的原创动漫形象之一。由此而见，A公司对“阿喵”等动漫形象具有完全的知识产权。同时，A公司对“阿喵”等多种表情系列形象进行了版权登记，并进行了相关商标注册。2007年1月7日，北京市版权局对2003年7月1日完成的卡通形象作品“阿喵”登记著作权，该作品的作者登记为徐某，著作权人登记为A公司，登记号为京作登字01-2007-F-××××号。2012年4月5日，北京市版权局对2006年8月6日首次发表的美术动漫形象作品“阿喵新版”登记著作权，该作品的作者登记为徐某，著作权人登记为A公司，登记号为京作登字-2012-F-0009××××。

三、案例解析

2016年6月，A公司发现B公司在其运营的C网站上向公众传播含“阿喵”系列美术作品的其他非A公司制作的《阿喵寻宝跑跳》《天天连萌阿喵》《会说话的宠物阿喵》等共计11款手机游戏，认为B公司侵犯了自己的复制权和信息网络传播权，于是向法院提起诉讼。

（一）维权诉求

A公司要求B公司停止侵权，并将案涉的游戏及时下架，且赔偿经济损失及支付合理费用。

（二）对方抗辩

在收到起诉状后，B公司的主要抗辩观点为：第一，涉案游戏所涉美术形象与A公司涉案美术作品不构成实质性相似且不能证明涉案游戏直接来自B公司涉案游戏平台，涉案侵权行为不成立。第二，B公司认为A公司不是“阿喵”的作者，而且自己只是网络服务提供商，涉案游戏均是在互联网上自动抓取的免费游戏。B公司经营的游戏平台仅为上述游戏提供开放式平台，且免费提供，没有收取任何费用，也没有给A公司造成实际经济损失，没有获利。A公司要求的赔偿数额过高，没有事实和法律依据。第三，B公司作为网络服务提供商，对涉案行为不明知也不应知，没有过错。B公司的涉案行为属于行业通行做法，不存在恶意。上述游戏均是免费的单机游戏，B公司平台服务器通过网络平台的搜索引擎工具进行全网游戏的检索和爬取，再根据用户的指令返回游戏数据。B公司平台利用搜索引擎的爬虫技术，其搜索结果均是自然搜索结果，未进行人工的编辑整理。上述免费游戏在各游戏平台的相互抓取是行业通行模式，其他类似游戏平台也有与B公司完全相同的游戏资源。B公司的经营方式并非个例，而是行业惯例，正是这种开放式的游戏经营方式给游戏开发者、网络游戏玩家等行业参与者提供了活跃的交互模式，促进了整个互联网游戏行业欣欣向荣的发展。因此，B公司对涉案游戏的涉嫌侵权行为没有高度注意的法定义务。第四，在接到A公司诉状后，B公司已经自行进行了断链处理，符合“通知—移除”的避风港规则，尽到了注意义务，依法不应承担侵权责任。

（三）法院认定

本案中，A公司已提供相应的版权登记证书，在无相反证明足以推翻的情况下，法院可以确认A公司系“阿喵”卡通形象的著作权人。他人未经A公司许可，将“阿喵”作品用于手机游戏创作，在创作的过程中不可避免地会对“阿喵”的形象姿态进行一定的修改，这侵犯了A公司的署名权、修改权、保护作品完整权、复制权、信息网络传播权等多种权利，故这些游戏是侵权作品。

B公司作为专业的手机游戏开发商，应当明知“阿喵”是同行A公司的作品，却仍然放任他人上传涉嫌侵权作品，具有过错。此外，B公司承认侵权游戏直接存储在B公司运营的C网站服务器上，且提供的并非搜索或链接服务，而是直接提供了侵权作品。虽然游戏本身是免费的，但是按照目前游戏行业的惯例，用户玩手机游戏使用的流量会产生计费，网站与电信营运商之间会进行分成，故B公司实际上有所获利，况且B公司还因此获得了更多的用户流量和市场占有率。因此，B公司的行为不符合“避风港”的免责条件。

综上所述，A公司的请求可以得到法院的支持。

（四）判决情况

双方经调解达成和解，法院做出准许A公司撤回起诉的裁定。

四、律师分析

本案涉及职务作品中作者的认定，以及网络游戏运营平台对于平台服务器中存储的游戏侵犯他人著作权是否应承担赔偿责任的问题。

根据我国《著作权法》规定，由法人或者其他组织主持，代表法人或者其他组织意志创作，并由法人或者其他组织承担责任的作品，法人或者其他组织视为作者；当事人提供的涉及著作权的底稿、原件、合法出版物、著作权登记证书、认证机构出具的证明、取得权利的合同等，可以作为证据。

五、正确做法

首先，动漫作品权利人需增强版权保护意识，提前预防，尽早主动进行版权登记或商标注册，从全局进行版权保护，这既是对自己正当权利的捍卫，又是在为建设一个良好的创作环境做贡献。在侵权行为发生后，被动的依靠诉讼来进行事后防御的做法是有风险的。

其次，专业的游戏运营网站应当对具备一定知名度的游戏以及其中的游戏剧情、游戏美术资源（包含角色形象）与游戏系统玩法保持合理的注意义务，一旦发现侵权行为或收到权利人的侵权通知，应立即删除涉嫌侵权的作品，或者断开与涉嫌侵权的作品的链接。

六、法律链接

（一）《著作权法》

第十条 著作权包括下列人身权和财产权：……（十二）信息网络传播权，即以有线或者无线方式向公众提供作品，使公众可以在其个人选定的时间和地点获得作品的权利……

第十一条 著作权属于作者，本法另有规定的除外。创作作品的公民是作者。由法人或者其他组织主持，代表法人或者其他组织意志创作，并由法人或者其他组织承担责任的作品，法人或者其他组织视为作者。如无相反证明，在作品上署名的公民、法人或者其他组织为作者。

（二）《信息网络传播权保护条例》

第二条 权利人享有的信息网络传播权受著作权法和本条例保护。除法律、行政法规另有规定的外，任何组织或者个人将他人的作品、表演、录音录像制品通过信息网络向公众提供，应当取得权利人许可，并支付报酬。

第二十二条 网络服务提供者为服务对象提供信息存储空间，供服务对象通过信息网络向公众提供作品、表演、录音录像制品，并具备下列条件的，不承担赔偿责任：（一）明确标示该信息存储空间是为服务对象所提供，并公开网络服务提供者的名称、联系人、网络地址；（二）未改变服务对象所提供的作品、表演、录音录像制品；（三）不知道也没有合理的理由应当知道服务对象提供的作品、表演、录音录像制品侵权；（四）未从服务对象提供作品、表演、录音录像制品中直接获得经济利益；（五）在接到权利人的通知书后，根据本条例规定删除权利人认为侵权的作品、表演、录音。

七、风险防范

"阿喵"动漫形象是由A公司主持、代表A公司法人的意志创作而成的，并由A公司对外承担责任，A公司应当视为作者。但A公司如果没有及时进行版权登记，则在本次诉讼中可能要提供大量的原始组织创作痕迹作为证据，无疑将浪费大量时间和费用成本。A公司的登记行为帮助自己在维权的道路上节省了大量时间和成本，值得提倡。

B公司作为专业的游戏运营网站，应当对具备一定知名度的游戏以及其中的角色形象保持合理的注意，以免存储了他人上传的涉嫌侵权的作品。若侵权行为已经发生，就应当在收到权利人的侵权通知后，立即删除涉嫌侵权的作品，或者断开与涉嫌侵权的作品的链接，同时将权利人的通知书转送给上传侵权作品的网友，以避免侵权后果的进一步扩大。

八、运营思维

资深专利代理师、广州三环专利商标代理有限公司副总经理 · 颜希文

本案涉及职务作品中作者的认定，以及第三方网络运营平台对

于平台服务器中存储的游戏侵犯他人著作权是否应承担赔偿责任的问题。

根据我国《著作权法》规定，由法人或者其他组织主持，代表法人或者其他组织意志创作，并由法人或者其他组织承担责任的作品，法人或者其他组织视为作者；当事人提供的涉及著作权的底稿、原件、合法出版物、著作权登记证书、认证机构出具的证明、取得权利的合同等，可以作为证据。从目前的法律实践来看，越来越多的开发者开始知悉如何保存初始资料，并将其作为将来可能发生的权属纠纷或者侵权纠纷的证据。另外，对于原始创作产生的知识产权，开发者通过各种途径进行所有权固定。显然，通过各级政府主管部门的政策引导和宣传讲解，知识产权保护及运营逐渐深入到研发型、原创型企业。

动漫形象属于美术作品，美术作品的认定要求为作品具有独创性及艺术美感。本案中，"阿喵"等动漫形象具备独特的五官、身体比例、色彩及线条，有着生动的形态和丰富的神情，具有独特的个性，具备独创性，同时也体现出了一定的艺术美感，符合《著作权法实施条例》第二条、第四条第（八）项对美术作品独创性及艺术美感的要求，属于我国《著作权法》意义上的美术作品。本案中，平台声称免费提供链接因而不需要承担责任，本案判决以及目前多数法律实践表明，网络游戏应用软件发布运营平台往往是发布大量应用软件的集合平台，其中有些软件为收费下载、后续免费使用，有些软件为免费下载、后续收费使用，也有免费下载并使用的软件，以及收费下载、后续仍收费使用的软件，运营平台大多参与收益分成。许多网络游戏侵权情节复杂、隐蔽程度较高，单纯以是否从网络游戏中取得收益来认定侵权行为性质不甚合理。实践中，运营平台的收益可从多方面取得，浏览流量、广告宣传、附带游戏装备出售、周边产品等，收费情节应在认定侵权后作为运营平台承担与侵权游戏经营者连带责任或者补充赔偿责任为宜。

广东省知识经济发展促进会会长、广东省华南知识产权文化促进中心理事长顾奇志

这个案例很有意思：拥有涉案卡通形象著作权的A公司发现作为专业游戏运营网站的B公司的网站上运行含有自己卡通形象的游戏，且该游戏未经许可。虽然这个案件以和解形式结案，我们无法得知双方的和解内容，但是从案件本身来看，很显然有一个主角缺位，那就是B公司用A公司卡通形象创造了游戏的C（创作者）。这个C是个人还是企业，我们无法获悉，但是案例本身却给我们启示，即知名卡通形象具有广阔的应用前景。

本案中，A公司声称自己形成了以“阿喵”系列形象为核心，创作动画、绘本以及集图书与动画片的出版发行、动漫周边产品开发与销售、动漫形象授权合作于一体的多元化动漫产业链。但显然，A公司的产业链还没有涉及游戏领域，不知名的游戏设计（生产）者将涉案卡通形象应用到游戏中并放到专业游戏网站运营，获得了相关流量，在一定程度上是扩充了A公司的产业链条。A公司如果能够顺藤摸瓜找到游戏设计者，说不定可以通过授权获得更大收益。当然，对于游戏设计者来讲，使用未经授权的知名卡通形象并投入人力、物力去开发新游戏，使相关游戏产品在一开始就获得“原罪”，实在是一件得不偿失的事情。尊重知识产权在任何时候都不能成为一句空话，因为不尊重知识产权随时都有可能付出代价。

首席律师　徐嵩

广东国智律师事务所副主任、高级合伙人，中国政法大学法律硕士，省、市人大立法咨询专家，全国律协知识产权委员会委员，广东省知识产权局知识产权专家库第一批入库专家，广州市版权局版权咨询专家委员会专家，国家版权贸易基地（越秀）维权专家委员会委员。在知识产权领域，其率领团队代理了大量著作权、专利、商标行政程序及民事诉讼案件。

编撰律师　罗红

第二十七章

技术开发的成品有问题，仍可解除合同并要求承担责任 / 安艳宾

一、案例背景

伴随着智能手机的广泛应用，各种功能的App（应用软件）日益增多。无论是微信等生活类App，还是一个企业为方便客户办理业务而开发出的相关业务类App，App软件的实用性和灵活性都给我们的生活带来了极大便利。而App软件的开发一般需要通过技术委托开发的方式，交由软件技术开发公司来完成。接受委托进行开发的一方，需要经过需求沟通、系统设计、正式开发、安装测试及调试、试运行、验收等一系列程序，才能完成整个技术开发工作，任何环节出现问题都可能对后续程序产生严重影响。而委托方往往只要结果，即一个可完全实现其预期功能的App。若经过一系列开发工作之后，App产品虽交付使用但仍存在未能克服的较大缺陷，则双方后续的权利义务应如何分配？

二、权利的重点信息

仲裁申请人广州市某单位与被申请人北京某科技有限公司于2015年6月29日签订《移动终端应用建设项目采购合同》。约定被申请人为申请人提供移动终端应用建设服务，被申请人应在采购合同签订后8个月内完成系统开发，并且在试运行3个月后完成验收。合同签订后，经过两年多时间，2017年7月18日项目进入试运行阶段。至此，申请人已依约支付了共计345 848元。2017年9月26日，项目出现系统故障，被申请人一直未对试运行故障提供维护服务，导致采购合同约定的系统迟迟不能开通。

据此，申请人向中国广州仲裁委员提出仲裁，主要请求为：（1）裁决解除双方签订的采购合同；（2）裁决被申请人退还已支付的345 848元，并向申请人支付系统推迟开通索赔款196 523.04元及罚金81 376元；（3）裁决被申请人支付律师费25 000元。

三、案例解析

2015年6月29日，申请人与被申请人签订采购合同，约定被申请人在规定时间内按照“移动终端应用建设项目招标文件”的要求完成系统的设计、研发、安装实施、测试、调试、验收等工作，同时以光盘形式向申请人提供计算机软件，即移动终端应用软件全套软件，也就是系统可执行程序。

合同第四条“开发计划”约定：被申请人应在合同签订后8个月内完成系统开发、实施和试运行工作，试运行3个月后完成验收。具体实施进度如下：需求调研2个月、系统设计2个月、系统开发3.5个月、测试0.5个月、系统试运行3个月、系统验收0.5个月、系统维护1年。合同第五条第二款约定：本项目的总费用包括研究开发经费、报酬、一年服务器系统维护费等全部费用，共计406 880元。

合同第五条第三款约定：（1）合同签订5个工作日内，申请人向被申请人支付合同总额的20%，即81 376元。（2）完成《需求规格说明书》的用户评审，并完成主体业务的上限，即个人中心模块、社保服务模块、就业服务模块功能的上线使用，通过用户验收后支付合同总额的30%，即122 064元。（3）完成全部建设内容，并通过用户单位组织的用户验收后，支付合同总额的35%，即142 408元。（4）试运行3个月，通过第三方测评验收后的10个工作日内，支付合同总额的10%，即40 688元。（5）通过市科信局终验后的10个工作日内，支付合同总额的5%，即20 344元。

合同第十三条第二款、第五款约定：如果系统推迟开通，给予一周的宽限期，从超过宽限期之日起，每天罚款合同总额的千分之一。如被申请人开发的系统功能不能通过系统验收，则给予两周时间由被申请人进行修改；两周后仍无法通过验收，则被申请人应退还申请人所有已支付款项，并对被申请人处以合同总额20%的罚金，申请人仍有权向被申请人追索因此而导致的一切损失。

合同签订后，申请人共向被申请人支付前三笔款项共计345 848元。双方共同确认，被申请人开发的App已进入试运行阶段，试运行开始时间为2017年7月18日。

2017年9月26日，试运行的涉案App发生系统故障。随后，项目监理方通过邮件向被申请人发出监理通知，要求其于2017年10月11日前对项目跟进情况给予明确答复和保证。但直至2017年12月25日中国广州仲裁委员会受理本案时，被申请人都未予以答复。

（一）申请人提出仲裁申请

由于被申请人的原因，导致合同不能继续履行，合同目的不能实现，构成根本违约，申请人有权解除合同，并有权要求被申请人依据合同约定返还全部已付款项，承担违约责任。据此，申请人提出前述仲裁请求。

（二）被申请人答辩

因被申请人已无法继续履行合同，同意解除合同，但不同意申请人的其他仲裁请求。被申请人承认开发进度存在迟缓，但开发迟缓的原因在于开发过程中需要对申请人的各个部门进行调研才能推进开发，但由于申请人的原因导致需求调研拖延了一两个月，技术开发也因此拖延。因此，导致项目延长的原因在于申请人。对于申请人已付的345 848元，被申请人不同意退还，因为实际上涉案App的开发进度已达到98%，只差验收。因拖延导致项目烂尾的责任不在被申请人，故不同意赔偿。

（三）仲裁庭认为

（1）申请人与被申请人签订的采购合同是双方当事人的真实意思表示，签约主体适格，且内容没有违犯法律法规的强制性规定，应属合法有效，双方均应依约履行。现因涉案App在试运行过程中出现问题，且被申请人已无能力继续维护并按合同约定向申请人交付合格的产品，申请人要求解除合同，被申请人对此亦表示同意，仲裁庭对此予以尊重，解除双方于2015年6月29日签订的采购合同。

（2）根据《合同法》第九十七条的规定："合同解除后，尚未履行的，终止履行；已经履行的，根据履行情况和合同性质，当事人可以要求恢复原状、采取其他补救措施，并有权要求赔偿损失。"仲裁庭已裁决双方签订的采购合同解除，申请人已向被申请人支付了前三笔采购款共345 848元，被申请人未能依约向申请人交付可通过验收的App，被申请人应向申请人退还已付款345 848元。被申请人抗辩涉案App已经开发完成了98%，且已向公众开放试运行，不应向申请人退还已付款项。仲裁庭认为，申请人向被申请人采购的是一个面向社会公众提供服务的网络软件产品，按合同约定必须验收合格且该产品所有权归申请人，而被申请人现提供的产品在试运行过程中已出现系统故障。即使确如被申请人所称该产品开发程度已达98%，但被申请人在庭审中明确表示，因开发该产品的员工离职，现已无法继续完成开发直至通过验收并交付源代码。在这种情况下，被申请人开发的涉案产品对申请人已无任何实际价值。因此，被申请人应向申请人退还已收款345 848元。

申请人主张的索赔款及罚金，是依据采购合同第十三条第二款、第五款的约定，就被申请人未能交付可通过验收的App的违约行为而主张的违约金。对此，仲裁庭认为，首先，从申请人提交的证据来看，仅能证明涉案App于2017年9月26日试运行时发生问题而被申请人未能解决，监理方向被申请人发出通知书督促，在此之前，未有任何书面文件或其他证据证明被申请人在开发App过程中存在拖延以及申请人提出异议的情形。因此，申请人主张索赔款自2016年3月14日起计算没有依据，仲裁庭不予采纳。其次，申请人主张的索赔款及罚金，均是由被申请人交付的App未能通过试运行及验收这一违约行为引起，申请人就同一违约行为主张两项违约金属于主张重复。因此，仲裁庭综合上述因素，酌定违约金按合同第十三条第五款约定的罚金，即合同总价款的20%计算，被申请人应付申请人的违约金为81 376元（406 880元 × 20%）。

（3）申请人为本案实际支出的律师费为15 000元，该费用为合理费用，根据《仲裁规则》第七十四条第（三）款规定，仲裁庭有权根据当事人的请求在裁决书中裁定败诉方补偿胜诉方因办理案件支出的合理费用（包括律师服务费、保全费、公告费等）。现仲裁庭已裁决支持两申请人的主要仲裁请求，故上述律师费15 000元应由被申请人补偿申请人。至于申请人主张的剩余10 000元律师费，因未能举证证明该费用已实际发生，故仲裁庭不予支持。

技术委托开发合同的委托方签订合同的目的是取得一套可以完全

实现其预期功能的软件，受委托方对此必然有明确的认知。因此，虽然受委托开发的一方前期做了大量工作，但只要最终的成品不合格，不能实现委托方订立合同的目的，受委托方就没有获得约定报酬的权利，否则就是对委托方的不公平。至于合同约定的按工作进度进行分期付款，并非表明只要受委托方的工作进程进行到某个阶段，就不可撤销地获得相应分期款的权益。只要开发工作没有最终完成，委托方的合同目的就未实现。委托方不仅有权收回已支付款项，且有权要求受委托方承担违约责任。

四、律师建议

根据委托方的需求及相应可预见的工作内容和难度，如果受委托方认为最终完成约定的软件开发的难度很大，而委托方又坚持尝试，则此时受委托方为了追求共赢，且避免白白付出劳动却没有任何收获的风险，可以主张双方在合同中约定分阶段付款的同时，另明确约定：即使最终未能完成约定的开发内容，先期支付的款项也不予退回。

五、正确做法

技术委托开发合同属于技术合同，是一种比较特殊的合同类型，我国《合同法》对技术合同设了专门一章进行规定，其中一节主要规定了技术委托开发合同相关的权利义务。可见技术委托开发合同又是一类很重要的经济合同，尤其在我国逐步迈入知识经济社会的今天，这类合同的重要性更加凸显，运用也更加普遍。而企业要在这样的社会中生存和发展，就要学会灵活运用此类合同和相关法律规定，从而做出对自己最为有利的判断和行为。

比如，本案中作为技术开发合同委托方的广州某单位，其委托律师时的想法仅是：鉴于受委托方无法继续履行合同，其希望通过仲裁解除合同，从而无须再履行支付后续款项的合同义务。其当时甚至将追回已付款项当成一种奢望，经过律师解释，其才明白这是他们应有的合法权利。

而对于受委托方北京某科技有限公司而言，经过那么长时间的工作，却在试运营阶段出了人员管理问题而导致合同不能继续履行，实在可惜。此时，受委托方有三种解决方案：（1）可以与此前负责本合同约定的技术开发项目的已辞职员工协商，请其继续完成；（2）可以想办法让该员工交出已有的技术资料，由其他人员继续完成；（3）由其他技术人员从头做起，也比前功尽弃、分文未得，还要赔上20%的违约金和一定数额的律师费要好。

六、法律链接

《合同法》第九十四条　有下列情形之一的，当事人可以解除合同：（一）因不可抗力致使不能实现合同目的；（二）在履行期限届满之前，当事人一方明确表示或者以自己的行为表明不履行主要债务；（三）当事人一方迟延履行主要债务，经催告后在合理期限内仍未履行；（四）当事人一方迟延履行债务或者有其他违约行为致使不能实现合同目的；（五）法律规定的其他情形。

第九十七条　合同解除后，尚未履行的，终止履行；已经履行的，根据履行情况和合同性质，当事人可以要求恢复原状、采取其他补救措施、并有权要求赔偿损失。

第一百零七条　当事人一方不履行合同义务或者履行合同义务不符合约定的，应当承担继续履行、采取补救措施或者赔偿损失等违约责任。

第三百三十二条　委托开发合同的研究开发人应当按照约定制定

和实施研究开发计划；合理使用研究开发经费；按期完成研究开发工作，交付研究开发成果，提供有关的技术资料和必要的技术指导，帮助委托人掌握研究开发成果。

第三百三十四条 研究开发人违反约定造成研究开发工作停滞、延误或者失败的，应当承担违约责任。

七、运营思维

广东省知识经济发展促进会会长、广东省华南知识产权文化促进中心理事长·顾奇志

这是一起涉及未能开发成功的App产品的技术合同纠纷。很显然，这个案件的双方当事人没有一个是赢家。对于技术开发委托人来讲，一个好的创意或商业模式没有被变现成产品，白白浪费了市场机会和时间成本，最后仅仅收回了投入的直接成本，即研发费用。对于技术开发的受托人来讲，更是欲哭无泪，因为开发的产品不合格而被弃用，所收取的开发费用要被收回去，公司白白投入了大量的人力和物力。

互联网产品发展迅猛，产品迭代很快。这个案例告诉我们，不要把鸡蛋放到一个篮子里面，更不要轻易把鸡蛋放到别人的篮子里面。为一个好的互联网商业模式配套的App等软件系统，最好是自己能够建立IT（信息技术）团队进行开发，或者同时委托两家以上的技术服务公司进行开发，取其中效果最佳的一个。当然，这需要产品出品公司具备资金实力。同时，技术开发受托公司没有金刚钻就别揽瓷器活，对所承接的项目要进行筛选，确保能够保证质量，否则自己收不到钱，也耽误了被人的商机。一个好的互联网产品或服务模式千金难买，却因为承载这个模式的App质量不合格而被弃用，实在是“一颗老鼠屎，坏了一锅汤”。

·智慧语录·

在现代经济大潮中，上到国家，下到企业，各主体之间的合作与竞争依靠的核心是技术，而追求的目标就是基于技术而产生的相关权益。而实现该权益，则依赖于对相关合作内容和纠纷解决方式的合同约定和法律规则。

——安艳宾

首席律师　安艳宾

在民商事、知识产权领域有近十年的从业经验，现任国信信扬律师事务所执业律师兼知识产权委员会副主任、华南理工大学法学院广州校友会常务理事、国家版权贸易基地（越秀）维权专家委员会专家委员、广东省知识产权研究会会员、广州市律师协会版权委员会委员。其曾在广东瀛杜律师事务所作为合伙人执业数年，并获该所优秀律师称号。

第二十八章

计算机软件著作权侵权纠纷案 / 李治国、李晓慧

一、案例背景

中国联合网络通信有限公司广东省分公司（以下简称“联通分公司”）是中国联通在广东的分支机构，由中国联通有限公司广东分公司、中国网络通信集团公司广东省分公司成功合并而成，是广东省内经营固定电话、固定网数据传输、国内互联网相关服务等业务的大型国有企业，这些业务的经营需要大量系统软件提供支持。广州华工奕高科技有限公司（以下简称“华工公司”）是一家进行软件开发、硬件生产的高科技公司，自2002年以来，联通分公司和华工公司一直存在软件开发的合作。广东联通集中生产管控系统软件（以下简称“管控系统软件”）即是由联通分公司委托、由华工公司开发、由联通分公司所有的计算机软件。

在信息化产业飞速发展的今日，随着软件产业的不断发展，软件的价值越来越大，计算机软件著作权侵权纠纷也越来越多。但由于计算机软件著作权侵权诉讼证据存在多样性、技术性、脆弱性、隐蔽性等特点，这在一定程度上增加了法院处理和律师代理计算机软件著作

权侵权案件的难度。

二、权利的重点信息

乐网运营商全业务全流程互联网化受理软件V1.0（以下简称“乐网受理软件”）是由广州乐网数码科技有限公司（以下简称“乐网公司”）于2014年2月28日完成开发的，该软件著作权人为乐网公司，首次发表日期为2014年3月15日，权利取得方式为原始取得，2014年7月28日获软著登字第0775510号《计算机软件著作权登记证书》，登记号为2014SR106266。

三、案例解析

乐网公司主张其是涉案软件的著作权人，并已取得《计算机软件著作权登记证书》。联通分公司未经其许可擅自在管控系统软件中使用乐网受理软件的源代码，侵害了其计算机软件著作权，据此乐网公司提起本诉。联通分公司认为乐网公司对诉争软件源代码存在实质性相似无法做出合理解释，是乐网公司构成软件著作权侵权，据此提起反诉。诉讼中，双方确认诉争软件源代码存在实质性相似，双方均有机会接触对方软件。

（一）维权诉求

乐网公司本诉要求联通分公司停止侵权，包括屏蔽、断开相关链接，删除侵权软件等；赔偿经济损失及调查和制止侵权行为而支出的合理费用；在《南方日报》上刊载申明，赔礼道歉。

联通分公司反诉要求乐网公司立即停止对管控系统软件著作权的侵权行为，包括向国家版权保护中心申请撤销乐网受理软件（编号：

软著登字第0775510号）的登记，并删除软件；赔偿损失；赔礼道歉。

（二）本诉及反诉抗辩

联通分公司对乐网公司本诉抗辩的主要观点如下：（1）管控系统软件系其委托华工公司开发，历经需求分析、流程制定、设计、研发、测试、上线、试运行、正式运行等过程才最终完成开发和使用，软件著作权归联通分公司所有；（2）乐网公司通过复制、剽窃、反编译、录截屏等非法方式获取管控系统软件用户界面、文档、源代码、目标代码；（3）乐网公司的员工接触了管控系统软件；（4）乐网受理软件的源代码与管控系统软件的源代码存在实质性相似，乐网公司对软件代码构成实质性相似没有合理解释。

乐网公司对联通分公司反诉抗辩的主要观点为：（1）联通分公司提交的证据不能证明其对乐网受理软件和管控系统软件享有著作权；（2）乐网受理软件是乐网公司于2014年2月28日完成开发、于2014年7月8日获得《计算机软件著作权登记证书》的软件，乐网公司依法对其享有著作权，乐网公司不存在侵权行为。

（三）法院认定与结果

在计算机软件侵权纠纷案件审理中，“实质性相似+接触+排除合理解释”是普遍适用的侵权判断规则，即在原告、被告计算机软件实质性相似，且被告接触过原告软件的情形下，如果被告不能对实质性相似提供合理解释，则应当认定被告构成侵权。就本案来说，原被告双方均主张对方侵权，均认同乐网受理软件中的“集中受理系统”源代码与管控系统软件的部分源代码构成实质性相似，且均具备接触对方软件的条件。因此，双方能否通过合理解释证明自己享有诉争源代码的著作权是本案处理的核心。案中双方是否拥有诉争源代码的著作权的合理解释可以从以下几个方面进行考虑。

（1）持有诉争源代码的时间。谁最先拥有诉争源代码，谁就更可能是诉争源代码的权利人。本案中，乐网公司声称其持有的诉争源代码为2013年8月开始开发，到2014年2月开发完成，但乐网公司无法提供诉争源代码的开发建档日志。乐网公司可用于证明自己拥有诉争源代码的时间为其《计算机软件著作权证书》的登记时间，即证书落款时间2014年7月28日。联通分公司递交其软件在SVN（开放源代码的版本控制系统）服务器上的建档日志，开发完成软件的建档日期为2013年11月22日。联通分公司拥有诉争源代码的时间早于乐网公司的时间。

（2）诉争源代码所反映的信息。基于计算机软件的特性，其源代码通常会含有权利人的个性化要素。联通分公司的管控系统软件因其个性化的要求必然包含大量联通分公司的个性化要素，如"hg"（接受联通分公司委托开发的委托方华工公司的简称）、"lxj"（替华工公司开发系统的人员刘新甲的简称）、"联通集中受理后台"等。同时，乐网公司"集中受理系统"的源代码中也包含大量上述个性化要素，且存在反编译特征，但乐网公司没有给出合理解释。

（3）软件的开发过程及人员。一个软件的开发通常要历经需求分析、流程制定、设计、研发、测试、上线、试运行、正式运行等过程，才能最终完成开发和使用。本案中，联通分公司的管控系统软件是其委托华工公司开发，具有软件开发的流程记录。而乐网公司并未接受任何委托开发"集中受理系统"，没有开发需求，也没有投入运行。乐网公司表示其是基于市场预判而做出的开发决定，但这种基于市场预判做出的开发决定并不符合常理。

（4）徐子晋将乐网公司所开发的"集中受理系统"软件部署在联通分公司服务器上的原因。乐网公司解释徐子晋将乐网公司所开发的"集中受理系统"部署在联通分公司的服务器上是基于联通分公司对"集中受理系统"的采购意向。但徐子晋与联通分公司员工的相关电子邮件及邮件落款“徐子晋 华工公司”可证明，其一直是以华工公司员工的身份参与“助销系统”软件开发，而并非“集中受理系统”。乐网公司仅以徐子晋使用的是乐网公司邮箱，就主张联通分公司应知其系代表乐网公司开发相关软件，显然不能成立，且仅凭虚构的采购意向就自主开发、改进软件，承担如此巨大的商业风险显然有悖常理。

如此，一审、二审法院综合了上述情形，认为在没有相反证明的情况下，可以推定联通分公司是诉争源代码的著作权人。

四、律师分析

本案疑难复杂，材料几万页，难点、焦点近十个，时间前后跨越三年有余，历经一审、二审，一次证据保全、一次勘验、三次开庭、多次询问回复，最终联通分公司反诉成功，乐网公司本诉败诉。软件著作权侵权案件具有较强的技术专业性，广州知识产权法院为查清该案事实，首次在全国法院系统指派技术调查官出庭参与庭审，因而本案成为我国首例技术调查官参与庭审的知识产权纠纷案件，广东《南方日报》对此予以报道。本案终审后，《中国知识产权报》、广州知识产权法院、广东省高级人民法院均通过不同的形式对该案予以解读、报道，可见其社会影响之大。

本案最大的难点是，如何合理解释诉争软件的著作权归属。本案联通分公司代理律师为此做了大量工作，主要表现在以下几个方面：（1）对比审查诉争源代码、操作系统说明书、软件测试报告、建档日志、开发需求申请及附件等证据资料；（2）找出源代码所显示的开发时间点、特定信息、个性化特征、反编译痕迹等细节信息；（3）抽丝剥茧地梳理软件开发人员证人证言的逻辑关系；（4）理清双方各项证据资料的潜在信息；（5）准确把握软件著作权侵权裁判规则及背后的法理；（6）准确表达代理意见、质证意见、说明、回复。在联通分公司代理律师的努力下，本案两级法院充分采纳了联通分公司代理律师的代理意见。

五、正确做法

本案焦点体现为软件权属的确认。虽然软件登记能够初步确认权属，但如有相反证据则能够推翻。在代理类似案件时，代理律师首先不能迷信软件登记，其次务必仔细调查、严谨分析、合理怀疑。任何一个软件的开发都必须经历一系列的流程，这些流程一般包括需求提出、需求分析、流程制定、设计、代码编写及存储、测试、上线、试运行、正式运行、后期改进等。代理律师抓住了软件开发流程的所有环节并调取了相应的证据，则软件权属自然能够确认。本案联通分公司能够胜诉主要得益于这种代理思路，以及根源于这种思路的努力和行动。

六、法律链接

（一）《计算机软件保护条例》

第七条第一款　软件著作权人可以向国务院著作权行政管理部门认定的软件登记机构办理登记。软件登记机构发放的登记证明文件是登记事项的初步证明。

第九条　软件著作权属于软件开发者，本条例另有规定的除外。如无相反证明，在软件上署名的自然人、法人或者其他组织为开发者。

第二十三条　除《中华人民共和国著作权法》或者本条例另有规定外，有下列侵权行为的，应当根据情况，承担停止侵害、消除影响、赔礼道歉、赔偿损失等民事责任：（一）未经软件著作权人许可，发表或者登记其软件的；（二）将他人软件作为自己的软件发表或者登记的；（三）未经合作者许可，将与他人合作开发的软件作为自己单独完成的软件发表或者登记的；（四）在他人软件上署名或者更改他人软件上的署名的；（五）未经软件著作权人许可，修改、翻译其软件的；（六）其他侵犯软件著作权的行为。

（二）《著作权法》

第四十九条 侵犯著作权或者与著作权有关的权利的，侵权人应当按照权利人的实际损失给予赔偿；实际损失难以计算的，可以按照侵权人的违法所得给予赔偿。赔偿数额还应当包括权利人为制止侵权行为所支付的合理开支。权利人的实际损失或者侵权人的违法所得不能确定的，由人民法院根据侵权行为的情节，判决给予五十万元以下的赔偿。

（三）《最高人民法院关于适用〈中华人民共和国民事诉讼法〉的解释》

第九十条 当事人对自己提出的诉讼请求所依据的事实或者反驳对方诉讼请求所依据的事实，应当提供证据加以证明，但法律另有规定的除外。在作出判决前，当事人未能提供证据或者证据不足以证明其事实主张的，由负有举证证明责任的当事人承担不利的后果。

第一百零八条 对负有举证证明责任的当事人提供的证据，人民法院经审查并结合相关事实，确信待证事实的存在具有高度可能性的，应当认定该事实存在。对一方当事人为反驳负有举证证明责任的当事人所主张事实而提供的证据，人民法院经审查并结合相关事实，认为待证事实真伪不明的，应当认定该事实不存在。法律对于待证事实所应达到的证明标准另有规定的，从其规定。

（四）《最高人民法院关于民事诉讼证据的若干规定》

第二条 当事人对自己提出的诉讼请求所依据的事实或者反驳对

方诉讼请求所依据的事实有责任提供证据加以证明。没有证据或者证据不足以证明当事人的事实主张的，由负有举证责任的当事人承担不利后果。

七、运营思维

资深专利代理师、广州三环专利商标代理有限公司副总经理·颜希文

本案是计算机软件著作权侵权纠纷领域下通过反诉确认著作权权属的案件。本案中，原被告软著实质性相似、原被告双方皆有接触涉案著作权的机会，但在合理解释方面，原告未能提供合理的解释，而被告在源代码时间、信息、开发过程和人员等方面可以给出充分的证明，在没有相反证据的情况下，可以推定被告为源代码的著作权人。著作权由作品创作活动而产生，一旦作品产生便发生著作权而无须履行一定手续。然而，在实际法院认定过程中，若被诉方不能拿出证据证明作品为自己独创，而原诉对作品申请了著作权登记，被诉方就会处于十分被动的境地。本案是全国首例指派技术调查官参与的知识产权纠纷案，技术调查官可以更加准确地判断软著的相似性及其中隐含的信息线索。同样，这类案件对代理律师在本领域的专业性要求也较大。

广东省知识经济发展促进会会长、广东省华南知识产权文化促进中心理事长·顾奇志

这个案例似乎有点“贼喊捉贼”的意味，某公司将他人软件作品抢先登记从而获得所谓的“著作权”，并企图通过维权获利却最终失败。当然，出于篇幅问题，本案还有大量的细节未能获悉，是否另有内情我们不得而知。不过，通过这个案件我们可以更加清晰地认识到，拥有作品版权登记证并非一定能够确定作品版权的归属问题。对相关作品进行了版权登记的相关人员并不一定是作者；相反，没有对相关作品进行版权登记的相关人员倒不一定不是作者。

如此说来，本案岂不是证明版权登记没有意义？当然不是。因为本案正说明进行版权登记不一定有效果，但不进行版权登记则有可能产生麻烦。假如本案的被告，即反诉案件的原告在其软件作品完成之时，第一时间就进行了版权（软件著作权）登记，那我想这个案件肯定不会拖那么久。正所谓：商场真如战场，金戈声声频传，害人之心可无，防人之心可有。权利早日确定，建立巩固长城，宵小铩羽自退，笑看枉费心机。

首席律师　李治国

相关介绍见第二十二章。

编撰律师　李晓慧

第二十九章

商标权的归属能否直接推断出著作权的归属 / 陈卫

一、案例背景

本案是商标权与著作权区分的典型案例，商标权和著作权是两种性质不同的权利，能否由商标权的归属直接推断出著作权的归属是本案争议的焦点。

原告方有隆有限公司（以下简称“方有隆公司”）是“MAE PLOY”“MAE PLOY及图”商标的持有人，该图形是自行创作而成，通过精心设计并加以艺术化，因此原告依法拥有著作权。被告大量复制原告的图形，并使用在其生产及销售的调味品产品上，这一行为侵犯了原告著作权中的复制权和发行权，因此被告应当承担相应的赔偿责任。

二、权利的重点信息

涉案版权名称为“MAE PLOY”（申请号：252198），作品类型为艺术作品，作品图样为“”，版权所有者为泰国方有隆有限公司，该作品于1997年9月22日在泰国创作完成，于2011年1月19日向泰国申请著作权登记，于2011年2月17日登记成功。

三、案例解析

方有隆公司在市场上发现有侵犯其“MAE PLOY及图”，即“”图案著作权的调味品，生产商是台山华盛食品有限公司（以下简称“被告一”），委托生产商广州辰溢轩贸易有限公司（“被告二”）、销售商为广州市白云区松洲天新副食行（“被告三”）。侵权产品上的商标为被告一的法定代表人兼股东曾宇航分别于2006年、2009年和2010年申请注册的三个商标。原告遂向广州市白云区法院起诉三被告。

一审法院根据原告提交的“MAE PLOY及图”的版权登记证明和版权通知证明（2011年1月19日向泰国申请著作权登记，2011年2月17日登记成功），以及商评委于2013年和2014年出具的商标异议复审裁定书和商标争议裁定书，依法驳回了其商标申请并撤销了案外人曾宇航已经抢注的三个商标，即涉案商标和相关被控侵权的证据。法院依法做出判决：（1）被告一、二立即停止生产销售侵权产品，并在判决生效三日内销毁库存侵权产品和宣传册；（2）被告三立即停止销售侵权产品，并在判决生效三日内销毁库存侵权产品和宣传册；（3）被告一、二共同赔偿原告合理费用3.5万元；（4）被告三赔偿原告合理费用5 000元。

三被告不服一审判决而上诉至广州知识产权法院。二审法院开庭前，案外人曾宇航的三个涉案商标经行政诉讼两级人民法院审理，均维持了商评委的决定，即撤销三个涉案商标。二审法院经审理后判决驳回上诉，维持原判。

后三被告向广东省高级人民法院申请再审。再审法院驳回了三被告的再审申请。

（一）维权诉求

（1）判令三被告停止侵犯原告的“MAE PLOY及图”图案的著作权。

（2）判令被告一、二立即停止生产、销售、许诺销售含有“MAE PLOY及图”图案的产品并立即销毁侵权产品及其宣传资料，被告三立即停止销售、许诺销售含有“MAE PLOY及图”图案的产品并立即销毁侵权产品及其宣传资料。

（3）判令三被告共同赔偿原告损失50万元，并承担本案的诉讼费。

（二）对方抗辩

三被告申请再审称。第一，方有隆公司并无充分证据证明其享有在先著作权。其据以主张著作权的第252198号图片并非《著作权法》所规定的作品，仅仅是商品图片，对应的也仅是图片“”，一、二审法院适用《实施国际著作权条约的规定》第六条第一款并认定其对“MAE PLOY及图片”享有著作权和商标著作权有误。而且，北京市高级人民法院做出的生效判决已经认定方有隆公司不能证明其对涉案作品享有著作权。第二，再审申请人取得合法授权的商标权申请日、核准注册时间均先于方有隆公司的著作权申请日和取得时间，依法享有相关商标权。再审申请人基于对国家权威机关核发证件的信赖利益所行使的权利应得到法律的保护，一、二审法院仍然判决再审申请人承担赔偿责任，并且没有考虑公证费等费用在各案中的分摊，缺乏法律依据。第三，本案相关商标权的商标权人曾宇航是必须参加诉讼的当事人，一、二审法院均未依职权追加其参加诉讼，程序有误。

（三）法院认定

法院认为本案系侵害作品复制权纠纷。本案当事人的争议焦点为：（1）方有隆公司是否享有涉案作品的著作权；（2）一审法院酌定的合理维权费用是否合理；（3）本案是否需要追加案外人曾宇航为当事人。

1. 关于方有隆公司是否享有涉案作品的著作权的问题

法院认为，方有隆公司享有“”作品的在先著作权，依法应受我国《著作权法》的保护。具体分析如下。

首先，《著作权法》第二条第二款规定：“外国人、无国籍人的作品根据其作者所属国或者经常居住地国同中国签订的协议或者共同参加的国际条约享有的著作权，受本法保护。”中国与泰国均系伯尔尼公约成员国，方有隆公司作为泰国公司，其作品应当受我国《著作权法》的保护。虽然著作权与商标权分属不同性质的权利，一般不因商标权人享有注册商标即直接推定其亦享有该图形的著作权，但方有隆公司提交的前述证据已经尽到了初步举证责任，三再审申请人并未能提交相反证据证明“”图形的著作权人另有其人。因此，通过前述对“”图形登记的著作权人及著作权取得时间的分析可知，方有隆公司在本案中提交的证据足以证明其享有“”作品的在先著作权。

其次，《实施国际著作权条约的规定》第六条规定：“对外国实用艺术作品的保护期，为自该作品完成起二十五年。美术作品（包括动画形象设计）用于工业制品的，不适用前款规定。”三再审申请人据此申诉称涉案作品保护期的确定应当适用该条第二款规定，从而主张对涉案作品不予保护。本院认为，该条涉及的是外国实用艺术作品的保护期问题。其中，第二款规定是指对用于工业制品的美术作品的保护期不适用第一款规定的二十五年，而应按普通美术作品确定保护期，并非指不应予以保护。故三再审申请人据此主张不对涉案作品进行保护不能成立。

2. 关于一审法院酌定合理维权费用是否合理的问题

首先，关于三再审申请人申诉称其基于对国家机关核发证件的信赖行使权利的问题，涉案作品系需要通过智力创造的独创性图形，案外人曾宇航在该作品使用多年之后才先后申请注册了第5550106号、第7550445号、第8107729号商标，且未能证明该商标系其独立创作，从主观意图上来看曾宇航并不具有善意。前述三商标也已因与方有隆公司相关图形标识构成实质性相似而被国家工商行政管理总局商评委撤销。因此，三再审申请人关于其实施被诉行为是基于对国家机关核发证件的信赖、不应赔偿相关合理费用的申诉理由不能成立。

其次，方有隆公司虽未提交合理费用的相关证据，但其在本案中确有公证取证、翻译、认证行为，也有律师出庭诉讼，且方有隆公司的部分诉讼请求得到了支持，故一、二审法院酌定被告一、二共同赔偿方有隆公司合理费用35 000元、被告三赔偿方有隆公司合理费用5 000元，并无不当。三再审申请人关于本案相关证据并非为本案诉讼而准备及一、二审法院确定的合理费用过高的申诉理由不能成立。

3. 关于本案是否需要追加案外人曾宇航为当事人的问题

三再审申请人申请认为本案不追加案外人曾宇航参加诉讼将损害其权益，但本案是侵害著作权纠纷，三再审申请人实施的被诉侵权行为是否侵害方有隆公司享有的涉案著作权与案外人曾宇航是否享有其商标权并无直接关系。而且，曾宇航系本案再审申请人之一华盛公司的法定代表人，对本案理应知情，若其认为本案的审理有可能使其合法权利受到影响，可向法院申请参加诉讼，但其并未主动提出申请。因此，曾宇航并非本案的必要共同诉讼人，不属于人民法院须依职权追加当事人的情形。三再审申请人在一、二审中亦从未申请追加曾宇航为本案诉讼参与人。因此，三再审申请人关于一、二审法院遗漏必要共同诉讼人、应当依职权追加的申诉理由不能成立。

四、律师分析

本案难点在于：

（1）著作权与商标权分属不同性质的权利，一般不因商标权人享有注册商标即直接推定其亦享有该图形的著作权。

（2）《实施国际著作权条约的规定》第六条规定：“对外国实用艺术作品的保护期，为自该作品完成起二十五年。美术作品（包括动画形象设计）用于工业制品的，不适用前款规定。”根据该条第二款规定，涉案作品是否应当予以保护。

（3）关于本案是否需要追加案外人曾宇航为当事人的问题。

（4）在广东省高级人民法院与北京市高级人民法院的判决意见可能冲突的情况下，广东省高级人民法院是否会直接认可生效判决。

五、正确做法

商标权和著作权是两种性质不同的权利，不能由商标权的归属直接推断出著作权的归属。本案是商标权与著作权区分的典型案例，能否由商标权的归属直接推断出著作权的归属是本案争议的焦点。

例如，本案中：（1）原告依法享有涉案商标的在先著作权；（2）曾宇航申请和注册的校袭原告作品著作权的三个商称（包括第755044号、第8107729号和第5550106号）已经全部被商评委裁定撤销或驳回申请，商标自始无效；（3）北京市高级人民法院（2016）京行终656-658号行政判决认定的基础是商标权问题，与本案审理范围不一致；（4）方有隆公司在原审主张146 000元，原审已考虑到其他行政诉讼中可能涉及的情况，只是部分支持了该公司合理费用的支出，费用合理；（5）方有隆公司在原审明确其在本案中主张保护的是图片的复制权、发行权，并且提供了相关的证据予以证实。方有隆公司在原审起诉三被告侵害其涉案作品的复制权、发行权，而不涉及其与案外人曾宇航的商标权权属争议，曾宇航不是必须参加诉讼的当事人，原审审理程序合法。

一般情况下，生效判决是可以直接认可的，但是广州知识产权法院以及广东省高级人民法院却没有机械地适用这一规定，尤其是北京市高级人民法院的判决。在两个高院的判决意见可能冲突的情况下，法院还是需要根据法律以及相关司法解释来确定著作权的归属，而不是机械地根据在先的生效判决确定归属。

六、法律链接

《中华人民共和国涉外民事关系法律适用法》第五十条。

《民事诉讼法》第四条、第二十八条、第六十四条、第一百三十条。

《中华人民共和国民法通则》第一百三十四条第一款第（一）项。

《专利法》（2000年）第十一条。

《著作权法》第二条第二款，第三条第（四）项，第十条第（五）项、第（六）项，第四十七条第（十一）项。

《实施国际著作权条约的规定》第一条、第三条、第六条第一款。

七、运营思维

香港动漫画协会会长·郭夏方

本人对案件有不同的看法，如下：（1）商标侵权已经是事实，按照商标侵权法判决既可；（2）被告一是出品方，被告二是生产方，被告三是销售商，从法律的精神来看，我认为被告二和被告三与本案是没有关系的；（3）涉嫌的是商标侵权，只要把包装盒、宣传册（印有侵权商标的）销毁即可，不应该把库存的产品销毁。

首席律师 陈卫

现任广东粤高律师事务所主任，具有律师、专利代理师、商标代理人资格。其将擅长的知识产权诉讼思想和策略贯彻于专利代理中，在专利诉讼及无效领域享有盛名。其服务的客户包括世界500强企业、上市公司、高等院校、科研院所等，代理的案件多次获评最高人民法院等各级法院及国家专利复审委员会的年度典型案例。

第三十章

“张海山锐谐体”字体著作权侵权案 / 李宝刚

一、案例背景

近年来，随着文化产业的发展，不管是传统媒体、自媒体还是广告设计、品牌建设等，都越来越多地需要有设计感的字体来提升气质，由此催生了大量字体的诞生。张海山为自由创作设计师，根据自身对文字的理解，经过多番修改、美化完成了“张海山锐谐体”字体。自推出市场后，“张海山锐谐体”迅速成为时下热门字体，被电视台、大型企业等广泛使用，普遍获得了良好的广告视觉效应。

个别企业基于宣传广告或者社交媒体需要，为了一己私利擅自盗用“张海山锐谐体”字体，给权利人造成较大经济损失，正版字体授权使用者逐渐减少。看到满大街的广告招牌、社交媒体盗用“张海山锐谐体”字体，为了维护正版市场，权利人走上了诉讼维权道路。

二、权利的重点信息

张海山是美术作品“张海山锐谐体”字体的权利人，该作品于

2011年12月1日创作完成，并于广东省版权局进行登记，登记号为粤作登字-2015-F-00002492，登记作品类型为美术作品，著作权人为张海山。

三、案例解析

张海山是中国专门从事研究开发和销售数字化中文字体的字体设计师，并于2011年12月1日创作完成了美术作品“张海山锐谐体”，同期首次发表。张海山对该美术作品依法享有著作权，该作品获得作品登记证书，登记号为粤作登字-2015-F-00002492。

张海山于2017年9月28日发现中国联通中山分公司在其微信公众号发布的相关文章中使用了“张海山锐谐体”七个单字，认为中国联通中山分公司在没有得到授权的情况下，就基于商业目的擅自使用享有著作权的“张海山锐谐体”，已侵犯了张海山的著作权权利。

（一）维权诉求

张海山通过诉讼要求中国联通中山分公司停止侵权，并赔偿经济损失和承担维权支出。

（二）对方抗辩

中国联通中山分公司在收到诉讼材料后，提出以下抗辩意见：（1）有关单字并不属于美术作品，有关文字属于中国文字，属于公有领域的范围，张海山无权禁止他人使用。（2）被诉文字的字体与张海山主张权利的“张海山锐谐体”的字体不一致，被诉字体与“张海山锐谐体”相比更加圆润、柔和，张海山主张权利的字体更为尖锐。（3）被诉文字字数少、字体体积小，阅读者关注度较低，被控侵权广告的投放时间较短、阅读量低，被诉公众号并未因被诉字体而获益。

（三）法院认定

对于中国联通中山分公司在微信公众号发布的文章中使用“张海山锐谐体”的行为，一审法院认为：在本案审理过程中，张海山已经明确其所主张权利的作品为“张海山锐谐体”字库中的七个单字，其性质为美术作品。《著作权法实施条例》第四条第八项规定：“美术作品，是指绘画、书法、雕塑等以线条、色彩或者其他方式构成的有审美意义的平面或者立体的造型艺术作品。”《最高人民法院关于审理著作权民事纠纷案件适用法律若干问题的解释》第七条第一款规定：“当事人提供的涉及著作权的底稿、原件、合法出版物、著作权登记证书、认证机构出具的证明、取得权利的合同等的时候，可以作为证据。”虽然张海山已向本院提交了其所主张的作品的著作权登记证书，但由于我国的著作权登记并不进行实质审查，所以本院仍需对其所主张的作品是否具有美术作品所要求的最低限度的创作高度进行审查。作品认定为美术作品必须具备一定的艺术创作高度，其创作高度至少应使一般公众足以将其看作艺术品。从本案张海山主张权利的七个单字来看，其设计较为简单、独创性不高，不具备美术作品应当具备的艺术高度，不能认定为美术作品。此外，鉴于汉字具有表达思想、传递信息的功能，而联通中山分公司在其运营的微信公众号中使用上述汉字是对其表达思想、传递信息等功能的使用，所以无论前述单字是否属于《著作权法》意义上的美术作品，张海山均不能禁止他人正当使用汉字来表达一定的思想、传达一定的信息的权利。因此，本院认为，联通中山分公司在其运营的微信公众号中使用上述单字并不侵犯张海山的相关权利，故本院对张海山的诉讼请求不予支持。张海山在一审判决后提起上诉。

（四）判决情况

二审法院认为，关于涉案字体是否构成作品的问题，主要取决于其是否具备独创性。只要字体表达与公有领域的表达相区分，且与公有领域的表达存在可以被客观识别的差异，达到相应的审美意义，则可以认定该表达具有独创性并构成受《著作权法》保护的作品。字体库中每一个单字的最终定型，都是设计人员依主观审美进行创意、取舍的结果，即使字体风格统一也不影响单字的独创性。本案中，“张海山锐谐体”字体全部以直线与直线切角组成，棱角分明、笔画粗细基本相同、比例协调、方正饱满，这表明张海山在设计时已经加入了自己的独立性创作，能给人以美的感受，因此其应为美术作品。一审法院对此认定有误，本院予以纠正，进而认定了中国联通中山分公司的侵权行为，其需承担赔偿责任。

四、律师分析

本案的难点在于，张海山创作的“张海山锐谐体”的单个字体是否属于我国《著作权法》规定的美术作品。

美术字是经过加工、美化、装饰而形成的文字，是运用装饰手法美化文字的一种书写艺术。美术字看似简单且易于复制，但是设计一款具有创意并符合审美意义的美术字远非想象中那么容易。在现有上百种汉字美术字的基础上设计一款富有美感并被大众接受的美术字，就要求设计者具备一定的书法、美学、平面设计及相关学科的知识和修养。

我国《著作权法实施条例》第二条对“作品”有明确的定义，即《著作权法》所称作品，是指文学、艺术和科学领域内具有独创性并能以某种有形形式复制的智力成果。第四条第（八）项规定：美术作品，是指绘画、书法、雕塑等以线条、色彩或者其他方式构成的有审美意义的平面或立体的造型艺术作品。涉案字库中的单字若能成为受《著作权法》保护的美术作品，就应当符合上述法律规定的构成要件，即具有独创性，并能以某种有形形式复制，是具有审美意义的平面造型艺术。

如果“张海山锐谐体”的单个字体要成为《著作权法》保护的作品的话，关键在于该作品是否具有独创性。至于独创性应如何体现“张海山锐谐体”与公有领域的作品具有不同之处，需要根据该作品是否具有普通人能够识别的差异来判断。那么，文字表达如何体现个性除了要考虑作者的创作能力以外，还需要结合文字本身。由于文字的笔画有多有少，笔画过于简单的字创作空间有限，就算不同的人独立创作完成，其表达的方式也是有限的，致使作品相似度非常高，这类作品要是受到著作权保护的话，将对汉字的正常使用产生不利影响。因此，这类作品应当认定其不具有独创性，不应受到保护。而当文字笔画较多、较为复杂时，作者创作空间很大，表达方式可以多样化，容易产生个性，完全独立创作却相同的作品几乎不可能出现，这类作品符合独创性，应当获得保护。依据上述分析，本案单个字的笔画特征与公有领域中的其他现有美术字体相比具有明显的个性特征，即棱角分明、比例优美，字体全部以直线与直线切角组成，体现了一定的独创性，并且具有一定的审美意义，能够独立构成美术作品。

一审法院认为，“张海山锐谐体”单个字体独创性不高，不能认定为美术作品，并且无论前述单字是否属于《著作权法》意义上的美术作品，张海山均不能禁止他人正当使用汉字来表达一定思想、传达一定的信息的权利。而二审法院则采信了代理律师的意见，认为“张海山锐谐体”字体全部以直线与直线切角组成，棱角分明、笔画粗细基本相同、比例协调、方正饱满，表明张海山在设计时已经加入了自己的独立性创作，能给人以美的感受，因此其应为美术作品。最后，二审法院认定中国联通中山分公司的使用行为构成侵权。

五、正确做法

自方正字体起诉暴雪公司、宝洁公司侵权案件以来，单个字体是否享有著作权一直存在较大争论，各地法院判决的尺度不一，有些法院予以保护，有些法院却不予支持，这就需要具体案件具体分析。在法院没有形成统一审判意见的情况下，该类案件主要的争议点还是在独创性问题上。我们首先要从单个字体的独创性进行描述说明，展示单字的设计特点，以及其与公有领域的作品相比体现出的个性，同时结合《著作权法》关于美术作品的相关规定以及著作权登记证书来证明我们的权利。

六、法律链接

（一）《著作权法实施条例》

第二条 著作权法所称作品，是指文学、艺术和科学领域内具有独创性并能以某种有形形式复制的智力成果。

第四条第（八）项 美术作品，是指绘画、书法、雕塑等以线条、色彩或者其他方式构成的有审美意义的平面或立体的造型艺术作品。涉案字库中的单字若能成为受著作权法保护的美术作品，就应当符合上述法律规定的构成要件。即具有独创性，并能以某种有形形式复制；具有审美意义的平面造型艺术。

（二）《最高人民法院关于审理著作权民事纠纷案件适用法律若干问题的解释》

第七条 当事人提供的涉及著作权的底稿、原件、合法出版物、著作权登记证书、认证机构出具的证明、取得权利的合同等，可以作为证据。

（三）《著作权法》

第四十九条　侵犯著作权或者与著作权有关的权利的，侵权人应当按照权利人的实际损失给予赔偿；实际损失难以计算的，可以按照侵权人的违法所得给予赔偿。赔偿数额还应当包括权利人为制止侵权行为所支付的合理开支。权利人的实际损失或者侵权人的违法所得不能确定的，由人民法院根据侵权行为的情节，判决给予五十万元以下的赔偿。

七、风险防范

一种字体的诞生体现了设计师的心血结晶。在字体最终形成后，设计师需保留设计手稿，同时应当及时进行版权登记，让作品获得机关单位及有关部门的证明。另外，现在字体的首发往往是通过网站或者自媒体，设计师在发表时务必注明作者信息、权利声明以及侵权责任等提醒信息，防止他人窃取或成为他人侵权的免责事由，设计师应保留相关发表证据，为日后维权打下坚实的基础。

八、运营思维

广东省知识经济发展促进会会长、广东省华南知识产权文化促进中心理事长 · 顾奇志

本案中，字体设计师因为其设计的字体被侵权而提起诉讼，最终获得法院支持，这表明我国知识产权保护力度在不断加大，即使是在微信公众号中使用了未经授权字体的少量文字也会被判侵权。该案件提醒所有的字体使用者，在任何场合使用未经授权的字体都有可能构成使用侵权。因此，使用者一定要始终坚守尊重知识产权的工作操守，

坚持“未经许可则禁用”的原则，而不能怀着侥幸心理。

当然，对于字体设计师来讲，创造出一种受到广泛欢迎的字体的目的一定不是禁止别人使用，而是希望大家有偿使用。但在实际操作中，确实存在相关字体使用者在使用字体的过程中没有通道跟字体设计师或者权利人沟通并获得合法授权。书法艺术是中国文字最具魅力的地方之一，是中国文字与外国文字的根本区别所在。市场有大量需求却没有合法授权通道，作者想进行市场运营却找不到需求者。如果能够建立这种畅通的渠道，那么这有利于减少纠纷。因此，尽快建立字体管理组织或者运营企业，通过字体授权平台对有需求的企事业单位或者个人进行授权，收取适当的费用并分配给作者，是一个值得考虑的商业模式。

首席律师　李宝刚

北京德和衡（广州）律师事务所知识产权法律业务中心主任，于2011年开始从事知识产权工作，专注于知识产权领域的法律事务，特别主办著作权批量诉讼案件业务，目前累计已处理2 000多宗知识产权案件，侵权诉讼经验十分丰富。其中，以协商、沟通方式促成著作权侵权纠纷案件当事人和解的比例将近30%，获得客户高度认可。其长期代理上海富昱特图像技术有限公司摄影作品著作权维权系列案、汉华易美（天津）图像技术有限公司摄影作品著作权维权系列案、字体设计师张海山字体维权系列案、广州城北信息科技有限公司计算机软件维权系列案等。

第三十一章

高考数学试题解析能否获得《著作权法》保护？ /赵俊杰、陈嘉雯

一、案例背景

市面上有一些线上教育机构在网络平台上以学生为服务对象，提供在线题库服务。网站收录中小学生平时的作业题和全国各地的中高考及模拟试题，并聘请教师针对各科目的作业题和全国各地的中高考及模拟考试试题进行解析。这些教育机构通常会与聘请的教师约定由教育机构拥有试题解析的财产性著作权利，并约定试题解析独家使用，不得擅自外传。但在实践中，试题解析常被他人共享在一些提供网络服务的平台上，因此常引发纠纷。试题解析能否成为作品从而受到《著作权法》的保护，以及对提供网络服务的平台责任的认定，通常是这类案子的争议焦点。

二、权利的重点信息

作品名称：2017年高考试题解析1——全国卷Ⅰ、Ⅱ、Ⅲ、文科数学。

权利证书：粤作登字-2017-L-00001637号作品登记证书。

登记日期：2017年9月7日。

作品类型：L其他作品。

作者：张金传。

版权人：深圳市菁优智慧教育股份有限公司。

首次发表时间：2017年6月9日。

三、案例解析

（一）案例具体情况

2014年3月至4月，深圳市菁优网络科技有限公司（以下简称“菁优公司”）分别与张某、孙某等八人签订《菁优网合作协议》，约定菁优公司委托其进行试题分析、解答、点评及相关资料的编写工作，双方合作内容所产生的著作权全部归菁优公司所有。2015年8月27日，菁优公司变更企业名称为深圳市菁优智慧教育股份有限公司。

2017年8月31日，www.docin.com网站上提供了名为“2017年全国统一高考数学试卷（文科）（新课标Ⅰ）”的文档下载，下载该文档需支付10豆元（1豆元等于1元）。经比对，原告的文档与从www.docin.com网站上下载的名为“2017年全国统一高考数学试卷（文科）（新课标Ⅰ）”的文档内容相同，均包括“2017年全国统一高考数学试卷（文科）（新课标Ⅰ）”的试题、考点、专题、分析、解答以及点评等内容。经查，www.docin.com网站的主办单位为被告。

（二）知识产权方的维权内容或者诉求

原告请求法院判令：

（1）豆丁公司的行为侵犯菁优公司享有著作权的试题作品；

（2）豆丁公司立即停止侵权使用菁优公司享有著作权的试题作

品，并将菁优公司作品从豆丁公司经营的网站移除；

（3）豆丁公司向菁优公司公开赔礼致歉；

（4）豆丁公司赔偿菁优公司经济损失10 000元；

（5）豆丁公司承担本案的诉讼费、公证费1 000元，以及律师费、交通费等合理费用。

（三）我方抗辩

第一，我国《著作权法》所称的作品，是指文学、艺术和科学领域内具有独创性并能以某种有形形式复制的智力成果。只有具有一定创作高度的智力成果才可以成为《著作权法》的保护对象，且《著作权法》保护的是思想的表达，而不是思想本身。在本案中，菁优公司主张的试题解析主要由数学符号、字母、数字、简短文字（数学领域特有名词）构成，形式简短，解题方法也仅是常规的解题思路，并无独创性，不能受到《著作权法》的保护。

第二，涉案文档由用户“一品江山”上传至豆丁网，豆丁公司仅从上传用户处收取一定比例的服务费，性质是网络服务费，并非收益分成。而且，豆丁网采取通知加删除的模式，接到起诉状后立即屏蔽涉嫌侵权文档，冻结上传者账户，使上传者因涉嫌侵权文档所获得的收益不能兑现，豆丁公司也不会就该文档获得任何收益。豆丁网作为网络服务提供者提供信息存储空间服务，已尽到合理注意义务，不构成侵权，无须承担赔偿责任。

（四）法院认定

一审法院认为：涉案“2017年全国统一高考数学试卷（文科）（新课标Ⅰ）”文档凝聚了创作人对高考试卷的理解、考点归纳、分析、解答及点评，具有独创性，系文学、艺术和科学领域内具有独创性并能以某种有形形式复制的智力成果，构成《著作权法》所称的作品。

被告未经菁优公司许可在其经营管理的www.docin.com网站上提供涉案作品的下载服务，使公众可以在其个人选定的时间和地点获得涉案作品，其行为已经侵犯了菁优公司享有的信息网络传播权，依法应当承担停止侵权和赔偿损失的法律责任。

二审法院认为：我国《著作权法》规定，《著作权法》所称作品，是指文学、艺术和科学领域内具有独创性并能以某种有形形式复制的智力成果。受《著作权法》保护的作品必须具有独创性，以及《著作权法》只保护表达，不保护思想，是《著作权法》的基本原理。如果一种思想实际上只有一种或者非常有限的几种表达，那么保护表达同样会产生思想垄断的后果。在这种情况下，思想与表达已经不可分，这种有限的表达也被视为思想，从而不能受到保护。“2017年全国统一高考数学试卷（文科）（新课标Ⅰ）”文档的1～6页为2017年全国统一高考数学试卷，即当年高考数学试题，菁优公司不能对其主张权利。《2017年全国统一高考数学试卷（文科）（新课标Ⅰ）》的参考答案与试题解析部分包括试题、考点、专题、分析、解答、点评等内容，但显而易见，该部分内容极为简单，主要是对公式、计算过程以及考点等的分析、说明，且任何具有数学知识的学生或教师都将做出基本相同的演算，得出基本相同的结论。如果对该部分内容进行保护，必将导致对高考试题解答以及相关分析研究的垄断，妨碍正常的教学、研究工作，也违背了《著作权法》不保护思路、观念、理论、构思、创意、概念、操作的基本原则。豆丁公司关于“2017年全国统一高考数学试卷（文科）（新课标Ⅰ）”的试题、参考答案与试题解析不属于《著作权法》意义上的作品的上诉理由成立，本院予以采信。菁优公司没有提交证据证明豆丁公司实施了侵害其作品信息网络传播权的行为，对于其诉讼请求，本院不予支持。

（五）判决结果

一审法院判决：（1）被告立即停止侵犯原告著作权的行为；（2）被告于判决生效后十日内赔偿原告经济损失2 000元；（3）被告于判决生效后十日内赔偿原告为制止侵权行为支出的合理费用1 000元；（4）驳回原告的其他诉讼请求。

二审法院判决：（1）撤销深圳市南山区人民法院（2017）粤0305民初18504号民事判决；（2）驳回原告的诉讼请求。

原告不服二审判决而提起了再审，该案目前处于再审阶段。

四、律师分析

本案涉及高考数学试卷解析是否能受《著作权法》保护的问题，裁判说理具有一定的典型性。判断高考数学试卷解析是否构成作品，要回归到《著作权法》对作品的定义，以及《著作权法》的立法目的进行考量。如果一种思想实际上只有一种或者非常有限的几种表达，那么保护表达会产生思想垄断的后果，在这种情况下，这种有限的表达被视为思想从而不能受到保护。

五、风险防范

（1）发行试卷及解析，务必查找源头，取得正版授权，完善许可流程。

（2）同行业之间避免拿来主义，鼓励诚信经营，反对搭便车攀附商誉。

（3）完善内部管理，严把创作内容和流转环节的权利瑕疵，稳健发展。

六、法律链接

（一）《著作权法实施条例》

第二条 著作权法所称作品，是指文学、艺术和科学领域内具有独创性并能以某种有形形式复制的智力成果。

（二）《最高人民法院关于审理侵害信息网络传播权民事纠纷案件适用法律若干问题的规定》

第六条 原告有初步证据证明网络服务提供者提供了相关作品、表演、录音录像制品，但网络服务提供者能够证明其仅提供网络服务，且无过错的，人民法院不应认定为构成侵权。

第七条第三款 网络服务提供者明知或者应知网络用户利用网络服务侵害信息网络传播权，未采取删除、屏蔽、断开链接等必要措施，或者提供技术支持等帮助行为的，人民法院应当认定其构成帮助侵权行为。

（三）《信息网络传播权保护条例》

第二十二条 网络服务提供者为服务对象提供信息存储空间，供服务对象通过信息网络向公众提供作品、表演、录音录像制品，并具备下列条件的，不承担赔偿责任：（一）明确标示该信息存储空间是为服务对象所提供，并公开网络服务提供者的名称、联系人、网络地址；（二）未改变服务对象所提供的作品、表演、录音录像制品；（三）不知道也没有合理的理由应当知道服务对象提供的作品、表演、录音录像制品侵权；（四）未从服务对象提供作品、表演、录音录像制品中直接获得经济利益；（五）在接到权利人的通知书后，根据本条例规定删除权利人认为侵权的作品、表演、录音 录像制品。

七、正确做法

第一，律师及法院要对原告的权利事实进行辩证地分析，审查思考原告所持作品是否符合作品的要件。第二，作为网络服务提供者，要尽好审查注意工作，对明显侵权的作品要及时进行删除，并保留删除的时间证据。第三，权利人一方一旦发现侵权，应当立即采取措施做好权利的公示、固定和取证。如果没有保存证据和直接进行起诉，侵权内容很可能会在权利人没有备份的情况下而丧失。

八、运营思维

广州大学广州律师学院副院长、国家版权贸易基地（越秀）知识产权维权专家和律师 · 邵挺杰

本案的裁判结果与理由给广大创作者提供了一个独创性的标准，即拥有版权登记的作品并非全部都是《著作权法》保护的作品，创作出来的智力成果必须拥有自己独特的思维、逻辑或灵感等具有创造性的思想，而非公式般的推导。因此，在作品被成功创作出来并登记时，创作者可以简短地描述自身的创作灵感，使作品的独创性呼之欲出，同时根据创作灵感对作品进行渲染和宣传，增强作品的版权价值和流传度。

而网络平台服务商为文献类型作品提供平台服务并收取相关费用，更应注重版权的审核。由于文学类的作品经常会加以署名，因此网络平台服务商有了更高的审查义务，否则难以使用避风港原则进行免责，从而需要承担共同侵权的责任。面对此类作品，网络平台要注意保存上传人的名称和网络地址，并登记版权的合法来源或授权，在面对第三方的侵权告知通知时，应严格审查是否存在侵权的可能性并通知上传者；若有侵权可能，应断开作品的网络链接。

首席律师　赵俊杰、王韵

赵俊杰，广东翰锐律师事务所高级合伙人、国家版权贸易基地（越秀）维权专家委员会常任委员、广东省版权保护联合会监事、广州仲裁委员会仲裁员、广州知识产权法院特邀调解员。其拥有16年以上一线法律实务工作经验，代理的腾讯微信官方知识产权与竞争纠纷等案件入选广州、佛山、深圳法院以及最高人民法院公布的典型案例库。其多年坚持知识产权专业化的实践与研究，担任评审团成员的著述包括《民商法实务精要》，担任编委会成员的著述包括《版权维权研究与实务》《岭南知识产权律师行思集》等，发表原创文章《新媒体“拿来主义”的界限何在》《“窃书”是否仍为“雅罪”——律师视角下的百度文库事件》等。

王韵，北京市中永律师事务所高级合伙人，曾先后被评为2003年度北京市海淀区优秀律师、2012年度北京市优秀知识产权律师，获得第二届北京律师论坛特别贡献奖。现任中华全国律师协会知识产权专业委员会委员、北京市律师协会著作权法律专业委员会主任、北京市知识产权法研究会理事；具有版权经纪人资格，担任知名漫画《滚蛋吧，肿瘤君》作者熊顿的版权遗产管理人。

编撰律师　陈嘉雯

第三十二章

“有声读物”平台的侵权是非 / 屈文静

一、案例背景

互联网的快速发展以及信息大爆炸是时代特点，人们喜欢利用碎片化的时间获取信息，人们的阅读习惯已发生改变，“有声读物”开始得到人们的接受与欢迎。根据第十五次全国国民阅读调查数据，成年国民和未成年人有声阅读持续较快增长，成为国民阅读新的增长点，移动有声App平台已经成为听书的主流选择。2018年，我国有近三成的国民有听书习惯，选择移动有声App平台听书的国民比例较高。目前，国内已出现众多有声读物平台，比较知名的有喜马拉雅、蜻蜓FM、企鹅FM等。有声读物平台上的有声读物主要来自平台运营方自行上传，以及平台用户上传。那么，在未经权利人许可的情况下，有声读物平台自行上传或者平台用户上传权利人有声读物是否要承担侵权责任?

二、权利的重点信息

《查理九世》是一套大型原创冒险小说，现已出版二十八册。其中，《查理九世 黑贝街亡灵》经上海版权局审核，登记日期为2017年6月8日，登记号为沪作登字-2012-A-00044753。2014年2月12日，上海嘉印公司与原著作权人签订了《版权转让协议》，取得了《查理九世 黑贝街亡灵》的全部权利。2014年2月26日，上海版权局出具沪著合备字2014-0756号《著作权合同备案证书》，对上述著作权转让行为予以登记。

三、案例解析

（一）案例具体情况

《查理九世》是一套国产原创儿童冒险小说，是超级畅销的儿童读物，具有较大影响力以及非常高的知名度。在同类出版物中，其销量已连续多年名列前茅且不断刷新纪录。上海嘉印公司是《查理九世》系列图书的著作权人，腾讯公司未经上海嘉印公司的授权许可，在其经营的"企鹅FM"平台通过信息网络向公众提供《查理九世 法老王之心》有声读物，供公众下载、收听。上海嘉印公司认为，腾讯公司应停止侵害、承担赔偿损失等民事责任，故将其诉至深圳市南山区人民法院。法院经审理认为，腾讯公司作为"企鹅FM"的经营方，是该节目的网络服务提供者，且无法提供上传者信息，腾讯公司应承担侵权责任，赔偿上海嘉印公司经济损失及合理维权费用。在收到判决后，腾讯公司未提起上诉。

（二）维权内容及诉求

上海嘉印公司认为，腾讯公司在其经营的"企鹅FM"平台通过信息网络向公众提供《查理九世 法老王之心》有声读物，供公众下载、收听，严重侵害了上海嘉印公司的著作权。为此，上海嘉印公司请求法院判令腾讯公司立即停止侵权行为，赔偿经济损失以及公证费、律师费等合理维权费用。

（三）对方抗辩情况

腾讯公司主要的抗辩理由是：涉案音频系用户自行上传的内容，腾讯公司并未在此前收到上海嘉印公司针对涉案音频的投诉，且在收到起诉状及应诉材料后的第一时间就针对平台内能够播放的作品进行了下架处理。平台并未对涉案作品进行任何推荐和编辑，如非用户主动搜索，很难发现涉案作品。腾讯公司在App用户协议中已明确告知用户需要确保上传内容享有知识产权，并通过主动的版权监控对一些明显的涉嫌侵权作品进行禁播并做出版权提示，在用户点击播放多数音频时，腾讯公司App已弹窗提示因版权问题暂时无法播放。因此，腾讯公司不承担侵权责任。

腾讯公司抗辩的法律根据是《信息网络传播权保护条例》第二十二条。根据该规定，腾讯公司免责的条件有两个：一是腾讯公司的身份是网络服务提供者，二是符合该条款规定的每项免责条件。在实践中，如果有声读物平台无法提供具体上传者的信息，则平台运营方有可能被认定为内容的提供者，平台运营方直接构成侵权。在本案中，法院认定腾讯公司是网络服务提供者，但认为其无法提供有声读物的上传者信息，不符合免责条款，故认定腾讯公司侵权责任成立。因此，腾讯公司因无法提供有声读物上传者信息，即使被认定为网络服务提供者，也不能免除侵权责任。

（四）法院认定与结果

深圳市南山区人民法院经审理认为，根据《信息网络传播权保护条例》第二十二条，网络服务提供者免责的条件之一为“明确标示该信息存储空间是为服务对象所提供，并公开网络服务提供者的名称、联系人、网络地址”。本案中，腾讯公司仅能提供上传者的关联QQ

号，并未收集上传者的真实身份信息，无法公开网络服务提供者的如上信息，不具备上述条款中规定的免责条件。因此，对于腾讯公司仅提供网络服务、不构成共同侵权行为及不承担责任的抗辩，法院不予认可，腾讯公司应赔偿上海嘉印公司经济损失及合理维权费用。

四、律师建议

《查理九世》是一套小说，属于《著作权法》规定的文字作品。根据著作权法定原理，权利人主张权利应指向具体的权利内容，即侵害了《著作权法》规定的哪项具体权利内容。未经权利人的授权许可，朗读该文字作品可能侵害的是复制权与改编权；而以有线或者无线方式向公众提供有声读物，使公众可以在其个人选定的时间和地点获得作品，则构成侵害作品的信息网络传播权。对于表面上由平台用户上传的有声读物，有声读物平台是否侵权的关键是该平台能否适用“避风港规则”。

“避风港规则”是为鼓励互联网行业的发展，减轻网络服务提供者的注意义务，在传统《著作权法》规定的合理使用、法定许可的免责事由外专门规定的免责条款。对此，《信息网络传播权保护条例》明确予以规定。但“避风港规则”绝不是网络服务提供者进行侵权的避风港，适用该规则有着严格的规定与条件。有声读物平台没有严格按照法律的规定运营，就会有承担侵权责任的可能。腾讯公司无法提供有声读物的上传者信息，已不符合《信息网络传播权保护条例》规定的免责条件，因此腾讯公司的行为构成侵权。

五、正确做法

（1）严守“平台”的定位与规则。作为有声读物平台的运营方，应严格按照法律规定，将平台定位为网络服务提供者且符合网络服务提供者的各项免责条件。这样，在被控侵权时，有声读物平台才能适用“避风港规则”，以保证平台继续运行。否则，有声读物平台的整个商业模式可能会失灵。

（2）获得明确、清晰的授权。取得权利人的合法授权，侵权自然就不复存在。但著作权的权利内容非常丰富，实践中往往因授权不明确而产生纠纷。《著作权法》规定，许可使用合同和转让合同中著作权人未明确许可、转让的权利，未经著作权人同意，另一方当事人不得行使。如笼统地约定转让作品的复制权、改编权以及其他全部著作财产权，则可能会产生争议并存在风险。在谢鑫与懒人听书侵害作品信息网络传播权纠纷案中，法院便认为，对于“数字版权”的许可不意味着对有声读物“信息网络传播权”的许可。

六、法律链接

（一）《著作权法》

第四十九条　侵犯著作权或者与著作权有关的权利的，侵权人应当按照权利人的实际损失给予赔偿；实际损失难以计算的，可以按照侵权人的违法所得给予赔偿。赔偿数额还应当包括权利人为制止侵权行为所支付的合理开支。

（二）《信息网络传播权保护条例》

第二十二条　规定网络服务提供者为服务对象提供信息存储空间，供服务对象通过信息网络向公众提供作品、表演、录音录像制品，并具备下列条件的，不承担赔偿责任：（一）明确标示该信息存储空间是为服务对象所提供，并公开网络服务提供者的名称、联系人、网络地址；（二）未改变服务对象所提供的作品、表演、录音录像制品；（三）不知道也没有合理的理由应当知道服务对象提供的作品、表演、录音录像制品侵权；（四）未从服务对象提供作品、表演、录音录像制品中直接获得经济利益；（五）在接到权利人的通知书后，根据本条例规定删除权利人认为侵权的作品、表演、录音录像制品。

七、运营思维

广州大学广州律师学院副院长、国家版权贸易基地（越秀）知识产权维权专家和律师·邵挺杰

互联网的高速发展带来的是科技的日新月异。新兴互联网产物的价值是非常巨大的，并且传播的速度非常快，而抢先一步拉拢网络用户便成了互联网公司的首要任务。本案中，腾讯公司作为国内顶级互联网公司，其创造有声读物的“企鹅FM”平台正符合新时代人们的阅读方式，但网络服务平台的功能是提供文学作品的有声阅读版本，网络服务平台更应该注重版权的保护。在平台上上传的读物符合《著作权法》第十条第十款的规定，是原文学作品的改编版，因此应获得原文学作品的著作权人的授权，否则上传者就会构成侵权。而作为网络服务平台提供者的腾讯公司要想免除相关侵权责任，则要满足《信息网络传播权保护条例》第二十二条规定的条件，要注意保存好上传者的名称、上传路径以及IP地址，让被侵权人找到实际的侵权人；对没有确定版权的作品改变收费方式，以会员或广告收费等方式取代阅读收费，避免直接从作品中获利。

文学作品著作权人面对此类私自上传自己作品的有声读物的行为，应及时做好公证保全，固定侵权证据，随后通知网络平台商侵权事实，并提供自身的版权证明和授权记录，要求平台断开链接并商量赔偿事宜或者进行诉讼。或者，著作权人可以与平台进行授权合作，对读物的收益进行分成，避免自己的损失和扩大自身作品的宣传范围。

首席律师　屈文静

相关介绍见第二十章。

第三十三章

服装著作权侵权纠纷判定 / 王建良

一、案例背景

“米个”是设计师卢维媛创立的新中式西风美学轻优雅定制品牌。“米个”源于潮州方言“什么”，以“淡泊明志，宁静致远”为理念，抱着用设计改变自我认知及对社会人文进行探索的态度，以时尚角度和着装语言为中国当代知性女性带来全新的生活体验。

设计师卢维媛说，从一开始的服装设计灵感到设计理念，再到最终的设计成果，一般需要花费大半年的时间和精力，但是经常遇到抄袭或低价销售与其设计款式一模一样的衣服的情形。

二、权利的重点信息

涉案作品《蓝调祥云》系由设计师卢维媛于2014年3月30日创作完成。

首先，设计理念为：“将历代王朝的祥云的转变过程用现代的云来阐述。古代云装饰感较强，现代的云也有当代的画风，与现实接近，并非装饰类的云。有了祥云灵感后，由于产品针对优雅知性女性，蝴蝶作为新旧的连接，蝴蝶结象征优雅的女性，把文人的气息演绎得更优雅；涉案服装是亮色拼接，蓝色象征清澈，寓意像水一样干净纯洁，达到颜色渐变的视觉效果。”

其次，设计师卢维媛与广州米个服饰有限公司（以下简称“米个公司”）于2014年7月20日签订了《著作权转让合同》。

最后，设计师卢维媛于2015年3月27日正式发布作品《蓝调祥云》，2015年11月6日通过设计原创网在深圳数字作品备案中心的网络平台进行备案。

三、案例解析

深圳市某服装有限公司（以下简称“某服装公司”）成立于2014年12月5日，经营范围为电子商务，国内贸易，服装、服饰的生产、销售。

某服装公司未经许可或授权，生产和销售侵犯涉案著作权的服装，侵害了卢维媛、米个公司对涉案作品所享有的著作权中的复制权和发行权。

（一）维权诉求

设计师卢维媛、米个公司希望可以通过诉讼要求某服装公司停止侵权，并赔偿经济损失及因维权所支付的合理费用。

（二）对方抗辩

在收到起诉状后，某服装公司的主要抗辩观点为：（1）某服装公司没有侵犯卢维媛、米个公司的著作权，被控侵权成衣的生产日期及其所定型的服装样板、产品设计图均早于涉案作品；（2）被控侵权成衣的产品设计图与《蓝调祥云》作品有较大差别，不构成侵权；（3）《蓝调祥云》作品设计图中的云团并非独创；（4）卢维媛、米个公司所主张的成衣不受我国《著作权法》的保护；（5）即便被告销售了被控侵权成衣，该行为也不构成对卢维媛、米个公司服装设计图及样板著作权的侵害；（6）赔偿数额过高。

（三）法院认定

对于某服装公司的侵权行为，一审法院认为：

（1）涉案图样（服装手稿图和样板简称图样，图样不同于成衣）具有独创性和可复制性，属于《著作权法》所保护的美术作品。对于涉案图样的独创性的认定，法院特别强调了在考虑涉案图样的独创性时，既考虑了作者的独立创作，也考虑了创作结果的新颖性以及所体现的作者的个性。同时，法院从原告提供的广东省服装设计师协会出具的证明中了解到涉案成衣样板在业界获得了高度的认可和肯定，从而也将其作为认定涉案图样具有独创性的依据。

（2）涉案图样中的风衣制成的成品应属于复制作品中的一种。法院认定被告的涉案女士风衣成品是对涉案图样的复制与再现。被告的涉案被控侵权产品（成衣）是对原告的涉案图样的复制，因此其生产和销售侵权产品侵害了原告对图样美术作品所享有的著作权中的复制权和发行权，应当承担民事责任。

（2）法院最终酌定被告赔偿10万元。法院参考了原告同类成衣实际的市场销售价格以及涉案图样的创作难度、知名度，被告的侵权产品数量以及侵权过错等，酌定被告的赔偿数额（包括维权合理费用）共计10万元。

某服装公司未上诉，该案民事判决书已发生法律效力。

四、律师分析

本案的难点在于，涉案图样中的风衣制成的成品是否属于复制作品中的一种。

代理律师通过举证证明涉案作品《蓝调祥云》系属于我国《著作权法》所保护的作品。由设计师卢维媛阐述设计理念，证明该作品系设计师将其独特的构思以线条、色彩等方式构成具有审美意义的艺术作品，涉案作品具备独创性并体现作者的个性，且该作品系能以某种有限形式复制的智力成果，即作品能以风衣形式再现，已具备可复制性，故某服装公司所主张的成衣不受我国《著作权法》的保护是没有法律依据的。最后法院认定涉案样衣、成品是对涉案图样的复制，不成立新的作品，某服装公司的行为系侵权行为。

五、正确做法

在飞速发展的网络时代，以抄袭方式进行的营利活动比比皆是，对于服装设计的侵权更甚，这时侵权人往往会以实用艺术作品的相关法律规定来抗辩。但是针对服装设计的侵权行为而言，我们可以换另一种思路去维护设计师对设计作品所享有的著作权，即本案认定涉案成衣的生产实际上是对享有著作权的作品的一种复制。这样的维权技巧让原本倍受侵权困扰的服装设计行业有了更多的保障。

六、法律链接

（一）《著作权法实施条例》

第二条　著作权法所称作品，是指文学、艺术和科学领域内具有独创性并能以某种有形形式复制的智力成果。

第四条第（八）项　美术作品，是指绘画、书法、雕塑等以线条、色彩或者其他方式构成的有审美意义的平面或者立体的造型艺术作品。

（二）《著作权法》

第十条　著作权包括下列人身权和财产权：……（五）复制权，即以印刷、复印、拓印、录音、录像、翻录、翻拍等方式将作品制作一份或者多份的权利；（六）发行权，即以出售或者赠与方式向公众提供作品的原件或者复制件的权利……

第十一条　著作权属于作者，本法另有规定的除外。创作作品的公民是作者。由法人或者其他组织主持，代表法人或者其他组织意志创作，并由法人或者其他组织承担责任的作品，法人或者其他组织视为作者。如无相反证明，在作品上署名的公民、法人或者其他组织为作者。

（三）《最高人民法院关于审理著作权民事纠纷案件适用法律若干问题的解释》

第七条　当事人提供的涉及著作权的底稿、原件、合法出版物、著作权登记证书、认证机构出具的证明、取得权利的合同等，可以作为证据。

第二十五条　权利人的实际损失或者侵权人的违法所得无法确定的，人民法院根据当事人的请求或者依职权适用著作权法第四十八条第二款的规定确定赔偿数额。人民法院在确定赔偿数额时，应当考虑作品类型、合理使用费、侵权行为性质、后果等情节综合确定。当事人按照本条第一款的规定就赔偿数额达成协议的，应当准许。

七、风险防范

在进行作品著作权维权的过程中，我们认为，维权人应当确保自己的权利基础具备足够的证据。首先，作品的创作本身应当是符合《著作权法》所保护的作品；其次，设计的作品应当是能够体现作者个性的，能将其独具创造性的构思以合法的方式表现出来；最后，对作品设计过程的手稿和最后的成品等进行保存，并通过微博、脸书、展览会等及时予以发布，以便证明作品发表的时间，在维权时能够快速、有效地提供证据支持。

八、运营思维

广州大学广州律师学院副院长、国家版权贸易基地（越秀）知识产权维权专家和律师 · 邵挺杰

服装上的设计是一件衣服最具价值的地方，也是设计师以及服饰生产商的心血凝结，因此权利人需要注重装饰版权的登记、保护以及打击盗版行为。我们从这个成功维权的案例中总结出一些版权维护的要点。（1）完整地进行创作作品的版权登记，对具有特色的服装设计应登记图案版权字号，并搭配设计的概念、灵感以及装饰用途，更直观地表达该图案以线条、色彩等体现出来的表达内容，丰富其内涵，使一些偷换概念的仿制品不能逃脱侵权的责任。（2）公开的发布宣传，打响知名度，本案作品由于独具特色、受业界好评、知名度甚广，为审理法官提供了充足的直观印象，使法官能更加坚信侵权行为的存在以及提高赔偿的数额。（3）及时地打击维权。一个优秀设计的价值是巨大的，对于侵权行为应做好证据的收集，及时出手进行雷霆打击，这不仅可以挽回金钱与声誉的损失，还能打出名声，扩大知名度。

首席律师　王建良

相关介绍见第九章。

第三十四章

基于第三方存证平台的知识产权侵权举证要点分析 / 王运嘉、陈少青

一、案例背景

北京全景视觉网络科技股份有限公司（以下简称“全景公司”）是一家从事摄影服务，图像处理、制作，电脑图文设计、制作等业务的公司。全景公司通过转让等方式从权利人手中获得大量图片的著作权，然后通过网络方式向第三方开展图片的授权使用经营业务。

在全景公司公示图片的过程中，由于图片具有可复制性，许多用户在未获得授权的情况下直接下载图片并使用。上述的使用行为存在着商业使用的情况。全景公司认为，上述行为未经过全景公司的授权，侵犯了全景公司的著作权，因此应当承担侵权责任。全景公司自开展业务以来，已经就数以百计的相关案件进行维权，通过诉讼方式维权也成为全景公司获得收入的主要方式之一。

二、权利的重点信息

全景公司主张被告侵权的图片源于《中国图片库》（电子工业出版社出版，ISBN7-900014-61-6），具体图片编号为qj-0092。《中国图片库》经著作权登记，《中华人民共和国国家版权局著作权登记证书》编号为No.00062011，登记号为国作登字-2012-G-00062011。

三、案例解析

成都日报社是依法成立的媒体机构，全景公司发现成都日报社在其新浪微博成都日报锦观中擅自使用全景公司享有著作权的编号为qj-0092的作品作为文章用图。全景公司认为成都日报社在没有得到授权的情况下，擅自使用涉案摄影作品的行为已经违犯《著作权法》第四十七条、第四十九条及其他条款的规定，侵犯了全景公司对涉案摄影作品享有的信息网络传播权等著作权权利，并给全景公司造成了较大的经济损失，因此要求法院认定成都日报社的侵权行为并让其赔偿损失。为证明侵权事实，全景公司提交了第三方存证平台重庆易保全网络科技有限公司（以下简称“易保全”）出具的《电子数据取证证书》。

（一）维权诉求

全景公司希望通过诉讼方式要求成都日报社停止侵犯其著作权的行为，同时要求成都日报社在官方微博致歉，并赔偿经济损失。

（二）被告抗辩

成都日报社辩称，全景公司的起诉已超过诉讼时效，也未能提交充分证据证明被告存在涉案侵权行为，其起诉的事实和理由没有事实和法律依据，请求赔偿的数额没有合理依据，请求法院驳回全景公司的诉讼请求。

（三）法院认定

对于全景公司主张的图片侵权行为，一审法院认为：全景公司所举电子数据取证证书及后附截图能够证明，2018年3月23日，全景公司在易保全使用电子数据保全平台进行证据保全时，成都日报社在其官方微博成都日报锦观中发布的文章内容为“市委十二届三次全会”（成都发展总体战略为“改革创新、转型升级”），文章所附图片经比对与全景公司在本案中主张权利的摄影作品在场景、拍摄角度、光线、构图及其他细节上一致，系同一作品。在庭审中，成都日报社否认全景公司所举电子数据取证证书的效力。法院认为，根据《最高人民法院关于适用〈中华人民共和国民事诉讼法〉的解释》第九十条“当事人对自己提出的诉讼请求所依据的事实或者反驳对方诉讼请求所依据的事实，应当提供证据加以证明，但法律另有规定的除外。在做出判决前，当事人未能提供证据或者证据不足以证明其事实主张的，由负有举证证明责任的当事人承担不利的后果”之规定，在本案中，易保全出具的电子数据保全证书客观反映了成都日报社侵害全景公司图片著作权的事实，成都日报社并未提供任何证据以推翻该有效保全证书所证明的事实。成都日报社未经全景公司许可在其官方微博中使用涉案摄影作品，通过信息网络向公众传播，且在该图片下方附有“成都日报”的水印，侵犯了全景公司对涉案摄影作品享有的著作权中的信息网络传播权等权利。同时，成都日报社的使用行为不属于《著作权法》第二十二条规定的可以不经著作权人许可并不支付报酬的合理使用的范围，故应当承担相应的侵权赔偿责任。

成都日报社不服一审判决结果，向成都市中级人民法院提起上诉。

（四）二审判决

二审法院对于通过第三方存证平台易保全提交的证据从性质等角度进行了具体分析，认为：根据《中华人民共和国公证法》第二条的规定，公证是公证机构根据自然人、法人或者其他组织的申请，依照法定程序对民事法律行为、有法律意义的事实和文书的真实性、合法性予以证明的活动。出具涉案电子数据保全证书的易保全并非公证机构，故涉案电子数据保全证书并非公证文书，其所记载的事实和文书不属于《民事诉讼法》第六十九条所规定的经过法定程序公证证明的法律事实和文书。而且，《中华人民共和国电子签名法》第十八条规定："从事电子认证服务，应当向国务院信息产业主管部门提出申请，并提交符合本法第十七条规定条件的相关材料。国务院信息产业主管部门接到申请后经依法审查，征求国务院商务主管部门等有关部门的意见后，自接到申请之日起四十五日内作出许可或者不予许可的决定。予以许可的，颁发电子认证许可证书；不予许可的，应当书面通知申请人并告知理由……取得认证资格的电子认证服务提供者，应当按照国务院信息产业主管部门的规定在互联网上公布其名称、许可证号等信息。"鉴于本案中并无证据表明易保全已经取得电子认证许可证书，则其所做出的认证证书也不能作为电子认证予以认定，但可作为第三方证明，按照电子数据的性质予以审查。

对于全景公司举示的信息安全管理体系认证证书、信息系统安全等级保护备案认证、电子认证产品和服务授权，法院认为均非国务院信息产业主管部门颁发的认证许可证书，故前述证据均不能证明易保全具备电子认证服务能力，法院最终未予采信。

同时，二审法院认为：电子数据证据的审查应当包括取证环境的清洁性，取证时间的客观性，取证过程的规范性，取证结果的真实性、完整性，副本与初始取证结果的一致性，能否与在案其他证据相互印证等内容。根据本案查明的事实，涉案电子数据保全证书系一张微博网页截图，该网页截图本身无法反映其形成时间、形成方式、形成环境等形成过程的具体信息，并且涉案电子数据保全证书的验证方式仅能证明电子副本与留存于服务器上的电子数据一致，而不足以证明其留存于服务器上的电子数据在形成过程中操作环境是否清洁，取证方式是否规范，取证结果是否真实、完整，取证结果上传服务器之前是否经过篡改，故无法排除操作者不当介入、操作计算机不清洁、网络环境不真实等因素对该电子数据造成不良影响的可能；涉案电子数据保全证书所载保全时间在缺乏技术说明和印证证据的情况，不足以自证该时间就是保全行为发生的真实时间。至于全景公司举示的渝信证字第16904号公证书、公证业务合作声明书、在线仲裁业务合作声明书、鉴定业务合作声明书均不足以证明涉案电子数据保全证书取证过程的清洁、规范、客观、真实。

最终二审法院认定，全景公司仅举示了涉案电子数据保全证书及其所附电子数据文件，在缺乏技术说明及印证证据的情况下，不足以证明被控侵权行为客观发生、被控侵权图片客观存在，因此其提出的侵权及赔偿、赔礼道歉的主张亦缺乏事实和法律依据，不能成立。

四、律师分析

本案中，二审法院对全景公司提交的证据提出了较高的证明标准，而在此之前，通过同样形式进行举证的案件绝大部分并未被法院不予采信。考虑到利益平衡以及现实中存在的诸多版权主张乱象，法院对于证据的审查采取更加严格的标准似乎并无不妥，但是依据《民事诉讼法》“优势证据”原则以及“谁主张谁举证”原则，法院在相对方未提出相反证据或申请司法鉴定的前提下即径直认定原告的取证方式“不足以证明涉案电子数据保全证书取证过程的清洁、规范、客观、真实”似乎不具有说服力。毕竟被告为当地的著名报社，并且一审法院支持了原告的诉讼请求，二审法院如果没有更强的理由就推翻一审判决，难以服众。鉴于本案是极少数否定第三方电子数据取证存证的判例，我们有必要对其进行仔细分析。

近年来，电子证据在司法实践中的出现频率逐渐攀升，通过第三方存证平台进行电子证据的收集与固化已不鲜见。正如二审法院在判决书中的说明，该种形式的证据必须能够体现取证过程的清洁、规范、客观、真实，才能最终被法院采信，成为认定案件事实的证据。具体展开而言，律师需要从以下几个方面合理组织证据。

（1）关于资质。电子证据提交方应当准备第三方存证平台所属公司的材料以备不时之需。这些材料主要用以证明平台的所属公司依法成立并存续，而且相对于涉案主体而言平台所属公司应当具备中立性，其经营的存证业务不应当超出经营范围。虽然司法实务目前并不强制要求平台所属公司具备其他特殊资质，但电子证据提交方也可以提交平台所属公司通过等保三级、质量体系认证，以及工信部、公安部等权威机构的相关认证来加强佐证效果。但是，至今法律法规对第三方取证存证平台并无资质的要求，资质不应当作为否定电子证据之理由。

（2）关于运行环境的可靠性。如果第三方存证平台部署在阿里云等公有云上，那么电子证据提交方应当提交公有云的相关资质、等保级别、经营企业、IP地址等信息，从形式上证明运行环境的可靠性。对于本地化部署的第三方存证平台，电子证据提交方应当联系平台方进一步提交运行环境安全可靠的相关证明以加强佐证效果。

（3）关于技术的可靠性。电子证据提交方有必要就第三方存证平台所使用的技术进行说明。因为在实践中，不同的第三方电子存证平台所使用的技术不尽相同，甚至差异巨大，加之第三方存证目前缺乏统一的技术和规范标准，如不对存证平台所使用的技术进行审查，就很可能让一些鱼龙混杂、投机取巧的机构或平台“污染”整个行业，也难以体现出电子证据的可信度。通常，电子证据提交方可向法庭提交所用技术和程序的功能说明材料、司法鉴定情况以及其他安全认证情况，以体现技术的可靠性。对于时间戳、电子签名、区块链等目前已有不少案例予以认可的技术，电子证据提供方可提供同级或更高级别的案例有针对性地供法庭参考，法庭亦应当主动邀请技术辅助人员出庭并提供的专业意见作为判案参考。

（4）关于流程的可靠性。电子证据提交方应当提供第三方存证平台的取证、存证流程，同时在流程中注明不同阶段不同技术手段的使用情况。第三方取证、存证平台的流程应当尽量避免过多或者不必要的人为操作，以此增强可信度；同时也可以在流程中设置一些自动杀毒、监测等程序，进一步增强电子证据的可信度。

（5）关于《中华人民共和国电子签名法》第十八条的适用，法院显然对《中华人民共和国电子签名法》的“认证”有错误认识。该法的“认证”指的是身份认证，也就是说认证机构在颁发数字证书之前，要对被颁发人进行身份核验，在确定无误之后方可向被颁发人颁发数字证书（亦称为“电子身份数字证书”或“CA证书”）。认证机构必须有工信部颁发的许可证方可提供电子认证服务与颁发数字证书，而取证、存证平台未涉及身份认证亦未颁发数字证书，自然是不需要许可证的。数字证书的主要目的在于证明数字证书内的公钥（以及相应的私钥）与被颁发人的身份绑定，私钥所签署的电子文件内容视为被颁发人的意思表示并得到被颁发人的认可，与本案中的取证、存证平台出示的电子证据没有丝毫关系。

（6）关于取证与存证。电子数据的取证一般包含了存证，反之则不然。电子数据在生成的一刹那即予以记载在电子载体上称为取证，记载后即立刻以技术加密手段予以固化使之不可变更并保存则称为存证。本案中的电子证据是网页的电子版，法庭认可了存证的完整性（服务器上的电子数据与原告提交的电子数据副本是一致的），但不认可取证的真实性，不认可电子数据本身，因为原告未提供相应的证明或说明以证实证据的真实性。

五、法律链接

（一）《最高人民法院关于互联网法院审理案件若干问题的规定》

第十一条　当事人提交的电子数据，通过电子签名、可信时间戳、哈希值校验、区块链等证据收集、固定和防篡改的技术手段或者通过电子取证存证平台认证，能够证明其真实性的，互联网法院应当确认。当事人可以申请具有专门知识的人就电子数据技术问题提出意见。互联网法院可以根据当事人申请或者依职权，委托鉴定电子数据的真实性或者调取其他相关证据进行核对。

（二）《中华人民共和国电子签名法》

第十八条　从事电子认证服务，应当向国务院信息产业主管部门提出申请，并提交符合该法第十七条规定的相关材料。国务院信息产业主管部门接到申请后经依法审查，征求国务院商务主管部门等有关部门的意见后，自接到申请之日起四十五日内作出许可或者不予许可的决定。予以许可的，颁发电子认证许可证书；不予许可的，应当书面通知申请人并告知理由……

（三）《最高人民法院关于适用〈中华人民共和国民事诉讼法〉的解释》

第九十条　当事人对自己提出的诉讼请求所依据的事实或者反驳对方诉讼请求所依据的事实，应当提供证据加以证明，但法律另有规定的除外。在作出判决前，当事人未能提供证据或者证据不足以证明其事实主张的，由负有举证证明责任的当事人承担不利的后果。

六、风险防范

本案的判决确有可议之处。明明是个技术性问题，但双方当事人均未聘请技术专家出庭，法庭也未邀请技术辅助人员出庭。在没有相反证据的情况下，法庭依其主观臆断而认定证据的真实性存疑而予以否定，既违背了“优势证据”原则，也违背了“谁主张谁举证”原则。

本质上，电子数据或电子证据的完整性与真实性主要是依靠取证技术和存证技术以及整个过程来保证的。依据电子证据本身的形式，取证手段与设备各有不同，但就存证的技术手段而言，目前仅有时间戳与区块链（各有利弊，但无论是哪种方式，可信度都非常高，一旦存证就难以变更）。从理论上来说，应当从电子数据产生的一刹那就以密码学的算法对电子数据自动完成固化，从数据的产生到固化的完成与保存，全程都由机器自动完成，避免人工介入的可能，如此才能客观地保证电子数据的真实性与完整性。因此就电子证据的取证和存证而言，当事人或取证人应当选择技术能力过硬且熟悉证据法的第三方取证工具与存证平台，除了提交证据本身之外，要求第三方平台提供证据生成的环境、过程与保存的相关材料以证明电子证据的真实性与完整性，必要时聘请技术专家出庭作证，同时法庭邀请技术辅助人员出庭协助，毕竟电子数据的真实性与完整性主要取决于取证技术与存证技术本身，技术本身是可客观评断的。

七、运营思维

广州大学广州律师学院副院长、国家版权贸易基地（越秀）知识产权维权专家和律师 · 邵挺杰

全景公司起诉成都日报社，一审胜诉、二审败诉，给我们警示了

电子证据在诉讼中的重大作用。在版权清晰和侵权事实存在的情况下仍然败诉的全景公司吃了举证不能的大亏，其委托第三方电子存证平台进行取证是互联网侵权案件常用的手段之一，其败诉的主要原因在于取证存在瑕疵并无法进行补正说明，因此法院认定证据的真实性和合法性存疑，不予采纳。根据《最高人民法院关于互联网法院审理案件若干问题的规定》第十一条的规定，电子证据的取证需要注意以下几点：（1）电子数据生成、收集、存储、传输所依赖的计算机系统等硬件、软件环境是否安全、可靠；（2）电子数据的生成主体和时间是否明确，表现内容是否清晰、客观、准确；（3）电子数据的存储、保管介质是否明确，保管方式和手段是否妥当；（4）电子数据提取和固定的主体、工具和方式是否可靠，提取过程是否可以重现；（5）电子数据的内容是否存在增加、删除、修改及不完整等情形；（6）电子数据是否可以通过特定形式得到验证。简单来说，取证过程需要对计算机进行杀毒验证、验明取证时间和保存路径、提取网页的真实性以及证据的固定和无修改的证明，由此生成的电子证据的“三性”才无瑕疵。而第三方存证平台更多只对证据的固定和无修改做出相关证明，却对取证的过程和存证的记录等事项并无痕迹，因此其采取的证据是否能被采纳存在疑问。

因此，在面对网络侵权行为时，证据的固定尤为重要，若资金允许，著作权人自然申请公证处进行公证取证最为妥当，因为公证书的真实性和合法性是毋庸置疑的。但若想自身取证，则要符合《最高人民法院关于互联网法院审理案件若干问题的规定》第十一条的规定，最好配合时间戳等国家认可的单位进行证据保存和固定，避免证据不被采纳的可能性。

首席律师　王运嘉

北京枫玉科技与广州布珞科技创始人，法学博士、计算机博士，区块链技术领先研究者，长期致力于从技术角度保障电子证据的真实性与合法性。

编撰律师　陈少青

第三十五章

"金珐琅"工艺品侵权纠纷判定案件 / 许勇

一、案例背景

菲维亚公司由维也纳珐琅艺术家迈克拉·弗雷（Michaela Frey）于1951年始创立，是和施华洛世奇齐名的奥地利国宝级品牌，是全球知名奢侈珐琅饰品公司。其典型的珐琅饰品由24K黄金为底托，镶嵌其上的珐琅片图案取材于现代艺术作品、经典建筑、希腊神话故事，以翔实的艺术史为根据，同时以艺术的方式再现生活，创造出一个梦幻与现实交织、古老与现代同在的奇异世界。其每一件作品均有着珐琅珠宝所体现的最高境界的工艺和顶级的品质，为珐琅饰品界当之无愧的翘楚，业内称其为"金珐琅"。

由于巨大的市场号召力以及溢价能力，菲维亚公司饰品一直是珐琅工艺品界模仿的对象，不过仿冒品所用材质粗鄙、工艺简陋，完全达不到菲维亚公司一以贯之的品质标准，当其流入市场后，给菲维亚的产品美誉度带来极负面的影响。

同时，本案维权的难点在于，赝品制造者大多是艺术从业人员，对真品的仿冒往往有一定的修改，维权者如何准确提炼出原作品独特的表达形式并让诉讼参与三方信服，是可否维权成功的关键。

本案如得以最终维权成功，对类似工艺美术的著作权人在遭遇刻意规避侵权时的维权行动有一定借鉴意义。本案亦在2017年4月入选由华南国际知识产权研究院、广东省法学会涉外法律研究服务中心、广东省律师协会知识产权专业委员会共同评选的“广东省首届十大涉外知识产权案例”。

二、权利的重点信息

涉案作品《向欢乐生命的礼敬》系列作品于2005年1月1日创作完成，并于2005年4月1日在奥地利首次发表。基于该设计，著作权人于2009年在中国申请了包括第2009-F-018331、第2009-F-018334在内的多份著作权登记，其典型图案和对应饰品如图35-1所示。

典型图样

对应饰品

图35-1 典型图样和对应饰品

该系列作品通过流畅线条自由延伸将平面分割为独立空间，线条颜色为金色，被分割开的每个空间内均填充较明亮的宝石色彩等视觉元素，综合形成独创表达，具有独特的视觉效果，展现了生命旅途的美好、欢乐和自由，体现了生命的纯净之美。

三、案例解析

被告中山众华堂工艺品有限公司、珠海众华堂珐琅首饰研发中心（以下合称为“众华堂方”）创始于珠海的一家手工作坊，经营范围为生产、加工、销售、研发工艺美术品、首饰。

2013年年初开始，菲维亚公司在欧洲及亚洲多地市场上发现大量侵犯其独有美术作品的吊坠、手镯、指环、耳钉等饰品。经调查，这些饰品的来源大都指向众华堂方。借助菲维亚强大的品牌号召力，众华堂方通过其门户网站、阿里巴巴网店及淘宝网店售卖仿冒产品，以此获利。一方面，以上行为涉嫌侵犯菲维亚公司原创作品的著作权；另一方面，因案涉作品经过长期宣传，已经成为菲维亚公司的名片，上述仿冒行为还涉嫌误导消费者认为其与菲维亚公司存在关联，从而导致消费者对产品来源产生混淆。

（一）维权诉求

菲维亚公司要求众华堂方停止侵权行为，删除在网络上的侵权产品图片，在以上网页上刊登与原告无关联的声明，并进行赔偿。

（二）对方抗辩

众华堂方抗辩称：

（1）涉案作品《向欢乐生命的礼敬》主张的作品只是由抽象的几何图案并分别涂上不同的色块组成的，该图案在古今中外都有使用，如欧洲的彩色玻璃窗的图案，现有网络中也存在大量类似图案，故涉案作品不具备独创性。

（2）被诉作品为原创，其灵感源于沿海渔民打鱼撒网时的网状间隔，以及广东骑楼上的满洲窗上彩色玻璃的组合。

（三）法院认定

一审法院认为：涉案作品的饰片图案通过特定的表达方式，体现了设计师对线条、色彩和具体画面设计的个性化的智力选择和判断，具有一定智力创作性，应受到《著作权法》的保护。同时，被诉侵权饰品与涉案作品的相应设计相似，且相似部分恰恰是菲维亚公司涉案饰品中最具独创性、最主要或者最实质性的部分，故被诉侵权饰品与涉案饰品构成了实质性相似，构成侵权，故判令众华堂方停止侵权，并赔偿菲维亚公司8万元。二审法院维持了一审法院判决。

四、律师分析

本案中，原告为从事珐琅制作的国际奢侈品知名厂商，被告为工艺美术行业从业者，无论高下，两者本质上都有一定的创作能力。故仿冒品往往或多或少对原作品进行过更改，以上事实导致案件的难点在于：如何认定作品的独特表达形式，以及判定被诉饰品与原作品是否构成实质相同？

同时，由于同一著作权客体可以由相互无关联的多方合法共有，且众华堂方在庭审中进行了大量举证以说明涉案作品之前已经存在。故本案的另一难点在于：如果众华堂方任一项反证成立，那么即便法院认可菲维亚公司对作品享有著作权，菲维亚公司也不一定能获得胜诉。

五、正确做法

在被诉产品经过刻意修改以至与原作品并非完全一致的情况下，代理人需要清晰涉案作品独特的表达形式的具体所指，并通过合适的方式向合议庭清楚、完整、明确地呈现，切忌含糊不清、只有论点、没有论据的陈述，以便于法院能够理解涉案作品的表达形式以及背后隐藏的思想感情。在此基础上，合议庭在对涉案产品与被诉饰品进行对比时也有了更为明确的标准，便于得出涉案产品是否侵权的结论。

同时，无论何时，原被告任一方，都必须对关于对方的证据仔细进行求证，以做出自己独立的判断。在本案中，对于众华堂方提出的大量证据，代理人经仔细查验后一一进行了反驳，并让法院最终采纳了菲维亚公司的意见，将对方证据全部驳回。

六、法律链接

（一）《著作权法》

第十条　著作权包括下列人身权和财产权：……（五）复制权，即以印刷、复印、拓印、录音、录像、翻录、翻拍等方式将作品制作一份或者多份的权利；（六）发行权，即以出售或者赠与方式向公众提供作品的原件或者复制件的权利……

（二）《反不正当竞争法》

第五条　经营者不得采用下列不正当手段从事市场交易，损害竞争对手：……（二）擅自使用知名商品特有的名称、包装、装潢，或者使用与知名商品近似的名称、包装、装潢，造成和他人的知名商品相混淆，使购买者误认为是该知名商品……

七、运营思维

资深专利代理师、广州三环专利商标代理有限公司副总经理 · 颜希文

以著作权保护珠宝饰品设计是目前最为常见的方式。在司法实践中，人民法院通常会从四个层次来认定是否构成著作权侵权：首先，

需要认定涉案产品、设计等是否构成《著作权法》意义上的作品，因为只有《著作权法》规定的具有独创性的作品才能获得保护；其次，原告需要证明作品权属；再次，侵权行为的认定，在司法实践中，如果有证据证明“实质性相似加接触”，则人民法院将判定被告存在侵犯著作权的行为；最后，被控侵权物与原始设计的相似性问题。这四个部分也是珠宝饰品设计等类似著作权侵权案件中最主要的争议焦点。在日常生产实践中，国内企业经常遇到国外知名企业的诉讼纠纷，尤其是当国内企业需要走出去时。这就提示我们必须知晓、学习、遵守、运用相关法律法规，保护好自己的原始设计，留存必要的灵感来源草案、设计手稿、委托手续文档等证据。这样一旦产生侵权纠纷，至少我们可以在作品是否属于原创方面予以佐证，而证据的关键性在知识产权保护司法实践中是至关重要的。

广州大学广州律师学院副院长、国家版权贸易基地（越秀）知识产权维权专家和律师·邵挺杰

知识产权最值得保护的是有形物质所存储的无形的独创思维，而不是单单一个印有图片的饰品，所以侵权的核心是侵犯作品所表达的思想，即其著作权保护的是以线条、色彩等体现的表达方式。因此，图案的创作虽然是抽象的、直观上难以理解的，但可以由著作权人在登记之时进行描述来丰富图案的揭示内涵。在面对相似产品的侵权行为时，若需要比对其核心价值表现是否侵犯原图案的著作权，我们可以通过线条颜色的比对、整体比例的比对以及普通大众的眼光区别来判断相似作品是否构成侵权。而在维权的过程中、主要要证明的是二者之间明显存在混淆，使一般人难以区分，从而证明侵权行为的存在，并要求赔偿和停止侵权。这不但可以止损，还能在诉讼中体现知识产

权的价值。

首席律师　许勇

自2010年至今一直从事知识产权的申请、维权、诉讼工作，代理专利申请量超过1 000件，对专利、商标、著作权、不正当竞争诉讼案件均有丰富实践经验，尤其对机械或自动化、通信、计算机领域的专利侵权、无效案件有特别研究。同时，其关注知识产权的前瞻发展，是互联网维权的积极探索者和践行者。

第三十六章

北大方正诉《魔兽世界》字体侵权案 / 钟瑜、叶森

一、案例背景

作为信息载体，无论是在现实世界还是网络环境，汉字都是人们进行沟通交流、传递信息的重要方式；而计算机汉字字体作为汉字的展现形式，凝结了创作者和开发者的大量劳动，有着重要的应用价值。方正北魏楷书、方正剪纸等5款字体均是由北京北大方正电子有限公司（以下简称“北大方正公司”）与北京大学计算机科学技术研究所联合研发的，并由北大方正公司进行市场销售。上述5款字体分属方正兰亭字库V5.0版、方正兰亭字库V3.0版、方正兰亭字库V1.0版等字库，是国内应用较多、体验较好的几种字体，广泛应用于办公、设计、软件开发、信息展示等场景。

国内字体字库的开发以及字体的应用程度有限，多样性仍有不足，但计算机字体的应用却是必需的。在国内市场，未经授权使用商业字体的情况并不鲜见。除了正常的信息交流以外，众多的软件在开发、安装、界面展示等方面采用未经授权的商业字体实质上侵害了字库字体所有者的著作权。但如何认定字库字体的性质，又如何认定侵

权行为，哪些情况属于合理使用，这些均需要着眼于细节进行探讨。

二、权利的重点信息

方正兰亭字库V5.0版、方正兰亭字库V3.0版均在中华人民共和国国家版权局进行登记，并获得对应计算机软件著作权登记证书（BJ2064号、BJ2062号），权利取得方式是原始取得，权利范围是全部权利，著作权人是北大方正公司。方正北魏楷书亦在中华人民共和国国家版权局进行登记，并获得对应著作权登记证书（2006–F–06512），权利取得方式是原始取得，权利范围是全部权利，著作权人是北大方正公司。

三、案例解析

暴雪娱乐股份有限公司（以下简称“暴雪公司”）是中文版计算机网络游戏《魔兽世界》的著作权人。该网络游戏客户端中使用了方正北魏楷书、方正剪纸等5款字体，且实际运行中各种游戏界面的中文文字也使用了上述5款字体。在市场经营上，暴雪公司授权九城互动信息技术（上海）有限公司（以下简称“九城互动公司”）独家在中国大陆地区商业运营网络游戏《魔兽世界》。九城互动公司实际通过上海第九城市信息技术有限公司（以下简称“第九城市公司”）运营该网络游戏，第九城市公司授权北京情文图书有限公司（以下简称“情文图书公司”）等经销商公开销售网络游戏《魔兽世界》，以安装光盘的方式向用户提供网络游戏《魔兽世界》的客户端。

（一）维权诉求

北大方正公司诉请暴雪公司、九城互动公司、第九城市公司、情文图书公司停止侵权行为，删除已安装客户端中的侵权字体，赔礼道歉并共同连带赔偿损失。

（二）对方抗辩

暴雪公司、九城互动公司、第九城市公司的主要抗辩理由为：涉案字库和字体不是《著作权法》保护的作品。北大方正公司提供的现有证据不足以证明其对网络游戏《魔兽世界》中使用的字体享有著作权。九城互动公司与网络游戏《魔兽世界》的运营无任何关系。网络游戏《魔兽世界》中使用的字体有合法来源，北大方正公司请求赔偿的金额无事实和法律依据。此外，情文图书公司认为情文图书公司作为电子出版物销售商，没有能力核查每一个产品是否存在著作权的问题，属于不知情的第三人，不应当承担相关责任。

（三）一审法院认定

对于侵权行为的认定，一审法院认为，《计算机软件保护条例》规定，计算机软件是指计算机程序及有关文档。计算机程序是指为了得到某种结果而可以由计算机等具有信息处理能力的装置执行的代码化指令序列，或者可以被自动转换成代码化指令序列的符号化指令序列或者符号化语句序列。文档是指用来描述程序的内容、组成、设计、功能规格、开发情况、测试结果及使用方法的文字资料和图表等；如程序设计说明书、流程图、用户手册等。在软件工程上，指令是指使计算机执行一个特定操作或者执行一组特定操作的程序语句，或者是在程序设计语言中规定某种操作，且如果有操作数则对操作数进行标识的一个有含义的表述。

字库是为了使计算机等具有信息处理能力的装置显示、打印字符而收集并按照一定规则组织存放在存储设备中的坐标数据和函数算法等信息的集合。字库中的坐标数据和函数算法是对字型笔画所进行的客观描述。在运行时，通过特定软件的调用、解释，这些坐标数据和函数算法被还原为可以识别的字形。字库中对数据坐标和函数算法的描述并非计算机程序所指的指令，并且字库只能通过特定软件对其进行调用，本身并不能运行并产生某种结果。因此，字库不属于《计算机软件保护条例》所规定的程序，也不是程序的文档。故北大方正公司关于涉案的方正兰亭字库属于计算机软件，应受《著作权法》保护的主张不能成立。即便字库属于计算机程序，其运行结果，（产生的字形）也是与相应的字形一一对应的，是同一客体的两种表达，在《著作权法》上应作为一个作品给予保护。故北大方正公司关于暴雪公司、九城互动公司、第九城市公司、情文图书公司侵犯涉案5款方正兰亭字库计算机软件著作权的主张不予支持。

《著作权法实施条例》第四条第（八）项规定，美术作品是指绘画、书法、雕塑等以线条、色彩或者其他方式构成的有审美意义的平面或者立体的造型艺术作品。字库的制作通常经过字体设计、扫描、数字化拟和、人工修字、质检、整合成库等步骤，其中，字形设计是指由专业字体设计师依字体创意的风格、笔形特点和结构特点，在相应的正方格内书写或描绘的清晰、光滑、视觉效果良好的字体设计稿。每款字库的字体必须采用统一的风格及笔形规范进行处理。因此，字库中每个字体的制作都体现出作者的独创性。涉案方正兰亭字库中的每款字体的字形是由线条构成的具有一定审美意义的书法艺术，符合《著作权法》规定的美术作品的条件，属于受《著作权法》及其实施条例保护的美术作品。

根据《著作权法》及《信息网络传播权保护条例》的规定，除法律另有规定，未经著作权人同意，通过计算机网络向公众提供作品，使公众可以在其个人选定的时间和地点获得作品的，构成对著作权人信息网络传播权的侵犯。由于北大方正公司并未同意将涉案方正兰亭字库的字体用于网络游戏《魔兽世界》客户端软件或者相关补丁程序，因此，第九城市公司通过计算机网络向网络游戏《魔兽世界》玩家提供包含涉案方正兰亭字库5款字体的客户端软件或者相关补丁程序的行为，构成对北大方正公司就涉案方正兰亭字库字体所享有的信息网络传播权的侵犯。

情文图书公司作为网络游戏《魔兽世界》客户端软件光盘的销售商，并不知道该客户端中存在侵犯他人美术作品著作权的情况，因其已经说明了所销售网络游戏《魔兽世界》客户端软件光盘的来源，故不应承担赔偿责任，但应停止销售包含侵犯涉案方正兰亭字库相关字体著作权的网络游戏《魔兽世界》客户端软件光盘。

北大方正公司、暴雪公司、第九城市公司不服一审法院判决，提出上诉。

（四）二审法院认定

根据北大方正公司陈述的字库制作过程，由于印刷字库中的字体字形是由字形原稿经数字化处理后和由人工或计算机根据字形原稿的风格结合汉字组合规律拼合而成的，所以其字库中的每个汉字的字形与其字形原稿并不具有一一对应关系，亦不是字形原稿的数字化，且在数量上也远远多于其字形原稿。印刷字库经编码形成计算机字库后，其组成部分的每个汉字不再以汉字字形图像的形式存在，而是以相应的坐标数据和相应的函数算法存在，在输出时经特定的指令及软件调用、解释后，还原为相应的字形图像。

本案中，诉争字库中的字体文件的功能是支持相关字体字形的显示和输出，其内容是字形轮廓构建指令及相关数据与字形轮廓动态调整数据指令代码的结合，其经特定软件调用后产生运行结果，属于计算机系统软件的一种，应当认定其是为了得到可在计算机及相关电子设备的输出装置中显示相关字体字形而制作的由计算机执行的代码化指令序列，因此其属于《计算机软件保护条例》第三条第（一）项规定的计算机程序，属于《著作权法》意义上的作品。

关于诉争方正兰亭字库是否是《著作权法》意义上的美术作品的问题，二审法院认为：在本案中，诉争的每款字体（字库）均使用相关特定的数字函数，描述常用的5 000余汉字的字体轮廓外形，并用相应的控制指令对相关字体字形进行相应的精细调整，因此每款字体（字库）均由上述指令及相关数据构成，并非是由线条、色彩或其他方式构成的有审美意义的平面或者立体的造型艺术作品，因此其不属于《著作权法》意义上的美术作品。

关于暴雪公司、第九城市公司在运行网络游戏《魔兽世界》时，在游戏界面中使用5款方正字体是否侵犯了北大方正公司的相关权利的问题，二审法院认为：由于汉字本身构造及其表现形式受到一定限制等特点，其经相关计算机软件调用后产生的单个字是否具有《著作权法》意义上的独创性，需要进行具体分析后才能判定。但鉴于汉字具有表达思想、传递信息的功能，而暴雪公司、第九城市公司在游戏运行中使用上述汉字是对其表达思想、传递信息等功能的使用，所以无论前述汉字是否属于《著作权法》意义上的美术作品，其均不能禁止他人正当使用汉字来表达一定思想、传达一定的信息的权利。因此二审法院认为，暴雪公司、第九城市公司在游戏运行中使用上述汉字的相关字体并不侵犯北大方正公司的相关权利。

四、律师分析

本案的难点在于，计算机中的字库字体是属于《计算机软件保护条例》所规定的程序或程序的文档，还是属于《著作权法》意义上的美术作品，这直接影响到法律责任的承担内容。结合本案来看，该问题并不能一概而论。如果涉案字库字体具有独创性，即由线条、色彩或其他方式构成的有审美意义的平面或者立体的造型艺术作品，那么权利人可以主张涉案字体构成美术作品，应当按照美术作品的标准进行保护；如果像本案一样，涉案字体字形是由字形原稿经数字化处理后和由人工或计算机根据字形原稿的风格结合汉字组合规律拼合而成的，相关字体字形的显示和输出是字形轮廓构建指令及相关数据与字形轮廓动态调整数据指令代码的结合，经特定软件调用后产生运行结果，涉案字体字形应被认定为计算机系统软件的一种，按照计算机系统软件予以保护。

值得注意的是，本案中的最高法院认为，无论调用涉案字库产生的字体单独是否构成《著作权法》意义上的美术作品，当公众仅仅是用于表达思想、传递信息等功能而使用时，则不应当认定为侵权。

五、正确做法

无论字库字体是属于《计算机软件保护条例》所规定的程序还是《著作权法》意义上的美术作品，它们均是《著作权法》保护的对象。在进行商业使用的过程中，使用者应当主动获得权利人的许可才能进行复制、发行、表演、放映、广播、汇编以及通过信息网络向公众传播等行为。使用者即使能够证明自己不是明知而故意侵权，同样也会面临无法继续使用已经生产产品的风险。

六、法律链接

（一）《著作权法》

第三条 本法所称的作品，包括以下列形式创作的文学、艺术和自然科学、社会科学、工程技术等作品：……（四）美术、建筑作品；（八）计算机软件；（九）法律、行政法规规定的其他作品。

第四十八条 有下列侵权行为的，应当根据情况，承担停止侵害、消除影响、赔礼道歉、赔偿损失等民事责任；同时损害公共利益的，可以由著作权行政管理部门责令停止侵权行为，没收违法所得，没收、销毁侵权复制品，并可处以罚款；情节严重的，著作权行政管理部门还可以没收主要用于制作侵权复制品的材料、工具、设备等；构成犯罪的，依法追究刑事责任：（一）未经著作权人许可，复制、发行、表演、放映、广播、汇编、通过信息网络向公众传播其作品的，本法另有规定的除外……

（二）《计算机软件保护条例》

第二条　本条例所称计算机软件（以下简称软件），是指计算机程序及其有关文档。

第三条　本条例下列用语的含义：（一）计算机程序，是指为了得到某种结果而可以由计算机等具有信息处理能力的装置执行的代码化指令序列，或者可以被自动转换成代码化指令序列的符号化指令序列或者符号化语句序列。同一计算机程序的源程序和目标程序为同一作品。（二）文档，是指用来描述程序的内容、组成、设计、功能规格、开发情况、测试结果及使用方法的文字资料和图表等，如程序设计说明书、流程图、用户手册等……

第二十四条　除《中华人民共和国著作权法》、本条例或者其他法律、行政法规另有规定外，未经软件著作权人许可，有下列侵权行为的，应当根据情况，承担停止侵害、消除影响、赔礼道歉、赔偿损失等民事责任；同时损害社会公共利益的，由著作权行政管理部门责令停止侵权行为，没收违法所得，没收、销毁侵权复制品，可以并处罚款；情节严重的，著作权行政管理部门并可以没收主要用于制作侵权复制品的材料、工具、设备等；触犯刑律的，依照刑法关于侵犯著作权罪、销售侵权复制品罪的规定，依法追究刑事责任：（一）复制或者部分复制著作权人的软件的；（二）向公众发行、出租、通过信息网络传播著作权人的软件的……

七、风险防范

在市场环境下，进行商业推广、办公、软件开发都不可避免地会使用计算机字，我们应当遵循以下原则：首先，在需求和经济上寻求平衡点，尽量购买商业授权字体，在授权的范围内进行使用；其次，在委托第三方开发、设计时，应当要求对方提供相关字体经授权使用进行开发、设计的凭证，并在合同中增加责任分配条款，将字体侵权责任转移给实际的开发或设计方；最后，在被起诉字体侵权的情况下，应当及时排查字体侵权的范围、数量、来源、类型等，同时在对上述证据进行固化后及时删除、变更相关字体，避免损失扩大化。

八、运营思维

资深专利代理师、广州三环专利商标代理有限公司副总经理 · 颜希文

从本案最高院的判决中可以知晓，汉字的本质功能虽在于传情达意，但我们需要在保护字体权利人的创造性劳动和语言文化传播之间寻找一个适当的利益平衡点。如保护力度过小，不利于整个字体行业的发展；如保护力度过大，则无益于文化的进步和传播。对于企业用户而言，在市场环境下进行商业推广、办公、软件开发都不可避免地会使用计算机字体，我们应当尽量购买商业授权字体，在授权的范围内进行使用；在委托第三方开发、设计时应当要求对方提供相关字体已经授权使用进行开发、设计的凭证，并在合同中增加责任分配条款；在被起诉字体侵权的情况下，应当及时排查字体侵权的范围、数量、来源、类型等，同时在对上述证据进行固化后及时删除、变更相关字

体，避免损失扩大化。

广东工业大学管理学院教授、品牌战略管理专家·冯冈平

本案记录和描述北大方正公司诉请暴雪公司、九城互动公司、第九城市公司、情文图书公司“在运行网络游戏《魔兽世界》时在游戏界面中使用5款方正字体”属侵权行为。一审、二审具有异议，一审认为“构成对北大方正公司就涉案方正兰亭字库字体所享有的信息网络传播权的侵犯”；最高法院认为“无论调用涉案字库产生的字体单独是否构成《著作权法》意义上的美术作品，当公众仅仅是用于表达思想、传递信息等功能而使用时，则不应当认定为侵权。”

根据对《信息网络传播权保护条例》《计算机软件保护条例》《著作权法》相关法规和条文的深刻解剖，本案有三个关键点：一是确定“程序或程序的文档”或“《著作权法》意义上的美术作品”，这直接影响该案法律责任的承担内容；二是分析具体的字体产生、运用和保护的细节，说明不同的情况下可能产生不同的法律效应；三是使用者能够证明自己不是明知而故意侵权，同样也会面临无法继续使用已经生产产品的风险。

首席律师　钟瑜

现任北京市康达（广州）律师事务所高级合伙人，同时为中国香港注册海外律师。其自2005年起开始从事知识产权工作，并且在对外投资、资本市场、民商事争议解决等领域拥有丰富的法律服务经验；在商标、专利、著作权的保护领域有着长期、丰富的实践经历，为众多大中型企业提供过法律服务。目前，其担任广东省律师协会证券法律专业委员会主任、广东省法学会金融法学研究会理事、中国广州仲裁委员会仲裁员、司法部全国千名涉外律师人才库成员等职务。

编撰律师　叶森

第三十七章

《电子商务法》视角下第三方电子商务平台知识产权保护的责任边界 / 钟瑜、叶森

一、案例背景

A公司是一家职称考试领域（如财会考试）的在线培训机构，长期推出《注册会计师考试应试指导及全真模拟测试·会计》等系列图书。根据A公司在图书上的说明，该系列图书的销量连续近20年均居全国同类图书之首，市场占有率达80%，是知名度较高的注册会计师考试领域的辅导用书。

由于书籍的可复制性以及该系列图书的高知名度，《注册会计师考试应试指导及全真模拟测试·会计》等系列图书被大量以扫描等方式在网盘、论坛、博客、淘宝等第三方电子商务平台（以下简称“第三方平台”）进行售卖或提供公开下载。由于上述第三方平台并非直接的发布者，并且实际的发布者信息往往很难被A公司获取，因此维权具有一定难度。通常较为方便的方式是，将上述第三方平台作为维权的对象，但这存在如何确定第三方平台责任边界的问题。

二、权利的重点信息

A公司系《注册会计师考试应试指导及全真模拟测试·会计》等系列图书的权利人。以2015年出版的《注册会计师考试应试指导及全真模拟测试·会计》为例，该书标准书号为ISNB 978-7-301-2587-2，出版发行单位为北京大学出版社，中国版本图书馆CIP数据核字（2015）第046669号。

三、案例解析

B公司旗下网站是以会计财经类从业人员为主体的专业门户电子商务网站，提供网络课程、会计行业资讯、会计行业社区（BBS）等服务。

该网站的会计行业社区板块是供注册用户进行会计考试、资讯交流的网络平台。A公司诉称，B公司在其经营的网站上开设论坛，并由其版主在论坛上向网络用户提供A公司2015年出版的《注册会计师考试应试指导及全真模拟测试·会计》一书的下载服务。A公司认为B公司作为其同业竞争者，明知涉案图书是A公司的作品仍大肆向网络用户进行传播，具有侵权故意，侵犯了A公司对该书享有的信息网络传播权。

（一）维权诉求

A公司希望通过诉讼方式要求B公司停止侵犯其著作权的行为，并在官网刊登声明消除影响，同时赔偿经济损失。

（二）B公司抗辩

在收到起诉状后，B公司的主要抗辩观点为：涉案作品的下载链接是由网络用户“会计老人”发布的，并非B公司发布，且涉案作品并非在B公司论坛中发布和储存。网络用户“会计老人”利用论坛公布了涉案作品的百度网盘下载链接，公众是从百度网盘中下载涉案作品的，B公司不构成侵犯A公司涉案作品的信息网络传播权侵权。对于由网络用户上传到论坛供人下载的涉案作品，A公司无证据证明B公司进行过任何教唆、鼓励行为，不应构成教唆、帮助侵权的行为。B公司仅提供空间给众多网络用户交流，适用“避风港原则”保护，且A公司从未通知过B公司，B公司已履行作为网站、论坛管理者应有的注意义务，并且B公司认为没有从中获利，不应赔偿A公司主张的损失。

（三）法院裁判情况

本案以调解的方式结案。

四、律师分析

本案一审开始于2018年年底，正好经历了我国《中华人民共和国电子商务法》（以下简称《电子商务法》）从通过到施行的整个过程。在《电子商务法》施行之前，对于与第三方平台相关的知识产权侵权行为并非缺乏维权的法规依据。早在2006年7月开始施行的《信息网络传播权保护条例》以及2010年7月开始施行的《中华人民共和国侵权责任法》（以下简称《侵权责任法》）中，我国对于著作权的保护实质上就已经确立了“避风港原则”——《电子商务法》出台以前司法实务中著作权乃至其他知识产权侵权维权的主要依据。而《电子商务法》的出台，使得与第三方平台相关的知识产权保护规定更加系统、全面。

“避风港原则”源于美国的《数字千年版权法案》，也被称为“通知+删除原则”，是指在发生著作权侵权案件时，当网络服务提供商只提供空间服务，并不制作网页内容时，如果网络服务提供商被告知侵权，则有删除的义务，否则就被视为侵权。如果侵权内容既不在网络服务提供商的服务器上存储，又没有被告知哪些内容应该删除，则网络服务提供商不承担侵权责任。《电子商务法》在《信息网络传播权保护条例》以及《侵权责任法》的基础上进行了更加全面、系统的规定，具体包括以下几点：

（1）平台具有建立知识产权保护规则的义务。《电子商务法》第四十一条规定："电子商务平台经营者应当建立知识产权保护规则，与知识产权权利人加强合作，依法保护知识产权。"该条可以被看作平台方关于知识产权保护的基础性原则。平台方不仅要加强对知识产权的保护，而且需要积极主动建立知识产权保护的规则，加强与权利人的合作，这样更有助于知识产权保护意识的提高和可操作性的增强。

因此，平台方应当制定知识产权保护规则，这不仅是对知识产权权利人的保护，同时也是对自身权利义务的声明，有助于平台方在处理知识产权争议时有据可循。

（2）知识产权权利人通知权的行使规则。通知权是"避风港原则"的核心，与《信息网络传播权保护条例》相比，《电子商务法》除了对象不局限于著作权外，在平台方对应措施以及错误通知引发的责任上都有进一步规定。

《电子商务法》第四十二条第一款规定："知识产权权利人认为其知识产权受到侵害的，有权通知电子商务平台经营者采取删除、屏蔽、断开链接、终止交易和服务等必要措施。通知应当包括构成侵权的初步证据。"其中，"终止交易和服务"是在《信息网络传播权保护条例》基础上新增的必要措施，更体现了电子商务时代的特色和需求。该条第二款也进一步规定了如果平台未采取必要的措施，平台将对损害的扩大部分与平台内经营者承担连带责任。

在通知权的基础上，《电子商务法》第四十二条第三款对错误通知以及恶意通知的法律责任进行了具体规定，弥补了《信息网络传播权保护条例》以及《侵权责任法》在该方面的不足。第四十二条第三款规定，因通知错误造成平台内经营者损害的，依法承担民事责任。恶意发出错误通知，造成平台内经营者损失的，加倍承担赔偿责任。由此可以看出，《电子商务法》更注重权利的平衡，即使是知识产权权利人也不应当滥用权利。

（3）“避风港原则”的反通知权规则。在以往的《信息网络传播权保护条例》以及《侵权责任法》中，并无“避风港原则”反通知权的相关规定。《电子商务法》第四十三条规定：“平台内经营者接到转送的通知后，可以向电子商务平台经营者提交不存在侵权行为的声明。声明应当包括不存在侵权行为的初步证据。”

也就是说，当知识产权权利人行使通知权通知平台侵权行为时，平台并不必然要按照《电子商务法》第四十二条的规定采取删除、屏蔽等必要措施，平台内的经营者可以提交不侵权的证据，并通知权利人不存在侵权行为，以此解除相关措施。

值得注意的是，《电子商务法》也就上述的通知及反通知进行了必要的程序限制，无论通知还是反通知都不是来来回回无休止的。当相关权利行使后，如果仍然存在争议无法解决问题，相关权利人就应当通过向有关主管部门投诉或者向人民法院起诉等更为有效的方式主张权利。

（4）知识产权保护的“红旗”规则。所谓知识产权保护的“红旗”规则（也称红旗原则）实际上是“避风港原则”的例外，是指在一定情况下，平台方不得依据“避风港原则”来主张责任的免除。

《电子商务法》第四十五条规定：“电子商务平台经营者知道或者应当知道平台内经营者侵犯知识产权的，应当采取删除、屏蔽、断开链接、终止交易和服务等必要措施；未采取必要措施的，与侵权人承担连带责任。”如果缺乏“红旗”规则，平台方对于平台上实施的知识产权侵权行为很可能采用滥用“避风港原则”的手段规避责任。该条规定更多的是要求平台方更为积极地履行知识产权保护的义务，避免放纵或默认行为的发生。

五、律师建议

虽然“避风港原则”在一定程度上能够降低或免除平台方的侵权责任，但是这也需要建立在具备完备的知识产权保护措施的基础上。平台方首先应当制定知识产权保护的规则并进行公告，在规则中应当包含对于平台身份、定位的声明，知识产权保护的机制，知识产权争议处理的方法以及其他必要的内容。同时在平台建设上，平台经营者应当注重平台使用者身份的确认，建立必要的实名机制、联络机制、通知机制，尽可能地补足适用“避风港原则”的前提条件，减少不必要的风险。

六、法律链接

《电子商务法》第四十一条　电子商务平台经营者应当建立知识产权保护规则，与知识产权权利人加强合作，依法保护知识产权。

第四十二条　知识产权权利人认为其知识产权受到侵害的，有权通知电子商务平台经营者采取删除、屏蔽、断开链接、终止交易和服务等必要措施。通知应当包括构成侵权的初步证据。电子商务平台经营者接到通知后，应当及时采取必要措施，并将该通知转送平台内经营者；未及时采取必要措施的，对损害的扩大部分与平台内经营者承担连带责任。因通知错误造成平台内经营者损害的，依法承担民事责任。恶意发出错误通知，造成平台内经营者损失的，加倍承担赔偿责任。

第四十三条 平台内经营者接到转送的通知后，可以向电子商务平台经营者提交不存在侵权行为的声明。声明应当包括不存在侵权行为的初步证据。电子商务平台经营者接到声明后，应当将该声明转送发出通知的知识产权权利人，并告知其可以向有关主管部门投诉或者向人民法院起诉。电子商务平台经营者在转送声明到达知识产权权利人后十五日内，未收到权利人已经投诉或者起诉通知的，应当及时终止所采取的措施。

第四十四条 电子商务平台经营者应当及时公示收到的本法第四十二条、第四十三条规定的通知、声明及处理结果。

第四十五条 电子商务平台经营者知道或者应当知道平台内经营者侵犯知识产权的，应当采取删除、屏蔽、断开链接、终止交易和服务等必要措施；未采取必要措施的，与侵权人承担连带责任。

七、运营思维

华南理工大学工商管理学院教授 · 雷鸣

在市场转型的今天，如果要实现习总书记提出的三个转变，即中国制造向中国创造转变、中国速度向中国质量转变、中国产品向中国品牌转变，那么中国市场的知识产权的保护及其合法交易就是决定这场转变战役的关键所在。而在互联网时代，知识产权的保护比传统线下市场的知识产权保护呈现出更为复杂的特性。

钟瑜律师就本案根据《电子商务法》条文进行了清晰的解读，给予读者以下启示。

第一，中国对知识产品的保护，尤其是对电子商务平台上涉及的知识产品的保护，从过去不够严谨的2006年7月1日实行的《信息网络传播权保护条例》发展到了比较严谨的2018年8月31实行的《电子商务法》。从“条例”到“法”，说明了中国政府对知识产权保护的决心。

第二，电子商务无国界。中国的《电子商务法》要适应国际上所有的产权纠纷案例，所以也借鉴了国际上通用的“避风港原则”和“红旗原则”。

第三，本案最终以双方调解的方式结案，但仍然留下一些不明确的地方，A公司仍然可以就受损的事实进行追究。那就是电子商务平台经营者B公司与平台内经营者“会计老人”的关系是什么？如果二者没有利益关系，那么B公司应该采用什么方式来杜绝类似“会计老人”这种经营者的侵权行为的发生？

电子商务平台是由提供平台的经营者和无数个平台内经营者共同形成的。《电子商务法》只有细化到约束每一个平台内经营者合法经营，才能够真正净化电子商务平台，保护企业和个人的知识产权。

首席律师　钟瑜

相关介绍见第三十六章。

编撰律师　叶森

第三十八章

天猫网服装店著作权侵权案 / 甘静仪

一、案例背景

2018年10月底，“天猫网双十一狂欢节”即将来临，天猫网所有的网店都在想如何在双十一期间提高销售量。长沙壹良电子科技有限公司（以下简称“壹良公司”）也经营着一家天猫网服装店，但它却在准备对侵犯其美术作品《梦幻世界》著作权的行为进行取证。为什么壹良公司要在双十一期间对侵权行为进行取证呢？原来一些天猫网服装店的销售行为主要集中在天猫网双十一期间，双十一过后，这些天猫网服装店就将其销售的侵权产品下架，导致被侵权人难以取证进行维权。

在天猫网服装店著作权侵权纠纷中，被侵权人维权难主要表现在以下几个方面：一是侵权人多且分布在全国各地；二是取证的成本高、难度大；三是诉讼成本高，判决赔偿金额低。

二、权利的重点信息

壹良公司系美术作品《梦幻世界》的作者及著作权人，作品登记号为国作登字2018-F-00644679，创作完成时间为2017年4月21日，首次发表时间为2017年5月6日。

三、案例解析

2017年4月21日，壹良公司创造完成《梦幻世界》美术作品，依法享有《梦幻世界》的著作权。壹良公司将《梦幻世界》用于服装生产，并通过天猫网销售服装，但壹良公司发现天猫网多家服装店销售侵犯《梦幻世界》作品著作权的服装，抢占了新产品畅销带来的经济利益，导致壹良公司产品销量出现大幅度下滑。于是，壹良公司委托律师向多达十几家侵犯《梦幻世界》作品著作权的公司进行维权。

（一）维权诉求

壹良公司希望可以通过和解或者诉讼要求侵权公司立即撤除天猫网上有关侵权产品的信息，并赔偿经济损失及因调查、制止侵权所支付的合理费用。

（二）律师分析

1. 法律分析

关于侵权法律关系的问题：根据《著作权法》的规定，壹良公司作为作品《梦幻世界》的著作权人，依法享有著作权，他人未经许可不得复制、发行和通过信息网络向公众传播等。侵权人未经许可在天猫网销售带有壹良公司作品图案的产品已经严重侵犯了壹良公司的著作权，应当承担侵权责任。

关于案件管辖权的问题：根据《民事诉讼法》第二十八条，《最高人民法院关于适用〈中华人民共和国民事诉讼法〉的司法解释》第二十四条、第二十五条的规定，因侵权行为提起的诉讼，由侵权行为地或者被告住所地人民法院管辖。侵权行为地包括侵权结果发生地；信息网络侵权结果发生地包括被侵权人住所地。故为降低壹良公司的诉讼成本，壹良公司可以向其住所地人民法院起诉。

2. 诉讼策略分析

壹良公司希望与侵权人和解获得赔偿并与侵权人达成著作权使用协议，如无法达成和解，则通过诉讼获得赔偿。针对这种情况，代理律师提出以下建议。

（1）2018年11月12日，对所有天猫网侵权服装网店的网页进行取证。

（2）代理律师向所有侵权人发送律师函，与侵权人沟通和解事宜。

（3）若和解不成，向长沙市中级人民法院起诉侵权人。

（4）采用可信时间戳的形式进行取证。为什么采用可信时间戳而不采用公证的方式取证呢？相对于公证，可信时间戳有以下两个优势：一是成本低，二是取证时间短且灵活。但是可信时间戳相对于公证而言存在不被法院采纳的风险，所以我们在制作可信时间戳时应严格按照联合信任时间戳服务中心官网发布的《电子数据取证及固化保全操作指引v1》制作可信时间戳。在笔者参加的一次讲座中，广州知识产权法院的朱文彬法官阐述了对网页进行取证的可信时间戳被法院采纳的四要件：一是必须经过四个环节，即杀毒、清理上网记录、查看程序及进程和检查互联网链接真实性；二是登录网页的过程必须是连续的、清晰的和零失误的；三是保存文件在具体时间节点存在待证事实；四是录屏文件必须是清晰的，可以再次登录取证的网站进行验证。

（5）向侵权人发送律师函。代理律师通过两种方式向侵权人发送律师函，一是通过侵权人经营的天猫网店的客服发送律师函的电子版，二是通过EMS（中国邮政速递物流）邮寄律师函。发送律师函的效果显著，侵权人透露之前也有过其他公司起诉其侵权，这显露出侵权人有强烈的和解意愿。但被侵权人除了与一个侵权人达成和解外，与其他侵权人都未能就和解方案达成一致。

（6）起诉侵权人。经代理律师建议，壹良公司决定向长沙市中级人民法院起诉浙江的三个侵权人。壹良公司利用诉讼成本来向侵权人施压，使得侵权人主动与壹良公司联系以协商和解事宜。通过双方进一步磋商，在开庭前，壹良公司与三个侵权人达成和解，侵权人不仅赔偿了损失，还与壹良公司展开合作。壹良公司授权侵权人使用其美术作品进行服装生产与销售，侵权人向壹良公司按年支付费用。

四、正确做法

在电商平台著作权侵权纠纷系列案中，相对于采用公证方式进行取证，本案的代理律师更倾向于采用可信时间戳进行取证；针对信息网络传播权侵权纠纷，相对于向被告住所地法院或侵权行为地法院起诉的传统做法，代理律师更倾于向互联网法院起诉。

本案的关键在于，在发送律师函和起诉前对侵权行为进行取证。证据决定了诉讼的成败。本案的成功之处在于，壹良公司在低成本的情况下，在短时间内获得了赔偿，并与侵权人达成了长期合作。

五、法律链接

（一）《侵权责任法》

第二条 侵害民事权益，应当依照本法承担侵权责任。本法所称民事权益，包括生命权、健康权、姓名权、名誉权、荣誉权、肖像权、隐私权、婚姻自主权、监护权、所有权、用益物权、担保物权、著作权、专利权、商标专用权、发现权、股权、继承权等人身、财产权益。

（二）《著作权法》

第三条　本法所称的作品，包括以下列形式创作的文学、艺术和自然科学、社会科学、工程技术等作品：……（四）美术、建筑作品。

第四十八条　有下列侵权行为的，应当根据情况，承担停止侵害、消除影响、赔礼道歉、赔偿损失等民事责任；同时损害公共利益的，可以由著作权行政管理部门责令停止侵权行为，没收违法所得，没收、销毁侵权复制品，并可处以罚款；情节严重的，著作权行政管理部门还可以没收主要用于制作侵权复制品的材料、工具、设备等；构成犯罪的，依法追究刑事责任：（一）未经著作权人许可，复制、发行、表演、放映、广播、汇编、通过信息网络向公众传播其作品的，本法另有规定的除外……

第四十九条　侵犯著作权或者与著作权有关的权利的，侵权人应当按照权利人的实际损失给予赔偿；实际损失难以计算的，可以按照侵权人的违法所得给予赔偿。赔偿数额还应当包括权利人为制止侵权行为所支付的合理开支。

权利人的实际损失或者侵权人的违法所得不能确定的，由人民法院根据侵权行为的情节，判决给予五十万元以下的赔偿。

（三）《最高人民法院关于适用〈中华人民共和国民事诉讼法〉的解释》

第二十四条　民事诉讼法第二十八条规定的侵权行为地，包括侵权行为实施地、侵权结果发生地。

第二十五条　信息网络侵权行为实施地包括实施被诉侵权行为的计算机等信息设备所在地，侵权结果发生地包括被侵权人住所地。

六、风险防范

对于天猫网服装店来说，一是尽量销售享有知识产权的商品；二是一旦发现销售的商品存在侵权行为，应立即对商品进行下架处理。类似壹良公司的著作权人要建立专门的维权团队，善于发现侵权行为和积极对侵权行为进行取证保存，以便日后诉讼维权。

七、运营思维

华南理工大学工商管理学院教授·雷鸣

知识产权（包括著作权、商标权和专利权等）是企业提升自身竞争力、形成差异化竞争的重要手段，也是企业创新的重要体现。如果企业的知识产权得不到保护，企业也就失去了创新的动力。

企业知识产权的保护，不仅取决于国家法律法规的健全，而且取决于知识产权拥有者是否能根据法律法规主动采取维权打假行动。

透过本案，我们不仅看到了企业在主动维权打假方面主动出击的态度，也看到了其在采取行动的技巧方面的提升。比如，本案著作权方壹良公司采用可信时间戳而不采用公证的取证方式，这不仅成本低、灵活且操作简单，而且避免了公证取证的较多时间成本。

这类电子商务平台（第三方平台）侵权事件屡禁不止：一方面源于侵权者的法律意识淡薄，另一方面源于维权者打假技巧的缺乏。本案详细介绍了维权者通过合适取证、及时发函、和解商议与最终起诉四个阶段的操作程序达成合解，为这一类纠纷的解决提供了一条有效的途径。

企业的市场竞争最终会体现在企业的品牌竞争上，依靠抄袭他人的品牌来赚快钱的方式终究是行不通的。企业只有依靠专业的工匠精神和品牌塑造，才能取得成功。

首席律师　甘静仪

广东杰海律师事务所创始合伙人律师，广东杰海律师事务所法律顾问部负责人，暨南大学法学和金融学双学士，广州电视台经济与法频道特约法律顾问，《羊城晚报》数字媒体“羊城派”战略联盟合作律师，暨南大学法学院和知识产权学院校友联谊会第一届理事会理事、副秘书长。

其长期提供企事业单位法律顾问服务，为超过100 家企事业单位提供服务；常年参与企业诉讼纠纷，处理相关诉讼案件500 件以上。由于常年接触大量企事业单位，其对企业在合同管理中的痛点、盲点和风险点了如指掌，从而能有效地为企业提供行之有效的解决方案。

助理律师　包俊

第三十九章

KBOX客户端伴奏侵权案 / 孙胜男

一、案例背景

广州酷狗计算机科技有限公司（以下简称“酷狗公司”）成立于2006年，提供的服务包括自制的个人数字专辑、引领资讯潮流的酷狗娱乐、全天候在线直播的音乐电台以及手机音乐播放器等。酷狗公司自创建以来，一直致力于数字音乐的发展和技术领域的创新。在版权领域，酷狗公司先后与几十家唱片公司合作，获得了数十万首正版数字音乐版权，建立了庞大的音乐曲库；在技术推动领域，酷狗公司创造了多项先进的技术——共享交互网络、数据传输方案、高效的分布式无集中化搜索、歌曲识别技术、精确动感卡拉OK歌词功能及音乐推荐管理系统，填补了国内技术空白，引领新一代互联网络构架技术的发展。

随着时代与技术的发展，数字音乐领域出现了一种新的经营模式——软件K歌，以手机客户端和电脑客户端呈现的形式居多（对于近年来新兴的移动KTV、移动包厢类的K歌形式，我们此处不做讨论）。软件K歌在一定程度上是KTV的替代品或互补品。两者的共同点是都基于一定的曲库，选择伴奏或打开原唱的方式，用户跟着伴奏、原唱一起唱歌。两者的不同点在于，KTV是聚会K歌的首选，其优点是空间大、人员多、氛围浓且参与人员之间的互动性强；而软件K歌一般是由个人进行的，其优点在于用户在选定的任何场合均可以实现K歌，一般情况下下载软件以及选择K歌无须向软件方付费。基于软件K歌的便利性、隐私性和免费性，K歌软件在数字音乐市场受到广泛欢迎，用户基数日益壮大。在市场和利益的驱使下，不规范的K歌软件越发肆虐，侵权行为日益横行。

二、权利的重点信息

歌曲《离开悲伤》由范逸臣演唱、由丰华唱片股份有限公司（以下简称“丰华公司”）录制。酷狗公司经过丰华公司的授权，享有歌曲《离开悲伤》录音制作者权下的独占性信息网络传播权。该权利期限自2014年1月1日起至2016年12月31日止，授权地域范围为中国大陆地区。

三、案例解析

天格科技（杭州）有限公司（以下简称“天格公司”）成立于2008年11月26日，其经营范围为计算机软件、网络技术的开发、设计、制作及成果转让，并提供相关技术咨询和服务。金华就约我吧网络科技有限公司（以下简称“就约我吧公司”）成立于2008年11月18日，其经营范围为利用信息网络经营音乐娱乐产品、游戏产品、演出剧目、表演，以及计算机软件开发、设计、制作、销售。

天格公司和就约我吧公司共同经营KBOX软件，该软件提供歌曲原唱或伴奏的下载服务。用户通过下载KBOX软件就可以在个人选定的时间、地点下载歌曲的原唱或者伴奏。KBOX软件向用户提供了歌曲《离开悲伤》伴奏的下载服务。酷狗公司认为KBOX软件是由天格公司和就约我吧公司共同运营的，两被告的行为侵害了自己的独占性信息网络传播权。

（一）维权诉求

酷狗公司希望通过诉讼的方式要求天格公司、就约我吧公司停止侵权，并赔偿经济损失及合理费用。

（二）对方抗辩

两被告的主要抗辩理由有两点：第一，根据《著作权法》的规定，订立许可使用合同应包括付酬标准和办法，而丰华公司向酷狗公司出具的授权书中并没有说明具体的授权使用费，合同存在瑕疵，酷狗公司无权以自己的名义提起诉讼；第二，KBOX客户端提供的是歌曲《离开悲伤》的伴奏，而丰华公司授权给酷狗公司的是整首歌曲，两者的内容不同，酷狗公司无权就歌曲的伴奏主张权利。

（三）法院认定

对于第一个争议焦点，二审法院认为酷狗公司已经明确得到了录音制作者丰华公司的授权，价格条款并不影响酷狗公司的起诉资格。

对于第二个争议焦点，一审法院认为酷狗公司经授权享有《离开悲伤》的录音制作者权下的信息网络传播权，该权利的客体为歌曲伴奏及演唱内容的结合，两者不可分割，酷狗公司对该歌曲的伴奏或演唱并不分别独立享有相关权利。被控侵权歌曲仅为伴奏音乐，其内容与酷狗公司所主张权利的歌曲内容有较大区别，被告播放并提供伴奏音乐下载的行为也未侵犯酷狗公司在该案中主张的权利。据此，一审法院驳回酷狗公司对该歌曲所主张的权利。在一审判决后，酷狗公司对一审法院就歌曲《离开悲伤》的认定不服，向二审法院提起上诉，认为伴奏是歌曲的一部分，伴奏和演唱内容均应受到法律保护。两被告通过技术手段消除歌曲人声演唱的部分不仅破坏了歌曲的完整性，还侵害了酷狗公司对伴奏部分享有的录音制作者权。

二审法院在审理后认为，《离开悲伤》录音制品内容包括歌曲伴奏及演唱，该歌曲伴奏及演唱的结合构成录音制品权利的客体，录音制作者及其相关权利人不能单独以歌曲伴奏或者演唱部分分别主张录音制作者权。但是，这并不意味着他人可以单独利用歌曲伴奏或演唱部分实施受录音制作者权控制的行为。原因在于：首先，侵权行为指向的对象是否包含权利客体的全部内容并不影响侵权性质的认定；其次，随着科学技术的发展，将录音制品中的伴奏及演唱进行分离已成为现实，以技术手段分离后的伴奏并没有形成受《著作权法》保护的新权益；最后，伴奏是歌曲《离开悲伤》录音制品的重要内容。他人在未经权利人许可，也缺乏法律依据的情况下，提供《离开悲伤》录音制品伴奏音乐的行为侵犯了该录音制作者权下的信息网络传播权。

（四）判决情况

二审法院认为两被告通过KBOX客户端向公众提供歌曲《离开悲伤》的伴奏下载行为，侵害了酷狗公司的信息网络传播权。二审法院判决撤销一审法院做出的判决，改判支持酷狗公司就歌曲《离开悲伤》的伴奏所主张的权利，并支持部分经济损失与合理费用赔偿的要求。

四、律师分析

本案中，最具有争议性的问题是对两被告提供歌曲伴奏行为是否侵害录音制作者权的认定。酷狗公司获得的是整首歌曲的信息网络传播权，而两被告提供的只是歌曲的伴奏。现有的法律依据或者既有的司法判例都没有对这一问题进行针对性、前瞻性的规定或者认定，这就对酷狗公司的维权非常不利。

代理律师以及酷狗公司从歌曲的本质、组成和录音制作者所享有的权利客体方面出发，再结合授权书的内容以及当下数字音乐行业的伴奏使用情况进行了分析和说明。首先，歌曲内容包含曲、词（若有）、表演、录音，一首录制完成的歌曲是由伴奏和人声演唱的内容共同组成的，录音制作者对歌曲的全部内容享有录音制作者权。其次，提供伴奏的行为是否构成侵权主要取决于是否提供了权利人享有的内容，而非内容的全部或者部分；侵权行为指向的对象是否包含了权利客体的全部内容并不影响侵权行为性质的认定。而且随着技术的发展，伴奏分离使用的现象已经非常普遍，我们需要对这种行为进行规制。通过我们的推动，目前已有司法判例认定提供伴奏的行为是对录音制作者及相关权利人的权利的侵害。

五、正确做法

一首歌曲存在多个版本的情况在市面上是很常见的，同一首歌曲由不同的演唱者演唱，或者由同一个演唱者在不同场合、不同环境演唱，从而形成新的歌曲版本和录音制作品。而在歌曲没有人声演唱且只有伴奏的情况下，尤其是平台方、用户、侵权方为了提供K歌服务而消除人声的情况，由于人声消除得不专业，版本的辨认和确认就更加困难。所以，在主张伴奏行为构成侵权时，我们还需要做的一项重要工作就是确认侵权方提供的伴奏和我们要主张权利的歌曲在音源上是一致的。这需要视伴奏可辨度来确定需要举证的内容，可采用的手段有技术比对、频谱比对，也有可能需要到专门的鉴定机构做鉴定。

录音制作者只对其制作的歌曲版本享有录音制作者权，且只有在确定好版本的情况下才能对侵权行为进行维权。

六、法律链接

（一）《著作权法实施条例》

第五条第二款　录音制品，是指任何对表演的声音和其他声音的录制品；第五条第四款　录音制作者，是指录音制品的首次制作人。

（二）《著作权法》

第四十二条　录音录像制作者对其制作的录音录像制品，享有许可他人复制、发行、出租、通过信息网络向公众传播并获得报酬的权利；权利的保护期为五十年，截止于该制品首次制作完成后第五十年的12月31日。被许可人复制、发行、通过信息网络向公众传播录音录像制品，还应当取得著作权人、表演者许可，并支付报酬。

第四十八条　有下列侵权行为的，应当根据情况，承担停止侵害、消除影响、赔礼道歉、赔偿损失等民事责任：……（四）未经录音录像制作者许可，复制、发行、通过信息网络向公众传播其制作的录音录像制品的，本法另有规定的除外。

七、运营思维

华南理工大学工商管理学院教授・雷鸣

权利方：在自己平台或者授权在他人平台传播歌曲时，可以采取相关的技术措施，防止被他人轻而易举地消除人声，实施侵权行为。

企业方：当下，人们在精神文化方面的交流越来越多，要求也越来越高，企业要想抓住机遇发展，就需要了解各方面的法律法规，做好风险防范工作。从使用歌曲这一角度来讲，首先，企业就得从词作者、曲作者、表演者、录音制作者等多方权利人处获得授权；其次，企业对歌曲的使用需要按照约定的时间、范围和方式进行。企业如果有实力，可以直接从词作者、曲作者处购买版权。企业自己充当录制者的角色，就能享有录制者的权益和发行收益。

商业社会完善意味着天底下没有免费的午餐。以营利为目的的商业行为必定要付出代价，这是保护知识产权必走的一条路。

既然丰华公司已经授予酷狗公司独占性信息网络传播权，那么一切“钻空子”分食其独占权的行为均属于侵权行为。天格公司和就约我吧公司共同运营的KBOX就属于典型的以营利为目的的商业行为，提供《离开悲伤》伴奏音乐下载的行为就属于分食酷狗公司独占权的行为，两者必然要为侵权付出代价。

本案二审法院根据著作保护法律的判罚有根有据，合理合情更合法，为以后类似案子的判罚提供了依据。

数字音乐牵涉多方人士和机构的利益，只有加强对数字音乐版权的保护，才能激发作词者、谱曲者、歌者、录制者和发行者的创作热情，保护他们应有的利益；才能繁荣我国的音乐市场，改变我国当前只有改编、窃取他人的作品，而鲜有原创作品的现状。

随着企业和个人法律意识的增强，随着知识付费消费群体逐渐增加，我们相信这种侵权现象会逐渐得到抑制。

·智慧语录·

国家、企业以及个人对知识产权的要求越来越高，保护意识越来越强。如何在知识产权的大流中利用好自身的资源，如何在发展事业的同时规避风险，都是问题。就音乐数字版权而言，版权运营者应从词、曲、表演者、录制者多角度出发，不能钻“伴奏”这样的漏洞。

——孙胜男

首席律师　孙胜男

自2014年开始从事知识产权工作，主要对作品、制品的版权进行保护和维权，具体涉及的作品、制品类型包括音乐作品、音乐制品、有声书、文字作品、摄影作品、美术作品和影视作品等。其对专利以及不正当竞争方面的案件也有实践和研究，代理案件的地域范围覆盖北京、上海、深圳、杭州、广州和陕西等地。

第四十章

北京金图创联国际科技有限公司侵犯他人著作权案 / 刘立新、王晓花

一、案例背景

随着数字技术的发展，互联网成为知识传播的一个重要载体。很多文献，尤其是国外图书以高度的共享性和便利的服务性成为各类数字图书馆的重要信息资源。随之而来的是，数字图书馆由于其数字化、网络化的特点，成为侵犯他人知识产权的高风险区，严重影响了相关产业的正常市场秩序和社会公共利益。数字图书馆故意删除或改变权利管理电子信息的侵权行为、侵犯境外出版物著作权的一系列问题引起了社会关注。

在本案中，在无法获得权利人对被侵权全部作品鉴定的情况下，如何应用《著作权法》第五十三条关于举证责任的规定，如何在侵权作品采取技术加密措施情况下进行电子证据固定和转换工作等都值得进一步研究和探讨。

二、权利的重点信息

本案涉案作品为《零售业的原则》(*Principles Megistos of Retailing*)、《数据挖掘概念与技术》(*Data Mining Concepts and Techniques*)等3 029种外文电子图书，上述外文图书版权人为爱思唯尔出版社、斯普林格出版社、剑桥大学出版社和牛津大学出版社等境外出版机构。本案投诉人系爱思唯尔出版社，该出版社是世界上最大的科技与医学文献出版社之一。上述图书中有63种为爱思唯尔出版社享有著作权的图书，且爱思唯尔出版社都出具了鉴定声明。

三、案例解析

2015年3月，行政执法机关接到爱思唯尔出版社投诉，称北京金图创联国际科技有限公司（以下简称“金图公司”）侵犯其母公司励德·爱思唯尔集团“SD”电子图书数据库信息网络传播权。

2015年6月，执法人员依法对金图公司办公场所进行了现场检查，证实金图公司外文电子图书全文数据库的图书有三种来源：一是通过中国教育图书进出口总公司进口图书6 000册，其中2 000册版权依然有效，该公司无法提供合法的授权文件；二是从古登堡图书计划网站下载图书12 026种，属于作者逝世超过50周年的公共版权；三是从相关网站、论坛上下载图书1 029种，版权依然有效，该公司无法提供合法的授权文件。

上述图书的版权信息全被删除、篡改（加载上虚构的出版单位和假书号）。经查证，该公司于2013年4月至2015年6月期间，故意删除或改变斯普林格出版社、爱思唯尔出版社和剑桥大学出版社等外国出版单位的权利管理电子信息，在明知或应知未经权利人许可的情况下，将删除并改变了权利管理电子信息的外文电子图书制作成金图外文电子图书（KDF格式），并以“金图外文电子图书数据库”的形式销售给大连东软信息学院、成都医学院、成都中医药大学的图书馆，侵权电子图书分别为57种、293种、486种，经购买单位的校园网向公众传播。

案件期间，权利人爱思唯尔出版社提供了4份满足国内要求的著作权证明。

通过所销售侵权电子图书占整个数据库的比例以及销售合同金额，总队确定了金图公司非法经营额为63 000元，违法所得28 200元。鉴于上述违法事实，总队对其做出没收违法所得28 200元、罚款126 000元的行政处罚。

（一）知识产权方的维权内容或者诉求

投诉人爱思唯尔出版社受励德·爱思唯尔集团委托，希望金图公司立即停止侵权行为，并对其构成不正当竞争的违法行为承担责任。

（二）对方抗辩情况

在案件调查中，当事人认为：

第一，发行的对象是高校和科研单位，最终用户只能是教师、学生和科研人员，此举是否适用于《著作权法》第二十二条第（六）项的合理使用。本案中，金图公司将含有侵权电子图书的“金图外文电子图书数据库”销售给大连东软信息学院、成都医学院和成都中医药大学的图书馆。

第二，校园网不属于对公众开放的局域网。

第三，采取了技术限制措施，限制了受众和部分功能属于部分侵权。本案中，金图公司对侵权电子图书做了访问控制处理：一是所有图书均转化为KDF文件格式，只能通过专门阅读器在被授权的学校或科研院所打开；二是各学校间KDF文件不能混用，如果将从A校下载的KDF文件拿到未经授权的B校，图书就无法使用；三是所有KDF文件均不提供打印功能；四是不支持导出或格式转化；五是每本图书每次只允许复制拷贝不超过200个字符。

（三）行政机关认定与结果

行政机关认为：信息网络传播权，是指以有线或者无线方式向公众提供作品，使公众可以在其个人选定的时间和地点获得作品的权利。我国《著作权法》规定，为学校课堂教学或者科学研究，翻译或者少量复制已经发表的作品，供少数教学或者科研人员使用，可以不经著作权人许可、不向其支付报酬。但这并不代表只要是为了教学目的就构成合理使用，合理使用有一定的使用方式和使用量的限制，学生和教师科研人员也不可以不受限制地使用作品。本案中，金图公司向高校和科研机构销售含有侵权电子图书的数字图书馆，以营利为目的，显然不适用于《著作权法》第二十二条的合理使用条件。

另外，校园网用户传播范围为不特定的公众，已经远远超出了其教学的学生范围，用户拥有“在其个人选定的时间和地点获得作品的权利”；校园网不是网络传播的“无主之地”，属于公开开放的网络。金图公司为了商业利益，虽采取了技术限制措施——限制了受众和部分功能，这可以作为酌定情节考虑，但不影响本案件定性。

四、执法建议

在著作权侵权案件中，有几个重要的执法关键点。行政立案阶段要明确是否损害公共利益，案件调查阶段要确保权利证明、侵权证据、赔偿损害证据等证据取得的全面、关联以及法规的适用等问题，行政处罚阶段要确定非法经营额的核算。具体到本案中，有如下几个重点。

（一）关于“涉外著作权保护”问题

目前，我国加入的国际著作权条约有《伯尔尼公约》《世界版权公约》《世界知识产权组织版权条约》《与贸易有关的知识产权协议》。根据《著作权法》第二条，我国有义务向这些条约的受益者提供保护。

（二）关于“损害公共利益”的认定问题

著作权的本质是私权利，但著作权在许可使用和公共传播过程中与公共利益紧密相关。根据《著作权法》第四十七条，普通民事主体间的著作权侵权纠纷只有达到“损害公共利益”的高度，行政主管部门依法介入，才会转化成为行政关系。本案中，金图公司以营利为目的，通过信息网络向数个高校传播侵权作品，已构成不正当竞争，其侵权行为显然达到了“损害公共利益”的程度。其实，从涉及《著作权法》中的公共利益来看，著作权在使用和传播过程中主要体现出与公众利害关系相关的公共传播、公共秩序、公平竞争、公共安全、公共道德等特点。损害公共利益的认定既要考虑著作权传播特点的客观因素，也要考虑侵犯著作权的主观因素；既要考虑侵权行为的结果定性，也要考虑侵权过程的定量分析。损害公共利益的认定标准应从屡次侵权、恶意侵权、内容违规侵权、经营性侵权等方面予以考虑。

（三）关于“举证责任倒置”问题

本案中，爱思唯尔出版社取得著作权的形式多样，无法按照国内要求出具自身享有著作权的证明。针对1 029种外文侵权图书，金图公司以删除版权页、更改出版单位名称和书号的形式传播著作权人作品且无法提供授权证明，因为权利人（出版单位）并未（也不会）授权任何代理机构以删除版权页、更改出版单位名称和书号的形式传播其作品。此种情况适用《著作权法》第五十三条。

关于《著作权法》第五十三条适用的问题，目前还存在众多争议，不论是行政还是司法都在不断探索。本案中，涉案作品种类众多，权利人分散，权属证明不能一一取得，但复制、发行或传播等违法行为事实存在，因此，该案适用《著作权法》第五十三条。

（四）关于“行刑衔接”问题

本案金图公司因侵权行为获得非法经营额63 000元，按照法规要求达到了移刑标准，但是著作权人为海外机构和个人，由于自身原因无法取得全部授权，国内司法鉴定部门不能出具符合法律规定的鉴定书。国家版权局虽然在近年力推以《著作权法》第五十三条追究侵权人的刑事责任，但在司法实践中应用较少，各地标准不统一，这使得本案在行刑衔接中存在巨大障碍，未及时禁止侵权行为并维护权利人权利，最终执行行政处罚。

五、法律链接

（一）《信息网络传播权保护条例》

第五条　未经权利人许可，任何组织或者个人不得进行下列行为：（一）故意删除或者改变通过信息网络向公众提供的作品、表演、录音录像制品的权利管理电子信息，但由于技术上的原因无法避免删除或者改变的除外；（二）通过信息网络向公众提供明知或者应知未经权利人许可被删除或者改变权利管理电子信息的作品、表演、录音录像制品。

（二）《著作权法》

第五十三条　复制品的出版者、制作者不能证明其出版、制作有合法授权的，复制品的发行者或者电影作品或者以类似摄制电影的方法创作的作品、计算机软件、录音录像制品的复制品的出租者不能证明其发行、出租的复制品有合法来源的，应当承担法律责任。

六、运营思维

华南理工大学工商管理学院教授 · 雷鸣

涉外知识产权保护的问题，是当前急需关注和解决的问题。由于多年来我们对这方面的重视程度不够，中国对知识产权保护不力的不良形象产生了。

实事求是地说，在改革开放初期，中国的科学研究需要大量借鉴发达国家的研究方法和手段，更需要了解某个研究领域的最新研究成果，以避免走弯路。这样，我们就对国外研究文献和成果产生了大量需求，给引进和经营国外文献的机构带来了市场机会。从市场营销的角度来说，这无可厚非。

但与国际接轨，不仅需要这些领域的最新研究文献和成果，更需要与发达国家知识产权保护制度接轨。于是，中国先后加入了《伯尔尼公约》《世界版权公约》《世界知识产权组织版权条约》《与贸易有关的知识产权协议》，并制定了中国的《著作权法》。

本案的司法实践，不仅给我国在涉外知识产权保护方面提供了一个成功的借鉴案例，也对近年来中国的科研成果在国际上大量发表提供了国际保护的思路。

执法人员 刘立新

北京市文化市场行政执法总队执法五队队长。其从事一线执法工作20多年，先后负责新闻出版物、广播电视以及版权执法工作。其负责查办的北京优阅盈创科技有限公司外文电子书数据库侵权案、橙子维阿科技公司侵权案等案件备受社会关注，且其负责查办的多起案件入选年度全国打击侵权盗版十大案件。2002年，他荣获“全国扫黄打非先进个人”；2016年，他荣获“全国查处侵权盗版案件有功个人”；2017年，他荣获“全国查处侵权盗版案件有功个人”。

执法队员 王晓花

第四十一章

上传特定作品至QQ群，管理者与上传者的责任承担 / 徐丹阳

一、案例背景

在互联网和数字阅读背景下，大量打着免费旗号的盗版电子书对著作权人的版权利益形成了强势冲击。由于正版图书和电子书销售单价高以及销售平台的限制，致使盗版电子书的传播和销售十分猖獗，电子书产业发展相对缓慢。当前，提升读者的版权保护意识：一方面要加大对读者付费意识及版权保护意识常规性培养的力度，使其对版权形成基本的是非对错观念；另一方面要大力削弱免费意识的培养源头，打破读者对免费的依赖。关于电子书的传播和销售，以发行权或信息网络传播权来进行保护在司法实践中存在较大的争议。本文将对电子图书的变相销售行为的性质以及司法保护进行探析。

二、权利的重点信息

2012年1月20日，北京某出版社（合同乙方）和案外人廖某（合

同甲方）签订了《图书出版合同》，合同规定作品名称为《跟着君之学烘焙Ⅱ》，字数为150千字。在合同有效期内，甲方授予乙方以图书形式独家出版上述作品的中文简体字版本的专有使用权，乙方在有效期内有权将上述作品的著作稿以各种版本形式出版；甲方授予乙方上述作品的网络传播权，同意乙方出版、发行上述作品的电子版，付酬方式和标准由双方另行书面约定，该电子版如只随上述作品赠送，则不再另付稿酬。合同自签字之日起生效，有效期5年。2012年6月，北京某出版社出版发行《跟着君之学烘焙Ⅱ》一书，作者为君之，书号为978-7-5304-5755-9/T・669，定价为39.8元。

三、案例解析

北京某出版社经授权出版、发行《跟着君之学烘焙II》一书（涉案图书），享有该作品的信息网络传播权。北京某出版社发现，武汉某电器在其经营的淘宝网店"泰和电器专营店"的商品页面发布："③送烘焙电子食谱《我的美味烘焙食谱》、《玩味烘焙文化》和《电烤箱烘焙食谱》三本书封面叠放图"；"④送终身烘焙指导——泰和创意烘焙交流群，下单后联系客服咨询"等信息。该店客服人员在与买家交流时，引导买家下单后加入特定QQ群385108109（群文件为可下载食谱），下载的电子版包括涉案图书，发布人为"梓熙"。

（一）维权诉求

武汉某电器的行为侵犯了北京某出版社依法享有的信息网络传播权，损害了北京某出版社的利益。故北京某出版社诉至法院，要求判令：（1）武汉某电器停止对涉案图书的侵权行为；（2）武汉某电器赔偿北京某出版社经济损失10万元；（3）武汉某电器赔偿北京某出版社公证费支出2 000元。

（二）对方抗辩

（1）北京某出版社无证据证明发布涉案电子书的人与武汉某电器有任何关联性。

（2）北京某出版社公证下载涉案电子书的行为并非武汉某电器推荐，在QQ群中下载“君之电子书”系北京某出版社的行为。

（3）北京某出版社提供的现有证据无法确认“梓熙”是何人、其与武汉某电器是否有关和其是否为武汉某电器的工作人员。武汉某电器作为网络用户，无法履行监督、管理、技术支持、身份甄别、信息检查等义务，不应承担网络服务提供者的责任。

（4）即使武汉某电器应当承担侵权责任，北京某出版社也已声明其是按照法定赔偿依据酌定的损失数额，主张10万元为其实际损失缺乏事实和法律依据，北京某出版社应承担举证不能的不利后果。

（5）涉案QQ群的成员人数仅为600多个，只有该群的成员才能看到群文件，因此，北京某出版社诉称的侵权事实影响范围有限，且涉案电子书在网络上可以普遍下载。

(6)北京某出版社仅提供印刷厂证明、经销商证明及没有知名度的报纸广告等并不能证明其涉案图书的市场知名度。

综上所述，北京某出版社所诉均无客观事实及法律依据，武汉某电器无侵权行为，请求法院依法驳回北京某出版社全部诉讼请求。

（三）法院认定及结果

一审法院认为：武汉某电器作为通过互联网电子商务平台进行商品销售的经营者，在其某电器专营店涉案商品页面载明“送烘焙电子食谱、送终身烘焙指导——泰和创意烘焙交流群，下单后联系客服咨询”等信息，既是其对消费者做出的商品销售服务承诺，也是吸引潜在客户（买家）的营销手段之一。武汉某电器指派4名工作人员作为群管理员，通过密码验证等方式控制他人进入涉案QQ群，使得涉案

QQ群成为武汉某电器与众多消费者（入群买家）之间交流商业信息（如赠送电子书）的特定网络平台。涉案QQ群的运行已成为武汉某电器网络营销模式中的重要一环，武汉某电器作为特定QQ群的管理和控制者，具备相应的信息管理能力，对涉案QQ群内的信息传播行为负有一定的知识产权注意义务，否则应对QQ群中出现的信息网络传播侵权行为所导致的损害承担连带赔偿责任。

网友“梓熙”擅自提供涉案作品的信息传播，使公众可以在选定的时间和地点获得涉案作品，侵犯了北京某出版社享有的信息网络传播权，应当依法承担相应责任。武汉某电器作为涉案QQ群的设立和管理者，不能提供网友“梓熙”的真实身份信息，未采取预防侵权的合理措施，未及时制止涉案侵权行为，应承担给北京某出版社赔偿经济损失的责任。

一审法院判决：（1）武汉某电器于判决生效之日起10日内赔偿北京某出版社经济损失9 000元；（2）武汉某电器于判决生效之日起10日内赔偿北京某出版社因诉讼支出的合理费用2 000元；（3）驳回北京某出版社的其他诉讼请求。

二审法院认为：本案中，涉案行为未经权利人许可，通过在QQ群中设置共享文件的方式，向他人提供涉案作品，使QQ群中成员可以在个人选定的时间和地点下载并获得涉案作品。虽然涉案QQ群成员有限，但该QQ群属于开放式群组，面向的是不特定的群成员，任何人都可以通过购买商品等方式进入该群，符合公众可以在其个人选定的时间和地点获得作品的要件。因此，法院认定涉案行为构成侵犯信息网络传播权。

武汉某电器作为涉案QQ群的管理和控制者，对涉案QQ群内的信息传播行为负有一定的知识产权注意义务，应当采取合理的措施预防侵权，否则应对QQ群中出现的信息网络传播权侵权行为导致的损害承担连带赔偿责任。因此，一审法院认定武汉某电器的行为性质属于

“网络服务提供者”的帮助侵权行为。

对此，本院认为，武汉某电器作为QQ群的建立者和管理者，与网络服务提供商的性质是不同的。QQ群是腾讯公司推出的多人聊天交流平台，任何一个QQ用户均可以创建群并邀请他人。因此，提供涉案网络服务的并不是QQ群的建立者和管理者，其也不适用于法律规定的关于“网络服务提供者”的归责和免责条件。武汉某电器的相关意见具有事实和法律依据，本院予以认可。一审法院对此认定有误，本院予以纠正。

四、律师分析

1. 使用即时通信软件设立与商业经营业务有关的信息交流平台的网络卖家对第三方上传的信息是否有知识产权注意义务？

答案是肯定的。根据常识，QQ是一款基于互联网络的即时通信软件。以商业为目的使用QQ软件开设局域性交流平台并从中进行商业信息传播的经营者，如通过QQ群向买家赠送电子图书、提供售后服务信息等，负有一定的知识产权注意义务。

虽然根据现有证据对在涉案QQ群中发布《跟着君之学烘焙Ⅱ》的网友“梓熙”在现实生活中的身份及是否与武汉某电器有关无法判断，但是引导买家下单后加入特定QQ群，既是武汉某电器履行商品销售服务承诺的行为，也是武汉某电器做出的信息下载诱导行为。武汉某电器指派4名工作人员作为群管理员，通过密码验证等方式控制他人进入涉案QQ群，使得涉案QQ群成为武汉某电器与众多消费者（入群买家）之间交流商业信息（如赠送电子书）的特定网络平台。

涉案QQ群的运行已成为武汉某电器网络营销模式中的重要一环，武汉某电器作为特定QQ群的管理和控制者，具备相应的信息管理能力，对涉案QQ群内的信息传播行为负有一定的知识产权注意义务，应当采取合理的措施预防侵权，包括应公开其名称、联系方式等信息以便处理投诉并对群员做出在QQ群中不得传播侵犯他人知识产权信息的警示，否则应对QQ群中出现的信息网络传播侵权行为所导致的损害承担连带赔偿责任。

2. 涉案行为是否属于侵犯信息网络传播权的行为?

信息网络传播权，即以有线或者无线方式向公众提供作品，使公众可以在其个人选定的时间和地点获得作品的权利。《最高人民法院关于审理侵害信息网络传播权民事纠纷案件适用法律若干问题的规定》第三条规定："网络用户、网络服务提供者未经许可，通过信息网络提供权利人享有信息网络传播权的作品、表演、录音录像制品，除法律、行政法规另有规定外，人民法院应当认定其构成侵害信息网络传播权行为。通过上传到网络服务器、设置共享文件或者分享软件等方式将作品、表演、录音录像制品置于信息网络中，使公众能够在个人选定的时间和地点以下载、浏览或者其他方式获得的，人民法院应当认定其实施了前款规定的提供行为。"

根据上述规定，构成侵犯信息网络传播权至少要满足三个条件：第一，未经权利人许可；第二，通过信息网络的提供行为；第三，公众可以在其个人选定的时间和地点获得作品。在本案中，武汉某电器未经许可且未支付报酬，向购买烤箱的用户免费赠送涉案图书的电子版，使得一般公众可以在其选定的时间和地点任意下载涉案作品，属于侵犯作品信息网络传播权的行为。

3. 武汉某电器是否应当为涉案侵权行为承担责任?

武汉某电器作为涉案QQ群的管理和控制者，对涉案QQ群内的信息传播行为负有一定的知识产权注意义务，应当采取合理的措施预防侵权，否则应对群中出现的信息网络传播权侵权行为导致的损害承担连带赔偿责任，故一审法院认定武汉某电器的行为性质属于"网络服务提供者"的帮助侵权行为。

对此，二审法院认为，武汉某电器作为QQ群的建立者和管理者，与网络服务提供商的性质是不同的。QQ群是腾讯公司推出的多人聊天交流平台，任何一个QQ用户均可以创建群并邀请他人入群。QQ群空间亦为腾讯公司提供，用户可以通过共享文件和上传照片等方式实现交流互动。因此，提供涉案网络服务的并不是QQ群的建立者和管理者，其也不适用法律规定的关于“网络服务提供者”的归责和免责条件。

对于武汉某电器是否应当承担责任的问题，二审法院认为：如前述分析，设置共享文件使群成员可以在个人选定的时间和地点获得涉案作品的主体应为侵权行为的责任承担主体。

五、正确做法

根据涉案公证书所载，武汉某电器在经营过程中承诺消费者在购买其电烤箱后，可以通过验证身份加入其管理控制的QQ群，获得烘焙电子书。由此可见：（1）武汉某电器建立和管理涉案QQ群与其销售电烤箱的行为紧密相关；（2）购买烤箱后进群需通过客服对身份进行验证；（3）消费者经指引进入QQ群获得烘焙电子书符合其承诺的内容。

涉案作品提供行为的主体已初步指向武汉某电器，北京某出版社已完成了初步举证责任。武汉某电器否认涉案作品系其提供，应当对自己的主张负有举证责任。武汉某电器仅提交了上传人“梓熙”的QQ账户显示的基本信息，而未通过查询消费者购买记录、客服聊天记录和进群验证信息等相关信息进一步提供上传人“梓熙”的买家联系方式、地址等个人身份信息，以证明该上传人系购买其电器的其他用户而非其工作人员。对此，法院认为，武汉某电器未能完成其举证责任，应承担举证不利的后果。由此，法院推定涉案作品系由武汉某电器提供，其应为该侵权行为承担相应的法律责任。武汉某电器关于其没有实施涉案作品的传播行为的意见，二审法院不予支持。

六、法律链接

（一）《著作权法》

第四十八条　有下列侵权行为的，应当根据情况，承担停止侵害、消除影响、赔礼道歉、赔偿损失等民事责任；同时损害公共利益的，可以由著作权行政管理部门责令停止侵权行为，没收违法所得，没收、销毁侵权复制品，并可处以罚款；情节严重的，著作权行政管理部门还可以没收主要用于制作侵权复制品的材料、工具、设备等；构成犯罪的，依法追究刑事责任：（一）未经著作权人许可，复制、发行、表演、放映、广播、汇编、通过信息网络向公众传播其作品的，本法另有规定的除外……

第四十九条　侵犯著作权或者与著作权有关的权利的，侵权人应当按照权利人的实际损失给予赔偿；实际损失难以计算的，可以按照侵权人的违法所得给予赔偿。赔偿数额还应当包括权利人为制止侵权行为所支付的合理开支。权利人的实际损失或者侵权人的违法所得不能确定的，由人民法院根据侵权行为的情节，判决给予五十万元以下的赔偿。

（二）《最高人民法院关于审理侵害信息网络传播权民事纠纷案件适用法律若干问题的规定》

第三条　网络用户、网络服务提供者未经许可，通过信息网络提供权利人享有信息网络传播权的作品、表演、录音录像制品，除法律、行政法规另有规定外，人民法院应当认定其构成侵害信息网络传播权行为。通过上传到网络服务器、设置共享文件或者利用文件分享软件等方式，将作品、表演、录音录像制品置于信息网络中，使公众能够在个人选定的时间和地点以下载、浏览或者其他方式获得的，人民法院应当认定其实施了前款规定的提供行为。

七、运营思维

华南理工大学工商管理学院教授·雷鸣

当今企业的生产空间已经进入OPO（线下+线上）时代，企业的营销要充分利用线下和线上两个市场空间。

武汉某电器作为一家家用电器的销售公司，在淘宝上采用买烤箱免费赠送烘焙知识电子书的促销方式无可厚非，但忽视了知识产权的注意义务。尽管电子书是通过武汉某电器用户QQ群中的成员“梓熙”提供的链接下载的，但QQ群毕竟是武汉某电器组建和管理的，同样侵害了著作权所有人的权益。

从营销学角度来看，企业免费赠送学习型资料给用户至少具有两个方面的意义和作用。第一，属于营销4P组合①的产品范畴。产品可以分为核心产品、形式产品和延伸产品共三个层面，而赠送资料属于延伸产品范畴，用于帮助用户更好地学会使用产品，并提升其使用产品的技能。第二，属于营销4P组合的宣传范畴。通过免费赠送资料，提升顾客的购买意愿，从而达到促进销售的目的。

当今网上促销的方式五花八门，但这些促销方式无论如何变化，都要以不伤害他人利益为原则。此案提醒企业在今后的促销活动策划中，需要注重知识产权注意义务，知识产权保护无论于人于己都同样重要。

① 营销4P，即产品（product）、价格（price）、渠道（place）、宣传（promotion）。

首席律师 徐丹阳

上海申浩律师事务所律师、资深版权律师，常年从事版权维权业务理论和实践研究。

其曾代理宝马中国公司诉宁波轩宁进出口公司商标侵权案件、宁波新禾控股集团有限公司与扬州中贸宠物用品有限公司等专利侵权纠纷，协助参与戚天法诉黄梅戏团中央电视台著作权案件、宁波和亿品牌管理有限公司品牌注册与运行的法律服务。

其多次公开发表专业论文，《知识产权案件中的商业维权模式及诉讼评析》（获宁波市第九届“深化改革与法治建设”论文征文三等奖）、《合理使用中标注作者和出处的法定义务的落实与责任承担》、《版权实务中适当引用的理解与适用》等。

第四十二章

微信公众号文章信息网络传播权纠纷案件 / 常若星、杨帆

一、案例背景

截至2018年，根据微信提供的数据，公众号的注册总量已经超过2 000万个；而根据某大数据采集中心提供的数据信息，2018年全年，仅公众号排名前1 000强就发布了约41.80万篇文章，合计推送文章170.03万篇，收获了675.30亿次阅读和10.92亿次点赞。

随着碎片化、轻阅读时代的到来，一批以微信公众号为代表的内容平台迎来风口期。结合高频更新、快速输出、体量巨大的特征，这些平台快速发展成为读者短时、高频阅读的主阵地，同时也给诸多优秀的内容创作者提供了机遇，除了个人原创作者及独立的内容创作团队，大量的传统纸媒、报业集团也开始将微信公众号等一系列网络平台作为内容输出和对外宣传的重要阵地，“全民创作”时代已然到来。

在各大内容平台的内容更加优化的同时，流量红利也变得更加可观。在利益驱使之下，拆稿、洗稿和剽窃等现象越发严重，内容平台抄袭成风、版权遭遇重创，曾一度成为互联网版权保护工作中的老大难。

与此同时，大量内容生产者的版权意识被激发，他们开始采取一

系列有效手段加强对原创作品的版权保护并积极维权。以《南方周末》为例，自2016年开启反侵权行动至今，它依靠原创宝提供的独家技术和法律支持，已针对805个侵权主体（包括媒体、网站、移动客户端、自媒体平台等）发起维权，处理非法转载文章5 519篇，产生了较强的社会影响力。

二、权利的重点信息

《南方周末》由南方报业传媒集团主办，创刊于1984年2月11日，以“反映社会，服务改革，贴近生活，激浊扬清”为特色；以“关注民生，彰显爱心，维护正义，坚守良知”为己责；将思想性、知识性和趣味性融为一体，寓思想教育于谈天说地。据称，其曾是中国发行量最大的周报，最高发行量达到130万份，被称作中国最有影响力的媒体之一。

三、案例解析

2017年3月25日，原告广东南方数媒工场科技有限责任公司在其实名认证的微信公众号“南方周末”中发布了标题为《刺死辱母者》的原创作品（文章字数3 413字），并依法享有该作品的信息网络传播权。

被告深圳克雷吉山信息技术有限公司运营的微信公众号“吴树根”于2017年3月26日在未经原告许可且未支付报酬的前提下，转载并向公众传播上述文章，侵犯了原告作品的信息网络传播权和获得报酬权等合法权益。

此后，被告又于2018年4月8日在其官网和微信公众号“法律服务团购网”上发表了文章《天下奇闻：南方周末起诉克雷吉山，开庭前原告求被告和解》。在该文章中，被告恶意诋毁并中伤原告，发表了诸多恶意言论，侵权态度极其嚣张，明显带有侵权主观故意，给原告的名誉和声誉造成了极大的不良影响。

（一）维权诉求

基于上述事实与理由，原告提出如下诉讼请求：被告停止侵权行为，删除侵权文章；被告因其侵权行为向原告赔偿经济损失及维权产生的合理费用；被告公开向原告赔礼道歉；被告承担本案的诉讼费用。

（二）对方抗辩

被告辩称：第一，被告并未运营公众号“吴树根”，该账号早已注销停止运营，涉案文章并不存在。第二，公众号“南方周末”是公共传媒，涉案文章已经公开发表在网络上，供公众转载分享，并没有申请著作权和禁止他人转载；公众号“吴树根”转载涉案文章既不是恶意转载，也没有用于商业获利，不但未侵害原告的任何经济利益，反而是替原告宣传，扩大原告的影响力。第三，转载的涉案文章并没有修改原告是该文的所有者，已经标注了其是《南方周末》记者王瑞峰的报道，没有侵害原告的任何利益。第四，原告作为国家级媒体向公众传递党和政府政策，公众号“吴树根”支持原告，但原告未与被告协商就将此事诉至人民法院，该行为不值得提倡。第五，公众号“吴树根”发表的内容是在公众号所属公司的平台上，并不归被告所有，与被告无关。公众号有原创保护功能，原告未要求公众号所属公司保护其权益，而将文章发布于网络平台上供公众转载分享，公众号“吴树根”转载分享该文章并无侵权。第六，原告所称的网站及微信公众号“法律服务团购网”均与被告无关。

（三）法院认定

法院认为：原告主张权利的文章《刺死辱母者》含有归纳、总结、评论的智慧成果，具有独创性，属于《著作权法》所保护的文字作品。根据《著作权法》第十一条以及《最高人民法院关于审理著作权民事纠纷案件适用法律若干问题的解释》第七条规定，如无相反证明，在作品或者制品上署名的自然人、法人或其他组织视为著作权或与著作权有关权益的权利人；当事人提供的涉及著作权的底稿、原件、合法出版物、著作权登记证书和取得权利的合同等，可以作为证据。根据当庭在“南方周末”微信公众号查看的涉案文章，结合原告提交的劳动合同附补充协议、实习协议书、情况说明、说明等证据以及本院做出的生效判决（2017）粤0104民初17250号民事判决书，本院足以认定涉案文字作品《刺死辱母者》由南方报业传媒集团享有除署名权之外的其他著作权利。原告经南方报业传媒集团确认，独享有该文字作品的信息网络传播权，并有权为维护其著作权提起本案诉讼。

原告提交的由电子数据存证云保全的页面显示，微信公众号“吴树根”发布了涉案被控侵权文章《冠县涉黑人员当儿子面侮辱其母，1人被刺死！请大家为其呐喊，请求法院视情节轻判刑责》，该文章标题下方标注“克雷吉山吴树根”，文章正文尾部还有“克雷吉山”的业务推广，再结合该公众号的账号主体载明为被告、被告法定代表人为吴树根的事实，足以证明“吴树根”微信公众号系由被告设立。被告主张该微信公众号与其无关的抗辩明显缺乏理据，本院不予采信。

关于该电子数据存证云保全证据的证明效力问题，虽然该存证云保全并非法律或司法解释所规定的免证证据类别，但同样也不能因为其运营机构为商业机构而一概否认，法院仍应通过技术可行性、程序严密性和结果客观性等方面综合审查其证明效力。结合美亚公司出具的情况说明、福建中证司法鉴定中心出具的司法鉴定意见书及其鉴定人员卢建斌的出庭陈述，以及原告当庭登录存证云账号的显示情况，鉴于美亚公司以及福建中证司法鉴定中心与原告并无除存证保全之外的其他利害关系，存证过程由存证云平台服务器完成以保证其客观性，在存证过程中由服务器进行清洁性检查以及网络安全性检查，在存证结束后可通过文件SHA-1值校验以保证存证结果的真实性，在被告未就该存证过程的技术可行性、程序严密性和结果客观性提出相反证据否定的情况下，本院认可该存证云保全结果的证明效力。

根据存证云保全结果，被告设立的微信公众号“吴树根”发布了涉案侵权文章，该文章的主要内容与原告享有权利的涉案文字作品相同，为同一作品。被告未经许可在其微信公众号上转载涉案作品，使公众可以在其个人选定的时间和地点获得该作品，侵害了原告对涉案作品享有的信息网络传播权，依法应停止侵权及承担赔偿损失的民事责任。鉴于该微信公众号已经被停止使用且无法关注，事实上已经停止了侵权行为，故本院对原告主张被告停止侵权的诉讼请求不再支持。

关于原告主张被告在其网站上也转载了涉案文章、构成侵权的问题，尽管该行为主体可能指向被告，但鉴于该事实系原告在第二次庭审中所提出，且与“吴树根”微信公众号发布涉案侵权文章是相互独立的两个行为，故本院在本案中不予审查处理，原告可另案主张。

关于赔偿金额的确定问题，鉴于原告因被侵权所受到的实际损失和被告因侵权所获得的利润均无足够证据证实，本院综合考虑被告侵权的主观过错程度、侵权的持续时间等侵权情节，本案文字作品的知名度、篇幅，文字作品报酬规定以及原告为制止侵权行为所付出的合理费用等因素，尤其考虑到被告侵权后的相关行为所反映出的悔过态度以及在诉讼过程中罔顾事实的不诚信表现，酌情认定被告承担的赔偿数额为 × 元，该款含原告维权所产生的合理费用。

关于原告主张被告赔礼道歉的问题，由于原告提出该诉讼请求所依据的事实是被告在诉讼过程中另行发布了诋毁性文章而侵害了原告的声誉及名誉，这实际上是名誉权纠纷事实以及法律关系，均与本案被告侵害原告作品信息网络传播权的事实及法律关系不同，不在本案的审理范围内，原告可另案主张。

（四）判决情况

被告深圳克雷吉山信息技术有限公司应于本判决发生法律效力之日起十日内，赔偿原告广东南方数媒工场科技有限责任公司经济损失及维权合理支出；驳回原告广东南方数媒工场科技有限责任公司的其他诉讼请求。

四、律师分析

在本案中，原告方及时对版权存证进行确权，为后续案件审理提供了关键证据。

在开庭审理时，被告账号已因涉嫌违规被平台查封，停止使用，法院无法查看涉案文章。在庭审过程中，被告曾经尝试以“账号停止运营”“涉案文章不存在”等理由来逃避责任，但原创宝及时代为申请了电子数据证据保全，完整地保存了侵权文章的页面，数据同步对接司法鉴定，保证了公信力和不可篡改性，侵权事实更加明确。同时，在本案中，证明效力、存证技术和司法鉴定报告的效力也得到了法庭认可，这也是近年来版权保护技术不断发展，从而助力保护原创者权益的重要体现。

五、正确做法

本案牵扯到了大多数内容平台仍将面临的一个重大考验，即如何在平台内建立完善的侵权监测功能和版权保护机制。很多原创者在网络上发表自己的原创作品时并不愿意与众多抄袭和违规转载行为多做纠缠。

这主要是由于维权成本太高，搭建完整的证据链证明侵权事实存在需要强大的互联网技术支撑，同时需要付出大量的时间成本。然而，长久以来制度规范不完善，维权意识淡薄，这更需要原创者用自信的姿态去面对不法者的侵害，并且让他们得到应有的惩罚。

原创宝在代理此类案件时能够获得超高的胜诉率，靠的是在先期合同协议准备、证据链完善、有效诉讼策略上的精耕对最终审判结果的影响，其中最重要的莫过于快速搭建有效的证据链和清晰的事实陈述以还原案情真相，而这在很大程度上要归因于对作品的及时存证。

创作者要形成积极进行版权保护的预防和维权意识，同时辅之以技术手段及有效的法律服务，通过形成覆盖全流程的版权存证、转载检测、侵权曝光等，最大限度地保障自身合法权益。

六、法律链接

（一）《著作权法》

第十一条　著作权属于作者，本法另有规定的除外。创作作品的公民是作者。由法人或者其他组织主持，代表法人或者其他组织意志创作，并由法人或者其他组织承担责任的作品，法人或者其他组织视为作者。如无相反证明，在作品上署名的公民、法人或者其他组织为作者。

第四十八条　有下列侵权行为的，应当根据情况，承担停止侵害、消除影响、赔礼道歉、赔偿损失等民事责任；同时损害公共利益的，可以由著作权行政管理部门责令停止侵权行为，没收违法所得，没收、销毁侵权复制品，并可处以罚款；情节严重的，著作权行政管理部门还可以没收主要用于制作侵权复制品的材料、工具、设备等；

构成犯罪的，依法追究刑事责任：（一）未经著作权人许可，复制、发行、表演、放映、广播、汇编、通过信息网络向公众传播其作品的，本法另有规定的除外；（二）出版他人享有专有出版权的图书的；（三）未经表演者许可，复制、发行录有其表演的录音录像制品，或者通过信息网络向公众传播其表演的，本法另有规定的除外；（四）未经录音录像制作者许可，复制、发行、通过信息网络向公众传播其制作的录音录像制品的，本法另有规定的除外；（五）未经许可，播放或者复制广播、电视的，本法另有规定的除外；（六）未经著作权人或者与著作权有关的权利人许可，故意避开或者破坏权利人为其作品、录音录像制品等采取的保护著作权或者与著作权有关的权利的技术措施的，法律、行政法规另有规定的除外；（七）未经著作权人或者与著作权有关的权利人许可，故意删除或者改变作品、录音录像制品等的权利管理电子信息的，法律、行政法规另有规定的除外；（八）制作、出售假冒他人署名的作品的。

第四十九条　侵犯著作权或者与著作权有关的权利的，侵权人应当按照权利人的实际损失给予赔偿；实际损失难以计算的，可以按照侵权人的违法所得给予赔偿。赔偿数额还应当包括权利人为制止侵权行为所支付的合理开支。 权利人的实际损失或者侵权人的违法所得不能确定的，由人民法院根据侵权行为的情节，判决给予五十万元以下的赔偿。

（二）《最高人民法院关于审理著作权民事纠纷案件适用法律若干问题的解释》

第七条　当事人提供的涉及著作权的底稿、原件、合法出版物、著作权登记证书、认证机构出具的证明、取得权利的合同等，可以作为证据。在作品或者制品上署名的自然人、法人或者其他组织视为著作权、与著作权有关权益的权利人，但有相反证明的除外。

第二十五条 权利人的实际损失或者侵权人的违法所得无法确定的，人民法院根据当事人的请求或者依职权适用著作权法第四十八条第二款的规定确定赔偿数额。人民法院在确定赔偿数额时，应当考虑作品类型、合理使用费、侵权行为性质、后果等情节综合确定。当事人按照本条第一款的规定就赔偿数额达成协议的，应当准许。

第二十六条 著作权法第四十八条第一款规定的制止侵权行为所支付的合理开支，包括权利人或者委托代理人对侵权行为进行调查、取证的合理费用。人民法院根据当事人的诉讼请求和具体案情，可以将符合国家有关部门规定的律师费用计算在赔偿范围内。

七、风险防范

自媒体、其他创作主体及相关运营人员在内容平台发布文章时，需要重视原创声明功能的作用，初步证明作品系作者原创首发。同时，如要使作者与作品之间的权属关系得到更有力的证明，则需要进行版权存证对作品进行及时确权。此外，当发现侵权行为时，需及时固定相关证据，防止侵权方通过其他手段掩盖事实、毁灭证据，为事实认定增加难度。

版权确权这一环节往往会被很多原创者忽略，但它在后期维权过程中会成为核心要素——这个细节一旦被忽视，就会为作品后续的授权、维权埋下隐患。反之，进行过预先存证的作品则能够通过司法手段获得保护——进行完备的技术存证是权利人对原创作品拥有在先权利的初步证明，也是版权交易、孵化和侵权维护的前提和有力保障。

八、运营思维

广东工业大学管理学院教授、品牌战略管理专家 · 冯冈平

本案例讲述的是南方报业传媒集团旗下《南方周末》，经广东南方数媒工场科技有限责任公司在其实名认证的微信公众号“南方周末”上发布了标题为《刺死辱母者》的原创作品，而深圳克雷吉山信息技术有限公司运营的微信公众号“吴树根”直接复制使用并用于商业引流，并两次在其官网和微信公众号“法律服务团购网”上发表文章恶意诋毁并中伤原告。法院判决结果为被告深圳克雷吉山信息技术有限公司应于本判决发生法律效力之日起十日内，赔偿原告广东南方数媒工场科技有限责任公司经济损失及维权合理支出；驳回原告广东南方数媒工场科技有限责任公司的其他诉讼请求。

根据《著作权法》《最高人民法院关于审理著作权民事纠纷案件适用法律若干问题的解释》等相关法律法规，我们可以知道“版权确权”在微信等快速而分散的新媒介应用上非常重要。这往往被很多原创者忽略，但又是在后期维权期间难以再现的核心要素和细节。也就是说：如果微信等自媒体和快媒体忽视“版权确权”，就会为作品后续的授权、维权埋下隐患；反之，进行过预先存证的作品则能够通过司法手段获得保护。

编撰律师　常若星、杨帆

第四十三章

雕塑家的作品被侵权应如何维权 / 郜越群、刘鹏

一、案例背景

本案是一起侵害著作权纠纷。原告是一位雕塑家，他偶然发现自己的作品被侵权，于是提起维权诉讼。原告需证明自己享有著作权，以及证明被告侵权。而被告抗辩被诉侵权雕塑具有原创性，自己享有著作权。法院运用“接触可能性+实质性相似”规则认定被告侵权及判令被告承担法律责任。

二、权利的重点信息

郑某（雕塑家），中央美术学院雕塑系硕士研究生，2005年在巴黎国立美术学院学习。早期以汉字为元素创作一系列如《淋漓八号》和《张弓无箭》等雕塑作品。2009年在北京新时代画廊举办个展《读空》；2011年在台北MOT/ART举办个展《张弓无箭》，在香港Schoeni画廊举办个展《光阴》；2013年在上海沪中画廊举办个展《以水济水》。2013年创作的雕塑《淋漓八号》被国家大剧院收藏，并在“一

带一路”国际合作高峰论坛文艺晚会现场展示。其作品被南京博物院、瑞士银行、苏州美术馆、国家艺术基金会、香港地铁集团等收藏。

《淋漓八号》雕塑，属于美术作品。郑某于2016年10月21日取得国家版权局颁发作品登记证书，该证书记载，创作完成时间为2013年6月11日，首次发表时间为2013年7月23日，登记号国作登字为2016-F-00319640。2017年2月15日工艺品《淋漓八号》获得国家知识产权局颁发的外观设计专利证书，其专利申请日为2016年6月27日，授权公告日为2017年2月15日，专利号为ZL201630282458.0。

三、案例解析

原告郑某发现被告甲公司在其位于沈阳市沈河区青年大街268号的地产项目宝能环球金融中心的营销中心大堂内陈列使用的名为《如言》的两件雕塑品，抄袭了郑某享有著作权的名为《淋漓八号》作品，侵害了郑某的著作权、专利权及相关权利。郑某对此申请公证处进行了证据保全。

郑某认为：被告甲公司未经郑某授权许可，擅自在其房地产项目中商业性使用郑某享有著作权的作品，以营造高端时尚精致华丽充满浓郁艺术气息的营销卖场环境，彰显项目的磅礴商业气势，进而达到宣传及吸引顾客流量的目的。法院对甲公司进行送达后，甲公司以被诉侵权雕塑《如言》是从乙公司购买为由，申请法院追加其为共同被告。郑某与乙公司曾有长期合作关系。郑某主张乙公司故意侵权，开庭之前，乙公司经理陈某曾到北京向郑某就侵权问题赔礼道歉，并自愿赔偿10万元，但双方未达成和解。

（一）原告的诉讼请求

请求法院判令被告甲公司立即停止使用并在公证员的见证下销毁

已复制、生产的涉案侵权作品；请求判令被告甲公司在《法制日报》之非中缝位置和宝能地产的官方网站首页（网址为www.baoneng.com）向原告公开赔礼道歉；请求判令被告甲公司赔偿原告郑某的经济损失120万元和维权合理支出5万元，以上合计125万元；被告乙公司与被告甲公司承担连带责任。

（二）被告的答辩意见

甲公司辩称，营销中心原摆放的两件雕塑品《如言》对郑某的版权作品是否构成侵权，需要考虑二者的相似性、独特性以及创意是否为乙公司原创作品等因素。《如言》是本公司从乙公司处购买所得，且合同中有明确的对乙公司提供的《如言》不得侵害他人权益等限制性约定。本公司不构成对郑某的名誉权损害，不应公开赔礼道歉。公司在收到法院传票之后，已对营销现场的两件雕塑品《如言》移除并做了销毁处理。郑某请求120万元的高额天价赔偿和5万元维权费用，缺乏法律依据。本案如构成侵权，请法院综合考虑本公司的主观过错程度及行为性质，雕塑品《如言》摆放时间、《淋漓八号》的知名度和商业价值、市场环境和本地区经济发展水平等多重因素后，酌定给予郑某适当赔偿。

乙公司辩称，陈某不是本公司经理。《如言》雕塑品是由本公司设计师程某独立设计，然后由本公司制作并销售给甲公司的。涉案雕塑《如言》于2016年2～3月份摆设于甲公司的经营场所。本公司对《如言》享有著作权，并不构成对郑某著作权的侵犯，因此请求法院驳回郑某的全部诉讼请求。

（三）法院认定与结果

郑某提供的著作权登记证书、创作说明等，可以作为认定作品著作权的证据。郑某对涉案作品《淋漓八号》享有著作权，其合法权益应受法律保护。关于甲公司和乙公司是否侵害了郑某著作权的问题，乙公司抗辩被诉侵权作品系由本公司设计师程某独自创作完成的，公司对被诉侵权作品享有著作权。郑某曾向法院提出申请要求程某出庭接受法庭调查及对程某笔迹进行鉴定，法院向程某发出出庭通知书，但乙公司回复程某已经辞职，下落不明。乙公司承认以前与郑某有过合作，曾经购买过郑某其他系列的雕塑作品。法院认为，郑某的《淋漓八号》作品完成及公开发表时间，早于被诉侵权雕塑《如言》的完成时间，且通过照片比对，《如言》与郑某的作品《淋漓八号》构成实质相似。乙公司侵害了郑某著作权中的复制权。甲公司的行为侵害了郑某的著作权中的展览权。关于甲公司和乙公司应当承担的法律责任，尽管甲公司抗辩与乙公司签订的合同中约定应当由乙公司承担法律责任，甲公司不承担法律责任，但法院认为，甲公司和乙公司之间的合同不能对抗合同之外的第三人，甲公司不承担法律责任的抗辩不成立。甲公司、乙公司不构成共同侵权，应当分别对自己的侵权行为承担法律责任。甲公司、乙公司立即停止侵害郑某著作权的行为，且甲公司应当销毁涉案侵权雕塑。甲公司、乙公司并未侵害郑某著作权中的人身权利，并未对郑某的声誉造成不良影响，故郑某要求二被告在《法制日报》和宝能地产的官方网站首页向郑某公开赔礼道歉的诉讼侵权，不予支持。二被告提供了合同，证明乙公司销售的两件雕塑《如言》的价格为4万元。法院根据郑某的知名度、《淋漓八号》作品的创作时间、成本、销售价格、郑某的损失、被告的获利等因素，酌情确定甲公司、乙公司分别赔偿郑某经济损失及为维权支出的合理费用。

四、法官建议

本案的难点在于：（1）郑某的作品《淋漓八号》的创作完成时间是否早于乙公司制造并销售的雕塑品《如言》;（2）乙公司的

雕塑品《如言》是否具有原创性（也称独创性），是否构成作品；（3）《如言》与郑某的作品《淋漓八号》是否构成实质相似；（4）甲公司与乙公司是否构成共同侵权，如何承担法律责任。

关于难点一，本案经过两次庭审。第一次庭审，郑某举证于2016年10月21日取得国家版权局颁发的作品登记证书，该证书记载，创作完成时间为2013年6月11日，首次发表时间为2013年7月23日。郑某向法院阐述了作品的创作背景及构思。但乙公司对郑某创作完成时间并不认可，并称其与甲公司的合同是在2015年9月签订的且附有雕塑品《如言》的图片，《如言》创作完成早于《淋漓八号》。郑某申请公证机关对其电子邮件、网站等作证据保全。第二次庭审，郑某提供的公证书记载：2013年11月28日的电子邮件显示了其他角度视图，可见《淋漓八号》作品的图片。从郑某提供的证据来看，《淋漓八号》作品完成时间早于《如言》的完成时间。

关于难点二，只有《如言》具有原创性（也称独创性）才能构成作品。按照民事证据"谁主张，谁举证"的规则，应当由乙公司进行举证。在第一次开庭时，乙公司提供了其设计师程某的手稿，用于证明《如言》是职务作品，具有原创性。郑某向法院申请程某出庭接受调查，法院遂向程某发送出庭通知书。但第二次开庭，乙公司称程某已经辞职且下落不明，同时提供劳动合同、社保记录和辞职证明。显然，乙公司并未完成举证证明义务，故法院不认可《如言》具有原创性。

关于难点三，通常适用"接触可能性+实质相似"来认定著作权侵权。司法实践中的"接触"，可以是直接接触。比如，被告与原告有过合作关系，接触过原告的作品。而更多的法学专家、学者认为，只要权利人（原告）的作品公开发表，被告就有接触的可能。本案中郑某与乙公司有过合作关系，且其作品《淋漓八号》已经公开发表。关于"实质相似"，涉案作品为美术作品，必须进行比对。经过比对可以发现，二者的构成高度近似。

关于难点四,二被告是否构成共同侵权的前提是二被告主观上是否有共同侵权的意思表示，客观上是否共同实施了侵权行为，以及侵权行为与损害后果之间是否有因果关系。甲公司与乙公司签订的合同明确约定了若有任何第三方主张对本合同中的标的物享有权利（包括但不限于所有权、抵押权及知识产权），相关法律责任均由乙公司承担。从该合同条款可以看出，二被告不具有共同侵权的意思表示，也没有共同实施侵权行为。所以不能认定本案是共同侵权，二被告应分别承担法律责任。

五、正确做法

郑某立案时向法院提交了起诉状，案由为侵害著作权和外观设计专利纠纷，在诉讼请求中也有停止侵害外观设计专利权等内容。法院认为，侵权著作权和外观设计专利权纠纷是两个不同的法律关系，建议原告郑某在本案中选择其中一个法律关系进行诉讼，郑某选择侵害著作权纠纷。郑某可以以侵害外观设计专利权纠纷为由另行提起诉讼。

甲公司与乙公司签订《环球金融中心项目售楼处软装工程合同》（简称“合同”）约定：乙公司承担甲公司位于沈阳市沈河区青年大街268号宝能环球金融中心项目售楼处软装配饰设计安装工程，承担合同中全部软装配饰之权利瑕疵担保责任，若有任何第三方主张对本合同中的标的物享有权利（包括但不限于所有权、抵押权及知识产权），相关法律责任均由乙公司承担。上述合同条款非常重要，尽管双方的合同约定不能对抗合同之外的第三人（本案的著作权人郑某），但在法院判决甲公司承担赔偿责任后，甲公司可以另立案向乙公司主张违约责任。

乙公司应加强对本公司设计师（员工）的管理，在劳动合同中明确约定设计产品不得侵害他人的著作权及合法权利，否则承担违约责任。

六、法律链接

本案适用《侵权责任法》第二条，第八条，第十五条第一款第（一）项、第（六）项、第（七）项、第（八）项；《著作权法》第三条第（四）项，第十条，第四十八条第（一）项，第四十九条。

七、运营思维

广东工业大学管理学院教授、品牌战略管理专家·冯冈平

本案涉及三方关系：郑某与甲公司、乙公司侵害著作权。甲公司在其位于沈阳市沈河区青年大街268号的地产项目宝能环球金融中心的营销中心大堂内，陈列使用的名为《如言》的两件雕塑品，抄袭了郑某享有著作权的名为《淋漓八号》作品，侵害了郑某的著作权、专利权及相关权利。《如言》是被告从乙公司处购买所得，且合同中有明确的对乙公司提供的《如言》不得侵害他人权益等限制性约定。

本案涉及三个问题。第一，侵权著作权和外观设计专利权纠纷是两个不同的法律关系，本案重点适用《侵权责任法》《著作权法》。郑某需以侵害外观设计专利权纠纷为由另行提起诉讼。第二，证据表明，郑某作品设计和发表照片展示证据先于乙公司提供的《如言》设计时间，这是关键。第三，甲公司通过合同购买第三方作品，甲公司与乙公司签订《环球金融中心项目售楼处软装工程合同》非常重要，减轻了甲公司的责任。

案判甲公司、乙公司立即停止侵害郑某著作权的行为，且甲公司应当销毁涉案侵权雕塑。其他诉求不属于本案范围，故不予支持。该案例为我们日后自我保护存证、独立创作、合法合作等给出了法规和经验建议。

主审法官 郜越群

沈阳市中级人民法院四级高级法官，多年来从事知识产权、不正当竞争及涉外、金融案件审判工作，曾发表多篇知识产权与不正当竞争论文及案例分析文章。

助理法官 刘鹏

第四十四章

互联网环境下影视作品侵权的诉讼策略 / 李琼

一、案例背景

随着近年来互联网的发展，著作权作品通过网络进行传播的现象已经非常普遍。著作权作品、文字作品在网络上的传播，不但使得作品传播速度更快，影响更广，同时也提高了发布作品的平台、网站的知名度和影响力，增加其点击率，并且使其可以获得相应的利益。网络的普及对于著作权作品及作品传播的正向发展起着极大的推动作用。

但与此同时，快速的信息网络传播也导致侵权人实施侵权行为所花费的成本更低。在利益的驱使下，很多网站或者平台未经权利人授权擅自使用或者提供作品的行为愈演愈烈，而且在相关网络平台上提供的侵权作品数量众多。在互联网环境下，如何保护著作权人的合法权益也就显得更为重要。侵害作品信息网络传播权的案件，结合了互联网传播及普通著作权侵权案件的特性，权利人在维权时应综合考虑并制定相应的诉讼策略。

二、权利的重点信息

温瑞安，港台武侠小说作家，新武侠四大宗师（金、古、梁、温）之一，代表作包括《四大名捕》《逆水寒》《少年无情》等；海岩，中国作家、编剧，代表作包括《便衣警察》《拿什么拯救你，我的爱人》《玉观音》等。叶永烈，著名小说作家、报告文学作家；凌解放（笔名二月河），历史小说作家，中国作家协会会员，代表作有《康熙大帝》《雍正皇帝》《乾隆皇帝》等。

中文在线数字出版集团股份有限公司（以下简称“中文在线公司”）享有众多作品的著作权及相关权利。中文在线公司经以上各作者授权，对《四大名捕会京师》《碎梦刀》《纵横》《风流》《温柔一刀·一怒拔剑》《惊艳一枪·伤心小箭》《朝天一棍》《群龙之首》《布衣神相》《将军的剑法》《绝对不要惹我》《乱世情怀》《白衣方振眉》《少年追命》《少年铁手》《侠少·唐方一战》《大侠传奇》《血河车》《神州奇侠系列（正传）》《一场风花雪月的事》《死于青春》《永不瞑目》《便衣警察》《玉观音》《康熙大帝》等多部文字作品（以下简称“涉案作品”）的数字版权享有专有使用权，包括但不限于信息网络传播权，制作（含语音或多媒体制作）、复制、发行、汇编、传播数字代码形式的作品等权利；许可他人合法使用上述权利，并有权以中文在线自己的名义对任何侵犯授权作品上述著作权的行为行使权利。

三、案例情况

江门某局未经中文在线公司授权，于其网站数字图书馆提供上述所列数十部电子书的下载服务，侵犯了中文在线公司的合法权益，造成严重的经济损失。

中文在线公司首先在江门市蓬江区人民法院起诉了被告首个案件

（仅含一部侵权作品）。在江门市蓬江区人民法院审理时，江门某局举证其网站上的数字图书馆通过招投标的方式，已委托江门市某装备中心（以下简称“装备中心”）、广东恒峰信息技术有限公司（以下简称“恒峰公司”）进行建设。恒峰公司认为，该数字图书馆中的作品由北京龙教智囊国际科技有限公司（以下简称“北京龙教公司”）提供，江门市蓬江区人民法院对该案做出一审判决，判决恒峰公司和北京龙教公司侵权行为成立，并承担赔偿责任。

通过上述首个案件的起诉，我们了解到，恒峰公司与该数字图书馆的侵权行为相关，中文在线公司在广州市天河区法院对于该网站数字图书馆提供数十部侵权作品的行为均提进行了起诉，因法院要求按作品起诉，即一部作品一个案件，因此共起诉了几十个案件。经过广州市天河区法院一审和广州知识产权法院二审，最终判决江门某局、江门市某装备中心、恒峰公司的侵权行为成立，双方共同承担赔偿责任。

（一）维权诉求

中文在线公司请求法院判令被告立即停止侵权行为，删除侵权作品，并赔偿中文在线公司经济损失以及为损失支出的合理费用。

（二）对方抗辩

江门某局和装备中心共同抗辩观点主要为：（1）中文在线公司提交的证据存在瑕疵，作者签名有疑点，不能证明其已获得涉案作品著作权人的授权，因而中文在线公司不是适格原告；（2）江门某局及装备中心不具有侵权过错，对于涉案网站的建设运行来说，在招标建设中，中标单位恒峰公司提供了与涉案作品相关的数字图书馆权属，数字图书馆源于龙教公司，其亦出具了招标授权函以及其他证明；（3）涉案网站仅提供网络接入、信息存储环境等网络服务，仅是网络接入和信息存储环境服务的提供者，并非涉嫌侵权内容的提供者，其行为不构成侵权。（4）即使法院认定其侵权行为成立，但由于其主观上不存在侵权的故意，客观上没有对涉嫌侵权内容直接实施上传、编辑、选择和修改等行为，并及时下架删除涉嫌侵权的软件，其可以不承担赔偿责任。

恒峰公司主要抗辩观点为：（1）中文在线公司故意不起诉涉案产品的制造商龙教公司；（2）涉案软件（数字图书馆）源于龙教公司，来源合法，已尽到合理注意义务；（3）在被告网站上下载涉案作品时，跳转至龙教公司的网站，因而其不应当承担民事责任。

（三）法院认定与结果

1. 在江门市蓬江区法院首个起诉案件的判决结果

江门市蓬江区人民法院判决恒峰公司和北京龙教公司侵权行为成立，并承担赔偿责任，但认为江门某局和装备中心在政府采购合同中尽到合理义务，招标文件中明确规定关于网站侵犯第三方知识产权的责任划分，因而江门某局和装备中心主观上不具备故意，客观上也没有对涉案网站进行管理和控制，不承担相应的赔偿责任。

2. 在广州市天河区法院和广州知识产权法院数十个案件的判决结果

广州市天河区人民法院认为在作品上署名的公民为作者，作者授权给中文在线公司，在无相反证据的前提下，中文在线公司享有相关权利，可以提起本案的诉讼。根据公证书所载，被控侵权网站的网页和网页跳转的页面下均明确标有“主办单位：江门某局　版权所有”的字样，网站的内容也均为江门某局的各项工作及对外宣传，故其无论是从内容上还是形式上均反映出江门某局是该网站的开办方和实际使用者，江门某局应当对网站内容承担相应责任。即使涉案网站的内容由他人上传和编辑，该网站内容及下载服务均以江门某局的名义对外提供，江门某局应当对该内容和服务承担应查的法律责任。装备中心则向江门某局承担了开发、采购、管理及维护更新该网站的义务，对外招标时也负有监督和管理的责任，对外招标时负有监督和管理的责任，对于涉案网站中所使用的内容应当承担更大的审查义务，并承担相应的侵权责任。

恒峰公司确认涉案网站的数字图书馆的所有资源为其提供，其为涉案网站的设立人，与江门某局、装备中心共同对涉案网站进行管理运营，共同就该网站的侵权行为承担侵权责任。

对于恒峰公司辩称的被控侵权作品有合法来源，法院认为，涉案作品知名度较高，恒峰公司向案外人购买软件中所含各类作品的数量巨大、价格畸低，明显并非就软件所包含的作品授权的正常市场交易行为，恒峰公司未能尽到合理审查的义务；在公证录像中，下载小说时网页显示的互联网协议地址（IP）仍为涉案网站的域名，因此并不能认为涉案作品是从龙教公司网站下载的。

在天河区人民法院一审判决后，被告上诉至广州知识产权法院。广州知识产权法院认为招标合同中有对知识产权保护的约定，但并没有证据证明江门某局和装备中心对涉案数字图书馆软件的内容及相关授权进行过审查，无法认定江门某局和装备中心已尽到合理注意的义务。涉案网站由装备中心全权负责开发、采购、管理及维护更新，装备中心亦负有在招标时对网站的监督和管理责任。恒峰公司是网站的建设者，对于涉案作品的上传负有责任。恒峰公司和某局甲、装备中心未经著作权人许可，侵害涉案作品信息网络传播权，构成共同侵权，应当对外共同承担赔偿责任。

四、律师分析

起诉信息网络传播权侵权案件需要考虑的因素很多，尤其是如果侵权人的侵权作品数量众多，涉及多个侵权人，有多个受诉法院可以选择，网络侵权行为的可变性大，取证困难，那么制定有针对性、合适的诉讼策略显得更为重要。

原告在制定诉讼策略时主要考虑的方面包括：选择起诉法院；选择起诉的作品，是一次性全部起诉还是分开起诉；确定起诉哪些被告，形成完整的诉讼方案并且在案件起诉过程中根据实际情况再调整策略。

本案中，涉及的侵权作品数量较多，侵权主体关系相对复杂，诉讼策略的制定将会影响维权的整体结果。在固定了侵权证据后，律师首先确定了受诉法院，并选择了起诉作品。因为被告住所地均在江门，所以李琼代理律师首先选择了一部作品在江门蓬江区法院提起诉讼。在诉讼过程中，通过被告的举证和抗辩内容，代理律师得知与案件更多的相关信息，包括装备中心、恒峰公司与案件有关，龙教公司下落不明，无法达成调解，等等。

因恒峰公司经营地在广州天河，所以第二、第三阶段的诉讼选择在广州市天河区法院起诉。因龙教公司下落不明需公告送达，不但对于查明事实无益，还有可能成为被告推卸责任的借口，而且会严重拖慢全部案件的进度，所以不同意追加龙教公司作为被告。

通过相应诉讼策略并在案件中对被告的相应观点、证据进行有利的反驳，第二、第三阶段在广州市天河区法院起诉的全部系列案件均获得胜诉，包括对于起诉的各被告的侵权行为均认定成立及判决金额的提高等。权利人的维权取得了良好的效果。

五、正确做法

（1）充分考虑互联网的特性，对侵权行为取证时要注意网络跳转的链接，确定实际网络控制者、经营者，确定侵权人，确定具体的侵权形式及内容，等等。

（2）如果侵权作品数量众多，案情较为复杂的，那么原告可以考虑在众多侵权作品中先选择一部或少数几部作品作第一阶段的起诉，以了解被告的举证情况，是否还有其他侵权人可能作为被告，法院的审判情况以及是否可以调解，等等。

（3）有选择性地确定被告。可以将所有相关的侵权人均列为被告，也可以考虑不将全部侵权人均列作被告。对于案件影响较小且追偿可能无果的可以考虑不列，主要根据案情需要来确定。

（4）根据第一阶段的起诉所知悉的案情，再制定第二阶段的诉讼策略，比如，是否可选择其他受诉法院，是否需要增减被告，等等。

六、法律链接

（一）《著作权法》

第十条第一款第（十二）项 信息网络传播权，即以有线或者无线方式向公众提供作品，使公众可以在其个人选定的时间和地点获得作品的权利。

第十一条 著作权属于作者，本法另有规定的除外。创作作品的公民是作者。由法人或者其他组织主持，代表法人或者其他组织意志创作，并由法人或者其他组织承担责任的作品，法人或者其他组织视为作者。如无相反证明，在作品上署名的公民、法人或者其他组织为作者。

第四十八条 有下列侵权行为的，应当根据情况，承担停止侵害、消除影响、赔礼道歉、赔偿损失等民事责任；同时损害公共利益的，可以由著作权行政管理部门责令停止侵权行为，没收违法所得，没收、销毁侵权复制品，并可处以罚款；情节严重的，著作权行政管理部门还可以没收主要用于制作侵权复制品的材料、工具、设备等；构成犯罪的，依法追究刑事责任：未经著作权人许可，复制、发行、表演、放映、广播、汇编、通过信息网络向公众传播其作品的，本法另有规定的除外。

（二）《信息网络传播权保护条例》

第二条 权利人享有的信息网络传播权受《著作权法》和本条例保护。除法律、行政法规另有规定的外，任何组织或者个人将他人的作品、表演、录音录像制品通过信息网络向公众提供，应当取得权利人许可，并支付报酬。

（三）《最高人民法院关于审理侵害信息网络传播权民事纠纷案件适用法律若干问题的规定》

第三条 网络用户、网络服务提供者未经许可，通过信息网络提供权利人享有信息网络传播权的作品、表演、录音录像制品，除法律、行政法规另有规定外，人民法院应当认定其构成侵害信息网络传播权行为。通过上传到网络服务器、设置共享文件或者利用文件分享软件等方式，将作品、表演、录音录像制品置于信息网络中，使公众能够在个人选定的时间和地点以下载、浏览或者其他方式获得的，人民法院应当认定其实施了前款规定的提供行为。

七、运营思维

广东工业大学管理学院教授、品牌战略管理专家·冯冈平

中文在线公司享有港台武侠小说作家温瑞安的众多作品的著作权及相关权利，诉恒峰公司、江门某局和某装备中心系列侵权。

装备中心向江门某局承担了开发、采购、管理及维护更新该网站的义务，对外招标时负有监督和管理的责任，对涉案网站中所使用的

内容应当承担更大的审查义务，应当承担相应的侵权责任。恒峰公司确认涉案网站的数字图书馆的所有资源为其提供，其是涉案网站的设立人，与江门某局、装备中心共同对涉案网站进行管理运营，共同就该网站的侵权行为承担侵权责任。江门市蓬江区人民法院对该案做出一审判决，判决恒峰公司和北京龙教公司侵权行为成立，并承担赔偿责任。经广州市天河区法院一审和广州知识产权法院二审，最终判决江门某局、装备中心、恒峰公司侵权行为成立，共同承担赔偿责任。

关键点有四个：第一，委托方对招标协议完成的网站建设内容是否具有审查责任；第二，提供网络接入、信息存储环境等网络服务，仅是网络接入和信息存储环境服务的提供者，是否构成侵权；第三，跳转至第三方网站，是否构成侵权；第四，连带关系是不是签订了一次合同就可以解决所有问题，提醒合作诸方，合同是基本，还需对合作运营过程的各方，进行索源审查，辨识商业行为和收益方利益之间的关系。

首席律师　李琼

北京大成（广州）律师事务所律师、合伙人。现任广东省知识产权局知识产权专家库第一批入库专家、广州市律师协会第九届专门工作委员会业务研发与继续教育工作委员会委员、广州市律师协会第九届法律业务专业委员会互联网及高新技术法律业务业委员会委员。

其从2002年至今一直专业从事知识产权法律业务，为多家知名企业提供过知识产权法律服务，并代理了大量知识产权诉讼案件。

第四十五章

Vista看天下的现状及未来分析 / 杨帆、常若星

一、案例背景

2017年8月18日，杭州互联网法院正式挂牌，成为中国司法改革领域的一项重要创新。作为中国乃至世界第一家互联网法院，杭州互联网法院最先肩负起了网络强国战略和中国法治网络建设的重担，自成立以来就受到了中国乃至世界的瞩目。

随后，2018年的9月9日和9月28日，北京互联网法院和广州互联网法院相继挂牌成立，自2018年7月6日中央全面深化改革委员会第三次会议审议通过了《关于增设北京互联网法院、广州互联网法院的方案》以来，仅仅两个月的时间，互联网法院的发展建设就实现了突破性的进展。

目前，全国成立的三家互联网法院通过大数据、云计算、物联网和司法人工智能等新技术，持续促进制度与技术的高度融合，在诉讼流程上突破了时空限制，为当事人提供了极简的诉讼服务，也更有利于应对近年来加剧的互联网版权危机——电子诉讼正式将网络空间纳入了法治化的正轨。

根据已公开数据并结合现有的互联网法院运行情况来看，原本作为配角的网络著作权纠纷总体来看占有最高的比例。2018年，根据互联网法院诉讼平台“案件查询”栏目的收案记录显示，互联网法院在最近一年共录入了7 115条案件记录，其中网络著作权纠纷的记录2 853条——占比40.1%，显然已成为互联网法院收案数量最多的类型，同时也是当前互联网法院最重要的管辖案件。互联网法院在版权保护领域逐渐开始发挥出不可替代的重要作用。

二、案件情况

2018年7月2日，原告北京海丰传媒文化有限公司在其运营的微信公众号“@Vista看天下”中发布了标题为《面对这部国产电影，一时不知该从哪开始夸》的原创作品，文章总字数为3 858字，原告依法享有该作品的信息网络传播权。此前，原告授权委托原创宝对互联网上涉嫌侵犯原告作品信息网络传播权的行为进行侵权检测和网页存证。

原创宝在对前述案涉作品进行检测过程中，于2018年8月21日发现被告合肥中影华昇运营的合肥中影国际影城万派城店于2018年7月16日在未经原告许可且未支付任何报酬的情况下，违法转载并向公众传播案涉作品。原告认为，被告违法转载原告作品的行为，已严重侵犯了原告作品的信息网络传播权和获得报酬权等合法权益，并因维权行为给原告造成直接的经济损失。

（一）维权诉求

基于上述案件事实与理由，原告提出如下诉讼请求：判令被告赔偿因其侵权行为给原告造成的经济损失和原告因维权而产生的合理费用；判令被告承担本案的全部诉讼费用。

（二）对方抗辩

被告辩称，原告称被告在2018年7月16日转载其公司运营的公众号原创作品，被告确有转载一篇文章与之类似，但该篇文章在许多公众号与网站都有发布，皆与原告所发布内容一致，同时文章也并未说明文章出处和不允转载等提示内容。

被告负责微信公众号运营的员工从未关注“@Vista看天下”公众号，也未看过该公众号发表过的文章，不存在转载“@Vista看天下”公众号内涉及侵权的文章。被告文章转载自“无锡耀莱成龙国际影城”智慧路店2018年7月15日的文章“[耀 | 推荐]《我不是药神》劫富济贫的故事，命真的是可以用钱来买的吗？”，转载时经过对方同意，不存在任何侵权。因转载的文章从未标明过出处与各类提示，被告并不知道该篇文章与“@Vista看天下”原创文章内容接近。即使涉及侵权，也无主观故意，并且是在不知情的情况下造成了侵权，原告主张的经济损失及合理支出过高，不予认可。

（三）法院认定

法院经审理查明后认为，涉案文章系文字作品，依法受《著作权法》保护。原告提交的权属证据可以形成证据链，在没有相反证据的情况下，可以证明其享有涉案文章的信息网络传播权，有权以自己的名义对侵犯涉案作品信息网络传播权的行为提起诉讼。涉案文章发表时间在前，被告转发内容相同的文章在后，二者内容一致的字数为2 688字。被告未经原告许可，在其注册的微信公众号上使用涉案文章的内容，侵害了原告对涉案文章享有的信息网络传播权，应当停止侵害、承担赔偿损失等法律责任。被告辩称其不构成对涉案作品，侵权的理由不能成立。

根据《著作权法》第四十九条的规定，侵犯著作权或者与著作权有关的权利时，侵权人应当按照权利人的实际损失给予赔偿，实际损失难以计算的，可以按照侵权人的违法所得给予赔偿。赔偿数额还应当包括权利人为制止侵权行为所支付的合理开支；权利人的实际损失或者侵权人的违法所得不能确定的，由人民法院根据侵权行为的情节，判决给予五十万元以下的赔偿。鉴于原告并未提交证据证明其实际损失，亦未证明被告的侵权所得，故本院将综合考虑涉案文章的类型及独创性程度、作品字数、侵权人的主观过错程度和侵权的持续时间等各种因素，酌情确定相应的赔偿数额。

（四）判决情况

合肥中影华昇影院管理有限公司于判决生效之日起十日内赔偿北京海丰传媒文化有限公司经济损失及合理维权费用。

三、法律链接

（一）《著作权法》

第十一条　著作权属于作者，本法另有规定的除外。创作作品的公民是作者。由法人或者其他组织主持，代表法人或者其他组织意志创作，并由法人或者其他组织承担责任的作品，法人或者其他组织视为作者。如无相反证明，在作品上署名的公民、法人或者其他组织为作者。

第四十九条　侵犯著作权或者与著作权有关的权利的，侵权人应当按照权利人的实际损失给予赔偿；实际损失难以计算的，可以按照侵权人的违法所得给予赔偿。赔偿数额还应当包括权利人为制止侵权行为所支付的合理开支。权利人的实际损失或者侵权人的违法所得不能确定的，由人民法院根据侵权行为的情节，判决给予五十万元以下的赔偿。

（二）《最高人民法院关于审理著作权民事纠纷案件适用法律若干问题的解释》

第七条　当事人提供的涉及著作权的底稿、原件、合法出版物、著作权登记证书、认证机构出具的证明、取得权利的合同等，可以作为证据。在作品或者制品上署名的自然人、法人或者其他组织视为著作权、与著作权有关权益的权利人，但有相反证明的除外。

第二十五条　权利人的实际损失或者侵权人的违法所得无法确定的，人民法院根据当事人的请求或者依职权适用著作权法第四十八条第二款的规定确定赔偿数额。人民法院在确定赔偿数额时，应当考虑作品类型、合理使用费、侵权行为性质和后果等情节综合确定。当事人按照本条第一款的规定就赔偿数额达成协议的，应当准许。

第二十六条　著作权法第四十八条第一款规定的制止侵权行为所支付的合理开支，包括权利人或者委托代理人对侵权行为进行调查、取证的合理费用。人民法院根据当事人的诉讼请求和具体案情，可以将符合国家有关部门规定的律师费用计算在赔偿范围内。

四、律师分析

自互联网法院成立以来，我们在越来越多的知识产权纠纷案件的处理上看到了实效，也能直观地感受到司法手段在积极应对着信息时代的挑战，而灵活、便捷的办案方式也充分适应了网络时代的诉讼特点。毫无疑问，互联网法院的成立，为“苦侵权久矣”的原创者提供了一条更光明的维权新道路。

对于知识产权类案件的处理，互联网法院所带来的改变非常直观。作为原创宝资深律师，杨帆在接受采访时表示，对于互联网法院为知识产权类案件诉讼带来的价值主要体现在两个方面。

一是高效。互联网法院根据“网上案件、网上审理”的基本思路和“全程在线”的基本原则，网上立案、网上缴费、电子送达和在线开庭等，实现诉讼全流程在线，简化诉讼程序。此外，互联网法院用科技打通了现实时空阻隔，依托于人工智能、大数据和区块链等新技术，进一步提高案件处理效率，彻底破解“跨地域性”的难题，为原被告节省了大量的文书准备时间以及差旅路途时间，极大地缩减了维权方的维权成本，从根本上提高了维权效率。三家互联网法院的分布设置也突破了地域性限制，在管辖上大大扩张了所属区域内涉网案件，为原告及其代理律师维权提供了极大的便利，降低了当事人追求正义的维权成本，提高了知识产权保护工作的效率。

二是前沿。互联网法院运用人工智能技术，开发出自动检索、深度挖掘、智能比对、强制弹屏等功能，获取和定位当事人有效联系方式；创新开拓电子证据平台，从源头解决电子证据来源可信问题，采纳多种方式的证据存证方式，为维权方提供多种维权思路。

五、最新风向

互联网法院作为“司法+科技”的前沿示范，为保证全新审判模式的顺利推进、顺应互联网时代的特征，在技术上也进行了大刀阔斧的改革。

一方面，杭州互联网法院开创了首个“异步审理”模式。通过将涉网案件各审判环节分布在法院网上的诉讼平台上，让法官与原告、被告等诉讼参与人分别在规定期限内登录平台完成诉讼，这种非同步的审理模式将逐渐发展成为互联网法院纠纷解决机制的最主要方式之一。在这一新型审判模式中，双方当事人可以通过留言的形式，在网络平台上进行答辩，即使时空不一致、诉讼行为不同步，也能够实现信息的完全对称以及司法公平。

另一方面，杭州互联网ODR（Online Dispute Resolution，在线非诉讼纠纷解决服务）、调解等协商性司法运行的比例很高。尤其是在网络著作权纠纷中，ODR作为一种非诉讼的在线解决纠纷机制，能够将文书收发、证据交换、当事人协议和解等模式全部统筹在内，大大减少了案件进入庭审环节的比例，成了审判效率的重要保障。

与此同时，在知识产权纠纷案件中，互联网法院对技术的高效应用和快速适应似乎更为明显。2018年6月28日，全国首例区块链存证案在杭州互联网法院一审宣判，法院支持了原告采用区块链作为存证方式并认定了对应的侵权事实。互联网法院认定，保全网作为第三方电子存证平台具有中立性，对侵权网页进行取证的技术具有可信度，由此生成的电子数据具有真实性、完整性与不可篡改性。而如今，杭州互联网法院已经开发出电子证据平台，并已在北京互联网法院和广州互联网法院上线。

本案中，北京互联网法院认可了原告提供的“电子数据存证服务说明”，且认为原告提交的权属证据可以形成证据链，在没有相反证据的情况下，可以证明其享有涉案文章的信息网络传播权，电子存证在司法实践中的有效性和说服力再一次得到了印证。

技术驱动法律保护已然是大势所趋，互联网法院正在推进全国性的电子送达平台的建设。在以往的司法实践中，如果双方当事人接受电子送达的形式，那么案件文书的送达率可以达到78%，而电子送达平台正在逐渐帮助互联网法院走出“送达难”的困境。

全方位的数据联动将革新电子数据的取证难度，并且将诉讼流程真正精简到“足不出户”的地步。我们不难预见，在电子送达技术运用成熟之际，传统诉讼程序中也必将出现它的身影，互联网法院的技术优越性将惠及整个司法网络。

六、运营思维

广东工业大学管理学院教授、品牌战略管理专家·冯冈平

本案描述北京海丰传媒文化有限公司诉被告合肥中影华昇运营的合肥中影国际影城万派城侵权：被告于2018年7月16日在未经原告许可且未支付报酬的情况下，违法转载并向公众传播案涉作品——北京海丰微信公众号@Vista看天下中发布的标题为《面对这部国产电影，一时不知该从哪开始夸》的原创作品，侵犯了原告作品的信息网络传播权和获得报酬权等合法权益。

关键点如下：第一，原告通过第三方技术“原创宝”，对前述案涉作品进行检测过程中，发现侵权，其检测和网页均已存证；第二，原文总字数为3 858字，涉案文章发表时间在前，被告转发内容相同的文章在后，二者内容一致的字数为2 688字；第三，转发签署需要尊重源文件作者的著作权；第四，侵犯著作权或者与著作权有关的权利的，侵权人应当按照权利人的实际损失给予赔偿。

互联网法院判合肥中影华昇影院管理有限公司，于判决生效之日起10日内赔偿北京海丰传媒文化有限公司经济损失及合理的维权费用。

本案可见，互联网法院结合检测技术，使网络侵权事件版权存证、转载检测、侵权曝光、法律维权更便捷，技术的高效应用和社会的快速适应，是未来互联网法院的特征。

·智慧语录·

技术的进步催生了互联网法院，互联网法院又推动了社会的发展。法院需要技术来解决互联网社会的问题，例如，通过电子签名来代替公章和手写签名，通过加密技术来实现通信的真实，通过区块链来保证电子证据的真实防篡改，通过互联网来提高交流的效率。对技术更大的挑战是，更快、更准地发现互联网世界的违法、违规的行为，包括知识产权侵权、网络安全、商业欺诈甚至恐怖活动。互联网法院的意义是，不仅使法院具备了一套技术先进的系统，还推动了全社会开放更完整、更全面的法治保障。

——原创宝CTO（首席技术官）张明浩

编撰律师　杨帆、常若星

第四十六章

因用户上传侵权作品而被诉，平台方可以如何抗辩？ / 陈嘉雯

一、案例背景

网络平台在互联网的推动下迅速发展，在一定程度上服务了大多数的人，也推动了内容的流转，增强了内容的生命力，给社会做出了不可忽视的贡献，但基于互联网的特性，平台难以完全控制侵权风险。在这种情况下，如果我们不加区分地要求平台绝对地确保网络平台上不出现任何的侵权内容，那么这对平台来说是极不公平的，也是极不现实的。

网络平台每天可能会接触到数千万的信息，它能一一分辨出哪些是侵权的信息吗？平台其实难以保证每一个用户上传的每一条内容都是合法的，也难以审核内容的违法性。如果用户上传的内容是侵权的，那么平台方应该承担什么样的责任呢？

我们应如何去合理地规定平台的法律责任才不会太过苛责或放任呢？下面，我们将看一个具体的案例，了解“避风港”以及相关的平台制度是如何平衡权利人、网络平台及社会公共需求这三者的利益的。

二、权利的重点信息

作品名称：《贝豪隐形蚕丝面膜图》。

作品类型：美术作品。

版权人：佛山市南海贝豪生化科技有限公司（以下简称“贝豪公司”）。

创作完成时间：2009年11月20日。

三、案例解析

主体介绍：原告贝豪公司是一家生产、销售面膜的企业，它基于宣传、推广、销售其生产的蚕丝面膜的商业目的在2009年11月20日以委托作品著作权人的身份取得了美术作品《贝豪隐形蚕丝面膜图》的著作权登记证书，又于2013年7月23日取得了作品登记证书。原告不仅拥有该图的著作权，还拥有商标专用权及外观专利权，可以说其商业化布局程度比较高。而被告杭州昵图信息技术有限公司（以下简称“昵图公司”）是一个图片分享交流平台，其网站以摄影、设计和多媒体数字视觉文件为主要内容，促进用户上传素材，以满足用户之间的图片需求。

事情的经过：原告发现被告网站上出现《贝豪隐形蚕丝面膜图》，遂认为被告侵犯了原告的著作权中的复制权、发行权、信息网络传播权及兜底条款，向其发送了律师函，并诉至法院。

（一）知识产权方的维权内容或者诉求

原告向法院提出的诉讼请求：（1）被告立即在其官网停止侵害《贝豪隐形蚕丝面膜图》著作权、信息网络传播权的行为；（2）被告赔偿原告经济损失以及原告维权支付的调查取证费、公证费、律师函快递费、律师费等维权费用合计100 000元；（3）本案诉讼费由被告负担。

（二）我方抗辩情况

我方抗辩观点有以下两点。

（1）被告是网络服务提供者，不是作品上传者，没有过错，不构成侵权；昵图网是一个图片分享交流平台，作品均是网站用户自行上传，被告没有能力审查作品是否存在侵权情节，并且被告做了相关声明，采取了一系列的知识产权保护措施，在昵图网下方注明“昵图网是网络服务平台方，若您发现权利被侵害，请发起知识产权投诉”等醒目提示，被告已经尽到了合理审查和管理的责任，被告不知道也没有理由知道注册用户上传的图片侵害了原告的权利，根据《最高人民法院关于审理侵害信息网络传播权民事纠纷案件适用法律若干问题的规定》第六条的规定，被告的行为不应认定为侵权。

（2）被告在2017年5月5日收到原告律师函后，于5月9日及时删除了相关图片，因此不应承担赔偿责任。根据《信息网络传播条例》二十二条规定，应当不承担赔偿责任，请求法院驳回原告诉讼请求。

在二审中原告当庭提交新证据证明被告侵权，并主张被告有获利，被告当庭质证及抗辩观点有以下三点。（1）被告并无过错，已尽到网络服务提供者注意义务，采取了积极预防侵权的合理措施，设置了便捷程序接收侵权通知的渠道。在收到上诉人贝豪公司的律师函后已及时删除了涉案图片。（2）面对海量的信息，而原告的知名度较低，被告不可能发现涉案上传用户的侵权行为。（3）被告属于网络服务提供者，没有针对特定的侵权作品进行获利。

（三）法院认定与结果

一审法院判决驳回原告诉讼请求，原告上诉称平台有获利，被告抗辩称收取的是一般性服务费用，用于维持网站的正常运营。后二审法院判决维持一审判决，二审判决已生效，原告申请再审。目前，案子处于再审程序。

一审法院认定被告不是涉案图片的直接上传者，且在原告贝豪公司以律师函方式向昵图公司维权时，昵图公司已及时删除了涉案图片，不存在“网络服务提供者接到通知后未及时采取必要措施”的情形。昵图公司作为网络服务提供者，不具有过错，依法不应承担相应的侵权责任。判决驳回贝豪公司的诉讼请求。

二审法院对网络服务提供者的提供行为进行了区分，认定被告网站提供的是一种服务而非产品，并对法律的适用做了一些阐明，在维持一审判决的同时也对网站中的协议内容进行了查明和深入的分析。特别是二审法院对于被告是否应承担较高的注意义务进行了详细的分析。我认为，二审法院对网站收费的深入分析很有意义，摘录两点如下。

第一，网络服务提供者在提供网络服务时，因开发、建设、运营、维护网站存在一定的成本支出，在运营过程中向特定用户收取一定费用以弥补企业经营支出之需，属于市场行为的具体表现，亦属合理。被上诉人昵图公司与原创会员约定按单幅作品交易金额的30%收取网站维护费用，属于维护网络服务成本支出的合理收费，不宜认定为获取直接经济收益。

第二，著作权是私权，同时由于网络技术发展的基本目标和价值趋向是便于信息的交流与传播，故不宜让网络服务提供者承担更重的审查义务。本案中，被上诉人昵图公司在网站声明等处已经明确，其对用户上传图片进行初步审查，并有权主动删除相关涉嫌侵权的图片，故应当认定其为避免侵权行为的发生，尽到应尽的审慎审查之义务。被上诉人昵图网仅为网络服务提供者，而非认定图片侵权与否的非专业机构，面对如此海量的图片，要求对每一幅图片是否侵权进行甄别，既不现实，亦超出其能力范围。因此，以被上诉人昵图公司收取一定费用，即应承担民事侵权责任的依据尚不充分。

四、律师建议

对于平台方而言，这个案件很有参考意义。对于提供网络服务的平台来说，法律有“避风港”规则去免除平台的责任，但也有其适用条件。第一点，要区分作品是由平台上传的还是用户自行上传的。如果作品是由平台上传的，平台的行为就不是一个提供网络服务的行为，而是一个提供作品的行为，很可能构成直接侵权。第二点，平台在收到侵权通知后，是否有及时删除侵权信息。平台如果及时删除了侵权信息，就可以不承担赔偿责任。第三点，平台有无针对特定的侵权作品获得直接经济利益，如果有，则不适用避风港原则；如果是基于一般性的服务收费，不属于获得直接经济利益，则不承担较高的注意义务，且可适用避风港原则进行免责。

本案一审中，原告的重点是说被告没有删除图片，应承担侵权责任；被告在一审庭审中提交了及时删除的证据，并向原告披露上传者的个人信息以证实平台并非作品的上传者，因此适用避风港原则免责；二审中，庭审重点转移到有关获利方面的法律定性，这也是本案的难点。二审法院对被告的获利性质进行了深入分析，支持了被告的抗辩观点，肯定了网站收费的合理性，认定该收费不属于直接经济利益，不应因此提高平台的注意义务。我认为该点是这个案件具有开创性和典型意义的所在。

五、法律链接

（一）《信息网络传播权保护条例》（2013年）

第二十二条　网络服务提供者为服务对象提供信息存储空间，供服务对象通过信息网络向公众提供作品、表演、录音录像制品，并具备下列条件的，不承担赔偿责任：（一）明确标示该信息存储空间是为服务对象所提供，并公开网络服务提供者的名称、联系人、网络地址；（二）未改变服务对象所提供的作品、表演、录音录像制品；（三）不知道也没有合理的理由应当知道服务对象提供的作品、表演、录音录像制品侵权；（四）未从服务对象提供作品、表演、录音录像制品中直接获得经济利益；（五）在接到权利人的通知书后，根据本条例规定删除权利人认为侵权的作品、表演、录音录像制品。

（二）《最高人民法院关于审理侵害信息网络传播权民事纠纷案件适用法律若干问题的规定》

第四条　网络服务提供者能够证明其仅提供自动接入、自动传输、信息存储空间、搜索、链接、文件分享技术等网络服务，主张其不构成共同侵权行为的，人民法院应予支持。

第六条　原告有初步证据证明网络服务提供者提供了相关作品、表演、录音录像制品，但网络服务提供者能够证明其仅提供网络服务，且无过错的，人民法院不应认定为构成侵权。

第八条　网络服务提供者未对网络用户侵害信息网络传播权的行为主动进行审查的，人民法院不应据此认定其具有过错。网络服务提供者能够证明已采取合理、有效的技术措施，仍难以发现网络用户侵害信息网络传播权行为的，人民法院应当认定其不具有过错。

（三）《北京市高级人民法院侵害著作权案件审理指南》（2018年4月20日）

（直接获得经济利益的理解）网络服务提供者因提供信息存储空间服务，按照时间、流量等向用户收取标准服务费用的，不属于《信息网络传播权保护条例》第二十二条第（四）项所称的“从服务对象提供作品、表演、录音录像制品中直接获得经济利益”。网络服务提供者因提供信息存储空间服务而收取的一般性广告费，不认定为直接获得的经济利益。

六、运营思维

广州市人民政府重大咨询决策专家、广东金融学院法学院副院长·安雪梅
广东金融学院法学院副教授、法学博士、知识产权学博士后·谢光旗

毋庸置疑，网络用户未经许可上传、传播他人受《著作权法》保护的作品，应依法承担侵权责任。然而，考虑到网络用户匿名、分散及案件执行等因素，著作权人一般仅仅把网络服务提供者作为被告。

网络用户侵犯他人著作权，网络服务的提供者是否应承担侵权责任呢？划定网络服务提供者的责任，考验立法者和司法者的智慧。义务太多、责任太重，不利于互联网产业发展；义务太少、责任过轻，不利于著作权。原则性要求是做到利益平衡。我国《侵权责任法》第三十六条、《信息网络传播权保护条例》以及最高人民法院的相关解释规定了网络服务提供者的民事责任。修订中的《著作权法》也拟就此进行规定。

根据现行法律，网络服务提供者有两种基本类型：一种是内容提供者，另一种是仅提供存储、搜索或者链接等单纯网络技术服务者。内容提供者应对其提供的内容承担高度注意义务。单纯网络技术服务提供者仅负有一般注意义务和删除义务。本案被告昵图公司代理律师就是按以上规则来否定原告的主张的：（1）昵图公司不是内容提供者，不承担高度注意义务，无直接侵权责任；（2）作为单纯技术网络服务提供者（交易平台），昵图公司对于网络用户不明显的侵权行为履行了一般注意义务和删除义务，不承担连带侵权责任。审理法院支持了被告代理律师的意见。不过，此案并不证明昵图公司的经营模式就没有

法律风险。在华某公司与昵图公司著作权侵权纠纷中，杭州市中级人民法院认定昵图公司为内容提供者，应直接承担侵权责任［（2016）浙01民终5555号］。

值得一提的是，为了有效证明权利和防范侵权，著作权人可以登记著作权，并在作品上加注醒目的著作权人信息。如果网络用户将他人明显标注有著作权人信息的作品上传至网络平台，那么著作权人胜诉的概率会增加。

首席律师　陈嘉雯

自2015年进入法律行业，执业于处理知识产权疑难诉讼的律师事务所。曾为多家知名企业提供法律服务，如腾讯、昵图、马可波罗陶瓷等。经办过著作权、商标及不正当竞争案件，对网络著作权纠纷有深入的研究，对著作权与新兴知识产权领域有浓厚兴趣。曾撰写发布多篇专业文章，包括《经销商用了我的商标，我为什么会输官司》《入门商标诉讼：商标近似及其典型案例解读》《如何高效审核技术开发合同》等。现为游戏公司高级法律顾问，专注于游戏行业中的知识产权法律问题。曾主讲分享《借鉴与抄袭的区别》《虚假宣传的法律后果及案例》等内容。自2019年开始通过微信公众号“知产鱼”发表知识产权领域的法律文章。

第三篇

专利案例

第四十七章

涉外职务发明创造报酬案 / 李治国、李晓慧

一、案例背景

近年来，众多跨国集团公司将一部分科技研发工作放到我国进行，甚至在我国设立了研发中心。因此，跨国集团公司对知识产权进行集中管理逐步呈现常态，这使得职务发明创造活动的不同阶段发生在不同的区域或国别成了可能，具有涉外因素的复杂职务发明有关争议会逐渐显现，涉外职务发明创造报酬纠纷案件数量亦会逐步增多。

涉外职务发明创造报酬纠纷因其具备涉外因素，在法律适用、报酬支付权利、义务主体认定和报酬支付条件确认等方面均具有不同于一般的发明人报酬纠纷特点，又因我国法律相关规定不够明确或暂时没有规定，给律师代理及法院审理此类纠纷案件带来了一定的挑战和压力。

二、权利的重点信息

BETTELI有限公司（以下简称“BETTELI”）于2003年12月9日在美国申请“防止锁闭的防风门插芯锁”的发明专利（以下简称“涉

案专利”)。涉案专利于2007年5月8日获得授权，发明专利保护期限为自申请日起20年，发明人为吴丰庆，专利权受让人为BETTELI，涉案专利摘要如下：

一种适用于防风门的防止锁闭插芯锁的方法与装置，配备了具有相对侧板的锁体以及位于侧板之间的凸轮，而凸轮与主舌组件实现有效的相互作用。此外，插芯锁体还可能在主舌组件内部包括一个或者多个止动件，以限制凸轮旋转并且防止发生锁闭情况。手动旋钮以及锁芯被固定在相对的锁眼盖板上。锁芯的芯轴穿过凸轮、孔洞并且截止于手动旋钮的安装槽。手动旋钮或者锁芯旋转均会转动芯轴而且致动凸轮，而凸轮则会致动主舌组件。

三、案例解析

职务发明创造人吴丰庆自1999年起入职希美克（广州）实业有限公司（以下简称“希美克公司”），在工作期间完成“防止锁闭的防风门插芯锁”的职务发明创造（以下简称“涉案职务发明创造”）。随后应希美克公司要求签署专利申请权转让书，向希美克公司的关联公司BETTELI转让涉案职务发明创造一切权益。BETTELI未向吴丰庆支付过转让对价及职务发明报酬，且将涉案职务发明创造在美国申请发明专利，获得美国发明专利证书，即涉案专利证书。其后BETTELI委托希美克公司在中国境内制造涉案专利产品并全部出口至美国，由BETTELI在美国进行销售。吴丰庆多次要求希美克公司支付职务发明创造报酬，被告希美克公司以涉案专利为美国专利，美国专利法无职务发明报酬规定为由拒绝支付，本案诉讼由此产生。

（一）维权诉求

吴丰庆要求希美克公司、BETTELI连带支付职务发明创造报酬及维权合理费用，并承担诉讼费用。

（二）对方抗辩

希美克公司主要抗辩观点有以下两点。（1）涉案专利为美国专利，应使用美国专利法而非中国《专利法》《中华人民共和国专利法实施细则》（以下简称《专利法实施细则》）对于职务发明创造奖励和报酬的规定。根据美国专利法，美国无职务发明报酬的规定；同时，吴丰庆已签署转让书，因此吴丰庆主张职务发明报酬没有事实根据和法律依据。（2）吴丰庆主张2014年8月30日（起诉之日倒推两年）以前的发明人报酬已超过诉讼时效。

（三）法院认定与结果

一审法院广州知识产权法院认定结果如下。（1）职务发明创造是基于用人单位与发明人之间的劳动雇佣关系而产生的；用人单位在职务发明创造专利实施获利后，应当给予发明人报酬。因此，职务发明创造的发明人获得报酬的基本要件应当是发明人在中国境内的用人单位完成职务发明创造，并且用人单位通过实施该职务发明创造而获利。对吴丰庆提出的职务发明创造发明人报酬之诉讼请求，本案诉讼应当适用中国法。（2）职务发明创造发明人报酬的法律关系中承担支付发明人报酬的责任主体是用人单位，而非受让专利申请权或专利权的第三人。参照我国《合同法》第三百二十六条，《中华人民共和国促进科技成果转化法》第四十五条规定，吴丰庆在本案中有权向希美克公司主张发明人报酬。（3）发明创造专利实施后，发明人的一次性报酬在专利权有效期内没有明确规定履行期限，本案诉讼时效并未中断。综上所述，广州知识产权法院判决希美克公司向吴丰庆支付职务发明创造的发明人报酬人民币30万元。

希美克公司上诉后，二审广东省高级人民法院经审理认为：涉案专利是否受中国专利法保护与涉案职务发明创造发明人能否主张报酬权系两个不同的法律问题。涉案职务发明创造即使并未申请中国专利，只要符合中国专利法的相关规定，职务发明创造发明人亦可依法主张相关权利。本案中，各方当事人均认可，吴丰庆在中国境内成立的希美克公司任职后，在职期间完成了涉案职务发明创造。因此，中国境内不仅是吴丰庆的工作地，也是涉案职务发明创造的产生地与完成地。这种中国境内完成的发明创造活动，依法受到中国专利法的调整。尤其需要指出的是，职务发明创造的发明人报酬具有劳务属性，相关单位不能通过不公平、不合理的手段规避支付相关劳务报酬的法定义务。《中华人民共和国涉外民事关系法律适用法》第四条及《最高人民法院关于适用〈中华人民共和国涉外民事关系法律适用法〉若干问题的解释（一）》第十条第一项规定，就职务发明创造发明人的奖励和报酬权利而言，职务发明创造制度的基础在于发明人与用人单位之间存在劳动关系，正是因为发明人系用人单位员工的身份属性和工作性质，决定了进行职务发明创造研究系其工作任务的一部分，故职务发明创造的专利权归属用人单位，而发明人凭借其智力劳动而获得相应劳动报酬。因此，中国法律中涉及职务发明创造发明人报酬的相关规定，涉及劳动者权益，不得对此予以规避。本案中，希美克（广州）实业有限公司利用美国专利法相关规定拒绝向吴丰庆支付发明人报酬，其实质系利用不同的法律制度规避其依中国法律应当支付劳动报酬的义务，明显损害吴丰庆作为劳动者的权益，不符合我国职务发明创造制度的立法宗旨。吴丰庆作为在中国境内完成的职务发明创造的发明人，有权依中国法律规定主张获得职务发明创造报酬。

四、律师分析

本案特殊性在于，涉案职务发明创造在中国境内完成，但在美国申请并获得美国专利权，发明人能否依据中国专利法主张职务发明创造报酬?

在发明人于中国境内完成了职务发明创造后，用人单位要求发明人将专利申请权无对价转让给香港注册的关联公司，关联公司在美国申请专利并获得授权。关联公司后委托用人单位在中国生产专利产品并出口至美国销售。这种方式令中国境内的涉案职务发明创造在美国获得专利授权并公开，由于发明人已不可能在中国继续申请发明专利。同时，用人单位在中国境内却依然可以根据关联公司的委托实施发明创造，生产专利产品从而获得实际利益，达到其将发明人做出重要贡献的涉案发明创造在中国申请专利后实施获利的相同效果。因此，若以涉案专利属于美国专利为由认定不应适用我国法律关于职务发明创造发明人报酬的规定，对于发明人显失公平，也纵容了用人单位此种实际获利同时规避支付发明人报酬的行为。同时依据国际私法中冲突规范“法律规避”“公共利益保留”“最密切联系原则”等制度的运用，本案被告存在法律规避情形，违反了我国公共利益，因涉案发明创造均在中国广州完成及实施，本案也应适用于中国法。

吴丰庆代理律师准确把握了本案焦点，认为职务发明创造与授权专利是两个不同的法律概念，不能混为一谈。因此，代理律师调取了确凿充分的证据，还原了清楚的事实，正确适用了相关法律。本案两级法院充分采纳了原告律师的代理意见，在法律适用上准确把握了发明人报酬相关规定的立法本意，指出发明创造与发明专利权的区别，并将发明人报酬规定的适用范围涵盖到国内完成职务发明创造后到外国申请专利的情形。这种纠纷解决规则充分地尊重了职务发明人的获得报酬权，打击了利用专利权地域特性规避支付劳动者职务发明报酬的行为，激发了广大科技工作者的科技创造热情。

五、正确做法

职务发明是调整职务发明人与其所在单位合理分享职务发明收益的法律制度，虽然我国《专利法》及《专利法实施细则》中对于职务发明奖励和报酬有明确规定，但企业在实际操作中对于“职务发明人的奖酬落实不到位”的问题还是比较明显的。为了规避法律风险，企业应在内部规章制度或与职务发明创造员工签署针对职务发明创造发明人报酬事项的合同，该合同应明确职务发明创造报酬的支付程序、方式、具体数额、期限，并结合相关法律法规的变化，进行相应的调整及更新。企业无论在何种情形下，都不能剥夺发明设计人的合法权利，亦不能非法排除发明人获取职务发明创造报酬的权利，更不能设计连接点，进行法律规避，侵害我国社会公共利益。

六、法律链接

（一）《专利法》

第六条第一款　执行本单位的任务或者主要是利用本单位的物质技术条件所完成的发明创造为职务发明创造。职务发明创造申请专利的权利属于该单位；申请被批准后，该单位为专利权人。

第十六条　被授予专利权的单位应当对职务发明创造的发明人或者设计人给予奖励；发明创造专利实施后，根据其推广应用的范围和取得的经济效益，对发明人或者设计人给予合理的报酬。

（二）《合同法》

第三百二十六条　职务技术成果的使用权、转让权属于法人或者其他组织的，法人或者其他组织可以就该项职务技术成果订立技术合同。法人或者其他组织应当从使用和转让该项职务技术成果所取得的收益中提取一定比例，对完成该项职务技术成果的个人给予奖励或者报酬。

（三）《中华人民共和国促进科技成果转化法》

第四十四条　职务科技成果转化后，由科技成果完成单位对完成、转化该项科技成果做出重要贡献的人员给予奖励和报酬。

第四十五条第一款　科技成果完成单位未规定、也未与科技人员约定奖励和报酬的方式和数额的，按照下列标准对完成、转化职务科技成果做出重要贡献的人员给予奖励和报酬：（一）将该项职务科技成果转让、许可给他人实施的，从该项科技成果转让净收入或者许可净收入中提取不低于百分之五十的比例。

（四）《专利法实施细则》

第七十六条　被授予专利权的单位可以与发明人、设计人约定或者在其依法制定的规章制度中规定专利法第十六条规定的奖励、报酬的方式和数额。企业、事业单位给予发明人或者设计人的奖励、报酬，按照国家有关财务、会计制度的规定进行处理。

第七十八条　被授予专利权的单位未与发明人、设计人约定也未在其依法制定的规章制度中规定专利法第十六条规定的报酬的方式和数额的，在专利权有效期限内，实施发明创造专利后，每年应当从实施该项发明或者实用新型专利的营业利润中提取不低于2%或者从实施该项外观设计专利的营业利润中提取不低于0.2%，作为报酬给予发明人或者设计人，或者参照上述比例，给予发明人或者设计人一次性报酬；被授予专利权的单位许可其他单位或者个人实施其专利的，应当从收取的使用费中提取不低于10%，作为报酬给予发明人或者设计人。

（五）《中华人民共和国涉外民事关系法律适用法》

第四条 中华人民共和国法律对涉外民事关系有强制性规定的，直接使用该强制性规定。

（六）《最高人民法院关于适用〈中华人民共和国涉外民事关系法律适用法〉若干问题的解释（一）》

第十条 有下列情形之一，涉及中华人民共和国社会公共利益，当事人不能通过约定排除适用、无须通过冲突规范指引而直接适用于涉外民事关系的法律、行政法规的规定，人民法院应当认定为涉外民事关系法律适用法第四条规定的强制性规定：（一）涉及劳动者权益保护的……

七、运营思维

资深专利代理师、广州三环专利商标代理有限公司副总经理 · 颜希文

本案属于职务发明创造报酬纠纷领域下以涉外申请发明企图剥夺发明人报酬权利的案件。据悉，该类案件在司法实践中并不多见，本案在该类案件中做出了深远的示范意义。本案还可以延伸到几类因发明本身性质问题而导致的发明创造报酬纠纷中，例如，发明人在企业中创造职务发明，企业老板以个人名义申请发明，以规避发明人与申请人之间的职务联系。参考本案例的认定标准，职务发明创造与授权专利是两个不同的法律问题，不论发明创造的申请权属如何，职务发明创造者也应有主张对应报酬的权利。

华发七弦琴国家知识产区运营平台总经理、中国专利保护协会副会长 季节

该案最大的启示就是，职务发明创造奖励、报酬问题。职务发明创造问题是企业应该重点关注的重要问题之一。职务发明问题涉及研发职工工作积极性问题，研发职工“跳槽”问题，研发职工署名权问题，以及企业经营成本问题，应给予足够的重视。企业如果获得授权专利给予必要的奖励，不对产生经济效益专利的发明人给予必要的报酬，就会挫伤研发人员的积极性，会导致研发成果好坏一个样的“大锅饭”局面，还会导致研发能力强的员工“跳槽”等问题。但是，奖励、报酬力度如果过大，也会给企业造成较大的成本负担，导致产品的竞争力降低，毕竟研发人员的劳动企业已经支付了劳动报酬。因此，企业知识产权管理中一定要对授权专利给予必要的奖励，对产生经济效益专利的发明人给予必要的报酬，但要根据企业经营实际，确定合理的力度。专利法及其实施细则虽然规定了职务发明奖酬的具体额度，但也保留了企业自行约定职务发明奖酬的权利，建议企业根据自身实际，依法制定本企业职务发明专利奖励、报酬的方式和额度。

企业职务发明奖励、报酬制度制定应注意以下几点。一是，研发成果是否申请专利、申请什么类型的专利要经过委员会评估。二是，应尽早建立企业技术秘密管理制度和研发人员离职竞业限制制度。三是，研发过程要有严谨的记录，以便进行成果贡献评估或作为有关维权证据。四是，尽早依法制定本企业专利授权奖励、产生经济效益专利发明人报酬的制度，并根据企业经营实际持续调整和完善奖酬方式、额度，奖励、报酬兑现应及时。五是，专利授权奖励的额度应该根据经委员会做出的授权专利评级确定，奖励额度要能够发挥激励作用。对产生经济效益专利的发明人奖励可以根据经济效益的一定比例进行，报酬额度要能够发挥激励作用。

首席律师　李治国

相关介绍见第二十二章。

编撰律师　李晓慧

第四十八章

小小宠物用品也能专利维权 / 程跃华、胡俊

一、案例背景

凯恩德宠物用品有限公司是一家专门制造销售宠物用品的企业，在业内享有一定的知名度，其投入了大量的精力不断研发新产品。其中，“一种便携式的宠物饮水器”便是凯恩德公司研发的专利产品，该产品方便携带、使用卫生、价格低廉、结构简单，在线上、线下甚至出口方面均享有一定的知名度。该产品在线上及线下均占有一定的市场份额。该产品解决了宠物外出无法饮用到健康水的问题，深受广大买家的好评。

2017年9月，凯恩德公司发现阿里巴巴批发网及淘宝网上出现其他厂家制造销售的结构基本相同的宠物饮水器产品，于是委托代理人对其他厂家线上的许诺销售及销售情况等进行了证据保全。

二、权利的重点信息

“便携式宠物饮水机”于2013年9月10日提出申请专利并于2014

年3月26日获得授权的实用新型专利，凯恩德公司于2017年4月27日通过合同受让了该专利，凯恩德公司请求国家知识产权局出具了该专利的《实用新型专利权评价报告》，评价报告显示："权利要求"具有《专利法》第二十二条之新颖性及创造性。

该专利的权利要求1保护的技术方案为："一种便携式宠物饮水机，其包括水瓶、瓶盖、弹性材质的水嘴、水槽；所述瓶盖为中空的管型结构，其套接于所述水瓶的瓶口外，所述瓶盖的端部与所述水嘴的一端部卡接；所述水嘴的该端部敞口，另一端部设有经挤压可变形成为菱形开口的缝隙；所述水槽的一端设有狭窄的水道，该水道上宽下窄，所述水嘴的外径尺寸大于所述水道底部的宽度尺寸；所述瓶盖和所述水道的侧壁通过转轴连接；不使用时，所述水瓶放置于所述水槽内；使用时，所述水瓶以所述转轴为轴转动从所述水槽中立起；所述水嘴与所述水道内壁相互挤压，所述缝隙成为菱形开口，连通所述水瓶和所述水槽。"

三、案例解析

针对大量的侵权厂家，凯恩德公司挑选了其中六家企业分别在广州知识产权法院、南京知识产权法庭、杭州知识产权法庭提起了侵害专利权之诉。经技术比对，凯恩德公司认为，被告黄岩区×沃厂等六家企业制造、销售、许诺销售的产品完全复制了凯恩德公司的便携式宠物饮水机产品，已经落入涉案专利的"权利要求"保护的范围，六家企业未经凯恩德公司许可，制造、销售、许诺销售侵权涉案专利的产品，涉嫌侵害凯恩德公司的专利权。

（一）维权内容或者诉求

由于涉嫌侵权产品的数量特别巨大、情节严重，且质量粗制滥造，不注重产品的质量，严重拉低了专利产品的价格，同时降低了专利相关产品在市场的接受程度。这种侵权行为严重扰乱了该专利产品的市场销售，已经严重影响了凯恩德公司基于涉案专利的权利而应该取得的市场销量，侵害了凯恩德公司的合法权益，造成了极大的经济损失。凯恩德公司主张法院判令各被告停止制造、销售和许诺销售侵害凯恩德公司专利权的便携式宠物饮水器产品，销毁专用侵权模具和侵权产品，赔偿凯恩德公司经济损失及合理的维权费用（见图48-1）。

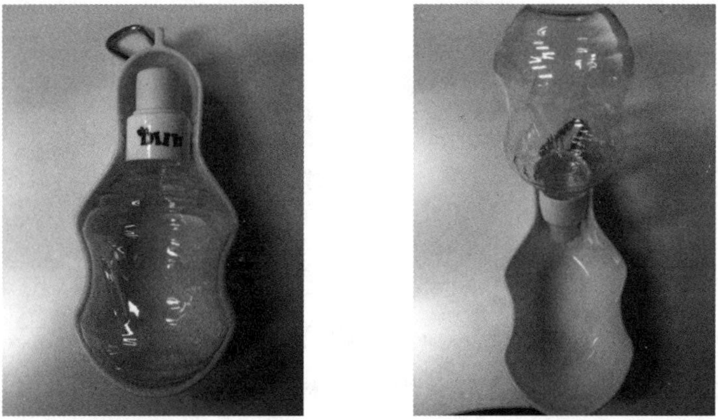

不使用时，所述水瓶所述转轴放置于所述水槽内

使用时，所述水瓶以轴转动从所述水槽中立起

图48-1　被控侵权产品图样

（二）对方抗辩情况

在庭审之前，由于六家企业的产品均与凯恩德公司的产品结构基本一致，不同的仅仅是被控侵权产品质量差，无法达到专利产品的“菱形开口”的技术效果，所以有五家生产企业及其商家没有提起无效宣告请求，其中两家企业选择直接和解，两家在一审判决后服判息诉，仅有一家黄岩区 × 沃厂提起了不侵权抗辩，它最主要的理由便是其产品不具备专利“权利要求”中的“菱形开口”的技术特征，同时以涉案专利不符合《专利法》第二十六条第三款、第四款规定，并依据

两份国外的专利文献及另一份国内的专利文献作为对比文件以不具备《专利法》第二十二条第三款规定的创造性等为由，提起了无效宣告请求（见图48-2）。

所述水嘴的该端部敞口，另一端部设有经挤压可变形成为菱形开口的缝隙

图48-2　水嘴示意图

（三）专利复审委员会的无效宣告决定书

毫无悬念的是，黄岩区 × 沃厂提出的对比文件均不能破坏本专利的创造性。专利复审委员会认为，“权利要求相对于对比文件、证据与公知常识的结合，以及证据的结合均具备创造性，符合《专利法》第二十二条第三款的规定”。

而在无效案件中，黄岩区 × 沃厂提出的另外的无效宣告的理由是涉案专利不符合《专利法》第二十六条第三款、第四款的规定，即“说明书应当对发明或者实用新型做出清楚、完整的说明，以所属技术领域的技术人员能够实现为准”“权利要求书应当以说明书为依据，清楚、简要地限定要求专利保护的范围”。

凯恩德公司希望解决的问题是，在对此进行答辩时，顺便将“权利要求”和说明书中的“所述水嘴的该端部敞口，另一端部设有经挤压可变形成为菱形开口的缝隙”中的“菱形开口”解释成类似菱形开口，否则在法院审理的过程中，可能会出现这样的悖论，即模仿得特别好、相对来说质量更好的被控侵权产品，其水嘴可以挤压成菱形，则构成了侵权，而仿制水平不高的黄岩区 × 沃厂的被控侵权产品由于采用的材料弹性不够则可能挤压后不能形成菱形开口，反而不构成侵权。

为了避免打草惊蛇，我们在提交书面意见陈述时，不动声色，没有泄露我们的真实意思，而将主要精力放在是否具有创造性的角度，而在口头审理时，我们在答复审查员的询问时，首次提出了“类似菱形开口”的意见。我们指出，说明书的某一段中公开了“所述水嘴的材质优选硅橡胶或塑料等柔性材质，其一端设有缝隙，本实施例中的便携式宠物饮水机在不被使用时，该缝隙不被挤压，不会漏水，保持密闭状态，使水杯封闭其中”，以及结合说明书附图中水嘴被压迫变形、缝隙形成菱形开口的结构，本领域普通技术人员在阅读说明书后可轻而易举地对缝隙的形态、大小和位置进行设置，并结合说明书的具体出处对如何操作进行了描述，不存在不清楚之处。我们还指出，本案无效之所以发生，是因为请求人完全抄袭专利权人的技术方案而被诉，从反面也说明不存在不清楚之处。我们解释称，本技术领域的技术人员知晓在使用时，弹性材质的水嘴因被挤压而进入水道内，因受到水道两壁的挤压而使缝隙打开，因此缝隙的两端连线需要与水道壁垂直，以便受到挤压，而通过这样挤压弹性材质水嘴形成的开口具有类似菱形的形状。因此，涉案专利说明书符合《专利法》第二十六条第三款的规定，这一点完全得到了专利复审委员会的支持。同样道理，权利要求书也不存在不符合《专利法》第二十六条第四款规定的地方。

专利复审委员会维持了凯恩德公司涉案专利的“权利要求”全部有效。同时，我们解决了我们所担心的被告方抗辩其产品不具备“菱形开口”的技术特征，而被法院采信，从而避免被控侵权产品因没有全面覆盖涉案专利权利要求的全部技术特征而不构成侵权的后果。

（四）法院判决

为了便于法院的庭审审理更好地进行，我们制作了详细的图文并茂的比对表，但是有意没有制作“经挤压可变形为菱形开口”的图形。

在这种情况下，四家被控制造的企业均对被控侵权产品落入凯恩德公司的专利权的保护范围基本没有抗辩，因此法院的庭审工作基本集中在其他焦点。我们解决了“菱形开口”的障碍。法院在收到无效宣告决定书之后，毫无悬念地判决支持了凯恩德公司大部分的诉讼请求。

四、律师分析

本案中，凯恩德公司拥有的是一项简单结构的便携式宠物饮水器的实用新型专利，而网上销售的是结构基本相同的宠物饮水器产品。企业首先考虑的问题是能否维权，能否通过诉讼制止侵权并获得一定的赔偿，从而避免“赢了官司赔了钱”的情况。

首先，我们在获得相关被控侵权产品之后，经过认真比对后认为，在专利有效的情况下维权成功是基本没有问题的；其次，关于索赔，由于各地法院的判赔数额不一，我们分别在广州、南京、杭州三地法院提起诉讼，既避免了对所谓系列维权或营利性维权的误解，也及时制止了侵权，还能使企业获得相应的赔偿。实践证明，我们的策略基本上是成功的。

五、正确做法

在面对类似案件时，首先应当分析涉案专利的稳定性，即专利权人据以主张的专利是否具备专利性。一般来讲，对于实用新型和外观设计专利来说，由于未经过实质审查，我们先行申请专利权的评价报告。

在基本确定专利权的稳定性之后，我们通过比对涉案专利和被控侵权产品，判断被控侵权产品是否包含涉案专利全部的技术特征或者存在等同的技术特征。在得到比较明确的意见之后，我们就可以着手准备材料和起诉事宜了。

同时，针对不确定的问题，我们及时制定应对措施。

六、法律链接

《专利法》第二十二条第三款　创造性，是指与现有技术相比，该发明具有突出的实质性特点和显著的进步，该实用新型具有实质性特点和进步。

第二十六条第三款、第四款　说明书应当对发明或者实用新型作出清楚、完整的说明，以所属技术领域的技术人员能够实现为准；必要的时候，应当有附图。摘要应当简要说明发明或者实用新型的技术要点。

权利要求书应当以说明书为依据，清楚、简要地限定要求专利保护的范围。

第六十条　未经专利权人许可，实施其专利，即侵犯其专利权，引起纠纷的，由当事人协商解决；不愿协商或者协商不成的，专利权人或者利害关系人可以向人民法院起诉，也可以请求管理专利工作的部门处理。管理专利工作的部门处理时，认定侵权行为成立的，可以责令侵权人立即停止侵权行为，当事人不服的，可以自收到处理通知之日起十五日内依照《中华人民共和国行政诉讼法》向人民法院起诉；侵权人期满不起诉又不停止侵权行为的，管理专利工作的部门可以申请人民法院强制执行。进行处理的管理专利工作的部门应当事人的请求，可以就侵犯专利权的赔偿数额进行调解；调解不成的，当事人可以依照《中华人民共和国民事诉讼法》向人民法院起诉。

七、运营思维

资深专利代理师、广州三环专利商标代理有限公司副总经理 · 颜希文

本案涉及专利权侵权纠纷领域下针对多家侵权企业分别在各地法院进行维权诉讼。关于本案，其中的难点在于被控侵权产品是否落入专利权的保护范围里。其一，涉案专利要求保护范围的“菱形开口”形状，因被控侵权产品质量低而导致不能落入涉案专利的保护范围。其二，针对对方提起的无效请求理由——“不能清楚完整地说明本专利内容”——如何抗辩。本案处理律师通过被告提起的无效请求中复审委员会对“菱形开口”认定，对专利权利要求进行了一次“官方”解释，一定程度上增加了法院认定侵权的概率，这是颇为明智之举。关于第二难点，如何抗辩说明书是否有清楚完整地说明本专利内容，本案处理律师指出：被告，即无效请求人可以完全抄袭并制造涉案专利的技术方案，这从反面说明了说明书不存在不清楚之处，从逻辑上反驳了被告“睁眼说瞎话”的无效请求理由。其三，在针对数家或大量企业进行同时侵权时，为了避免因系列维权而被削减的赔偿数额以及被误解为营利性维权时，可以分别在不同的侵权地管辖法院提起诉讼。

华发七弦琴国家知识产区运营平台总经理、中国专利保护协会副会长 季节

专利权与传统的有形财产权的重大区别之一，就是专利权更加容易受到侵犯。对于传统有形财产权来说，只要权利人做到一定的注意义务，其财产权就不容易受到侵害。专利权则不同，“公开”换“保护”，获得权利的前提是必须将技术方案充分公开，社会公众很容易在

网上获悉相关专利的技术方案并且可以不经权利人知晓就进行实施，因此专利权更加容易受到侵犯。就专利权而言，在很大程度上，我们可以说没有维权就没有权利。当专利权受到侵犯时，权利人应该坚定不移地进行维权。由于我国地域广阔，产业集中度不高，电商比较发达，群体专利的侵权现象比较普遍。该案最大的启示就是，企业在面临群体性侵权时要有一定的维权策略。

企业在面临群体性侵权时的维权策略应注意以下几点。一是打铁还需自身硬，维权前要对专利稳定性、侵权证据、侵权判断等方面进行深入细致的考量。二是结合企业战略事前明确确定维权目标。三是遴选专业性高、经验丰富的诉讼团队。 四是“擒贼先擒王”，选择重点侵权企业进行维权。五是合理选择行政执法、法院、仲裁、调解等纠纷解决途径。六是依法合理选择案件管辖地。

首席律师　程跃华、温镜满

程跃华，相关介绍见第三章。

温镜满，广州三环专利商标代理有限公司珠海分公司总经理，北京师范大学珠海分校工程技术学院客座教授，第一届珠海市知识产权保护协会理事，珠海仲裁委员会“双创天使专家”成员，珠海市2016年度知识产权保护先进个人，横琴·澳门青年创业谷创业导师。

编撰律师　胡俊

第四十九章

9 272万元专利侵权案！电磁屏蔽膜行业掀起专利大战！ / 郝传鑫

一、案例背景

技术密集型公司都把专利作为保护自己、打击对手的重要武器。国际知名企业英特尔、微软、高通、苹果、波音等都拥有强大的律师团队，它们时不时针对竞争者、挑战者发起专利诉讼。电磁屏蔽膜行业亦不例外掀起专利大战。大自达电线股份有限公司（以下简称“大自达公司”）和广州方邦电子股份有限公司（以下简称“方邦公司”）均是电磁屏蔽膜行业全球市场规模排名前三的企业。方邦公司最早成立于2010年12月15日，成立至今取得了较快的发展。大自达公司创建于1945年，总部位于日本大阪。大自达公司在2000年首先开发出电磁屏蔽膜，12年后，方邦公司也成功开发出具有自主知识产权的电磁屏蔽膜产品。而电磁屏蔽膜正是方邦公司最核心的产品，占公司90%以上的收入来源。然而，在方邦公司报送IPO（首次公开募股）材料6个月后，大自达发起专利诉讼阻击，给方邦公司的IPO审核增加了巨大的不确定性。

二、权利的重点信息

专利名称：印刷布线板用屏蔽膜以及印刷布线板（见图49-1）。

申请人：大自达电线股份有限公司。

申请日：2008年7月16日。

图49-1　印刷布线板用屏蔽膜以及印刷布线板

摘要：本发明涉及印刷布线板用屏蔽膜以及印刷布线板。印刷布线板用屏蔽膜10具有在绝缘层1的单面形成的金属层2，绝缘层1的单面表面的算术平均粗糙度［JIS B 0601标准（1994 年）］为0.5 ~ 5.0微米，并且金属层2以沿着绝缘层1的单面表面成为波纹结构的方式形成。本发明的印刷布线板通过在基体膜上贴附印刷布线板用屏蔽膜10而形成。

三、案例解析

大自达公司（原告）认为方邦公司（被告）制造、销售的8款屏蔽膜产品侵害其涉案发明专利权。涉案专利记载了如下的技术方案："一种印刷布线板用屏蔽膜，其特征在于具有：单面表面的算术平均粗糙度是0.5 ~ 5.0微米的绝缘层；在所述绝缘层的所述单面表面形成的第一金属层，其中所述算术平均粗糙度是由1994 年的JIS B 0601 标准定义的算术平均粗糙度，所述第一金属层以沿着所述绝缘层的所述单面表面成为波纹结构的方式形成。"

经查明，涉案发明在专利申请时提交了原始申请文件，并对权利要求进行了修改，将涉案争议特征从"第一金属层以沿着所述绝缘层的单面表面成为波纹结构的方式形成"修改为"第一金属层的两面沿着所述绝缘层的单面表面形成”。国家知识产权局对此发出审查意见通知书，指出原申请文件仅记载了波纹结构的第一金属层和大致平坦结构的第一金属层两种实施例，没有给出第一金属层以其他方式（比如锯齿形或连续的凹凸形）的形成结构等内容，认为大自达公司的修改超出了原说明书和权利要求书记载的范围；同时要求大自达公司再次修改时应对通知书中提出的所有问题逐一详细地做出说明。

于是，大自达公司将涉案争议特征再次修改成“所述第一金属层以沿着所述绝缘层的所述单面表面成为波纹结构的方式形成”，并称通过上述修改，权利要求记载技术方案与原说明书记载的内容一致。

之后，涉案专利申请获得授权。一审法院认为，在涉案专利申请文件审查过程中，国家知识产权局专门指出大自达公司修改后的涉案争议特征除了第一金属层以波纹结构的方式形成外还包含了第一金属层以其他方式（比如锯齿形或连续的凹凸形）的形成结构，该部分修改超出了原申请文件记载的范围。

基于此，大自达公司若不接受上述审查意见，应当逐一详细做出相应的解释和说明。但大自达公司同意审查意见并对权利要求再次修改，对审查意见未做出任何反驳。

因此，根据上述涉案专利审查的过程及内容，结合涉案专利说明书、附图以及工具书、教科书等公知文献，一审法院认定涉案专利争议特征第一金属层的波纹结构应解释为不应当包括随机变化的、无规律高低起伏的连续凹凸形结构。而方邦公司制造、销售的屏蔽膜产品的第一金属层的结构是随机变化的、无规律高低起伏的连续凹凸形结构，因此不落入涉案发明专利权的保护范围。大自达公司不服，向广东高院提起上诉。

（一）维权内容及诉求

大自达公司提出上述请求，要求撤销一审法院做出的判决书，改判方邦公司立即停止侵害其发明专利权，包括但不限于停止制造、销售、许诺销售侵害原告专利权的印刷布线板用屏蔽膜，并销毁专用于生产侵权产品的设备和模具，以及销毁所有库存侵权产品，并支付侵权赔偿，该侵权赔偿包括为制止侵权行为所支付的公证费、调查费、律师费等合理费用，共计人民币 9 272 万元。

大自达公司称，涉案专利说明书、附图及审查历史文档等文件从未将波纹结构限定为"具有周期性的结构"，并且就通常的理解，当提到"波"或者"波纹"的概念时，包含了各种各样的波，周期性的或者非周期性的。因此，大自达公司认为"波纹结构"不应当限定为"具有周期性的结构"，并认为一审法院解释错误。

在此错误解释的基础上，一审法院认定被诉侵权产品第一层金属结构并不属于随机变化的无规律高低起伏的连续凹凸形结构，属于事实认定错误。一审法院认定"随机变化的、无规律高低起伏的连续凹凸形结构"应当排除在权利要求范围之外属于事实认定错误。被诉侵权产品呈现出明显基本平滑的、连续高低起伏波动的结构，落入涉案专利权利要求限定的"波纹结构"保护范围。

一审法院未经审理，直接判决被诉产品与涉案专利技术不等同程序错误。被诉产品即使不是波纹结构，也取得与波纹结构相同技术效果，构成等同。

对方希望从直接对比、扩大权利要求范围、扩大技术效果等方面说明被诉产品落入涉案专利保护的范围。

（二）对方抗辩情况

方邦公司抗辩，"波纹结构"非含义确定的技术术语，因此，涉案专利权利要求中的"波纹结构"的范围应根据其专利说明书和专利审查档案的描述来解释。根据涉案专利说明书，“波纹结构”至少应具备方向性、形状特定这两个技术特征。

被控侵权产品金属层的表面细微凹凸不平是随机变化无规律的，没有特定的形状，同时不具方向性，在弯曲时也不能增加金属层的弯曲性能，故不构成侵权。

根据专利审查档案，权利要求的“波纹结构”范围至少排除了“锯齿形”和“连续的凹凸形”结构。即使将被控侵权产品金属层的表面细微凹凸不平理解为连续的凹凸结构，根据审查过程文件，连续的凹凸形结构已被排除在“波纹结构”的保护范围之外，故不构成侵权。

方邦公司根据专利说明书来确定权利要求具体保护范围，限定“波纹结构”特征，又根据审查过程进一步限定权利要求范围，被控侵权产品无论是否被认定为具有“连续的凹凸形”结构，都不落入涉案专利的保护范围。

（三）法院认定与结果

二审法院认为，“波纹结构”至少应当是：相对规则，相对明显、相对平滑的连续高低起伏波动结构，排除因绝缘层表面凹凸不平而自然导致的金属层无规律性地高低起伏，亦排除不具有高弯曲性的大致平坦、锯齿形或连续的凹凸形结构。被诉产品由于制作工艺造成绝缘层表面形成微量凹凸不平，且此凹凸形不符合发明目的，判决被诉产品不构成侵权，维持一审判决结果。

四、律师建议

法院在审理中对于发明专利权利要求的争议技术特征进行解释时，除了运用说明书、附图及其他相关权利要求以外，还应当结合专利审查档案进行解释。审查专利审查档案的内容，可以明确申请人在专利申请过程中对于专利权保护范围所做的真实意思表示与客观行为，确定国家知识产权局与申请人在划定专利权边界上达成了何种一致的意见，并对社会公众形成了何种公示作用，使法院认定的专利权保护范围符合专利权产生时所公示的边界，符合国家授予、保护这种专有性、垄断性权利的初衷，如此才能为社会公众提供明确的法律预期，避免不当压缩社会公众对于公有技术自由运用的空间。

与此相对应的，在申请发明专利的过程中，申请人如不接受相关审查意见，应当详细地做出说明回应，或者在进一步修改时清晰、合理地对相关技术特征进行限定或解释。在接受相关审查意见获得专利授权后，权利人却在侵权诉讼中主张与申请时所同意的审查意见相左的意见，显然有违诚实信用原则，不应得到法院的支持。

五、正确做法

本案中，方邦公司采用不侵权抗辩方式胜诉，未按普遍做法首先无效涉案专利，诉讼程序没有因发生无效程序而中止，故审理、结案速度快，为方邦公司继续IPO审批程序赢得宝贵的时间。

六、法律链接

（一）《专利法》

第五十九条　发明或者实用新型专利权的保护范围以其权利要求的内容为准，说明书及附图可以用于解释权利要求的内容。外观设计专利权的保护范围以表示在图片或者照片中的该产品的外观设计为准，简要说明可以用于解释图片或者照片所表示的该产品的外观设计。

（二）《最高人民法院关于审理侵犯专利权纠纷案件应用法律若干问题的解释》

第三条 人民法院对于权利要求，可以运用说明书及附图、权利要求书中的相关权利要求、专利审查档案进行解释。说明书对权利要求用语有特别界定的，从其特别界定。以上述方法仍不能明确权利要求含义的，可以结合工具书、教科书等公知文献以及本领域普通技术人员的通常理解进行解释。

第七条 人民法院判定被诉侵权技术方案是否落入专利权的保护范围，应当审查权利人主张的权利要求所记载的全部技术特征。被诉侵权技术方案包含与权利要求记载的全部技术特征相同或者等同的技术特征的，人民法院应当认定其落入专利权的保护范围；被诉侵权技术方案的技术特征与权利要求记载的全部技术特征相比，缺少权利要求记载的一个以上的技术特征，或者有一个以上技术特征不相同也不等同的，人民法院应当认定其没有落入专利权的保护范围。

（三）《民事诉讼法》

第六十四条 证明责任和职权探知，当事人对自己提出的主张，有责任提供证据。当事人及其诉讼代理人因客观原因不能自行收集的证据，或者人民法院认为审理案件需要的证据，人民法院应当调查收集。人民法院应当按照法定程序，全面地、客观地审查核实证据。

七、运营思维

广州三环专利商标代理有限公司总经理・郝传鑫

公司除及时提交专利申请外，也要注重提高专利申请书的撰写质量——能经得住专利无效宣告请求程序的考验。公司内部要成立专业的法务部门，法务人员要随时同技术研发人员沟通，及时将研发材料存档备案。在推出一项新产品前，公司要及时进行专利检索，当发现隐患时，要第一时间对技术和产品进行调整。公司如果被起诉侵权，应第一时间进行风险评估，然后制定详尽可行的应诉策略，或聘请专业律师团队进行应诉，或选择和解，双方签署专利交叉许可协议等。

华发七弦琴国家知识产区运营平台总经理、中国专利保护协会副会长 季节

专利权与传统的有形财产权的重大区别之一，就是专利权的权利边界比较难以确定。专利制度各个环节的工作都是紧紧围绕专利权的保护范围这个核心来运转的，代理、审查、复审、无效、诉讼、运营等环节无一不是这样的。专利制度的基本逻辑就是利用文字、图示等书面表达方式来对发明人技术方案的创新范围进行界定，并且这个界定的结果应该能够得到各相关人员的一致性认识。创新范围应该与保护范围相一致。创新范围如果大于保护范围，则损害了发明人的利益、导致不公平；创新范围如果小于保护范围，则损害了社会公众的利益、导致不公平。该案最大的启示就是，高度重视审查员的角色定位及其在专利审查中发挥的作用。

关于审查员的角色定位问题。审查员首先代表国家，依据专利法律法规依法审查；其次代表社会公众，确保发明技术方案创新范围与专利授权保护范围相一致；再次发挥“启蒙老师”的作用，指导代理人、发明人、申请人依法完善专利申请授权的文本与程序，获得高质量的专利授权。

·智慧语录·

专利权的保护范围应符合专利权产生时所公示的边界，既要符合授权、保护这种专有性、垄断性权利的初衷，也要符合诚实守信的原则。

对技术和创新要求较高的企业来说，应加强知识产权布局，除及时提交专利申请外，也要注重提高专利申请书的撰写质量，能经得住专利无效宣告请求程序的考验。

——郝传鑫

首席律师 郝传鑫

现任广州三环专利商标代理有限公司总经理，兼任广东专利代理协会会长、广东省法学会知识产权法学研究会常务理事、广州市创意经济促进会知识产权委员会主席、广州市对外贸易经济信息中心外经贸法律风险防范专家、广东省多个知识产权局专家库专家委员，首批最高人民法院认定的代理专利诉讼案件的专利代理人，曾获“广东省优秀诉讼代理人”称号。郝律师于2000年从事知识产权工作，在知识产权撰写、知识产权维权诉讼方面具有丰富经验，代理过众多国内外有影响的诉讼案件，多次入选包括最高人民法院、广东省人民法院、广州知识产权法院和广东知识产权保护协会发布的典型案例。

第五十章

传感电子有限责任公司发明专利权无效行政纠纷案 / 郝传鑫

一、案例背景

EAS（Electronic Article Surveillance）系统是为了防止或阻止商品在零售店中被盗窃而发明的配置电子货品监视用系统。在该系统中，标识器是通过配置在货品出口处的电磁场之间的相互作用来保护商品的。如果有标识器被带入检测区磁场，那么检测器检测到识别器便发出警报信号。退磁化装置可以对识别器实现退磁化，从而改变标识器的磁性特性，可使其在检测区不被检测出来。美国的传感电子有限责任公司（以下简称“传感电子公司”）拥有新式电子货品监视用标识器发明专利，在中国、德国提起对宁波讯强电子科技有限公司（以下简称“讯强公司”）及其经销商的相关诉讼，在美国提起对讯强公司及其经销商的337调查。讯强公司则对传感电子公司的核心专利提起专利无效申请。

二、权利的重点信息

专利名称：具有低矫顽磁力特性的偏磁元件的磁力式电子货品监视用标识器。

申请人：传感电子有限责任公司。

地址：美国佛罗里达州。

申请号：97197519.1。

申请日：1997年8月21日。

摘要：本发明提供了一种用于制作磁力式EAS标识器（10）的偏磁元件（16），这种材料的矫顽磁力比常规磁力式标识器中的偏磁元件的矫顽磁力更低。由这种具有更低的矫顽磁力特性的材料制作的标识器（10）可以在其磁平比对常规标识器实施去活化所需要的磁平更低的AC磁场强度作用下实施去活化。这种具有更低的矫顽磁力的偏磁元件（16）的标识器（10）还可以在较原先标识器距退活化装置更远的位置处实施去活化。

三、案例解析

2010年4月27日，讯强公司向专利复审委员会提出宣告涉案专利权全部无效的请求。专利复审委员会做出决定，宣告该专利权利要求部分无效（权利要求1～4、6、7、9～12、14～18、20～26、29、30、34、35、37～42、44、46、47无效），在部分权利要求的基础上维持涉案专利权有效（权利要求5、8、13、19、27、28、31～33、36、43、45维持有效）。传感电子公司不服被诉决定，向北京市第一中级人民法院提起行政诉讼，请求撤销被诉决定。北京市第一中级人民法院维持被诉决定。二审法院维持一审判决。传感电子公司不服北京市高级人民法院的行政判决，向最高院申请再审，再审法院撤销一审判决，撤销二审判决，撤销行政决定，由国家知识产权局专利复审委员会重新做出审查决定。

（一）知识产权方的维权内容或者诉求

传感电子公司向最高院申请再审，再审请求事项：请求撤销北京市高级人民法院行政判决，请求撤销北京市第一中级人民法院判决，请求撤销专利复审委员会的无效宣告审查决定。

（二）对方抗辩情况

讯强公司方提出：

（1）涉案专利有关M材料、V材料的实施例的说明书附图与附图之间，或附图与文字之间存在矛盾之处，类似的矛盾使得该领域技术人员无法确信相关实施例能实现声称的技术效果，因此与M、V材料相关的实施例公开不充分，这两个实施例不能作为认定权利要求（1～47是否“以说明书为依据”）的基础。传感电子公司申请再审理由不能成立。

（2）无效决定、一审、二审判决均认定涉案专利所要保护的发明及对现有技术的贡献是对于材料的选择，并非指该材料本身是新材料，而是一种新的可用于偏磁元件达到特定效果的材料。也就是说，发明申请日以前可应用于偏磁元件达到特定效果的材料选择清单中不包括涉案发明所述的材料。无效决定、一审、二审判决认为涉案专利各项独立权利要求对材料的选择参数进行的限定超出了其对现有技术的贡献，所以应当对其进行限缩。

（三）法院认定与结果

（1）从属权利要求项32和33共两项维持有效；

（2）权利要求1～4、6、7、9～12、14～18、20～26、29、30、34、35、37～42、44、46、47共35项维持原判无效；

（3）最高院认为专利要求5未对偏磁元件、磁致伸缩元件的具体材料进行限定，不符合《专利法》第二十六条第四款，判定权利要求5、8、13、19、27、28、32、36、43、45共10项驳回复审委重新审查。

四、律师建议

本案历时七年，是比较少见的基于《专利法》二十六条第四款做出的再审判决。有部分专利权在无效决定、一审、二审中认为有效，再审时却被认为无效，驳回复审委员会重新审查，在权利要求是否以说明书为依据的认定、认定权利要求是否以说明书为依据时涉案专利所要解决的技术问题的确定、权利要求是否以说明书为依据与该权利要求是否具有创造性的关系判断中具有典型意义。另外，由判决结果可知，人民法院可部分撤销专利无效决定。

五、正确做法

无效请求时需突破思维定式，充分利用无效条款。在权利要求相对于现有技术必须具备区别特征且现有技术整体上未能给出技术启示的情况下，如果该区别特征概括得过于宽泛，未能以说明书为依据，那么代理律师能依据《专利法》第二十六条第四款的规定请求宣告该权利要求无效。

发明专利中有关创造性的要求以及权利要求以说明书为依据的规定，分别从不同角度对权利要求的合法性进行规范和调整，共同保障专利制度的运行符合立法目的。最高院对权利要求得到说明书的支持要求最为严格，特征限定至具体材料的实施例才得以保留。

六、法律链接

《专利法》第二十六条第四款　权利要求书应当以说明书为依据，清楚、简要地限定要求专利保护的范围。

七、运营思维

金发科技股份有限公司知识产权经理 · 王鹏

本案历经针对专利无效决定的行政诉讼一审、二审、再审环节，再审判决推翻了一部分无效决定、一审、二审中均认定为有效的权利要求，且使用的是《专利法》二十六条第四款的不支持条款，本案对专利申请人的专利撰写质量提出了更高的要求。一般而言，单独以《专利法》二十六条第四款进行专利无效，获得支持的案件占比并不高，但对于某些领域（如化学、生物、医药领域）来说，撰写时稍有不慎，很容易造成权利要求的不支持问题。

专利质量的高低往往取决于专利案件撰写参与人曾经走过多远。不论是企业的知识产权代理人，还是专利代理人，如果有丰富的专利无效经验，则一定会设计更完善的权利要求保护梯度，注重对权利要求的支持和说明书的充分公开问题；如果有进一步的丰富专利诉讼经验，则一定会以容易取证、增加侵权赔偿计算基数和把控上下游为原则设计专利保护范围。由此看来，高质量专利的布局是一项需要各方共同努力才能完成的任务，用专利无效、诉讼的眼光指导专利布局方能得到理想的结果。

广州三环专利商标代理有限公司总经理·郝传鑫

权利人有权在说明书充分公开的具体实施方式等内容的基础上，通过合理概括的方式撰写权利要求，以获得适度的保护范围。权利要求限定的保护范围应当与涉案专利的技术贡献和说明书充分公开的范围相适应。

首席律师 郝传鑫

相关介绍见第四十九章。

第五十一章

空气炸锅发明专利权纠纷案 / 肖宇扬、罗江锋

一、案例背景

佛山市顺德区巨天电器有限公司（以下简称“巨天公司”）成立于1998年，是一家专业生产不锈钢电热水壶、搅拌机、榨汁机和食品加工机的企业，集研发设计、生产和营销于一体，其产品销往欧洲、南北美、中东和东南亚市场。

卡瓦林烹饪系统有限公司于2007年6月18日向国家知识产权局申请名为“制备食品的设备和用于该设备的空气导向件”的发明专利，并于2012年1月25日获得授权公告。自2009年8月25日起，卡瓦林烹饪系统有限公司授权飞利浦优质生活公司（以下简称“飞利浦公司”）在全球范围内可独占地、可分许可地开发利用RUSH技术，包括但不限于该中国发明专利在中国境内的独占许可使用。飞利浦公司认为巨天公司模仿其技术，生产销售的被诉产品JT-916型空气炸锅产品落入该发明专利的保护范围。

二、权利的重点信息

以下为飞利浦公司提起专利侵权诉讼所涉专利（见表51–1）。

表51–1　飞利浦公司提起专利侵权诉讼所涉专利

专利名称	专利类型	申请日	专利权人
制备食品的设备和用于该设备的空气导向件	发明	2007年6月18日	卡瓦林烹饪系统有限公司（2015年12月21日转让给皇家飞利浦有限公司）

三、案例解析

巨天公司（被告）在2012年10月18日的中国进出口商品交易会中，展示被诉侵权产品，印制并派发产品宣传手册，飞利浦公司（原告）对此进行了公证取证。2014年4月16日，北京市金杜律师事务所向巨天公司发律师函，律师函中称巨天公司制造、销售、许诺销售的JT-916型空气炸锅产品侵害了飞利浦公司就中国发明专利享有的合法权益，要求巨天公司停止侵犯知识产权的行为。2014年9月，飞利浦公司将巨天公司诉至广州知识产权法院，请求赔偿金额合计100万元，要求立即停止侵犯其专利权的行为。

庭审中，原、被告双方对被诉侵权产品进行现场侵权比对，并通过数次实验论证各自观点。飞利浦公司认为，被诉侵权产品落入了其发明专利（见图51–1）权利要求1和权利要求5的保护范围。

这是一种用于制备食品的设备（见图51–1），包括：食品制备室2，外壁4，带可透过空气的底部壁5，带上方空气排出开口6的内壁3；风扇7，用于使热空气顺次地移动穿过所述底部壁、所述食品制备室以及所述排出开口；空气导向装置9，用于使空气从所述排出开口向与所述食品制备室分开的所述底部壁返回；热辐射装置10，位于所述食品制备室的上部；空气导向构件11，位于食品制备室下方，其特征在于，所述空气导向构件在底部壁下方位于外壁上，所述空气导向构件用于将空气流基本上向上导引，使其进入存在于食品制备室中的食品中。

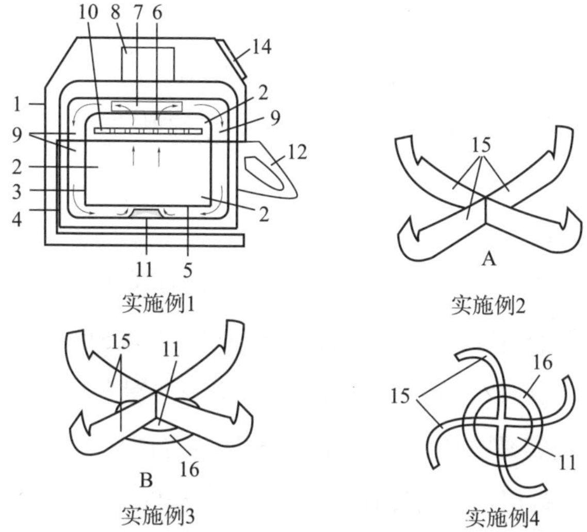

图51-1　发明专利

权利要求1～4中任一项所述设备的特征在于，所述空气导向构件包括向上收缩的截头锥形空气导向部件。

被诉侵权产品如图51-2所示。

图51-2　被诉侵权产品

飞利浦公司认为，“空气导向构件”对应于说明书中的实施例4，其主张以实施例作为侵权比对的基础。

（一）维权诉求

巨天公司认为自己的产品并没有采用对方的技术，不构成侵权，希望通过不侵权抗辩解决上述案件难题，以确保胜诉。

（二）应对策略

本案难点在于，涉案专利权利要求中记载的“空气导向构件”属于功能性特征的内容，按照权利要求1和权利要求5的字面理解，其保护范围宽泛，并且被诉侵权产品技术方案与涉案专利实施例1技术方案相类似，极容易被认为与实施例1相同或等同技术方案，进而导致人们会认为被诉侵权产品具有该“空气导向构件”。

代理律师对案件的分析思路及应对策略总体如下：

根据功能性特征的侵权认定原则，对比被诉侵权产品技术方案、涉案专利说明书中具体实施例记载的内容、现有技术内容（尤其参考涉案专利在先无效决定中的现有技术证据）三者之间的异同，综合考虑涉案专利的发明目的，尽量缩小该功能性特征限定的保护范围，将被诉侵权产品的技术方案排除在涉案专利功能性特征限定的保护范围之外。

（三）案件结果

一审法院判决：被诉侵权产品未落入涉案专利保护范围。在涉案专利的无效宣告审查程序中，专利复审委员会在论述对比文件中所述的底部壁凸起技术特征与涉案专利技术特征的区别时强调，对比文件中的凸起未能证明被诉侵权产品起到引导气流径向分量基本垂直向上的效果，从而认为涉案专利具有新颖性且最终维持专利的效力。

而本案中，被诉侵权产品与涉案专利的技术特征具有明显的区别，具有不同的技术效果。就引导气流基本垂直向上的效果而言，涉案专利是较优方案。根据全面覆盖的原则，被诉侵权的技术方案至少有一个技术特征与涉案专利技术特征不相同也不等同，所以未落入涉案专利权的保护范围。

二审法院维持一审判决。“空气导向构件”所起到的功能和效果是尽可能将空气流的径向分量基本上垂直向上引导，以及尽量避免空气回旋。从实施例1来看，相关文字记载并未揭示“空气导向构件”的具体形状和结构布置，但附图确实并未显示空气导向，仅仅显示了在外壁4底部中间呈向上收缩的截头锥形结构。仅凭该图例能否清楚地确定此即“空气导向构件”的实施方式，从而起到“将空气流基本上向上导引”的功能和效果，需要从该领域普通技术人员角度，通过阅读权利要求书、说明书及附图来理解，不能以某一图例来简单确定。从该领域普通技术人员角度难以从实施例1有效得出设置截头锥形向上收缩的空气导向部分属“空气导向构件”的实施方式。在实施例1未能清楚说明相关结构并无法推导出相关结构能够起到克服空气回旋、实现“将空气流基本上向上导引”功能的情况下，法院不能根据实施例1来确定“空气导向构件”这一技术的具体内容。

四、律师分析

因为发明专利侵权技术性强、技术对比复杂，所以对于发展迅速的各种高新技术领域来说，保护范围界定和侵权认定的方法意义重大。对于权利要求中以功能或者效果表述的功能性技术特征来说，应当结合说明书和附图描述的该功能或者效果的具体实施方式及其等同的实施方式，确定该技术特征的内容。功能性特征保护范围在确定具体实施方式时应考虑的前提是，该具体实施方式本身是清楚详尽的，对实现发明目的、解决技术问题的具体技术手段公开足够充分。如果本领域的技术人员无法根据涉案专利记载的实施方式知晓如何实现发明目的，那么考虑被诉侵权产品是否与涉案专利记载的该实施方式构成相同或等同，已经没有必要了。若根据说明书和审查历史档案难以得知某实施方式是否可实现该功能和达到发明目的，则不应将该实施方式纳入该功能性特征的保护范围。

就本案而言，涉案专利的实施例1显然公开内容不够清楚明确，不应该纳入功能性特征解释的范围。飞利浦公司声称图5-1所示的具体实施方式是涉案专利的基本实施方式，却没有对最为关键的技术点“空气导向构件”做清楚详尽的记载，这也影响法院对功能技术特征具体保护范围的判断。为了能够清晰划分该功能技术特征的保护范围，理应将实施例1的技术排除在外。涉案专利实施例1文字部分没有记载“空气导向构件”的具体结构及如何实现基本上向上引导，仍属于功能性描述层面，仅从实施例1的图中难以知晓空气导向构件的具体结构。该领域技术人员认为，无法仅通过图5-1判断出“截头锥形向上收缩的凸块”可以单独作为“空气导向构件”的实施方式。相反，实施例2～4对于“空气导向构件”进行了具体描述，应该以其确定“空气导向构件”功能性特征的内容。即使将单独采用截头锥形结构认为是功能性特征，被诉产品仍然没有落入涉案专利的保护范围。涉案专利“基本上向上”含义：是“垂直向上弯曲”，而非“向垂直方向弯曲”，只有“垂直向上弯曲”才能达到“在食品制备室范围内提供希望的规则流动形态的气流”的效果。被诉侵权产品无法将气流的径向分量垂直向上弯曲，从而获得气流的规则流动形态，使得空气流速度在整个食品制备室内基本上保持恒定。二审法院否定附图实施方式的判决，也真正符合了“公开换保护”的专利制度基石。

本案正是基于对功能性特征侵权比对的详尽分析，尤其是对功能性特征保护范围确定的深刻阐述，为同类案件的审理起到了很好的指导作用，从而获选为2017年最高人民法院发布五十大知识产权案件、广东省律师十大知识产权案件、广东省法院审判十大知识产权案件、中华全国律师协会知识产权专业委员会2018年年会十佳案例。

五、正确做法

对专利维权方而言，专利维权在专利申请布局阶段即已开始，授权专利是整个维权运营的基础。如何撰写好一份既可以全面囊括技术人员想要保护的技术，又可以经受住实质审查程序、无效程序的考验，至关重要。本案中，作为一篇从欧洲进入中国的专利申请，专利质量已经达到一定水准。独立权利要求中采用功能性特征撰写的方式，是一种被专利代理师普遍运用的撰写技巧，既可以直接体现本专利的发明构思，又可以最大范围地呈现该发明构思下各种具体实施方式的上位概况。此种撰写方式纵有这般好处，但也埋下隐患。发明专利实质审查阶段，会对此种上位概括是否得到说明书的支持进行审查。为避免此问题，代理师在说明书中提供多种实施例——作为对功能性上位概括的支持。从本案中我们发现，为将专利成功运营，对专利申请阶段实施例的撰写也提出了严格的要求。本案中，实施例撰写不够充分，并且没有将实施例与现有技术方案进行清晰的界限划分，成了最终败诉的原罪。另外，维权方需要对功能性特征的侵权比对采用更多科学的方法。功能性特征采用功能、技术效果进行特征限定，随着专利技术内容朝着高技术含量趋势发展，该功能性特征往往抽象，难以简单地通过肉眼观察得证，对于如何论证被诉侵权产品具有此种抽象的功能性特征，是专利维权运营方应该切实考虑的问题。本案中，原告方通过纸屑模拟空气流动方向的实验进行论证，较为传统且严谨性明显不足。

对被诉侵权方而言，己方产品在发展时常遭遇竞争对手专利维权的阻击，对此如何充分应对？首先，应该充分利用专利说明书、专利审查历史档案和请求前专利无效宣告的内容。在一般情况下，这些内容均会对涉案专利的保护范围产生限定作用，从而被被诉侵权方利用。基于此，被诉侵权方也应该对涉案专利积极展开专利无效程序。即使涉案专利无法被判无效，被诉侵权方也可以借由无效结果明确涉案专利相对于现有技术的技术贡献和创新高度来判断被诉侵权产品所使用的技术是否与涉案专利的技术贡献相符，即司法保护力度应该与创新高度相符合。其次，在判断被诉侵权产品技术方案是否与功能性特征对应的实施方案等同时，被诉侵权方尽量发现两种方案的不同点，从所属领域技术人员的角度出发，寻找该不同点带来的不同技术效果，必要时可查找现有技术进行佐证，以避免被判定为等同而落入该功能性限定的保护范围之内。最后，在不侵权抗辩中，被诉侵权方亦可以通过提供科学手段来反证本方产品不具有涉案专利的功能性特征。科学的论证可以给己方观点予以强有力的支持。

六、风险防范

对于科技企业而言，在打算产品研发之初，就应该做好更充分的侵权风险防范措施。

第一，早在产品开发阶段，专利预警就应该提上日程。通过收集、分析本行业技术领域及相关技术领域的专利信息，企业可以了解竞争对手技术现状，减小侵权的潜在危险。如果企业通过预警发现，现研发的产品落入竞争对手专利的保护范围，那么企业应提早做出技术规避设计或改变研发方向。这对于产品外销的企业尤为重要。

第二，对己方研发成果也应该积极进行专利申请布局。一方面，企业将己方技术公开换取保护，可以对自己的产品形成知识产权保护。即使己方对于侵权方没有起诉意愿，但由于技术的公开，竞争企业也不可就该技术申请专利，从而起到主动防御的作用。另一方面，充足的专利申请储备可以在竞争企业起诉己方专利侵权时，及时、有效地对竞争企业提出侵权诉讼，从而达到制衡效果。

第三，为了确保上述两项防范措施的进行，企业应该按照实际情况建立完善的知识产权管理体系，或积极地与高水准知识产权服务公司合作。

七、法律链接

（一）《专利法》

第五十九条第一款　发明或者实用新型专利权的保护范围以其权利要求的内容为准，说明书及附图可以用于解释权利要求的内容。

（二）《最高人民法院关于审理侵犯专利权纠纷案件应用法律若干问题的解释》

第一条　人民法院应当根据权利人主张的权利要求，依据专利法第五十九条第一款的规定确定专利权的保护范围。权利人主张以从属权利要求确定专利权保护范围的，人民法院应当以该从属权利要求记载的附加技术特征及其引用的权利要求记载的技术特征，确定专利权的保护范围。

第七条第二款　被诉侵权技术方案包含与权利要求记载的全部技术特征相同或者等同的技术特征的，人民法院应当认定其落入专利权的保护范围；被诉侵权技术方案的技术特征与权利要求记载的全部技术特征相比，缺少权利要求记载的一个以上的技术特征，或者有一个以上技术特征不相同也不等同的，人民法院应当认定其没有落入专利权的保护范围。

第八条　功能性特征，是指对于结构、组分、步骤、条件或其之间的关系等，通过其在发明创造中所起的功能或者效果进行限定的技术特征，但本领域普通技术人员仅通过阅读权利要求即可直接、明确地确定实现上述功能或者效果的具体实施方式的除外。与说明书及附图记载的实现前款所称功能或者效果不可缺少的技术特征相比，被诉侵权技术方案的相应技术特征是以基本相同的手段，实现相同的功能，达到相同的效果，且本领域普通技术人员在被诉侵权行为发生时无需经过创造性劳动就能够联想到的，人民法院应当认定该相应技术特征与功能性特征相同或者等同。

八、运营思维

华发七弦琴国家知识产区运营平台总经理、中国专利保护协会副会长 季节

专利培育布局撰写工作不是对技术研发成果的简单整理，而是对技术研发成果的二次创新。该案最大的启示就是，专利布局如果不到位，就会导致维权失败。以下几个方面的问题值得引起重视。

一是发明人与代理师的关系问题。发明人好比寻找挖掘玉石原料的人，代理师好比雕刻玉石的人。大家都知道，一件玉器的价值主要来自两个方面：一个是玉料成色（发明人决定），另一个是雕刻工艺（代理师决定）。高价值的玉器必须料好、工也好。料好、工不好或工好、料不好的玉器，都无法成为高价值玉器。料不好、工也不好的玉器就更没有价值了。

二是代理师的价值问题。好的代理师发挥的作用是“点银成金”（当然再好的代理师也不能“点铁成金”），一般代理师发挥的作用是“点银成银”，差的代理师发挥的作用是“点银成铁”“点金成铁”，甚至“点金成废铁”。

三是高价值专利培育布局的要点问题。第一，地域上充分布局。企业应根据产品市场布局的需要在主要市场国家或地区进行充分的专利布局。第二，发明点及相关技术点全面布局。第三，防范、规避设计布局。第四，主要竞争对手“埋雷”布局。第五，专利培育布局花费的资源是比较多的，专利布局的策略要跟企业战略、研发成果价值、长期技术路线、品牌战略和产品策略等相适应。

首席律师　肖宇扬

执业于广东三环汇华律师事务所，工学学士、法律硕士，具有专利代理师和律师双重执业资格，专注于知识产权领域，尤其在专利领域形成了自己的特长，擅长机械、电子领域专利侵权诉讼案件的代理，具有丰富的专利检索分析、专利侵权鉴定、专利规避设计及专利战略布局经验。他组建了多个具有专利代理师和律师双重职业资格的专利诉讼团队，其中包括具有专利局审查员工作背景的和海外学习背景的多位员工。

编撰律师　罗江锋

第五十二章

上市之际，争分夺秒的专利之争 / 肖宇扬、潘莹、王琳

一、案例背景

本案例涉及的是公司上市之际被竞争对手以大量专利指控侵权并进行高额索赔并导致上市受到阻击的案件。那么，在这种情况下，该公司应如何应对呢？

深圳市隆利科技股份有限公司（以下简称“隆利科技”）是一家专注于LED（发光二极管）背光显示模组研发、生产和销售的国家高新技术企业，产品广泛用于通信、计算机、工业控制、车载和医用显示等领域，是华为、小米等手机品牌的上游供应商，其于2017年年中发表了首次公开发行股票招股说明书并计划上市。2018年4月，隆利科技的竞争对手深圳市德仓科技有限公司（以下简称“德仓科技”）以隆利科技、深圳市苏宁云商销售有限公司（以下简称“苏宁公司”）为共同被告，小米通讯技术有限公司（以下简称“小米公司”）为第三人，在深圳市中级人民法院提起诉讼，指控隆利科技供应小米公司“红米5”手机的背光模组产品涉嫌侵犯其拥有的10项实用新型专利和1项发明专利，并请求赔偿金额合计5 000万元，要求立即停止侵犯其专利权

的行为。

二、权利的重点信息

表 52-1　德仓科技提起专利侵权诉讼所涉专利

序号	专利名称	专利号	专利类型	申请日	专利权人
1	一种下增光膜、背光模组、液晶显示装置和电子设备	201520094321.2	实用新型	2015年2月10日	深圳市德仓科技有限公司
2	一种背光光源组件、背光模组、液晶模组及制作方法	201410320063.5	发明	2014年7月7日	深圳市德仓科技有限公司
3	一种背光模组	201120463748.7	实用新型	2011年11月21日	芜湖德仓光电有限公司
4	一种背光模组的框结构、背光模组及液晶模组	201420410357.2	实用新型	2014年7月23日	芜湖德仓光电有限公司
5	一种背光模组及液晶模组	201220500806.3	实用新型	2012年9月28日	深圳市德仓科技有限公司
6	一种导光板及背光模组	201120168061.0	实用新型	2011年5月24日	深圳市德仓科技有限公司
7	一种发光单元及背光模组	201420217094.3	实用新型	2014年4月30日	深圳市德仓科技有限公司
8	一种反射片、背光模组及液晶模组	201520548876.X	实用新型	2015年7月27日	深圳市德仓科技有限公司
9	一种扩散膜、背光模组、显示装置以及电子设备	201520065666.5	实用新型	2015年1月29日	芜湖德仓光电有限公司

（续表）

序号	专利名称	专利号	专利类型	申请日	专利权人
10	导光板及背光模组	201120170254.X	实用新型	2011年5月24日	深圳市德仓科技有限公司
11	一种下增光膜、背光模组和液晶显示装置	201220500808.2	实用新型	2012年9月28日	深圳市德仓科技有限公司

三、案例解析

德仓科技同样涉足中小尺寸背光源领域的研发、生产与销售，与隆利科技的经营范围相近，为隆利科技的竞争对手。

在隆利科技上市之际，德仓科技向深圳市中级人民法院提起诉讼，指控隆利科技供应小米公司“红米5”手机的背光产品涉嫌侵犯其拥有的10项实用新型专利和1项发明专利，并请求赔偿金额合计5 000万元。《首次公开发行股票并上市管理办法》第三十八条规定：“发行申请核准后、股票发行结束前，发行人发生重大事项的，应当暂缓或者暂停发行，并及时报告中国证监会，同时履行信息披露义务。影响发行条件的，应当重新履行核准程序。”德仓科技起诉的金额巨大，足以构成重大事项，因此影响了隆利科技的上市进程。

（一）维权诉求

隆利科技认为自己的产品并不构成侵权，认为对方的行为是一种专利滥诉，希望能够在短时间内解决上述案件难题，确保可按照计划顺利上市。

（二）应对策略

本案难点在于，隆利科技由于正值上市前夕，需要迅速解决德仓科技起诉带来的重大诉讼案件，时间对于隆利科技是最为重要的，对方选择这一时机起诉的目的也是促使隆利科技迅速就范。

律师对案件的分析思路及应对策略总体如下：

第一，需要进行侵权比对，做到心中有数，才能确定应对基调。

第二，应该立即提起无效，对其釜底抽薪，才能具备对抗筹码。

第三，应当查询专利状态，了解审查过程，才能发现权利缺陷。

第四，必须大量检索文献，找全现有技术，才能奠定胜利基础。

第五，还得把握案件进展，衔接无效诉讼，才能避免不利局面。

第六，就要坚定应诉信心，同时准备谈判，才能服从上市大局。

基于上述思路，律师团队在进行客观细致的侵权比对的基础上，于2018年6月在答辩期内迅速对11个专利提起了专利无效宣告请求。在答辩期内提起无效宣告请求能够让专利复审委员会加快无效审理程序。

（三）案件结果

专利复审委员会于2018年10月开始陆续做出无效宣告审查决定书并发文（见表52-2和表52-3）。最终，律师团队成功无效掉德仓科技涉案的10个涉案专利。2018年12月底，深圳中院陆续驳回了德仓科技相关专利的起诉，为隆利科技扫除了上市障碍，也避免了隆利科技5 000万元的高额赔偿。基于接连不断胜诉的乐观前景，虽然案件还没有全部完结，但是隆利科技已经于2018年11月底在深圳证券交易所公开发行股票并在创业板上市。因为第11个专利已经独占许可他人，原告未提交充分的具有索赔权的证据，所以在隆利科技提出此抗辩意见后，对方在开庭时当庭撤回起诉。

表 52-2　专利复审委审理结果

序号	专利名称	专利号	无效理由	专利复审委认定
1	一种下增光膜、背光模组、液晶显示装置和电子设备	201520094321.2	全部权利要求不符合《专利法》第二十二条第三款规定的创造性	全部权利要求不符合《专利法》第二十二条第三款规定的创造性，宣告专利权全部无效
2	一种背光光源组件、背光模组、液晶模组及制作方法	201410320063.5	全部权利要求不符合《专利法》第二十二条第三款规定的创造性	全部权利要求不符合《专利法》第二十二条第三款规定的创造性，宣告专利权全部无效
3	一种背光模组	201120463748.7	全部权利要求不符合《专利法》第二十二条第三款规定的创造性	全部权利要求不符合《专利法》第二十二条第三款规定的创造性，宣告专利权全部无效
4	一种背光模组的框结构、背光模组及液晶模组	201420410357.2	全部权利要求不符合《专利法》第二十二条第三款规定的创造性	全部权利要求不符合《专利法》第二十二条第三款规定的创造性，宣告专利权全部无效
5	一种背光模组及液晶模组	201220500806.3	全部权利要求不符合《专利法》第二十二条第三款规定的创造性	全部权利要求不符合《专利法》第二十二条第三款规定的创造性，宣告专利权全部无效
6	一种导光板及背光模组	201120168061.0	全部权利要求不符合《专利法》第二十二条第三款规定的创造性	全部权利要求不符合《专利法》第二十二条第三款规定的创造性，宣告专利权全部无效
7	一种发光单元及背光模组	201420217094.3	全部权利要求不符合《专利法》第二十二条第三款规定的创造性	全部权利要求不符合《专利法》第二十二条第三款规定的创造性，宣告专利权全部无效

（续表）

序号	专利名称	专利号	无效理由	专利复审委认定
8	一种反射片、背光模组及液晶模组	201520548876.X	全部权利要求不符合《专利法》第二十二条第三款规定的创造性	全部权利要求不符合《专利法》第二十二条第三款规定的创造性，宣告专利权全部无效
9	一种扩散膜、背光模组、显示装置以及电子设备	201520065666.5	全部权利要求不符合《专利法》第二十二条第三款规定的创造性	全部权利要求不符合《专利法》第二十二条第三款规定的创造性，宣告专利权全部无效
10	导光板及背光模组	201120170254.X	全部权利要求不符合《专利法》第二十二条第三款规定的创造性	全部权利要求不符合《专利法》第二十二条第三款规定的创造性，宣告专利权全部无效

表52-3　法院审理结果

序号	委内编号	无效请求人	专利权人	专利名称	专利号	案件处理结果
1	5W115127	深圳市隆利科技股份有限公司	深圳市德仓科技有限公司	一种下增光膜、背光模组、液晶显示装置和电子设备	201520094321.2	专利已全部无效，（2018）粤03民初1183号已被驳回起诉
2	4W107412	深圳市隆利科技股份有限公司	深圳市德仓科技有限公司	一种背光光源组件、背光模组、液晶模组及制作方法	201410320063.5	专利已全部无效，（2018）粤03民初1186号已被驳回起诉
3	5W115117	深圳市隆利科技股份有限公司	芜湖德仓光电有限公司	一种背光模组	201120463748.7	专利已全部无效，（2018）粤03民初1179号已被驳回起诉

（续表）

序号	委内编号	无效请求人	专利权人	专利名称	专利号	案件处理结果
4	5W115115	深圳市隆利科技股份有限公司	深圳市德仓科技有限公司	一种背光模组的框结构、背光模组及液晶模组	201420410357.2	专利已全部无效，（2018）粤03民初1183号已被驳回起诉
5	5W115116	深圳市隆利科技股份有限公司	深圳市德仓科技有限公司	一种背光模组及液晶模组	201220500806.3	专利已全部无效，（2018）粤03民初1184号已被驳回起诉
6	5W115121	深圳市隆利科技股份有限公司	深圳市德仓科技有限公司	一种导光板及背光模组	201120168061.0	专利已全部无效，（2018）粤03民初1181号已被驳回起诉
7	5W115124	深圳市隆利科技股份有限公司	深圳市德仓科技有限公司	一种发光单元及背光模组	201420217094.3	专利已全部无效，（2018）粤03民初1176号已被驳回起诉
8	5W115126	深圳市隆利科技股份有限公司	深圳市德仓科技有限公司	一种反射片、背光模组及液晶模组	201520548876.X	专利已全部无效，（2018）粤03民初1178号已被驳回起诉
9	5W115131	深圳市隆利科技股份有限公司	芜湖德仓光电有限公司	一种扩散膜、背光模组、显示装置以及电子设备	201520065666.5	专利已全部无效，（2018）粤03民初1185号已被驳回起诉
10	5W115128	深圳市隆利科技股份有限公司	深圳市德仓科技有限公司	导光板及背光模组	201120170254.X	专利已全部无效，（2018）粤03民初1180号已被驳回起诉

（续表）

序号	委内编号	无效请求人	专利权人	专利名称	专利号	案件处理结果
11	—	—	深圳市德仓科技有限公司	一种下增光膜、背光模组和液晶显示装置	201220500808.2	（2018）粤03民初1177号已由原告德仓科技撤诉

四、律师分析

由于德仓科技指控隆利科技侵犯其11件专利的诉讼适逢隆利科技上市之际，案件索赔总额高达5 000万元，隆利科技必须在短时间内解决该难题，确保可按照计划顺利上市。正如在应对策略中提到的几个应对思路，在当前的局面下，不同的策略如何选择可能直接影响到当事人的走向。如果主打侵权，那么其好处在于可以使得侵权诉讼法院尽快审理，并尽快迎来一个确定的结果。对于很多上市公司来说，一个确定的结果（即便是侵权的结果）可能也好过一个不确定的结果。但是，侵权的认定对隆利科技上市后资本市场的反馈会带来多大的影响在当时是难以预料的。如果主打无效——需要进一步侵权诉讼的审理，案件周期就必然会变长，这对于当事人上市这一时机却是不利的。如果重在和解，那么在那种局面下，隆利科技必然要付出巨大的代价，很有可能是得不偿失的。不同的选择各有利弊。

面对这种局面，律师团队只需围绕“短时间解决这一纠纷，确保隆利科技如期顺利上市”这一目标进行决策，具体如何应对则必须建立在客观的侵权比对基础上，因为侵权比对的分析意见决定了哪些专利的侵权风险大而哪些专利的侵权风险小，以及哪些专利需要提起专利无效，这些都依赖于客观的侵权比对。但是，为了立即获得应对的筹码，律师团队与当事人讨论决定不管侵权与否，第一时间在答辩期内对全部的专利提起无效，这样可以保障复审委员会加快审理这些案件。律师团队可以进一步在提起无效宣告请求后一个月内任意补充无效的理由和证据。

在保障了程序之后，律师团队围绕着两个方向做了细致的案件准备工作：一个方向是进行深入的侵权比对，另一方向是进行全面的无效检索。在侵权比对过程中，律师团队也一并对全部诉讼案件进行了通盘的抗辩思路分析，包括是否具有合法来源、是否具有诉讼主体资格等思路。而在无效检索过程中，律师团队也一并对专利的有关审查文件进行了查阅——尤其是11项专利中的好几项专利的专利权评价报告结论本身就不乐观，认为其不符合授予专利权的条件。在充分的案件分析基础上，律师团队在一个月内补充了各个无效案件的证据和理由，并为当事人出具了超过1 000页的法律意见书，其结论为：在综合考虑涉案产品与各案专利之间技术方案的差异，涉案产品的现有技术情况，涉案专利的权利稳定性，以及隆利科技产品是否具有合法来源等因素，隆利科技在上述案件中不具有对德仓科技专利权承担损害赔偿责任的风险。这一法律意见书从一定程度上也确保了隆利科技在部分案件结案而非全部案件结案就已经顺利上市，而最终全部案件的结果也印证了这一法律意见书的结论。

五、正确做法

他山之石，可以攻玉。这一案件从正反两方面提供了一定的启发。对于手握大量专利的企业而言，在其竞争对手上市之际，如何更好地用自己的知识产权遏制竞争对手的发展？而对于面临上市的企业而言，在其竞争对手以大量专利提起诉讼且意图干扰上市时，又应该如何采取应对策略，才能更好地化解困境、顺利上市呢？

对于权利人而言，从这个案件中，我们可以得到启发，那就是在发起维权之前，首先，应该想好通盘的维权思路，这个维权思路包括采取什么样的维权方式——是民事诉讼还是行政查处，在哪些地方发起维权，是选一个地方还是多个地方，用多少知识产权，是用专利还是不正当竞争，专利有多少，分别放在哪些地方维权，等等。其次，在有了一个正确的维权思路后选好维权专利。好的权利基础是维权成功的前提和基础，所以在发起维权之前，权利人一定要对自身权利基础有一个比较良好的把握。对于稳定性明显不好的专利来说，比如评价报告对专利授权前景不乐观的专利，权利人用其进行维权，则不免存在滥诉的嫌疑和风险。再次，要对选好的专利权利状态做到心中有数，尤其是诉讼主体的确定，要看看专利是否进行了许可，是否需要进行许可，以专利权人名义起诉还是以专利被许可人名义起诉，谁有诉讼主体资格，等等，这些都应该在发起维权之前有一盘棋。最后，制定诉讼策划，按照策划去执行。在这个案子中，我们如果作为原告，就可以考虑，在那么多的专利情况下，是否可以分开几种维权方式。例如，选几项专利进行行政查处，选几项专利提起侵权诉讼。我们可以考虑分开几个地方起诉，毕竟涉案产品手机在全国各地都能买到，我们完全可以多地起诉，从而给竞争对手造成更大的压力。此外，诉讼主体不能出纰漏。例如，本案在专利独占许可他人之后，还以专利权人单独起诉，导致专利权人索赔权存在瑕疵，进而不得不撤诉，即便可以重新起诉，但是时机可能已经错过，竞争对手也已经顺利上市。

反过来，站在待上市企业的角度，在上市之际遭遇竞争对手专利阻击，应如何应对呢？专利侵权阻击是目前阻止竞争对手上市、遏制对方发展被运用最多的手段。因为专利侵权诉讼有其特点，所以企业在应对这一阻击时也应该按照其特点来办事。首先，应该做好技术比对，既然对方是在己方上市之际仓促提起的诉讼，那么专利是否侵权可能本身就存在问题。因为这很有可能只是对方的一种遏制手段，而并非真正构成专利侵权，所以做好技术比对是企业上市之际应对专利侵权诉讼必须要做扎实的首要工作。其次，要做足文献检索。如上所述，对方在我方上市之际仓促提起专利侵权诉讼，很有可能专利本身也是不稳定的，这不同于针对确凿的侵权方筹划多年、谋定后动的专利维权行为，所以针对现有技术的检索应该做足、做充分，从而迅速奠定胜局。再次，针对案件材料要做细节研究，从权利基础、证据三性、抗辩手段等各方面进行细节分析，要注重细节，不能被惯性思维误导而错过了胜诉的关键点。例如，正常而言，既然对方作为原告起诉，法院也受理了，那么其自然而然应该具有诉讼主体资格。但是，本案中，对方其实已经将专利独占许可第三方，其诉讼主体资格存在瑕疵，所以，己方应不受惯性思维误导，而应从各种细节入手，很有可能收获意想不到的案件胜诉突破口。在有了扎实的技术比对、充分的文献检索、深入的细节研究，并对胜诉有了较为充分的把握后，最后就应该是做强应诉决心，为案件的胜诉竭尽全力、认真应诉。

六、法律链接

（一）《专利法》

第二十二条　授予专利权的发明和实用新型，应当具备新颖性、创造性和实用性。新颖性，是指该发明或者实用新型不属于现有技术，也没有任何单位或者个人就同样的发明或者实用新型在申请日以前向国务院专利行政部门提出过申请，并记载在申请日以后公布的专利申请文件或者公告的专利文件中。创造性，是指与现有技术相比，该发明具有突出的实质性特点和显著的进步，该实用新型具有实质性特点和进步。实用性，是指该发明或者实用新型能够制造或者使用，并且能够产生积极效果。本法所称现有技术，是指申请日以前在国内外为公众所知的技术。

第四十五条　自国务院专利行政部门公告授予专利权之日起，任何单位或者个人认为该专利权的授予不符合本法有关规定的，可以请求专利复审委员会宣告该专利权无效。

（二）《专利法实施细则》

第六十五条　依照专利法第四十五条的规定，请求宣告专利权无效或者部分无效的，应当向专利复审委员会提交专利权无效宣告请求书和必要的证据一式两份。无效宣告请求书应当结合提交的所有证据，具体说明无效宣告请求的理由，并指明每项理由所依据的证据。

前款所称无效宣告请求的理由，是指被授予专利的发明创造不符合《专利法》第二条、第二十条第一款、第二十二条、第二十三条、第二十六条第三款、第四款、第二十七条第二款、第三十三条或者本细则第二十条第二款、第四十三条第一款的规定，或者属于《专利法》第五条、第二十五条的规定，或者依照《专利法》第九条规定不能取得专利权。

（三）《最高人民法院关于审理侵犯专利权纠纷案件应用法律若干问题的解释》

第二条第一款　权利人在专利侵权诉讼中主张的权利要求被专利复审委员会宣告无效的，审理侵犯专利权纠纷案件的人民法院可以裁定驳回权利人基于该无效权利要求的起诉。

七、风险防范

对于企业而言，除了在上市之际面临高额索赔诉讼应采取行之有效的应对策略之外，在打算上市之初就应该做好更多的防范准备、采取更多的防范措施，从而更好地避免和防范风险。

第一，要做好技术储备。比如，将自身研发的新技术及时申请专利，以免被他人抢占先机。作为商业秘密保密的技术，需采取严格的保密措施，防止他人窃取，也可以提前做好证据保全工作，表明某年某月已经掌握了某项技术，以避免被他人申请专利之后反过来起诉己方侵权。

第二，要做好专利侵权排查。在上市之前对自己的主打产品做较为充分的专利侵权检索分析，判断其主打产品是否有侵犯他人专利权的风险，如果有，则采取规避的技术方案，或者提前对有关专利提起无效程序，防患于未然。

第三，要找好知识产权法律合作伙伴。在上市之初选好有实力合适的知识产权法律合作伙伴，往往能够更好地为自己的上市工作保驾护航，不仅能在关键时刻起到关键作用，而且可以用更小的代价将风险提前排查防范，这样好过在遇到阻碍和诉讼时付出高额的代价解决纠纷。

八、运营思维

金发科技股份有限公司知识产权经理 · 王鹏

本案涉及企业IPO阶段的专利纠纷。该类案件标的较高、时间节点敏感、对企业影响较大，是社会上比较关注的一类纠纷案件。对于本案原告来说，在竞争对手上市阶段起诉，无疑占到了天时之利，如能进一步在诉讼策略方面精心设计，则达成目标的可能性非常大。本案原告以11件专利起诉对手侵权，可谓雷霆之势，然而被对方在半年内无效掉10件专利，剩下1件专利还有原告不适格的硬伤，最终迅速落败，不免有雷声大雨点小之嫌。专利诉讼对于原告企业来说是手段而非目的，原告在起诉之前应先明确自己的诉讼目的：是为了消除侵权行为，还是为了获得高额赔偿；是为了达成许可，还是彻底阻止对手上市。在诉讼过程中，原告应时刻谨记诉讼目的，不以个别案件的胜负作为衡量标准，同时原告也应该避免一次性地将手中的牌打完，本案原告如果在4月份先以小批量专利起诉，即使这几件专利10月份全部被无效，还可以继续用其他专利起诉，从而对被告形成持续压力，使得被告难以快速解决问题。对于被告而言，可以在积极应诉、快速解决问题的同时，增加与原告对话的筹码，比如反诉原告专利侵权、商业上的合作或让步等。总之，原、被告双方都应跳出专利看专利，方能最大限度地达成自身利益。

广东省战略知识产权研究院院长·唐善新

此案例可从三个层面加以说明和分析。一是知识产权（尤其专利）申请前的检索、导航、分析至关重要。企业如果在专利申请之前不进行检索、导航、分析，就相当于一个病人不经过检查就动手术，其后果是可想而知的。二是对于德仓科技乘隆利科技上市之机指控其侵权来说，这是属于“打七寸”——致对方于死地的诉讼。一个有发展前景的科技公司必须在发展过程中进行专利布局和规划，这是确保专利布局发挥对企业经营应有作用的关键之一。三是此案还涉及用哪种模式进行布局。企业根据自身发展目标选择专利布局，目前主要有三种模式：其一，以保护核心技术研发成果为目标的专利布局；其二，以对抗竞争对手为目标的专利布局；其三，以获得市场准入或参与行业竞争为目标的专利布局。很显然，此案的隆利科技应属于第三种。企业具体可围绕竞争对手核心专利从不同的实现方案、效果、成本和应用等角度进行纵向和横向的扩展。企业可设计大量外围专利针对竞争对手未来的技术发展方向和产品拓展方向铺设前瞻专利，或干脆站在行业制高点，预埋竞争对手技术或产品发展趋势相关的重要基础性专利。企业还可以蛙跳式对抗竞争对手专利围剿。

如果企业将来要上市，那么这些都是必备的。但对德仓科技而言，在专利布局选择上，必须重点关注技术和产业的发展趋势，以及潜在的市场需求，跟踪技术领先者和产业主导者的研发方向，从挖掘未来行业核心技术或可能被纳入标准的技术的角度，检视自身研发成果或申请的专利中可能对产业进一步产生重要影响的共性技术部署专利。这里需特别指出，在进行专利确权申请与布局时，企业尤其要注意申请时机、地域、确权策略，还要防止竞争对手对产品进行修改或再创新后进行复制。

首席律师　肖宇扬

相关介绍见第五十一章。

编撰律师　潘莹、王琳

第五十三章

“包装袋”外观设计专利无效案 / 颜希文

一、案例背景

利用专利权恶意竞争及恶意维权在同行竞业中尤为常见，甚至双方是上下游供应商的关系，因未签订保密协议或合作破裂后造成专利权利丢失，设计者反变为被告的案例也不少。

王铮为悠创瑷格公司的法定代表人，与广州爱格优品生物科技有限公司（以下简称“爱格优品公司”）皆为广州本土的化妆品行业的竞争者。爱格优品公司新推出了“小鸡蛋护理系列”产品，未对自己的设计及时进行外观设计专利申请，而王铮及其公司抢先申请外观设计专利，并对爱格优品公司提起侵犯外观设计专利权纠纷诉讼。幸而，王铮为了尽早抢占该新品市场，在外观设计专利申请前，在百度贴吧自行公开其微信朋友圈的截图，截图中公开了涉案外观设计专利——最终作为涉案专利无效的唯一且最有力的证据。

二、权利的重点信息

涉案外观设计专利的基本信息如下：

专利名称：包装袋（小鸡蛋er焕颜补水修护面膜）。

申请人：王铮。

公告日：2015年6月24日。

外观设计图片如图53-1所示。

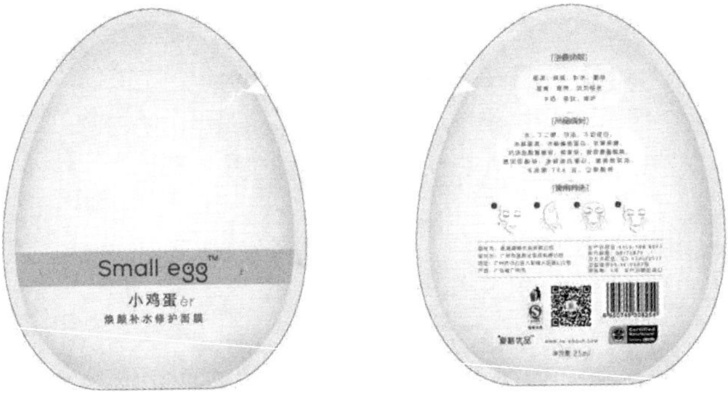

图53-1　外观设计图片

摘要说明：

（1）本外观设计产品的名称：包装袋（小鸡蛋er焕颜补水修护面膜）。（2）本外观设计产品的用途：本外观设计产品用于一种面膜的包装袋。（3）本外观设计产品的设计要点为产品的整体形状、图案、色彩三者的结合。（4）最能表明本外观设计设计要点的图片或照片为主视图。（5）省略其他视图。（6）请求保护的外观设计包含色彩。

三、案例解析

爱格优品公司是一家经营化妆品的研发、生产、推广的企业，其拥有雄厚的资金和技术实力，以及丰富的化妆品生产和销售经验，在国内已形成以省会城市和主要经济城市为结点的有效覆盖全国的销售网络。

现拥有“爱格优品”等两大品牌，产品主要分为美白、防晒、保湿、套装等众多功效。据企业宣传，“小鸡蛋护理系列”产品采用特有的蚕丝材质，拥有高强精华液，使肌肤亮白水嫩、清透润泽。因此，以“鸡蛋”作为产品包装袋的外观设计造型，以体现消费者在使用产品后将拥有如剥壳鸡蛋般的肌肤。

王铮使用现有设计申请了“面膜包装袋”专利，对爱格优品公司提起外观设计专利侵权纠纷诉讼。爱格优品公司对该专利的稳定性保留一定意见，并对涉案专利提起专利权无效宣告请求。

（一）维权诉求

爱格优品公司认为该专利不符合《专利法》第二十三条第一款有关新颖性的规定。请求人兹向专利复审委员会请求宣告该专利权全部无效。

爱格优品公司的无效宣告理由是涉案专利相对于证据1（专利权人在专利申请日前，在百度贴吧发帖，自行公开微信朋友圈截图）不符合专利法第二十三条第一款的规定，复审委员会使用证据1上的图进行对比，认为涉案专利与上述图片显示的外观设计实质相同，主张证据1的上传时间“2014-12-18”为其公开时间（见图53-2）。

（二）对方抗辩

对于涉案专利是否符合《专利法》第二十三条第一款，专利权人王铮认为涉案专利与证据1不构成实质相同。

首先，证据1用以对比的图片均未显示产品的背面，背面涉及产品内容物的使用方法、含量和生产信息等均未公开，且图片较小、模糊不清。

其次，涉案专利请求保护色彩，但在法定期限内提交的证据1公证书采用黑白打印，用以对比的图片均未显示产品的色彩，即使当庭核实到证据1在网络上显示的带有色彩的图片，但专利权人王铮坚持认为涉案专利与证据1的色彩要素构成差异。

主视图

后视图

本专利附图

证据1第27页附图

证据1第27页附图的局部放大图

对比设计附图

图53-2　本专利附图及对比设计附图

（三）法院认定

百度贴吧是较为知名的第三方论坛，对于数据的管理较为严格和规范，发布的信息一经上传会自动生成发布时间，且处于为公众所知的状态。一般情况下，无论是发帖人本人还是贴吧管理员，对所发布内容的修改权限都仅限于直接删除，无法进行修改、编辑等操作。其证据实质是网络电子证据，公证书只是通过纸件等形式将相关网页内容保存并固定下来。在口头审理时，合议组按照公证书指示的路径核实到的网页内容是证据1所反映的内容，并非新的证据。另外，公证书中记载了获得网页内容的步骤，专利权人在收到证据1后可对该证据所载网页内容进行核实，因此也不存在专利权人所述的超期提供证据的问题。

涉案专利与对比设计相比，两者的相同点在于形状，并且通过图案及色彩设计形成立体鸡蛋的视觉效果。这样的设计与包装袋类产品惯常的矩形薄片设计差异明显，再加上二者完全相同的正面设计，足以使一般消费者对二者产生基本相同的整体视觉印象。涉案专利的背面仅仅显示了成分、功效、使用方法、二维码、条形码等该类产品常见的标识性内容，并且其上文字的排列形式也是该类产品中最惯常的横向排列，产品背面出现的“使用方法”简笔画不仅所占面积较小，且类似的设计在面膜包装袋上极为常见。综合上述分析，涉案专利背面的设计属于该类产品常见的设计，对整体视觉效果影响较弱，属于一般消费者不易关注的部位，而涉案专利与对比设计形状及正面图案完全相同，且与惯常设计差异明显，对产品整体视觉效果具有较大影响，足以使一般消费者认为二者属于实质相同的外观设计，涉案专利不符合《专利法》第二十三条第一款的规定。

（四）判决情况

专利复审委员会宣告涉案专利外观设计专利权全部无效。由于其专利权已经无效，本案的二审诉讼判令撤回一审判决，驳回原告王铮的诉求，爱格优品公司胜诉。

四、律师分析

关于本典型案例，我们可以从以下几个角度（包括从专利申请、保护、维权等方面）得出启示。

第一，发明人潜心自主研发产品，需要通过申请专利才能得到法律的保护。本案例的爱格优品公司在其“小鸡蛋护理系列”产品发布上市前，并未对其进行包围式专利布局申请，使得对手轻易对其提起专利诉讼。虽然爱格优品公司最终胜诉，但是爱格优品公司如果此前申请了专利，就不需要应对此次的专利诉讼。在我国，专利申请采用的先申请原则，具有创造性、新颖性和实用性的发明创造谁先申请，专利就授予谁。所以，发明人如果不及时申请，而被他人抢先申请并被授予专利权，就无法追究他人的法律责任，甚至会成为被告，这样的案例数不胜数。

第二，先发表论文或者在网站上公开创意设计后再申请专利，使得专利不能被授权。涉案专利设计人在专利申请前，曾在贴吧上公开了涉案专利的全貌，从而导致涉案专利权全部无效。除此以外，高校教授、科研人员的专利在审查的时候，经常发生被自己发表的论文驳回或被认定无效专利权的情况。专利申请与授权是专利保护与维权的前提与基础，如果在前期专利布局与申请的时候没有做好准备工作，不但难以达到维权的效果，还有可能适得其反。

第三，专利无效的网络证据的采信与选择是有技巧的，不是全部网络证据都能被采信。现今，比较常见的网络证据来源有几大类别：新闻类网页、电子商务平台、博客空间网页、微信公众号及朋友圈等。本案例的网络证据源于百度贴吧，针对证据的采信考量可以从以下几点出发：网站平台的公信力是否足够，上传和修改机制是否可以确定，以及公开性是否确定。

五、正确做法

专利是一种垄断权，以在先申请为原则。企业一旦有合适的产品，就有必要尽快申请专利，以便获得保护。在专利维权的取证时，取证者需要注意证据要满足真实性、合法性与关联性。网络证据可以从网站平台的公信力是否足够，上传和修改机制是否可以确定，以及公开性是否确定这几点来确认其是否符合采信标准。

六、法律链接

（一）《专利法》

第二十三条第一款 授予专利权的外观设计，应当不属于现有设计；也没有任何单位或者个人就同样的外观设计在申请日以前向国务院专利行政部门提出过申请，并记载在申请日以后公告的专利文件中。

（二）《专利审查指南》

第四部分第五章第五节 同样的外观设计是指外观设计相同或者实质相同。外观设计相同，是指涉案专利与对比设计是相同种类产品的外观设计，并且涉案专利的全部外观设计要素与对比设计的相应设计要素相同，其中外观设计要素指的是形状、图案以及色彩。

七、运营思维

华发七弦琴国家知识产区运营平台总经理、中国专利保护协会副会长 季节

重视知识产权，事半功倍；轻视知识产权，事倍功半，甚至功亏一篑。爱格优品公司的案例很好地证明了这一点，若不是王铮“自摆乌龙”，爱格优品公司将陷入“以子之矛攻子之盾”的极其被动的境地。

根据企业专利工作五层次理论，爱格优品公司的专利工作处于“0级”。如果把专利比作企业的武器的话，那么处于“0级”的企业属于“手无寸铁”。这样的企业在面对“赤手空拳”的竞争对手时可能还能应付，但是一旦面临“荷枪实弹”的对手，必然毫无招架之力。在知识经济时代，企业高层应意识到知识产权对企业来讲不是装饰品，而是必需品。“武功再高也抵不住菜刀”，早日通过自主研发打造一批“武器”，或者通过专利运营购买一批“武器”，从而为企业可持续发展保驾护航，这一举措刻不容缓。

首席律师　颜希文

现任广州三环专利商标代理有限公司副总经理，广东技术师范大学兼职教授，广东省知识产权专家库专家，广州市专利专家库专家，广东省知识产权维权协助中心专利侵权判定咨询专家库专家，广州市知识产权维权援助专家库专家，广东知识产权保护协会专家库专家，黄埔区、广州开发区“十百千”专利灭零倍增工程知识产权导师，广东省知识产权保护社会监督员，韶关市创新创业发展专家库专家，韶关市重大行政决策咨询论证专家，佛山国家火炬创业园科学技术协会副主席等。

其拥有13年专利代理人执业经验，从事国内外专利代理、专利维权诉讼、专利纠纷调解和专利培训工作，为多家大型企业提供知识产权服务，拥有丰富的专利维权援助、专利纠纷调解经验，代理的专利无效及专利诉讼案件超100件。

助理律师　李韻婷

第五十四章

"立体壁纸"发明专利侵权案 / 颜希文

一、案例背景

北京蓝海通商贸有限公司（以下简称"蓝海通公司"）和佛山市绿源纤维模塑科技有限公司（以下简称"绿源公司"）均是建筑装饰材料行业的企业。申请人梁海生在2007年7月25日申请了"立体壁纸、其生产方式及应用"发明专利，于2010年1月20日获得授权，梁海生为蓝海通公司的法定代表人。2010年11月9日，该专利登记备案排他许可给蓝海通公司。2011年3月23日，专利局公告该许可事项。2011年3月2日，梁海生转让了该专利权到蓝海通公司名下。2010年10月27日，梁海生、蓝海通公司作为共同原告，向法院起诉绿源公司侵犯其专利权，被告绿源公司提出管辖权异议。2011年6月30日，法院判决原告证据不足，驳回原告的诉讼请求，同年9月5日原告再次向法院提诉。

本案针对专利权侵权纠纷诉讼涉及从主体资格适格、举证责任分配、证据采信、权利保护范围比对，乃至侵权与民事担责关系的数个方面，对于了解专利诉讼需要注意的事项具有典型意义。

二、权利的重点信息

涉案发明专利的基本信息如下：

专利名称：立体壁纸、其生产方式及应用。

申请人：蓝海通公司。

地址：北京市朝阳区左家庄1号C座一层C106室。

申请号：200710129736.9。

申请日：2007年7月25日。

摘要说明：本发明公开了一种新型立体壁纸的生产方法及应用，旨在提供具有三维立体浮雕纹理效果又不同于普通壁纸且符合环保要求的新型壁纸，以及其生产方法及应用。立体壁纸的特征为：由纸浆原料构成的三维浅浮雕图案和色彩的板式结构，通过单体拼接、组合、排列，形成多种花色、各种几何形状的具有彩色覆膜或涂层的立体壁纸。该方法采用在造纸纯木浆中加入固体填料和助剂，或木浆、竹浆等任一种造纸纸浆原料，使用通用纸浆模塑设备、模具进行生产；经过打浆、注浆成型、湿坯干燥定型、整形轧花、刻痕和表面涂刷涂料或表面覆膜工艺中的一种表面处理工艺，从而得到立体壁纸。蓝海通公司还公开了其立体壁纸应用在卧室、客厅、公共场合的装饰场景。

三、案例解析

蓝海通公司认为绿源公司生产侵害其ZL200710129736.9号专利的产品，损害了蓝海通公司的市场优势地位和销量，影响了蓝海通公司的销售收入，再次向法院提起专利权侵权纠纷诉讼案件。为了方便涉嫌侵权产品与专利保护范围的比对，蓝海通公司申请了证据保全措施，由法院扣押了绿源公司的涉嫌侵权产品、宣传画册以及涉案相关的单据与设备。

被诉侵权产品落入原告涉案专利权利要求1中第8小项的保护范围，但没有落入权利要求1中第5小项技术特征的保护范围，原告不要求保护权利要求1中第5小项。被告绿源公司在庭审时认为，被诉侵权产品落入原告涉案专利权利要求1中第6小项的技术特征保护范围，但没有落入权利要求1中第3小项技术特征的保护范围。根据有关司法解释规定，被诉侵权产品全部落入原告涉案专利权利要求保护范围才构成侵权。

一审法院判令被诉侵权行为不构成专利权侵犯，原告不服上诉。二审法院判令驳回上诉请求，维持原判。

（一）维权诉求

蓝海通公司请求法院责令绿源公司立即停止侵害蓝海通公司的专利权，销毁侵权产品，销毁生产模具，并在报纸上公开赔礼道歉；要求绿源公司赔偿其经济损失20万元，追诉差旅费等合理支出1万元，律师费2万元，共计23万元；并请求法院责令绿源公司承担全部诉讼费。

一审法院驳回蓝海通公司所有诉求。蓝海通公司不服，向二审法院请求。（1）撤销一审民事判决，查清事实，依法改判。（2）本案一、二审诉讼费由绿源公司负担。理由有两点。第一，涉案专利权利要求1第3小项技术特征是产品制造方法特征，涉案专利该项权利要求是制造方法发明专利权利要求；涉案专利产品是新产品。因此，本案应当适用“举证责任倒置”规则，由绿源公司举证被控侵权产品制造方法不同于涉案专利方法。第二，被控侵权产品技术方案落入涉案专利保护范围；一审法院认定事实不清，适用法律错误，应当予以改正。

（二）抗辩理由

一审绿源公司答辩如下：

（1）质证意见：原告提供的涉嫌侵权产品上没有被告的任何标记，且其取证没有经过公证，原告提供的收据文件内容并非指被控侵权产品。

（2）蓝海通公司作为原告主体不适格。蓝海通公司于2011 年1 月12 日才通过转让取得涉案专利的专利权，而其起诉绿源公司的涉嫌侵权行为发生日期为2010 年10 月，即蓝海通公司在涉嫌侵权行为发生日并非涉案专利权的专利权人，不具备原告主体资格。

（3）蓝海通公司发明专利的权利要求为封闭式权利要求，绿源公司的产品不落入其保护范围。蓝海通公司的发明专利的权利要求为封闭式权利要求，字数达500余字。根据“全面覆盖原则”，绿源公司的产品必须全部符合其技术特征，才落入其保护范围。蓝海通公司不加任何分析就武断地指控绿源公司侵犯其专利权，其证据不足。

（4）蓝海通公司发明专利关于“正方形、长方形”的技术方案已经在申请过程中放弃了，任何人均可自由使用。蓝海通公司如果主张其关于“正方形、长方形”的技术方案，则违反“禁止反悔原则”。梁海生在发明专利申请过程中，于2009 年10 月20 日主动向国家知识产权局提交补正书，删除了权利要求中关于“正方形、长方形”的技术方案，从而获得了发明专利的授权。现蓝海通公司提供的产品均为正方形，其行为违反了“禁止反悔原则”。

（5）蓝海通公司的赔偿请求没有依据。绿源公司不侵犯蓝海通公司的专利权，蓝海通公司要求赔偿没有依据，因此，绿源公司无须承担任何赔偿责任。

综上所述，蓝海通公司的请求缺乏事实与法律依据，请求法院驳回蓝海通公司的所有诉讼请求，认定绿源公司的行为不构成侵权。

二审绿源公司答辩称：原审法院查明的事实清楚，适用法律正确，请求二审法院驳回上诉，维持原判。

（三）法院认定

本院认为本案争议焦点为：

1. 本案是否应当适用“举证责任倒置”规则，由绿源公司举证被控侵权产品制造方法不同于涉案专利方法

关于本案是否适用“举证责任倒置”规则问题。《专利法》第六十一条第一款规定，专利侵权纠纷涉及新产品制造方法的发明专利的，制造同样产品的单位或者个人应当提供其产品制造方法不同于专利方法的证明。最高人民法院《关于民事诉讼证据的若干规定》第四条第一款第（一）项规定，因新产品制造方法发明专利引起的专利侵权诉讼，由制造同样产品的单位或者个人对其产品制造方法不同于专利方法承担举证责任。上述法律条文和司法解释规定的“举证责任倒置”规则，其适用情形是制造方法的发明专利引起的专利侵权诉讼。由产品发明专利引起的侵权诉讼并不适用“举证责任倒置”规则。因此，本案是否适用“举证责任倒置”规则，必须先判断涉案专利是否为制造方法的发明专利。从涉案专利权利要求书来看，涉案专利仅有一项权利要求，该项权利要求要么是产品权利要求，要么是方法权利要求，而权利要求的类型与权利要求的主题名称关系密切。涉案专利权利要求1的主题名称为“一种立体壁纸”，该主题名称表明该项权利要求为产品权利要求，进而证明涉案专利为产品专利而不是方法专利。关于蓝海通公司主张涉案专利权利要求1第3小项技术特征是制造方法的问题。本院认为，即使涉案专利该项技术特征是方法特征，涉案专利权利要求1仍然为产品权利要求。当产品权利要求中的一个或多个技术特征无法用结构特征并且也不能用参数特征予以清楚地表征时，允许借助方法特征表征，但是，方法特征表征的产品权利要求的保护主题仍然是产品。因此，蓝海通公司提出的“涉案专利权利要求为方法权利要求”主张缺乏事实和法律依据，本院不予支持。

2. 被控侵权产品技术方案是否落入涉案专利保护范围

关于被控侵权产品技术方案是否落入涉案专利保护范围问题。《专利法》第五十九条第一款规定，发明或者实用新型专利权的保护

范围以其权利要求的内容为准，说明书及附图可以用于解释权利要求的内容。《最高人民法院关于审理侵犯专利权纠纷案件应用法律若干问题的解释》第七条规定，人民法院判定被诉侵权技术方案是否落入专利权的保护范围，应当审查权利人主张的权利要求所记载的全部技术特征。被诉侵权技术方案包含与权利要求记载的全部技术特征相同或者等同的技术特征的，人民法院应当认定其落入专利权的保护范围；被诉侵权技术方案的技术特征与权利要求记载的全部技术特征相比，缺少权利要求记载的一个以上的技术特征，或者有一个以上技术特征不相同也不等同的，人民法院应当认定其没有落入专利权的保护范围。本案中，按照“谁主张谁举证”原则，蓝海通公司所提交的证据不能证明被诉侵权技术方案包含与涉案专利权利要求1第3小项技术特征相同或等同的技术特征。此外，蓝海通公司与绿源公司双方在庭审技术比对时均认可，被诉侵权技术方案不具有涉案专利权利要求1第5小项技术特征，且蓝海通公司所提交的证据不能证明被诉侵权技术方案具有与涉案专利权利要求1第5小项技术特征等同的技术特征。因此，被诉侵权技术方案的技术特征与涉案权利要求记载的全部技术特征相比，至少有两个技术特征不相同也不等同，应当认定其没有落入专利权的保护范围。因此，蓝海通公司主张被控侵权产品技术方案落入涉案专利保护范围，缺乏事实和法律依据，本院不予支持。

（四）判决情况

一审法院判令原告蓝海通公司以被告绿源公司生产、销售的立体壁纸落入其ZL200710129736.9号发明专利权的保护范围为由，指控绿源公司侵犯其发明专利权的诉讼理由不能成立，其要求绿源公司承担立即停止侵害涉案专利权，销毁侵权产品、生产模具，在报纸上公开赔礼道歉、赔偿损失及费用共23 万元的诉讼请求，本院依法予以驳回。驳回原告北京蓝海通商贸有限公司的诉讼请求。本案的受理费为4 750元、证据保全费为30元，合计4 780元，由原告北京蓝海通商贸有限公司负担。

二审法院认为，蓝海通公司主张被控侵权产品技术方案落入涉案专利保护范围，缺乏事实和法律依据，本院不予支持。原审判决认定事实清楚，适用法律正确，依法应予维持。上诉人蓝海通公司上诉请求不能成立，驳回上诉，维持原判。本案二审案件受理费为4 750元，由北京蓝海通商贸有限公司负担。本判决为终审判决。

四、律师分析

本案针对专利权侵权纠纷诉讼涉及从主体资格适格、举证责任分配、证据采信、权利保护范围比对，以及侵权与民事担责关系的数个方面，对于了解专利诉讼需要注意的事项具有典型意义。以下针对其中最重要的两点展开说明。

（1）涉案专利在专利审查的过程中，为了专利的授权，把其10个权利要求都合并到了权利要求1中，这样使得涉案专利的保护范围十分狭窄。在诉讼中，侵权产品需要完完全全落入涉案专利的保护范围，无疑增加了侵权难度。

（2）在涉案发明专利申请过程中，梁海生主动向国家知识产权局提交补正书，删除了权利要求中关于“正方形、长方形”的技术方案，从而获得了发明专利的授权。现蓝海通公司提出侵权的产品均为正方形，属于两头得利，其行为违反了“禁止反悔原则”。禁止反悔原则的目的在于防止专利权人出尔反尔、两头得利，即专利权人在授权确权程序中为了获得专利授权或为了避免专利无效而对专利保护范围做出限缩性解释，或者强调某个技术特征的重要性，但在侵权程序中却拒绝做出限缩性解释或者声称该技术特征可有可无，以借助等同原则将被控侵权物纳入其专利保护范围。

五、正确做法

主体适格问题：本案中，被告涉嫌侵权行为在原告蓝海通公司受让专利权之前发生。但是，由于转让权变更后，涉嫌侵权行为仍在发生，所以原告的主体资格适格。专利的稳定性：在申请专利时候，专利申请人应该寻找资深的代理机构撰写专利，尽量在专利能够授权与权利限缩之间达到最优方案，确保专利的稳定性。举证问题：在证据保全时需要注意取证的公证以及证据与当事人的关联性证明，以免因证据的不采信而导致诉求无法得到证明。

六、法律链接

（一）《专利法》

第五十九条第一款　发明或者实用新型专利权的保护范围以其权利要求的内容为准，说明书及附图可以用于解释权利要求的内容。

（二）《最高人民法院关于审理侵犯专利权纠纷案件应用法律若干问题的解释》

第七条　人民法院判定被诉侵权技术方案是否落入专利权的保护范围，应当审查权利人主张的权利要求所记载的全部技术特征。被诉侵权技术方案包含与权利要求记载的全部技术特征相同或者等同的技术特征的，人民法院应当认定其落入专利权的保护范围；被诉侵权技术方案的技术特征与权利要求记载的全部技术特征相比，缺少权利要求记载的一个以上的技术特征，或者有一个以上技术特征不相同也不等同的，人民法院应当认定其没有落入专利权的保护范围。

（三）《民事诉讼法》

第六十四条第一款　当事人对自己提出的主张，有责任提供证据。

（四）《最高人民法院关于民事诉讼证据的若干规定》

第二条　当事人对自己提出的诉讼请求所依据的事实或者反驳对方诉讼请求所依据的事实有责任提供证据加以证明。没有证据或者证据不足以证明当事人的事实主张的，由负有举证责任的当事人承担不利后果。

七、运营思维

金发科技股份有限公司知识产权经理 · 王鹏

虽然本案专利属于产品专利，但权利要求1第3小项技术特征显然难以取得侵权证据，并且权利人在答复审查意见之时，将申请文件中的10项权利要求压缩为仅有1项权利要求，并删除了权利要求中关于产品为“正方形、长方形”的技术方案，这是一种自毁长城的做法，直接造成本专利授权时的保护范围过窄，难以覆盖涉嫌侵权的产品。实际上，本专利能否授权与产品形状是否为正方形或长方形并没有直接的关联，权利人在答复审查意见时不应如此“大方”地放弃自身权利，而应该尽量争取保留申请文件中的权力范围。

另外，在申请专利之前，哪些技术应该作为技术秘密保护，以及哪些技术应该作为专利保护，这些是申请人面临的抉择。一般情况下，我们会问技术人员两个问题。第一，如果有人抄袭了我方专利，那么我们是否能够比较容易发现？第二，即使知道有人抄袭了我方专利，我方是否能够比较容易地取得证据？只要这两个问题中的一个得到了否定的答案，我们就不会将该方案申请专利，因为这相当于公开了技术秘密而又难以得到保护。本案专利的撰写与答复过程显然没有考虑这个问题，这将使得主张权利的取证难度大大增加。在专利和技术秘密之间如何取舍，值得所有申请人思考的问题。

广东省战略知识产权研究院院长·唐善新

本案的典型意义在于：按照我国《专利法》相关规定，专利的申请及撰写必须掌控好权利要求和保护范围，既不能太狭窄，也不能太宽泛，而要根据申请专利所要达到的目的（不仅仅是保护，有的要保护、圈地并举，有的属进攻性质，有的为创新成果许可、转让、产业化）进行分寸拿捏。总的原则为四个字——“恰当够用”，并且利于有效推动专利价值的实现（包括知识产权变现及金融化和证券化等）。此外，本案折射出一个新的值得关注的问题，从专利法的立法宗旨来看，我国制定专利法的目的是通过对专利权人所获得专利的发明创造给予一定期限的排他权，以推动发明创造的运用，提高创新的自觉和能力，促进科学技术的进步和经济社会发展。这与促进科学技术成果转化、转让、许可的立法目的在很大程度上存在融合性。另外，专利法上的“禁止反悔原则”具有平衡“保护范围明确化”与“权利保护周全化”两种利益上的独特作用，但在司法实践中，“禁止反悔原则”的适用效果存在“完全排除说”与“弹性排除说”的对立。不过，由于缺乏明确的判断标准，人们对弹性适用的幅度较难准确掌握，所以一般来说，对于完全排除说持批判态度，而对“弹性排除说”持积极态度。

首席律师　颜希文

相关介绍见第五十三章。

助理律师　李韻婷

第五十五章

如何判定专利是否为现有设计 / 颜希文

一、案例背景

深圳市福瑞斯保健器材有限公司（以下简称“福瑞斯公司”）和深圳市盟迪奥科技股份有限公司（以下简称“盟迪奥公司”）均是从事电动按摩器生产与销售的企业。福瑞斯公司发现盟迪奥公司制造、销售的按摩椅的遥控器配件与福瑞斯公司自发设计的同类产品的外观专利设计表达一致，希望盟迪奥公司停止对福瑞斯外观专利侵权的行为。因此，福瑞斯公司委托广州三环专利商标代理有限公司的专利代理人颜希文代理本案。

本案涉及行政部门投诉、扣押证物保全、行政档案调取、民事诉讼、专利权无效抗辩等多方面的维权途径。

二、权利的重点信息

涉案外观设计专利的基本信息如下：

专利名称：按摩器手控器。

申请人：深圳市福瑞斯保健器材有限公司。

地址：广东省深圳市龙岗区荷坳社区长江埔路49号京铁工业园U栋4楼。

申请号：201430264916.9。

申请日：2014年7月31日。

外观设计图片如图55-1所示。

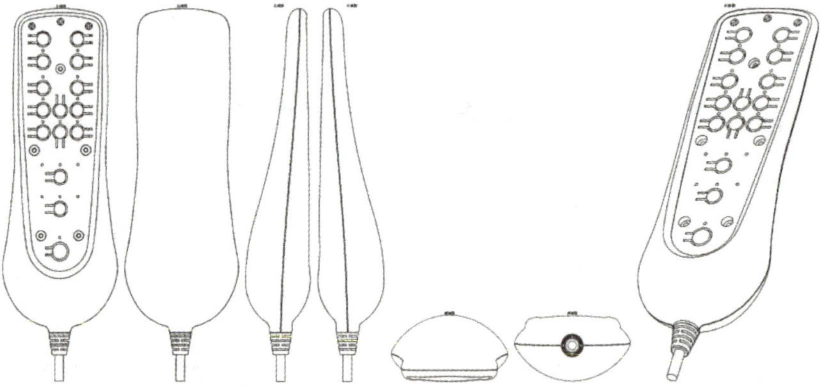

图55-1　福瑞斯按摩器手控器专利设计外观

摘要说明：（1）本外观设计产品的名称为按摩器手控器；（2）本外观设计产品的用途为一种按摩器手控器；（3）本外观设计产品的设计要点为形状；（4）最能表明本外观设计产品的设计要点的图片或照片为立体图。

三、案例解析

福瑞斯公司和盟迪奥公司是业内竞争对手。福瑞斯公司经过实际调查与设计表达比对后，发现盟迪奥公司制造、销售的按摩椅的遥控器配件与福瑞斯公司的ZL201430264916.9外观专利设计表达一致。

首先，福瑞斯公司向深圳市市场监督管理局提出行政投诉，深圳市市场监督管理局到现场调查、拍照取证、扣押证物与勘验笔录。福瑞斯公司通过行政部门进行了证据保全与侵权行为的记录。

其次，为了更好地遏制盟迪奥公司以制造、销售、许诺销售等方式侵犯福瑞斯公司外观设计专利的行为，福瑞斯公司向深圳市中级人民法院提起诉讼请求。

最后，盟迪奥公司在接到福瑞斯公司的法院传票后，对涉案外观设计专利提起专利权无效宣告请求，福瑞斯公司作为专利权人针对无效请求理由提出了详细的无效抗辩意见。由于盟迪奥公司制造、销售的按摩椅的遥控器落入了涉案专利的保护范围，专利权的稳定性成为本案的核心要点。对于专利无效及专利诉讼的抗辩意见与证据的采用，本案具有较为典型的意义。

（一）维权诉求

福瑞斯公司向深圳市中级人民法院提起诉讼请求，请求判令盟迪奥公司立即停止以制造、销售、许诺销售等方式侵犯福瑞斯公司外观设计专利ZL201430264916.9产品的行为，销毁生产模具及全部库存侵权产品；判令盟迪奥公司赔偿因侵权给福瑞斯公司造成的经济损失，以及福瑞斯公司因调查取证、制止侵权而支付的合理支出；判令盟迪奥公司承担本案的全部诉讼费用。

（二）对方抗辩

盟迪奥公司抗辩的主要观点如下：

（1）盟迪奥公司是在不知情的情况下侵权，并未获得利益；

（2）被诉侵权产品只是小配件，福瑞斯公司并无证据证明其提出的赔偿数额；

（3）本案专利并非福瑞斯公司自行研发，而是其将公共知识私自占为己有，抢先注册专利；

（4）盟迪奥公司早已停止了侵权，并未造成福瑞斯公司的经济损失。

故请求驳回福瑞斯公司的全部诉讼请求。

（三）法院认定

在本案的审理中，福瑞斯公司、盟迪奥公司及法院都一致认可福瑞斯公司专利与盟迪奥公司产品构成近似。盟迪奥公司制造与销售遥控器产品的行为也已公证保全。因此，本案的争议焦点仅在于，盟迪奥公司认为福瑞斯公司专利为现有设计的抗辩理由是否成立。

针对福瑞斯公司的专利权稳定性问题，2017年4月26日，盟迪奥公司向专利复审委员会提出无效宣告请求，其理由是涉案专利不符合《专利法》第二十三条第一款、第二款的规定。

经审理，涉案专利设计维持专利权有效。无效审查决定书的要点如下：按摩器手控器类产品的整体形状、结构、操作区域以及按钮排列等具体设计变化较多。一般消费者在关注整体结构的同时，也会关注产品的整体形状、各部分的具体形状及操作区域等细节设计，这些设计变化都会对外观设计的整体视觉效果产生影响。涉案专利与对比设计在上述各部分均具有较大差别，足以对产品外观设计的整体视觉效果产生显著影响。

因此，法院认为，盟迪奥公司认为福瑞斯公司专利为现有设计的抗辩理由不成立；盟迪奥公司的被诉产品落入福瑞斯公司专利权的保护范围；盟迪奥公司未经许可制造、销售、许诺销售被诉侵权产品。最终，法院判决盟迪奥公司停止侵权行为并赔偿经济损失。

（四）判决情况

法院判令盟迪奥公司立即停止侵害名称为按摩器手控器（专利号为ZL201430264916. 9）的外观设计专利权；盟迪奥公司向福瑞斯公司赔偿经济损失及合理支出费用。

四、律师分析

本案除了对外观设计专利侵权案件具有一定的参考意义外，在证据举证方面也具有典型的意义，对今后的相似案件具有示范价值，具体包括以下几点。

（1）不论是诉讼证据还是专利无效证据，证据中带有非中文字符的，举证方必须对证据文字进行翻译，否则不予采纳。作为证据时，即使是像“2013 best selling”这样简单的英文字符都必须进行翻译。盟迪奥公司提供的外文电子商务网站的相关文字证据全为英文字符，法院因举证方未对该证据进行翻译而不予采纳。

（2）在电子商务平台产品页面作为现有技术或在先证据时，评论区的时间不能用以确认产品发布的日期，评论区的内容与产品之间的唯一对应关系也难以确认，除非以其他手段加以证明，否则不予采纳。在电子商务平台（包括淘宝、京东、阿里巴巴、亚马逊等）产品页面中，评论区的内容与展示商品之间的唯一对应关系有待商榷。在通常情况下，评论内容并无该商品的图片。如果商品是可以更换的，而评论区文字始终保持记录，不能删除，那么二者之间的唯一对应关系是不存在的，举证方更不能通过评论区的时间来确认产品发布的日期。

（3）针对商务平台或商务宣传的证据称谓简化或口语化的文字描述，其含义的理解与认定有待商榷。本案中，关于电子商务网站描述产品的文字“2013 best selling”，该简化数字“2013”应该如何理解？是机械的理解，还是在合理的范围内多角度、多方位地提供解释，以便各方更公平合理地选择？

一般人会下意识地结合上下文“best selling”，直接将“2013”理解为“2013年”，但是商家极有可能从营销的角度出发利用该种心理，故意在行文中进行误导。“2013”并不一定指的是年份，而有可能是型号或者数量。这种商业化的营销文字描述并不能够用以确认其证据的时间的真实性。仅仅根据产品名称中的“2013”，我们不能证明该产品在2013年公开，也不能证明相关图片在2013年公开。

五、正确做法

针对带有非中文字符的证据文件，我们建议寻找较为权威的翻译机构进行翻译并盖章认证。非证据相关内容部分可以选择不翻译，以减少翻译工作量与翻译费用。针对淘宝等平台的取证，举证方可以通过购买公证、淘宝快照等方式确认该证据的公开时间；针对商业简化语言、网络用语等文字描述的理解与认定，举证方可以通过采集同行业或同领域通用的表述方式形成证据，加以佐证。

六、法律链接

（一）《专利法》

第十一条第二款 外观设计专利权被授予后，任何单位或者个人未经专利权人许可，都不得实施其专利，即不得为生产经营目的制造、许诺销售、销售、进口其外观设计专利产品。

第二十三条第四款 本法所称现有设计，是指申请日以前在国内外为公众所知的设计。

第五十九条第二款 外观设计专利权的保护范围以表示在图片或者照片中的该产品的外观设计为准，简要说明可以用于解释图片或者照片所表示的该产品的外观设计。

第六十五条 侵犯专利权的赔偿数额按照权利人因被侵权所受到的实际损失确定；实际损失难以确定的，可以按照侵权人因侵权所获得的利益确定。权利人的损失或者侵权人获得的利益难以确定的，参照该专利许可使用费的倍数合理确定。赔偿数额还应当包括权利人为制止侵权行为所支付的合理开支。权利人的损失、侵权人获得的利益和专利许可使用费均难以确定的，人民法院可以根据专利权的类型、侵权行为的性质和情节等因素，确定给予一万元以上一百万元以下的赔偿。

（二）《最高人民法院关于审理侵犯专利权纠纷案件应用法律若干问题的解释》

第八条　在与外观设计专利产品相同或者相近种类产品上，采用与授权外观设计相同或者近似的外观设计的，人民法院应当认定被诉侵权设计落入专利法第五十九条第二款规定的外观设计专利权的保护范围。

第十条　人民法院应当以外观设计专利产品的一般消费者的知识水平和认知能力，判断外观设计是否相同或者近似。

第十一条　人民法院认定外观设计是否相同或者近似时，应当根据授权外观设计、被诉侵权设计的设计特征，以外观设计的整体视觉效果进行综合判断；对于主要由技术功能决定的设计特征以及对整体视觉效果不产生影响的产品的材料、内部结构等特征，应当不予考虑。下列情形通常对外观设计的整体视觉效果更具有影响：（一）产品正常使用时容易被直接观察到的部位相对于其他部位；（二）授权外观设计区别于现有设计的设计特征相对于授权外观设计的其他设计特征。被诉侵权设计与授权外观设计在整体视觉效果上无差异的，人民法院应当认定两者相同；在整体视觉效果上无实质性差异的，应当认定两者近似。

（三）《最高人民法院关于审理专利纠纷案件适用法律问题的若干规定》

第二十四条　专利法第十一条、第六十九条所称的许诺销售，是指以做广告、在商店橱窗中陈列或者在展销会上展出等方式作出销售商品的意思表示。

（四）《民事诉讼法》

第六十四条第一款 当事人对自己提出的主张，有责任提供证据。

（五）《最高人民法院关于民事诉讼证据的若干规定》

第二条 当事人对自己提出的诉讼请求所依据的事实或者反驳对方诉讼请求所依据的事实有责任提供证据加以证明。没有证据或者证据不足以证明当事人的事实主张的，由负有举证责任的当事人承担不利后果。

七、运营思维

金发科技股份有限公司知识产权经理 · 王鹏

本案涉及专利诉讼中的在先技术抗辩证据和专利无效中的在先公开证据的认定问题，具体而言是针对使用公开证据的认定问题。针对公开使用证据进行证明在现实中是非常困难的，因为公开使用是要求发生在涉案专利申请日之前的，而专利诉讼启动的时间点往往在专利申请日之后若干年，证明若干年前的事实且要形成法律认可的证据链是一件困难的事情。寻找公开使用的证据可以从以下几个方向入手：第一，相关项目公开的申报资料、资质申请的报备公示资料导致的公开；第二，测试、试用等行为导致的公开；第三，商业销售导致的公开；第四，广告、展会参展导致的公开。其中第三、第四两点是寻找公开使用证据较为可靠的方向，尽管真正实现起来仍然有诸多障碍需要克服。既然公开使用证据如此难以获得，防御一方就要尽可能做到以下两点：第一，在自己研发的产品上市之前尽量申请专利，避免竞争对手看到其产品之后抢注专利，再恶意诉讼研发方产品侵权。研发方如果事先没有申请专利，那么要证明申请日前的在先销售会非常困难。第二，研发方如果确实由于种种原因不能申请专利，那么可以在自己产品上市之初对该产品做公证购买，或在展会留下足够多的照片或新闻报道等电子证据，以固定该产品在某个时间点已经在市场流通的公开证据。

广东省战略知识产权研究院院长 · 唐善新

外观设计专利是指对产品的形状、图案或者其结合以及色彩与形状、图案的结合所做出的富有美感并适用于工业应用的新设计。具体地说，外观设计专利是对产品能够体现出来的富有美感的外观设计进行保护，内部结构创新或外观未体现的功能性创新是通过其他知识产权进行保护的。此案例给人的启示主要体现在三个层面：其一，无论是诉讼证据还是专利无效证据都必须合法有效。《专利法》第五十九条规定："外观设计专利权的保护范围以表示在图片或者照片中的该产品的外观设计为准，简要说明可用于解释图片或者照片所表示的该产品的外观设计。"根据《最高人民法院关于审理侵犯专利权纠纷案件应用法律若干问题的解释》的规定，人民法院认定外观设计是否相同或近似时，应该根据授权外观设计、被诉侵权设计的设计特征，以外观设计的整体视觉效果进行综合判断。通过对比，涉案专利与被控侵权产品的相应视图基本相同，应认定二者构成近似的外观设计。虽然被控侵权产品的外观设计落入涉案专利权的保护范围，但本案中涉案专利与对比设计在上述各部分均有较大差异，这种差异足以对产品外观设计的整体视觉效果产生明显影响，具有区别性。其二，根据《专利法》

第六十九条的规定，在专利申请日前已经制造相同产品、使用相同方法或者已经做好制造或使用的必要准备，并且仅在原有范围内继续制造、使用的，不视为侵犯专利权。其三，无论是诉讼证据还是商业化营销文字的描述，或者是带有非中文字符的证据文件，都必须予以翻译。而且，这种翻译必须与技术功能、外观设计紧密相关，否则，法院在审理时可不予采纳。同时，此案例明确显示，知识产权翻译与技术是分不开的。

首席律师　颜希文

相关介绍见第五十三章。

助理律师　李韻婷

第五十六章

发明专利权侵权案 / 李治国、李晓慧

一、案例背景

对于功能性技术特征的理解已经成为专利侵权诉讼案件的难点。尽管法规层面有国家知识产权局颁布的《专利审查指南》及《最高人民法院关于审理侵犯专利权纠纷案件应用法律若干问题的解释》，但在具体案件中，功能性技术特征的判断仍是疑难颇多的，主要体现在何种技术特征构成功能性技术特征，如何确定功能性技术特征的内容以及如何正确理解它们。

在广东新功电器有限公司（以下简称“新功公司”）与广东海利集团有限公司（以下简称“海利公司”）的专利侵权纠纷案中，如何理解新功公司所有的“一种饮用器具的出水装置”的发明专利（下称“涉案专利”）权利要求1中的功能性技术特征（导引臂活动安装在立柱上，构成导引臂可相对于立柱转动）成为本案专利侵权诉讼的难点。

二、权利的重点信息

新功公司于2010年12月4日向国家知识产权局申请“一种饮用器具的出水装置”的发明专利，申请号为201010585774.7，专利号为ZL201010585774.7。涉案专利于2014年1月1日获得授权，发明专利保护期限为自申请日起20年，发明人为余俊忠，专利权人为新功公司，公司地址为广东省饶平县黄冈镇城北工业园区。涉案专利摘要如下：

本发明公开了一种家庭或办公室饮水器具的出水装置，应用于饮水机或泡茶机中。该装置包括供水管道、泵，特别之处在于它还包括立柱、导引臂和软管。其中的导引臂被活动安装在立柱上，使导引臂可相对于立柱转动；导引臂自身沿水平方向伸出，导引臂的伸出部分为中空结构且在自由端具有一个向下出水的弯管；软管一端与供水管道连通，另一端穿过立柱并安装于伸出部分的中空结构中，且其端口与弯管连通。该出水装置具有更好的密封性能，且能够通过摆动来调节弯管出水口的方位。

三、案例解析

新功公司将涉案专利应用于电磁茶炉中，并通过实体店及网店向全国各地销售。在后续日常经营中，新功公司发现海利公司通过天猫网上开设的店铺及全国各地经销商大量销售电磁茶炉套装（以下简称“被控侵权产品”），其认为该侵权产品落入涉案专利权的保护范围，遂以海利公司侵害其发明专利权为由提起诉讼。

在诉讼过程中，海利公司向国家知识产权局申请宣告该项专利无效。在无效宣告审查程序中，新功公司将海利公司提交的授权公告号为CN201602629U的比对文件与本案专利进行对比，认为“权利要求1

中的导引臂是活动安装在立柱上的，没有设置结合段，转动方式是导引臂直接在立柱上转，而比对文件的出水段则是固定安装在结合段上的，通过结合段转动”。国家知识产权局专利复审委员会经审查后维持本案专利权有效。

（一）维权诉求

新功公司希望可以通过诉讼要求海利公司停止侵权，销毁库存的侵权产品、相关宣传资料及制造侵权产品的模具，赔偿新功公司经济损失及为制止侵权行为所支出的合理费用共计500万元，并承担全部诉讼费用。

（二）对方抗辩

海利公司的主要抗辩意见包括三点。（1）海利公司的产品采用的技术方案与本案专利的必要技术特征不相同也不等同，没有落入本案专利权的保护范围，不构成侵权。（2）被诉侵权技术方案相对于本案专利而言还具有新颖性、创造性的特征，这些技术特征没有落入本案专利权的保护范围。（3）被诉侵权技术方案落入本案专利权保护范围的对应技术特征是一项现有技术与所属领域常识的简单组合，依法不构成侵害专利权。

（三）法院认定与判决结果

关于被控侵权产品的技术方案是否落入本案专利权的保护范围。一审广州知识产权法院认为：被诉侵权技术方案的立柱靠近顶部位置设有环台，相当于本案专利的立柱顶部；与结合段对应连接的导引臂靠近底部位置设有环台，相当于本案专利导引臂具有底部；导引臂环台上的通孔比立柱环台上的通孔大，与本案专利立柱顶部开有供软管穿过的伸出孔，导引臂底部开有供软管穿过的调节孔，调节孔比伸出孔大的技术特征相同。本案的关键争议是，被诉侵权技术方案是否包含了专利导引臂被活动安装在立柱上，使导引臂可相对于立柱转动的技术特征。依据《最高人民法院关于审理侵犯专利权纠纷案件应用法律若干问题的解释》第六条的规定，在本案专利无效宣告程序中，新功公司陈述意见称本案专利与比对文件的区别在于“权利要求1中的导引臂是活动安装在立柱上的，没有设置结合段，转动方式是导引臂直接在立柱上转，而比对文件的出水段则是固定安装在结合段上的，通过结合段转动”。相关的陈述表明新功公司将在立柱中设置结合段和导引臂（出水段）安装在结合段上的技术特征排除在其专利权保护范围之外，而被诉侵权技术方案的立柱环台上设置有结合段，结合段上安装电机和传动装置，在电机和传动装置工作时，导引臂可以相对于立柱转动，该技术特征包括了新功公司在本案专利中排除到保护范围之外的内容。因此，一审法院认为被诉侵权技术方案中的相应技术特征与本案专利导引臂被活动安装在立柱上，使导引臂可相对于立柱转动的技术特征不相同，被诉侵权技术方案没有落入本案专利权的保护范围。

二审广东省高级人民法院进一步归纳当事人双方争议的焦点：被诉侵权技术方案是否具有本案专利“导引臂活动安装在立柱上，构成导引臂可相对于立柱转动”的技术特征。对此，二审法院认为，根据本案专利要求1中载明的有关导引臂与立柱之间的位置关系和连接关系，并结合本案专利说明书和附图的描述，本领域技术人员能够理解权利要求1中“导引臂被活动安装在立柱上，使导引臂可相对于立柱转动”的技术特征，认为应当是导引臂与立柱直接相连。而被控侵权产品相应的导引臂与立柱之间没有直接连接在一起，而是在立柱上固定装设驱动电机，将导引臂固定在驱动电机的转动轴上。因此，二审法院认为被控侵权产品的导引臂与立柱之间的连接方式与权利要求1不相同也不等同，被控侵权产品没有落入本案专利权的保护范围。

综上所述，被控侵权产品相应的技术特征与本案专利权利要求1中的“导引臂被活动安装在立柱上，使导引臂可相对于立柱转动”“立柱具有顶部，与立柱对应连接的导引臂部分具有底部”不相同也不等同。二审广东省高级人民法院判定被控侵权产品没有落入本案专利权的保护范围。

四、律师分析

本案中，将被控侵权产品的技术特征与涉案专利权利要求1记载的全部技术特征相比，除导引臂被活动安装在立柱上，使导引臂可相对于立柱转动的技术特征外，被控侵权产品的其他技术特征均与涉案专利相同，双方当事人对此亦予以认可。因此，判断被控侵权产品是否落入涉案专利权的保护范围，只需对有争议的“导引臂被活动安装在立柱上，使导引臂可相对于立柱转动”技术特征进行比对。如果被控侵权产品的相应技术特征与涉案专利的技术特征相同或等同，则被控侵权产品落入涉案专利权的保护范围，构成侵权，否则不构成侵权。

海利公司代理律师明确指出两点。（1）被控侵权产品相应的导引臂与立柱之间没有直接连接在一起，而是在立柱上固定装设驱动电机，将导引臂固定在驱动电机的转动轴上，导引臂依据转动轴转动，这与涉案专利“导引臂被活动安装在立柱上，使导引臂可相对于立柱转动”存在区别。（2）被控侵权产品的传动马达在立柱中间，立柱没有顶部，且立柱中有一个传动马达，不存在立柱底部与涉案专利“立柱具有顶部，与立柱对应连接的导引臂部分具有底部”存在区别。被控侵权产品和涉案专利采用的技术手段不同，达到的功能效果亦不同，且不属于本领域普通技术人员无须经过创造性劳动就能联想到的实施方式，故两者也不构成等同。两审法院均判定被控侵权产品未落入涉案专利权的保护范围，不构成侵权。

五、正确做法

本案胜诉的关键在于，新功公司专利文件中的“导引臂被活动安装在立柱上，使导引臂可相对于立柱转动”技术特征与海利公司产品中的“导引臂固定安装在立柱上”技术特征存在不同。海利公司代理律师抓住这一点，据理力争，成功获得一审、二审法院的支持。

六、法律链接

（一）《专利法》

第五十九条 发明或者实用新型专利权的保护范围以其权利要求的内容为准，说明书及附图可以用于解释权利要求的内容……

（二）《最高人民法院关于审理侵犯专利权纠纷案件应用法律若干问题的解释》

第二条 人民法院应当根据权利要求的记载，结合本领域普通技术人员阅读说明书及附图后对权利要求的理解，确定专利法第五十九条第一款规定的权利要求的内容。

第三条 人民法院对于权利要求，可以运用说明书及附图、权利要求书中的相关权利要求、专利审查档案进行解释。说明书对权利要求用语有特别界定的，从其特别界定。以上述方法仍不能明确权利要求含义的，可以结合工具书、教科书等公知文献以及本领域普通技术人员的通常理解进行解释。

第四条 对于权利要求中以功能或者效果表述的技术特征，人民法院应当结合说明书和附图描述的该功能或者效果的具体实施方式及其等同的实施方式，确定该技术特征的内容。

第六条 专利申请人、专利权人在专利授权或者无效宣告程序中，通过对权利要求、说明书的修改或者意见陈述而放弃的技术方案，权利人在侵犯专利权纠纷案件中又将其纳入专利权保护范围的，人民法院不予支持。

第七条　人民法院判定被诉侵权技术方案是否落入专利权的保护范围，应当审查权利人主张的权利要求所记载的全部技术特征。被诉侵权技术方案包含与权利要求记载的全部技术特征相同或者等同的技术特征的，人民法院应当认定其落入专利权的保护范围；被诉侵权技术方案的技术特征与权利要求记载的全部技术特征相比，缺少权利要求记载的一个以上的技术特征，或者有一个以上技术特征不相同也不等同的，人民法院应当认定其没有落入专利权的保护范围。

（三）《最高人民法院关于审理专利纠纷案件适用法律问题的若干规定》

第十七条　专利法第五十九条第一款所称的“发明或者实用新型专利权的保护范围以其权利要求的内容为准，说明书及附图可以用于解释权利要求的内容”，是指专利权的保护范围应当以权利要求记载的全部技术特征所确定的范围为准，也包括与该技术特征相等同的特征所确定的范围。等同特征，是指与所记载的技术特征以基本相同的手段，实现基本相同的功能，达到基本相同的效果，并且本领域普通技术人员在被诉侵权行为发生时无需经过创造性劳动就能够联想到的特征。

七、运营思维

资深专利代理师、广州三环专利商标代理有限公司副总经理·颜希文

本案是专利侵权纠纷领域中被控侵权物仅有单一技术特征与权利

要求既不相同也不等同的情形是否构成侵权的纠纷案件。在进行侵权判定时，审理机构应当以专利权利要求中记载的技术方案的全部必要技术特征与被控侵权物的全部技术特征逐一比对。等同原则仅适用于被控侵权物的具体技术特征与专利独立权利要求中相应的必要技术特征是否等同，而不适用于被控侵权物的整体技术方案与专利独立权利要求所限定的技术方案是否等同。若两者的多项技术特征构成相同，但仍有一项技术特征构成等同，审理机构应考虑该项技术特征在全部技术特征中的重要程度与关键程度，再根据实际情况判定被控侵权物是否全部落入专利权利要求的保护范围。此时，等同原则应当由原告自己提出，如果原告只是提出“相同侵权”，法院不应当帮助原告提出“等同侵权”，更不应当积极组织鉴定机构对双方的技术特征进行等同技术判断。本案中，被告代理律师积极使用等同原则，针对关键的必要技术特征，被控侵权物的技术特征与专利权利要求的技术特征不等同，因此被控侵权物没有落入专利权利要求的保护范围。另外，在专利无效程序中，专利权人的陈述意见强调了专利权人对自身专利的说明与解释。根据禁止反悔原则，专利权人在权利保护范围界限比较模糊时，自身强调将与被控侵权物等同的技术特征排除在外，但在专利权侵权纠纷案件中又将其纳入专利权保护范围的，法院不应予以支持。

金发科技股份有限公司知识产权经理 · 王鹏

我们从本案可以看出，专利的侵权判定实际上就是比对专利与涉案产品的技术特征。一旦专利将技术特征限定得过于严格，其覆盖的保护范围就会相对缩小。为了得到更大的保护范围，专利申请人在一开始申请专利时就要多方考量：如果能够在申请专利时从侵权者的角度考虑产品可以如何变形，则可以设计出保护范围更大的专利，此之谓横向视野的扩展；如果能从把控产业链的角度，将专利的保护范围向上游或下游延伸，则可以在产业中获得更多话语权，此之谓纵向视野的扩展。《专利法》运行的基础是排他性原则，即专利授权之后，除特别规定以外，任何单位或者个人未经专利权人许可，都不得实施其专利。可见，专利申请人应该跳出惯性思维的限制，在进行专利布局时基于更加宽广的视角，在横向和纵向两个维度进行保护范围的延伸，以获得最大的权益。

广东省战略知识产权研究院院长・唐善新

此案涉及专利的功能性技术深度叠加（具有创造性），这种叠加是发明的一种新形态。它给人的启示主要体现在三个方面。第一，对于功能性技术专利，我们必须考量各技术特征之间的关联度，看各技术特征的功能效果是否相互支持，特别是相对于现有技术所做出的创新点或改进之处，然后判断双方专利是否相同或等同。第二，深度叠加是组合发明的一种。《专利审查指南》规定，在进行组合发明创造性的判断时，通常要考虑组合后的各技术特征在功能上是否彼此相互支持、组合的难易程度、现有技术是否存在组合的启示以及组合后的技术效果等。显然，被控侵权产品未落入本案专利权的保护范围，其组合的各技术特征在功能上更优越，两者不相同也不等同。第三，如果要求保护的发明仅仅是将某些已知产品或方法组合或连接在一起，且各自以其常规性的方式工作，所显示的总的技术效果是各组合部分效果之和，同时组合后的各技术特征之间在功能上并无相互作用关系，那么这只是一种简单叠加，不具有创造性，也谈不上专利性。

首席律师　李治国

相关介绍见第二十二章。

编撰律师　李晓慧

第五十七章

原告并非专利权人，无权提起侵权诉讼 / 邰越群、刘鹏

一、案例背景

本案是一起侵害发明专利权纠纷。对于此类案件，首先，法院会审查原告的主体资格（如原告是专利权的权利人还是被授权的使用人）、专利权的保护范围、专利权名称、申请日、授权日、专利号、权利要求书等内容。其次，法院会审查被诉侵权技术方案是否落入原告专利权的保护范围（侵权比对），被告具体实施了哪些侵权行为，被告是否承担侵权责任，等等。就此案而言，法院在审查后发现原告不是涉案发明专利的权利人，所以原告主体不适格。

二、权利的重点信息

专利名称：建筑一体空调。

专利号：ZL201180072752.3。

申请日：2011年8月25日。

授权公告日：2016年1月20日。

发明人：奉某。

专利权人：甲公司。

案例专利图片如图57-1所示。

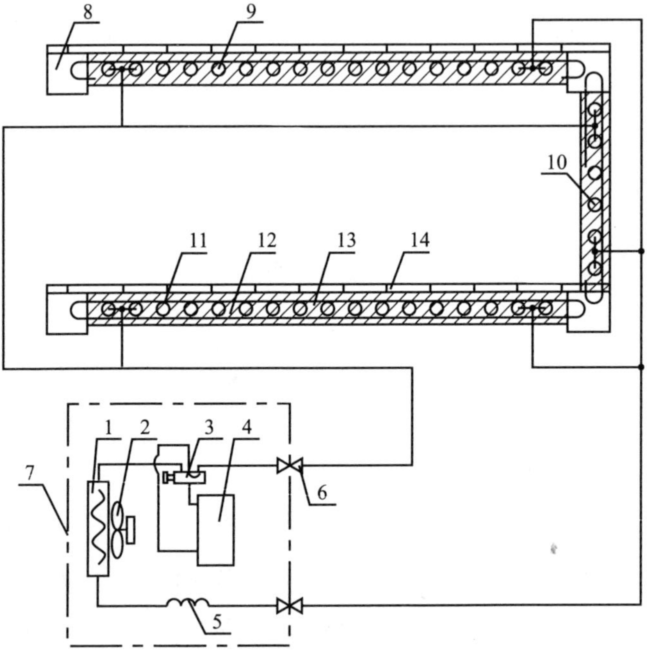

图57-1 建筑一体空调专利设计

三、案例解析

原告奉某是涉案发明专利的发明人，也是最初涉案发明专利的权利人。因为该项专利证书经过了多次变更登记，起诉时奉某已经不是该项发明专利的权利人。专利证书记载，权利人为甲公司。原告奉某与被告李某皆为甲公司的股东，但原告认为被告作为股东不履行出资义务，并擅自使用涉案专利牟利。因此，奉某将李某诉至法院。面对本案复杂的法律纠纷，法官对奉某进行了释明工作，但奉某仍然坚持诉讼，最终因为原告主体不适格，而被裁定驳回起诉。

（一）原告的诉讼请求

立案时奉某的诉讼请求：（1）请求法院判令李某非法使用专利、制造产品并销售赢利，给奉某、甲公司、乙公司、唐某、车某造成侵害损失，先期赔偿2017年损失30万元；（2）请求法院判令李某不执行合同，退出非法持有（未投资）甲公司的股份，不再从事涉及该技术的任何经营；（3）本案诉讼费用、原告律师费用均由被告李某承担。

事实和理由：起诉状详细叙述了在2016年5月6日至2018年10月20日期间原、被告之间的纠纷，起因是被告李某作为甲公司的股东一直违约不肯出资，同时还擅自利用涉案发明专利自牟私利。

在主审法官对原告奉某及其委托诉讼代理人释明后，原告的诉讼请求变更为：（1）判令被告立即停止专利侵权行为，停止制造、销售专利侵权产品并销毁生产模具；（2）判令被告赔偿原告损失30万元；（3）判令被告赔偿原告为调查、制止侵权所支付的合理费用1 000元；（4）本案的诉讼费、律师费用由被告承担。

（二）法院认定与裁定结果

根据我国《民事诉讼法》的规定，向法院起诉的原告应是与本案有直接利害关系的公民、法人和其他组织。本案中，原告奉某并非涉案发明专利的权利人，故原告的起诉不符合法律规定，裁定驳回原告奉某的起诉。案件受理费退还原告奉某。本案裁定送达后，原告奉某没有上诉，裁定已生效。

四、法官建议

本案未进行实体审理，原告败诉的根本原因在于原告主体不适格。所以，原告及其委托诉讼代理人应当注意，只有符合《民事诉讼法》第一百一十九条规定的民事案件才能被法院受理。

主审法官在收到案卷后，对卷宗材料进行了认真阅读，发现本案起诉状中存在四个严重的错误。（1）原告主体不适格。奉某不是涉案专利权人，却以原告身份提起诉讼。（2）超越本案法律关系的诉讼请求。本案案由是侵害发明专利权纠纷，但诉讼请求中罗列了多种法律关系，比如股东出资纠纷、股东与案外人侵权纠纷等。（3）超越本案当事人的诉讼请求。本案当事人只有原告奉某和被告李某，但诉讼请求中出现甲公司、乙公司、唐某、车某等要求被告李某赔偿损失。甲公司、乙公司、唐某、车某并非案件原告，而原告奉某也无权代理这些公司和自然人主张被告进行赔偿。（4）事实和理由部分的撰写失误。本案的两份起诉状详细描述了奉某与李某几年来的恩恩怨怨（起诉状既不是传记也不是小说），长篇累牍，毫无重点。法官读完起诉状后，不知道原告要保护的专利权范围以及被告实施了哪些侵害专利权的行为。

五、正确做法

涉案发明专利的权利人为甲公司，应当由甲公司作为本案原告。

本案涉及多种法律关系、发明专利权纠纷及股东出资纠纷等，各当事人应分别提起诉讼，而不是把诸多矛盾纠纷放在一个诉讼案件中一并解决（这种诉讼方式是不被允许的）。

奉某可以选择调解机构，将其与李某的民事纠纷一并解决。

甲公司、乙公司、车某、唐某与李某的民事纠纷应当另案解决。

奉某是工程师和甲公司法定代表人，并非法律专业人士，其已经聘请了律师作为本案的委托诉讼代理人。委托诉讼代理人应当在起诉之前，详细了解案件基本情况，研究法律关系，做出正确的法律建议，选择最佳的诉讼方式。

起诉状的事实和理由部分应当简明扼要，概括原告的专利权基本信息、需要保护的具体权利及相关要求、被告具体实施了哪些侵权行为以及原告希望被告承担何种法律责任等。

本案诉讼请求没有写明涉案专利的名称和专利号，而事实和理由部分出现两个专利名称（“建筑一体空调”和“超导毛细管组件”）。如果被告同时侵害了两项或以上专利权，那么原告应分别提起诉讼，以便法官在庭审中对专利和侵权产品的技术特征进行比对，提高审判效率。

六、法律链接

本案适用《民事诉讼法》第一百一十九条第一款第（一）项规定，原告是与本案有直接利害关系的公民、法人和其他组织；《最高人民法院关于适用〈中华人民共和国民事诉讼法〉的解释》第二百零八条第三款规定，立案后发现不符合起诉条件或者属于民事诉讼法第一百二十四条规定情形的，裁定驳回起诉。

七、运营思维

金发科技股份有限公司知识产权经理 · 王鹏

本案原告奉某作为技术人员存在法律认知的误区尚情有可原，但奉某已经聘请了律师作为委托诉讼代理人，而诉讼代理人理应在提起专利诉讼之前厘清法律关系，给委托人提出建议并分析各种法律程序的过程、可能的结果及造成的影响等。本案代理律师显然没有做好最基础的准备工作，贸然行动，使得委托人无法实现预期的诉讼目的。

作为代理律师，应该从哪些层面对原告的情况进行梳理呢？第一，确定原告是否适格，这也是本案被裁定驳回起诉的原因。如果原告不是专利权人，那么律师应确认是否具有许可关系，以确保原告拥有起诉权利。第二，确定被告。律师应帮助原告分析选择竞争对手、竞争对手的下游客户或竞争对手的经销商，以及它们分别有何优势和劣势。第三，确定诉讼策略，包括起诉法院的选择、诉讼时机的选择、权利基础的选择等。发明、实用新型和外观设计专利作为诉讼基础各有优劣，评估专利的稳定性、用好权利人的每一项专利是需要代理律师认真考虑的诉讼策略问题。第四，诉讼中的证据问题，这是决定专利诉讼成败的关键因素。代理律师需要详细规划侵权证据的调查、取证等工作，并对侵权证据和要主张权利的专利进行详细比对，事先判断专利侵权的可能性。除了上述几个层面的内容，律师还有诸多细节需要考虑。因此，对于复杂的专利诉讼来说，代理律师需要做好准备工作，方能顺利实现原告方的法律诉求。

广东省战略知识产权研究院院长·唐善新

此案例涉及三个法律问题：其一是原告主体的适格问题；其二是法律诉讼内容及理由的超越问题；其三是诉讼方式是否适当问题。法律审判实践证明，不宜把诸多诉讼内容放在一个诉讼案件中。我国目前的法律体系是三轨（行政、司法、仲裁）并行，各有适用范围和优势，诉讼方应根据具体案件内容进行选用。三轨相比较，行政途径立案快、周期短、费用低、结案快，但无法判赔，也无法强制执行；司法途径立案慢、过程稍长、诉讼成本高，但可判赔和强制执行。本案最好选择调解、仲裁，以便将各种纠纷一并解决。无论采用哪一种方式，诉讼主体都要非常明确，否则诉讼请求都会被驳回，属于无效起诉。

主审法官　郃越群

相关介绍见第四十三章。

助理法官　刘鹏

第五十八章

起底基础专利技术，防范自身专利产品侵权风险 / 刘煌宇、陈建兴

一、案例背景

随着中国加入世界贸易组织（WTO），国内商家在贸易方面和国际逐步接轨，我国成了世界第二大经济体。随着改革开放逐步进入攻坚期和深水区，越来越多的企业更加重视合规管理和贸易规则，对于知识产权的重视程度也在逐步增加，随之而来的知识产权保护问题也日渐凸显。在运营过程中，企业不可避免地会遇到专利权被侵犯、花费大量资源的成果被人窃取的情况，也会遇到在生产加工贸易过程中不经意间侵犯他人专利权的情况。

尽管有着种种问题，但我国改革开放的脚步永远不会停止。在日益开放的世界中，国家、企业掌握世界贸易规则的能力变得越发重要。如何在知识产权的保护和使用上同国际接轨，实现中国知识产权体制的逐步完善，让企业在经营过程中合理规避知识产权的侵权风险，合理实现自身知识产权的价值，将是下文要重点探讨的内容。

二、权利的重点信息

对于实用新型专利，专利审查委员会除了进行形式审查，还会审查明显新颖性，所以审查相对外观专利来说严格一些，但仍然相对宽松。

本案涉诉专利的专利名称为“电动晾衣架的控制装置”，申请人为张某。该专利在2017年申请，为实用新型专利，至今有效。

三、案例解析

很多企业认为，企业所生产的产品在拥有实用新型专利或外观设计专利后便可以高枕无忧地开模制造，以为有了这一纸专利证书就再无侵权之忧。

某市A企业就抱有这样的想法。A企业早在2016年就申请了实用新型专利并获批，随后开始生产B产品并远销海外。A企业认为有了手上这份专利证书的庇护，自然可以合法合理地进行生产加工活动。然而，自然人张某持有一份更早申请的专利书，以A企业所生产的B产品侵犯其专利为由提起诉讼，要求A企业承担专利侵权的赔偿责任。

（一）维权诉求

自然人张某希望可以通过诉讼要求A公司停止侵权，销毁库存并赔偿经济损失。

（二）对方抗辩

A公司在收到起诉状后，提供了两个在先申请的专利，并做出所生产的B产品和张某所提供的专利实际上并非同一产品的抗辩。A公司认为，被诉侵权技术方案的技术特征与原告张某涉诉专利权利要求记载的全部技术特征相比，缺少原告张某涉诉专利权利要求中记载的技术特征，即被诉侵权技术方案与原告张某指定的权利要求内的技术方案既不相同也不等同，被诉侵权技术方案没有落入涉案实用新型专利权的权利要求保护范围。

正因为与原告张某指定的权利要求记载的全部技术特征相比，被诉侵权技术方案的技术特征缺少权利要求中记载的一个以上的技术特征，所以A公司认定其没有落入专利权的保护范围。因此，被诉侵权技术方案没有落入涉案实用新型专利权的权利要求保护范围，并未侵犯涉案实用新型专利权。

（三）法院认定

法院认为，原告张某依法享有名称为“电动晾衣架的控制装置”的实用新型专利权，被告A企业则依法享有在先申请的名称为“自动遥控晾衣架控制机构”的实用新型专利权。根据法律规定，人民法院受理的侵犯专利权纠纷案件涉及权利冲突的，应当保护在先依法享有权利的当事人的合法权益。法院将被控侵权产品B与被告A企业的“自动遥控晾衣架控制机构”实用新型专利的必要技术特征进行比对后发现，被控侵权产品B除了用微动开关替换光电开关与控制电路相连，并在比速齿轮上固定摆片与微动开关配合外，其余特征均相同。法院认为，就其特征而言，被控侵权产品B中的摆片与专利技术中的挡光片实质上是相同的，专利技术中的挡光片本身也是固定在比速齿轮上的摆片，仅因为其与光电开关的配合是利用挡光的方式来实现的而称其为挡光片。被控侵权产品B中的摆片与专利技术中的挡光片都是固定在比速齿轮上，并随着比速齿轮的转动而与控制电路的开关配合实现电路的开与关，故两者实质为相同的技术特征。而微动开关和光电开关均属于普通技术人员都知道的主令电器中的位置开关，被控侵权产品B运用微动开关的特征与专利中的光电开关特征相比都是用位置开关在晾衣架升降到最高位和最低位时切断电动机电路这一基本相同的手段，实现遥控晾衣架上下限位的相同功能，以达到遥控晾衣架往复升降，保证行程位置这一基本相同效果，且对于本领域内的普通技术人员来说，这种替换无须经过创造性的劳动就能够联想到，应属于等同替换的特征。

综上所述，被控侵权产品B的技术特征与被告A企业的“自动遥控晾衣架控制机构”实用新型专利技术等同，即被告A企业实施的是自己在先申请的专利权，故不侵犯原告张某在后申请的“电动晾衣架的控制装置”实用新型专利权。

（四）判决结果

依照《民事诉讼法》第一百三十条、《专利法》第五十六条第一款、《最高人民法院关于审理专利纠纷案件适用法律问题的若干规定》第十五条与第十七条的规定，法院判决驳回原告张某的诉讼请求。

四、律师分析

本案的难点并非在于专利证书的有无，而在于控辩双方谁的专利权在先申请。如果被告拥有的专利是在后申请的，则需要判断在后的专利产品是否落入了在先专利权的保护范围，是否侵犯了在先专利权，以及如何认定专利侵权。

如果双方都有专利，但二者的技术方案有着本质上的区别，则不会落入对方专利的保护范围，而判断是否侵犯他人专利权的标准之一就是根据被诉侵权技术方案比对原告权利要求记载的全部技术特征。若未有相同或者等同的技术特征，被诉侵权技术方案则未落入原告实用新型专利的保护范围，即没有侵犯原告的专利权。

（一）如何判定被诉侵权技术方案是否落入专利权保护范围

（1）对被控侵权技术方案（被控侵权产品或方法）进行技术特征分解，确定其技术方案包括的全部技术特征。所谓技术特征就是技术方案中能够相对独立实现一定技术功能，并产生相对独立的技术效果的最小技术单元。

（2）依照原告提出的专利权利要求书，对专利技术方案进行技术特征分解，确定其包括的全部技术特征。

（3）就权利要求书所描述的专利技术方案的全部技术特征和被控侵权技术方案的全部技术特征进行相应技术特征的对比。

（4）根据下文所述“判断标准”判断是否构成对专利权的侵犯。

（二）常见的侵权类型判断标准

1. 字面侵权

这种判断标准主要采用“全面覆盖原则”作为侵权的判断依据。若权利要求书记载的全部技术特征一个都不少地出现在被控侵权技术方案中，则被控侵权技术方案构成字面侵权；若被控侵权技术方案中缺少权利要求书记载的一个或数个技术特征，则不构成字面侵权。

2. 等同侵权

若被控侵权技术方案包含与权利要求书记载的全部技术特征相同或等同的技术特征，则构成侵权。所谓等同技术特征，是指与权利要求书记载的技术特征以“基本相同的手段，实现基本相同的功能，达到基本相同的效果”，并且本领域普通技术人员在专利申请日后、被诉侵权行为发生日之前，“无须通过创造性劳动”就能够联想到的技术特征。

因此，实用新型的独立权利要求前序部分和特征部分写明的特征合在一起，限定实用新型权利要求保护的范围。在进行专利侵权判定时，法院应当将涉案专利各权利要求所记载的全部技术特征与被控侵权产品的技术特征进行比对，以此来论证是否构成字面侵权或等同侵权。不论被告一方是否已经持有专利，只要产品技术方案独立于原告专利的保护范围，都不会构成对原告专利的侵权。

五、正确做法

在信息化时代，很多厂商会进行二次开发改进产品技术，这也会引发一系列的专利权纠纷。如果一方所申请的专利是对原专利的改进和优化，本身并没有脱离原专利的保护范围，那么此专利就会构成专利侵权。简单来说，从属专利是某项专利的权利要求覆盖了另一项专利权利要求的所有技术特征。也就是说，从属专利保留了基本专利的所有技术特征，并在这个基础上增加了一些新的技术特征。如果被告持有的专利缺少了原告专利权利的某项技术特征，那么根据上文所述的专利侵权判断标准，因为缺少在先专利技术方案的某些技术特征，所以被告并不当然构成专利侵权。

相反，根据技术特征全面覆盖原则，实施从属专利的行为构成了对基本专利的侵犯，这一点在全球知识产权界都已经达成共识。这样一说，一些专利权人可能会有所疑惑，自己已经申请并获得专利且比原先的专利技术更先进，为什么自己实施专利的行为仍构成侵权呢？实际上，问题的根源在于判定领域的标准和关注重点不同。

国家专利局授予专利的条件和法院判断专利侵权的标准的侧重点不同。在专利审查过程中，专利局只审查专利申请文件里的专利权利要求所记载的专利是否具有新颖性和创造性。如果其和现有技术相比不同，且这种不同符合了新颖性和创造性，那么专利局即可授予专利。而在专利侵权判定的过程中，法院要判断的是被控侵权产品或方法是否具备了原告专利权利要求里的每一项技术特征。如果被控侵权产品或方法具备了原告权利要求的全部技术特征，那么专利侵权成立。至于专利侵权案件里的被告是否拥有自己的专利，是不是实施了自己的专利技术，被告的技术是不是比原告的专利技术更先进，法院并不对此做出审判。

解决此类问题的方法有两种。一是向国务院专利行政部门申请强制许可，通过缴纳专利使用费来合法使用专利。达成强制许可的授权条件有如下三种。（1）防止专利权滥用。专利权被授予之日起满3年，且自提出专利申请之日起满4年，无正当理由未实施或未充分实施其专利或者行使专利行为的被认定为垄断。（2）为公共利益的强制许可。（3）当在后申请发明或实用新型专利具有显著经济意义上的重大技术进步，其实施又有赖于前一发明或实用新型专利的，国务院专利行政部门可以根据后一专利权人的申请授予强制许可。

二是向基层专利所有者协商，申请专利交叉授权。在实务操作中，既然实施从属专利需要经过基本专利权人的许可，那么基本权利人若想要实施从属专利，也必然需要经过从属专利权人的许可。为了达到两者的互利共赢，基本专利权人通常都希望得到改进以后的新技术。而从属专利权人希望以从属专利作为敲门砖，不用向基本专利权人支付高额技术使用费就可以获得参与市场竞争的门票，所以双方专利的交叉许可是最优选择。这种互利共赢的授权方式也体现在当前主流的世界贸易规则当中。

六、法律链接

（一）《专利法》

第五十九条第一款　发明或者实用新型专利权的保护范围以其权利要求的内容为准，说明书及附图可以用于解释权利要求的内容。

（二）《专利法实施细则》

第二十一条　发明或者实用新型的独立权利要求应当包括前序部

分和特征部分，按照下列规定撰写：（一）前序部分：写明要求保护的发明或者实用新型技术方案的主题名称和发明或者实用新型主题与最接近的现有技术共有的必要技术特征；（二）特征部分：使用“其特征是……”或者类似的用语，写明发明或者实用新型区别于最接近的现有技术的技术特征。这些特征和前序部分写明的特征合在一起，限定发明或者实用新型要求保护的范围。

（三）《最高人民法院关于审理专利纠纷案件适用法律问题的若干规定》

第八条　对申请日在2009年10月1日前（不含该日）的实用新型专利提起侵犯专利权诉讼，原告可以出具由国务院专利行政部门做出的检索报告；对申请日在2009年10月1日以后的实用新型或者外观设计专利提起侵犯专利权诉讼，原告可以出具由国务院专利行政部门做出的专利权评价报告。根据案件审理需要，人民法院可以要求原告提交检索报告或者专利权评价报告。原告无正当理由不提交的，人民法院可以裁定中止诉讼或者判令原告承担可能的不利后果。

（四）《最高人民法院关于在专利侵权诉讼中当事人均拥有专利权应如何处理问题的批复》

在专利侵权诉讼中，人民法院应当依据中国专利局授予的有效专利权作为法律保护的客体，审查其是否受到侵害。至于原告的专利权或者原、被告双方各自拥有的专利权是否真正符合专利性条件，应当由诉讼当事人通过撤销程序或者无效程序解决；诉讼当事人不向专利复审委员会请求撤销或者宣告对方专利权无效的，人民法院应当认定诉讼当事人拥有的专利权有效。

对于相同或者类似产品，不同的人都拥有专利权的有以下三种情形：一是不同的发明人对该产品所作出的发明创造的发明点不同，他们的技术方案之间有本质区别；二是在后的专利技术是对在先的专利技术的改进或者改良，它比在先的专利技术更先进，但实施该技术有赖于实施前一项专利技术，因而它属于从属专利；三是因实用新型专利未经实质审查，前后两项实用新型专利的技术方案相同或者等同，后一项实用新型专利属于重复授权。

人民法院在审理专利侵权纠纷案件时，根据《中华人民共和国专利法》规定的先申请原则，只要原告先于被告提出专利申请，则应当依据原告的专利权保护范围，审查被告制造的产品主要技术特征是否完全覆盖原告的专利保护范围。在一般情况下，前述第一种情形由于被告发明的技术方案同原告发明的技术方案有本质的区别，故被告不构成侵权。后两种情形或者被告为了实施其从属专利而未经在先专利权人的许可，实施了在先的专利技术；或者由于前后两项实用新型专利的技术方案相同或者等同，被告对后一项重复授权专利技术的实施，均构成对原告专利权的侵犯。因此，人民法院不应当仅以被告拥有专利权为由，不进行是否构成专利侵权的分析判断即驳回原告的诉讼请求，而应当分析被告拥有专利权的具体情况以及与原告专利权的关系，从而判定是否构成侵权。

七、风险防范

在进行专利权利布局时，我们应遵循以下三条原则。

首先，在申请专利前，我们应先做一份专利检索，这会让自己申请下来的专利有更高的含金量。而专利权利人在行使权利时，也可以先行做一份“专利权评价报告”，这可以得到一份关于自己的专利权是否与他人的在先权利冲突的官方评价。通过设置必要的基本审查程序，及时发现可能的法律风险并予以避免，这有利于生产加工企业的安全作业。

其次，如果是基于加工承揽或者委托制造关系进行产品生产的，那么双方可以签订书面的加工承揽合同，这是防范侵权风险的基础。企业可针对经常性的同类业务制定专门的加工承揽合同或委托加工合同，在合同中应明确约定侵犯专利权的责任承担问题——假设在以后诉讼中承担不利后果，企业可以依据合同约定追偿相关损失，从而对风险进行转移。具体而言，承揽人或加工人可以设置知识产权保证条款来排除自己的侵权责任，减轻可能发生的侵权赔偿责任，即使在将来的诉讼中被判决承担赔偿责任，也可以在诉后依据合同条款向定做人追偿，将侵权风险转移给定做人。

最后，在应对专利侵权诉讼时，企业应当及时咨询专业人士，尽早保留并固定证据，以便在诉讼中进行举证。从《专利法》及其相关司法解释来看，专利侵权的抗辩事由有以下几点。

（1）现有技术抗辩。被控侵权人有证据证明其实施的技术或者设计属于现有技术或者现有设计的，不构成侵犯专利权。主张权利人所提供的专利权如果在申请日之前已经是公知技术，就自然构成现有技术，被控侵权人不构成侵权。

（2）专利权用尽抗辩。涉诉企业所有被控侵权专利产品或者依照专利方法直接获得产品，由专利权人或经其许可的单位、个人售出后，使用、许诺销售、销售、进口该产品的，不构成侵权。

（3）先用权抗辩。在专利申请日以前已经制造相同产品、使用相同方法或者已经做好制造使用的必要准备，并且仅在原有范围内继续制造、使用的，不构成侵权。

（4）临时过境抗辩。临时通过中国领陆、领水、领空的外国运输工具依照其所属国同中国签订的协议或共同参加的国际条约，或者依照互惠原则，为运输工具自身需要而在其装置和设备中使用有关专利的，不构成侵权。

（5）专为科学研究和实验的目的抗辩。所谓专用，即为了探究专利技术本身的原理或优缺点而在科学研究或者科学实验室中制造、使用、进口专利产品或者使用专利方法。

（6）医药审批抗辩。为提供行政审批所需信息，制造、使用、进口专利药品或专利医疗器械的，以及专门为其制造、进口专利药品或专利医疗器械的，不构成侵权。

（7）不承担停止侵害责任的国家利益、公共利益抗辩。被告构成对专利权的侵犯，权利人请求判令其停止侵权行为，人民法院应予支持，但基于国家利益和公共利益的考量，人民法院可以不判令被告停止被诉行为，而判令其支付相应的合理费用。

八、运营思维

华发七弦琴国家知识产区运营平台总经理、中国专利保护协会副会长
季节

并不是每个企业都要搞专利工作，专利的重要性跟行业特性有关。有些行业的企业甚至不需要专利，但随着知识经济的发展，这样的行业越来越少。

对于需要搞专利工作的企业来讲，专利工作分为5个层次。最低层次的企业既没有专利，也不开展专利工作。原因一般有两个：有的企业根本不知道有专利这回事，可谓无知；有的企业知道专利，但是由于种种原因觉得专利没用，可谓短视。这个层次称之为“0级”。

比较初级的层次是“1级”。这类企业的特征是把专利当作花瓶，主要是个摆设。搞专利不是为了发挥专利的应有作用，而是为了报项目、评职称、获资助、得荣誉等，为了专利证书而搞专利。

再高一个层次是“2级”。这类企业把专利作为通行证，没指望利用专利独占市场，只希望自己能够自由使用自己的研发成果，以及企

业经营不因专利问题而被别人限制。

第4个层次是“3级”。这类企业把专利作为跑马圈地、占据势力范围和获取市场竞争力的有效工具，它们重视专利布局，重视维权，利用专利打击竞争对手。

最高一个层次是“4级”。这类企业把专利作为企业核心资产来维护和运营，通过产品化、许可、转让、作价入股、质押贷款、交叉许可、标准化等多种方式实现专利的价值，充分利用专利来获得收益或者直接将其变成收益。

大部分企业老板都反映，专利部门只花钱，不挣钱。其实这是一个误解，如果企业处于1级、2级，当然是只出不进；到了3级，企业也花钱甚至花得更多，但是已经能够看到专利是能够帮助企业赚钱的；到了4级，老板们才终于恍然大悟，其实专利部门是个赚钱的部门，而且利润率颇高。

该案例是专利工作处于“2级”企业的典型案例。A企业有了发明创造，并及时申请了名称为“自动遥控晾衣架控制机构”的实用新型专利。虽然A企业在主动维权方面可能没有什么作为，但在张某凭借名称为“电动晾衣架的控制装置”的实用新型专利起诉A企业侵权时，A企业凭借自有在先实用新型专利轻松解决了被诉问题。

专利工作“2级”已经具有正能量，企业高层时不时能够看到专利工作的价值和作用。但“2级”具有明显的被动特征和防御特征，专利对企业发展所发挥的作用有限。因此，企业应进一步加强产品研发和提升专利管理水平，尽早向“3级”“4级”跃升。

首席律师　刘煌宇

自2015年开始从事工程类知识产权相关工作，精专于知识产权、企业商事法务等法律工作，特别是对商标、专利、著作权及不正当竞争方面的案件有着深入研究，在企业知识产权确权与知识产权维权相关的专利申请、品牌运营、技术保护、企业知识产权战略布局等方面具有一定造诣。

编撰律师　陈建兴

第四篇

不正当竞争案例

第五十九章

服装图案与款式“维权”以反不正当竞争为案由，却仍被驳回 / 安艳宾

一、案例背景

服装的图案与款式是消费者在购买衣服时的主要关注点。美观得体、有个性、新潮或有趣味的服装图案与款式设计，都会引起作为主流消费群体的年轻人青睐，从而为商家带来可观收益。这种图案与款式设计凝聚了设计者的脑力劳动，商家通过经营使其对应产品占领了一定市场，进而使该图案与款式设计具有了一定的市场口碑和影响力。为防止他人擅自借用该设计及其对应产品的影响力，伤害在先成功运营主体的商业利益，进而破坏市场竞争秩序，法律将“尊重他人具有一定知名度（或有一定影响）的具体产品及其外观图案装潢设计”的要求纳入我国《反不正当竞争法》（1993年版第五条第一款，2017年版第六条第一款）并作为一项经济秩序予以保护。虽然图案与款式设计对应的市场主体因产品的特有装潢享有经济权利，但是权利人在维权时需要注意自己主张的权利是否成立，并需要关注是否有他人在先的类似甚至相同的设计对自己主张的权利构成冲击。

由于牵涉较大的商业利益，所以一些商事主体会选择以此为由起诉其他同业者，以图达到自己的商业目的。对此，被告需要沉着应对，全面分析案情，积极应诉。本章介绍的反不正当竞争案例是作者在代理被告应诉的过程中，通过深入、细致的研究分析，全面调查了解案情，发现原告主张的权利存在缺陷，最终全面击破原告的诉求，赢得胜利。

二、权利的重点信息

原告北京心物不二电子商务有限公司主张的产品装潢设计，是该公司在淘宝和天猫等网络平台上销售的“裂帛正品 夏装新款 百搭修身短袖T恤女22130026 踏花”女装上的22130026号“踏花镂空牡丹花”图案设计。原告提供了设计师侯理、荆桃于2011年年底完成的设计底稿，以及该款女装于2012年1月12日至2013年8月在天猫网上的销售数据：总销量为6 985件，单价为298元。

原告提交的被诉侵权行为公证书显示，被告广州市指南针服饰有限公司（我方）在天猫网站开设的莉娅芭莎旗舰店销售的“莉娅芭莎”牌“2013女装新款 镂空玫瑰花 民族刺绣圆领 女T恤短袖”，显示的单价59元，累计销量超过3万件，并且认为该服装上的图案与原告上述服装图案设计无明显差异。

原告据此主张：被告广州市指南针服饰有限公司构成擅自使用其知名商品的特有装潢，违犯我国《反不正当竞争法》，请求法院判令被告停止不正当竞争行为并赔偿其20万元的经济损失。

三、案例解析

根据法院查明的事实，本案原告是“裂帛”注册商标的专用权人，“裂帛”商标核定使用商品（第25类）：服装、婴儿全套衣、鞋、帽子、袜、手套、披肩、婚纱、服装袋等，注册有效期为2010年10月7日至2020年10月6日。据原告官网介绍，该品牌涵盖女装、女鞋、配饰三大类产品，其中女装类产品包括T恤、衬衫、背心、吊带、毛衣、外套、连衣裙、半身裙、针织衫等。本案纠纷产生之前的几年里，原告对“裂帛”品牌持续进行了大量的广告投入。该品牌被相关网站评为“2010中国网上零售诚信品牌100强”“2010全球网商评选十佳网货品牌”“2011年度淘宝女装TOP6（前六名）品牌”。

原告在本案中主张女装22130026号“踏花镂空牡丹花”图案为自主设计，举证了设计师侯理、荆桃于2011年底完成的设计底稿，以及该款女装于2012年1月12日至2013年8月在天猫网的总销量为6 985件，单价为298元。

2013年8月14日，经原告委托代理人宁灿祥申请，北京市方圆公证处公证人员使用其电脑登录淘宝天猫网站进入莉娅芭莎旗舰店铺内，购买了一件“莉娅芭莎”牌“2013女装新款 镂空玫瑰花 民族刺绣圆领 女T恤短袖”，显示的单价为59元；并对上述过程进行了公证。

经当庭拆封，可见一件红色“莉娅芭莎”牌“2013女装新款 镂空玫瑰花 民族刺绣圆领女T恤短袖”，该T恤与原告生产的“裂帛正品夏装新款 百搭修身 短袖T恤女22130026踏花”女装短袖T恤对比，两者的面料、领口形状和颜色深浅均有差异。

被告举证了2009年12月1日香港StylAsia有限公司向其发出的订购单，其中的MAMAT-SHIRTSl034款女装短袖T恤设计图显示的图案与被告销售的上述女装T恤短袖中的图案一致。

双方确认被告的该款产品在网上的累计销量已超过3万件。

原告另举证其为本案支出的律师费发票（金额2万元）、公证费发票（金额1 747元）。

（一）原告起诉要求

（1）要求被告立即停止仿冒原告“裂帛”牌女装短袖T恤中的“牡丹花图案”特有装潢的不正当竞争行为；

（2）赔偿原告经济损失20万元；

（3）由被告承担本案的诉讼费用。

（二）被告的抗辩

被告广州市指南针服饰有限公司答辩：

（1）原告并非涉案产品的权利人，其提交的设计稿并未载明原告是著作权人，而且该项证据是其单方制作，既没登记又无公证，证据的合法有效性存疑。

（2）被告销售的T恤设计款式图在2009年就已存在，远早于原告，该款设计的著作权人并非原告，原告也非在先使用权人，该款图案设计并非原告产品的特有装潢。

（3）原告的产品并非知名产品，被告不构成侵权。原告的商标知名不等于涉案的产品知名，涉案款式的图案设计在市场上早已存在，并非原告独创及特有。而且原告相关产品在网上的销量还比不上被告的产品销量，因此被告产品的知名度比原告产品高。

（4）被告销售的货号22130026号T恤与原告的产品并不相似，存在明显差异，两者的面料、领口形状、颜色种类、码数大小和客户群体均不一致，不会造成混淆。

（三）审理法院认为

我国《反不正当竞争法》（1993年版）第五条第（二）款所称装潢，是指为识别与美化商品而在商品或者其包装上附加的文字、图案、色彩及其排列组合。一般而言，凡是具有美化商品作用且外观可视的装饰，都属于装潢。

法院结合本案原告举证的情况综合分析，认为原告北京心物不二电子商务有限公司“裂帛”品牌的知名度不等同于其“裂帛正品 夏装新款 百搭修身短袖T恤女 22130026 踏花”女装短袖T恤的知名度，原告的举证无法显示两者存在直接的关联性；原告北京心物不二电子商务有限公司“裂帛”品牌下包含有多种商品，综合考虑原告该款女装短袖T恤的销售时间、销售区域、销售额、销售对象、宣传力度及受保护的程度，难以认定裂帛品牌具有较高的市场知名度及为相关公众所知悉，故依法认定其不构成知名商品（不具有“一定影响”）。原告主张的该款产品中的“牡丹花图案”不构成知名商品的特有装潢。因此，原告在本案中要求保护其知名商品特有的装潢权利的依据不足，决院依法驳回原告对被告的各项诉讼请求。

四、律师建议

在本案中，原告没有主张商标权侵权或著作权侵权，只是以反不正当竞争为由发起诉讼。我们分析其考虑应该是：被告没有使用原告商标；对于作为涉案服装装潢的图案设计，原告一方面自己没有获得证据证明其拥有著作权，另一方面，原告已发现或判断有较大可能存在其他在先设计，被告用的不是原告的设计而是其他人的在先设计。在商标或著作权不具备侵权条件的情况下，原告就选择了诉诸《反不正当竞争法》，并以该法当时规定的“知名商品特有”的装潢（新《反不正当竞争法》的表述是“他人有一定影响的”装潢）为由提起诉讼。

但在本案中，原告没能有针对性地提出涉案服装的图案装潢具有一定知名度，其证据多是在尽力证明其“裂帛”商标具有知名度。原告仅有的相关证据只能证明其产品的总销售量仅有数千件，而被告对应商品的销售量超过3万件，这很难说服法院支持原告关于其产品是具有一定影响力的知名商品的主张。

法律对知识产权从多重角度设定了保护措施。本案所涉服装装潢图案设计除了著作权和反不正当竞争，还可以考虑用外观设计专利的形式予以保护。只是每一种保护措施都有各自需要满足的条件，法律不保护躺在权利上睡觉的人——要想获得法律保护，需要提前依据法律的要求做好知识产权侵权行为的防范。这样才能在维权过程中有的放矢，掌握主动权并赢得诉讼。

商家若选择以知名商品特有的装潢（或按新法是“有一定影响的”装潢）为由主张反不正当竞争权利，需要能满足这些基本条件：（1）使用该装潢设计的商品需具有一定的市场影响力（知名度）；（2）该装潢设计已经实际具有区别商品来源的作用，从而形成一种应受保护的市场经济秩序；（3）该设计既非由商品自身的性质所决定，也不属于某种产品效果或商品价值所必需；（4）他人对该设计的使用会导致相关消费者的混淆或者误认。

如果商家不能在这些工作上做足准备，那么己方的权利就不完整，存在不确定性，容易给对方留下夺取主动权的突破口。

五、正确做法

一般而言，产品的包装装潢设计只要是独立设计的，具有自己的创意，就可以成为一件作品，受著作权保护。但若该包装装潢设计较为简单，与他人在先的设计存在一定的相似度，或若该设计是借鉴现有设计而成的，那么它本身就存在权利的不确定性。这种不确定性尽管不妨碍其进行版权登记，但若是在双方争执激烈的诉讼中，这种权利瑕疵就容易使己方陷入被动。

企业在推出自己的主打产品时就应该考虑到后期遇到同业者搭便车或仿冒情况时应该如何应对，从而提前做好防范，未雨绸缪。对于主打产品或其他可能会畅销的产品，企业应该搭配有创意的包装装潢设计，形成与特定产品相对应的特有的包装装潢设计，在该产品具有了一定的市场影响力时（注意保存相关证据），企业已经在商标权、著作权和外观设计专利权之外形成一种依托现行《反不正当竞争法》的权利保护措施。

六、法律链接

（一）《反不正当竞争法》（1993年）

第五条　经营者不得采用下列不正当手段从事市场交易，损害竞争对手：（一）假冒他人的注册商标；（二）擅自使用知名商品特有的名称、包装、装潢，或者使用与知名商品近似的名称、包装、装潢，造成和他人的知名商品相混淆，使购买者误认为是该知名商品；（三）擅自使用他人的企业名称或者姓名，引人误认为是他人的商品；（四）在商品上伪造或者冒用认证标志、名优标志等质量标志，伪造产地，对商品质量作引人误解的虚假表示。

（二）《反不正当竞争法》（2017年）

第六条　经营者不得实施下列混淆行为，引人误认为是他人商品或者与他人存在特定联系：（一）擅自使用与他人有一定影响的商品名称、包装、装潢等相同或者近似的标识；（二）擅自使用他人有一定影响的企业名称（包括简称、字号等）、社会组织名称（包括简称等）、姓名（包括笔名、艺名、译名等）；（三）擅自使用他人有一定影响的域名主体部分、网站名称、网页等；（四）其他足以引人误认为是他人商品或者与他人存在特定联系的混淆行为。

七、运营思维

广州市人民政府重大咨询决策专家、广东金融学院法学院副院长·安雪梅
广东金融学院法学院副教授、法学博士、知识产权学博士后·谢光旗

知名商品的特有名称、包装、装潢受我国1993年《反不正当竞争法》第五条的保护。当然，它要求商品及其名称、包装、装潢满足法定的条件。本案原告主张被告擅自使用了其“裂帛”牌某款女装T恤的“踏花镂空牡丹花”图案。虽然商品与附着其上的商标相联系，但是不等同商标。原告混淆了商品的知名度与品牌的知名度，未能证明该款T恤是知名商品。原告也没能证明其图案是特有装潢。

被告敏锐地发现了原告认识上的混乱和证据上的不足，成功地进行了辩解，赢得了诉讼。被告还提出，自己销售带有涉案图案T恤的时间早于原告设计图案的时间（2011年）和销售商品的时间（2012年）。这是被告防守的备用“武器”，旨在证明原告主张的“踏花镂空牡丹花”图案并非原告的特有装潢。在应诉中，被告不仅要依法否定对方的证据，还应尽力收集和提交本方的有利证据。

2017年新《反不正当竞争法》对原条文做了修改，将“知名”改为“有一定影响的”，删除“特有的”，增加“等相同或者近似的标识”。根据新法，此类不正当竞争应满足下列要件：一、原告主张的商品名称、包装、装潢等标识具有一定影响，能够起到识别来源的作用；二、被告使用与原告具有一定影响的商品名称、包装、装潢等标识相同或近似的名称、包装、装潢等标识，容易导致混淆，引人误以为是原告的商品或者与原告存在特定联系。

虽然本案原告未通过主张知名商品的特有装潢赢得诉讼，但法院的判决反映知名商品的特有装潢可以得到《反不正当竞争法》的保护。经营者独特设计和精心经营出来的有一定影响商品的名称、包装、装

潢等标识能为经营者赢得财富。

·智慧语录·

如果说知识是一种人人可以汲取的力量，那么知识产权则是具有专属性的超强力量。若参与市场竞争没有知识产权的有效助力，你要么寸步难行，要么一败涂地。不懂得掌握游戏规则，只会被别人玩得团团转。

——安艳宾

首席律师　安艳宾

相关介绍见第二十七章。

第六十章

“最薄避孕套”之吉尼斯“薄度纪录保持者”虚假宣传不正当竞争案 / 陈均艺

一、案例背景

薄，在避孕套话题中无疑是十分吸引眼球的，也是一个强有力的卖点，或者说是一个噱头。厂家都想为自己的避孕套贴上“最薄”的标签，某种避孕套如果能有“吉尼斯世界纪录”的背书，那更是如虎添翼。

冈本株式会社是世界著名的橡胶乳胶制品生产商，是日本避孕套产业的龙头。冈本1949年6月在日本股市挂牌上市，一直位居A类板块。1969年，冈本就已研发出套壁突破0.05毫米（公认的极限）的全球最薄避孕套。“最薄”一直是冈本避孕套的符号和卖点。

市场逐鹿，后浪推前浪。我国科学技术突飞猛进，避孕套生产领域也后来居上。位于广州的广州大明联合橡胶制品有限公司（下文简称“大明公司”）2013年打破冈本的薄度纪录，获得“吉尼斯世界纪录”。于是，市场上出现了“最薄避孕套”之争。

二、权利的重点信息

吉尼斯世界纪录有限公司（简称“吉尼斯公司”）在我国注册了多件商标，是“吉尼斯世界纪录”系列商标——核准使用在近10个商标分类上——的注册人。众所周知，纪录认证是吉尼斯公司的核心业务，“吉尼斯”几乎是世界纪录的代名词，在全球享有极高的知名度和美誉度。

冈本避孕套在2012年1月31日被吉尼斯公司认证为“薄度纪录保持者”。2013年9月13日，冈本株式会社与吉尼斯公司签订《商标许可合同书》，吉尼斯公司许可冈本株式会社以广告为目的推销其于2012年3月27日在最薄安全套领域达到的纪录，许可时间为2013年11月1日至2014年4月30日，使用区域包括中国、韩国等，使用商标包括吉尼斯世界纪录名称及吉尼斯世界纪录保持者的标识，许可权利在许可期满和许可期满纪录被他人打破时自动失效。

大明公司生产的奥妮超薄001天然乳胶橡胶避孕套，于2013年12月2日被吉尼斯公司认证为“最薄的乳胶避孕套”，吉尼斯公司为其颁发吉尼斯世界纪录证书。

三、案例解析

大明公司取得吉尼斯公司颁发的吉尼斯世界纪录证书后，市场上长时间仍充斥着贴有“全球最薄的乳胶避孕套”“获得吉尼斯纪录认证”“薄度纪录保持者”标识的冈本避孕套，大明公司应得的竞争优势被蚕食、压制。

（一）维权诉求

原告大明公司希望通过诉讼要求被告冈本株式会社以及销售商停

止销售带有“薄度纪录保持者”标识的冈本避孕套，在冈本株式会社及销售商深圳市万生堂实业有限公司（下文简称“万生堂公司”）的网站及店铺显著位置刊登道歉声明，并予以损失赔偿。

（二）被告抗辩

冈本株式会社收到起诉状后发布的主要抗辩观点为：（1）原告大明公司没有举证证明其是吉尼斯纪录的保持者以及冈本方面已知道其打破了该世界纪录，也没有举证证明被控侵权商品上“薄度纪录保持者”标识是我方粘贴的，大明公司无任何证据表明我方涉嫌虚假宣传，故我方不是本案的适格被告。（2）我方与吉尼斯公司签订授权合同，可在授权范围内合法使用吉尼斯纪录商标，大明公司于2013年12月2日取得吉尼斯纪录，我方在此前所销售的商品不涉及不正当竞争行为，属于合法经营。大明公司也没有举证证明我方在2013年12月2日后销售过涉案商品。（3）我方庭提交的检测记录显示，对大明公司的奥妮产品进行检测，没有一项符合大明公司主张的0.036毫米的标准，故大明公司声称其商品最薄是虚假的。

冈本避孕套销售商万生堂公司的主要抗辩观点为：（1）我方销售的商品源于案外人，大明公司没有举证证明被控侵权商品上“薄度纪录保持者”标识是我方粘贴的。（2）大明公司在其网站上自称为中国500强企业、全国产品十佳品牌，这是虚假宣传，而且大明公司的商品上印制了“中国驰名商标”字样，这也是一种违犯《商标法》的行为。（3）我方一直合法经营，冈本株式会社的商品是世界知名商品，而大明公司的商品不知名，我方没有虚假宣传的故意，也没有虚假宣传的行为。

（三）法院认定

大明公司与冈本株式会社均是避孕套的经营者，双方存在同行业竞争关系。吉尼斯公司出具的证明证实，大明公司的奥妮避孕套于2013年12月2日获得“最薄避孕套”吉尼斯世界纪录，平均厚度是0.036毫米，打破了冈本避孕套平均0.038毫米的“最薄避孕套”吉尼斯世界纪录。在大明公司商品获得新的吉尼斯世界纪录后，冈本株式会社应当停止在其生产、销售的冈本避孕套上继续使用吉尼斯世界纪录的认证标志，不得利用广告或其他方法做让人误解其商品仍保持吉尼斯世界纪录的虚假宣传。

大明公司于2014年5月14日在某商店购买了贴有“世界最薄吉尼斯世界纪录”标识的冈本避孕套，该避孕套注明生产商是冈本株式会社。在无相反证据情况下，涉案避孕套可被认定是由冈本株式会社生产的。冈本株式会社抗辩称涉案避孕套上贴的标识并非是它粘贴的，但从相关的吉尼斯商标使用许可合同内容来看，在商品上粘贴含有吉尼斯世界纪录标识是使用吉尼斯世界纪录的重要方式，冈本株式会社放弃该权利显然不符合常理，且标识上载明“由冈本株式会社（日本）生产的冈本003天然胶乳避孕套于2012年1月31日被吉尼斯世界纪录认证为薄度纪录保持者”等内容，因而可以认定涉案标识是冈本株式会社在生产、销售过程中粘贴于商品外包装上的，以体现其商品获得了吉尼斯世界纪录的认证。

大明公司于2014年5月14日通过公证机关保存的“淘宝官网专售店”网页显示“本店为冈本中国唯一总代深圳市万生堂实业有限公司直营店”，网址域名含有“wangshengtang”字样。为此，法院认定“淘宝官网专售店”系冈本株式会社经销商万生堂公司在淘宝官网开设的直营店，网页上有“世界最薄吉尼斯世界纪录”内容的冈本避孕套商品图系万生堂公司发布的销售信息。

冈本株式会社出具的联络票显示，该会社于2013年12月3日已得知大明公司获得了最新吉尼斯纪录。在此情形下，冈本株式会社应采取措施收回正在市场上流通的含有“最薄避孕套”吉尼斯世界纪录标识的冈本避孕套。然而，大明公司于2014年5月14日仍然在市场上购买了涉案避孕套并在万生堂公司开设的淘宝网专售店发现了贴有“最薄避孕套”吉尼斯世界纪录标识的商品销售信息。冈本株式会社的不作为违背了经营者应当遵循的诚实信用原则，对大明公司商品的竞争力造成了负面影响，构成不正当竞争，应当承担停止不正当竞争行为及赔偿损失的民事责任。大明公司要求冈本株式会社停止不正当竞争、停止销售贴有“薄度纪录保持者”标识的橡胶避孕套及赔偿损失的诉请，合理合法，法院予以支持。

大明公司未举证证明万生堂公司在涉案避孕套公证购买前及“淘宝官网专售店”网页公证保存前已知大明公司获得了新的吉尼斯世界纪录，因此，万生堂公司没有实施不正当竞争行为的主观过错，不应当承担赔偿损失的民事责任，但是为保护大明公司对吉尼斯世界纪录享有的权益，万生堂公司及销售商应停止销售贴有“最薄避孕套”吉尼斯世界纪录标识的冈本避孕套。

大明公司还要求冈本株式会社刊登道歉声明，消除影响。法院认为，冈本株式会社曾是“最薄避孕套”吉尼斯世界纪录获得者，涉案冈本避孕套生产于大明公司取得新的吉尼斯世界纪录之前，使用吉尼斯世界纪录的标识上也用小字写明冈本株式会社生产的避孕套曾在2012年被吉尼斯公司认证为薄度纪录保持者，这表明冈本株式会社在销售冈本避孕套的过程中没有攀附或贬损大明公司商誉的意图，大明公司亦未证明冈本株式会社的销售行为对其商誉造成了损失，为此，责令停止销售前述商品已足以消除影响，无须再判令冈本株式会社在网站或店铺显著位置刊登道歉声明。

（四）判决情况

冈本株式会社及销售商立即停止不正当竞争，即停止销售贴有“薄度纪录保持者”标识的冈本避孕套，并赔偿大明公司经济损失。

四、律师分析

本案走的是民事诉讼程序，法院确定的案由是“虚假宣传纠纷”，适用的是《反不正当竞争法》。

（一）原、被告存在竞争关系是反不正当竞争民事诉讼的基础

本案中，受案法院以“大明公司与冈本株式会社均是避孕套的经营者，双方存在同行业竞争关系”一句话明确认定双方存在竞争关系。原因在于双方经营的是相同产品，竞争关系直接、明显。

实践中，反不正当竞争纠纷的原、被告是否存在竞争关系，往往有巨大的争议。一般认为，竞争关系是指经营者因为其他行为人的行为而受到竞争上的损害所形成的关系。《反不正当竞争法》对于竞争关系的认定，经历了一个从严格到宽泛的过程。《反不正当竞争法》实施初期，往往要求不正当竞争者与受害人之间存在直接的竞争关系。但近年来，我国各地各级法院在司法实践中对于竞争关系的理解已不仅仅局限于狭义的、直接的竞争关系，还包括了广义上的竞争关系。也就是说，现在的司法实践并不要求竞争者一定要从事相同的业务，竞争者从事不同的业务，其行为也可能构成不正当竞争行为。比如说，具有关联关系的上游市场（如原材料市场）、下游市场（如产品的再销售市场、产品再加工后的销售市场等）以及非紧密替代关系的类似产品市场中，经营者之间都可能被认定为竞争关系。

（二）除了诉讼，虚假宣传受害方还可以通过行政手段维权

《反不正当竞争法》有公法属性。不正当竞争行为不但损害其他竞争者的利益，而且破坏、扰乱公平竞争的市场秩序。在虚假宣传不正当竞争方面，现行的《反不正当竞争法》规定，经营者不得对其商品的性能、功能、质量、销售状况、用户评价和曾获荣誉等作虚假或者

引人误解的商业宣传，以此欺骗、误导消费者，违犯者由监督检查部门责令停止违法行为，处二十万元以上一百万元以下的罚款；情节严重的，处一百万元以上二百万元以下的罚款，可以吊销营业执照。根据我国目前的政府部门架构，查处虚假宣传不正当竞争行为的职能部门是市场监督管理局。遭受他人虚假宣传不正当竞争损害的经营者，维权除了走民事诉讼之路，还可以申请行政处理——及时、积极、主动地向市场监督管理部门举报不正当竞争行为。行政手段往往比民事诉讼更迅速、更便捷、更省成本。

（三）不知情者不担责，法律不惩罚无主观过错的虚假宣传人

本案中，销售贴有“薄度纪录保持者”标识的冈本避孕套的销售商并没有被判赔偿损失，只是被要求在判决生效后停止相关销售行为。

销售商确实实施了虚假宣传的行为，贴有“薄度纪录保持者”标识的冈本避孕套正是从销售商店铺中被发现、购买和公证固定的。但不知情者不担责，《反不正当竞争法》不惩罚善意的虚假宣传人，冈本避孕套的销售商因此被豁免了责任。

受案法院认为，无证据显示销售商万生堂公司在涉案避孕套公证购买前及“淘宝官网专售店”网页公证保存前已知大明公司获得了新的吉尼斯世界纪录，万生堂公司没有实施不正当竞争行为的主观过错，不应当承担赔偿损失的民事责任，为保护大明公司对吉尼斯世界纪录享有的权益，销售商应停止销售贴有“最薄避孕套”吉尼斯世界纪录标识的冈本避孕套。

法院之所以这么判，是因为认定不正当竞争的民事责任，既要根据《反不正当竞争法》，也要根据《侵权责任法》。不正当竞争的民事责任本质是一种侵权责任，而侵权责任的四个构成要件包括侵权行为、（主观）过错、损害事实和因果关系。万生堂公司虽然实施了虚假宣

传，但因不知情而没有主观过错，故无须承担侵权赔偿责任。

法院判决认定大明公司打破了冈本株式会社创造的世界纪录后，作为诉讼主体的销售商万生堂公司已属知情，因此必须停止销售贴有“薄度纪录保持者”标识的冈本避孕套。

五、正确做法

经营者在竞争对手实施虚假宣传不正当竞争的时候，应该利用法律武器奋起维权。

首先，要及时收集和固定证据。虚假宣传的方式很多，常见的有打虚假广告、在商品或包装上做虚假的标注说明、散发虚假传单以及在互联网上做虚假商业宣传等。这些虚假宣传行为往往具有无形性、隐蔽性和易逝性的特点。只有通过公证等方式及时收集和固定证据，当事人在进入法律程序时才能凭证据说话。

其次，审时度势择优选取行政方式或民事起诉方式维权，情况严重时，甚至可以采取直接向公安机关进行刑事举报的方式维权。行政举报的受理机关一般是市场监督管理部门（原工商行政管理部门），民事起诉的受案机关是人民法院。对于违法行为特别严重（比如涉及商业诋毁、虚假广告犯罪）的虚假宣传不正当竞争行为，经营者可以尝试向公安机关进行刑事举报。刑事侦查部门一旦立案，办案力度最大，震慑力度最强。

再次，及时发送警告函给虚假宣传行为人，避免行为人以不知情、“善意”无主观过错为借口推脱法律责任。如前所述，虚假宣传不正当竞争的民事法律责任归根到底是侵权法律责任，行为人存在主观过错是构成要件之一。例如本案中，虚假宣传的载体——“薄度纪录保持者”标识并非源自终端销售者，终端销售者在不知情的情况下，即使客观上实施了虚假宣传的行为，但主观上过错，也无须承担相应的民事责任。行为人收到受害者的警告函以及知悉真相后，如果依然我行我素，继续实施虚假宣传不正当竞争行为，那么他将难辞其咎。

最后，站在终端销售者的角度，我们建议销售者通过合法的供应商或厂家进货，并且妥善保管所有进货记录或凭证。当销售者发现供应商或厂家提供的产品宣传方式或产品本身的标注存在虚假宣传风险时，它要在第一时间从证据上固定宣传方式或产品标注的来源。在民事诉讼中，“不知”属于消极事实。根据消极事实的证明规则，如果终端销售者是被告，原告对被告“明知是虚假宣传”负举证责任，若原告不能举证证明，那么法院一般推定被告是“善意”的、无过错的，从而不要求被告赔偿损失，终端销售者由此可以免责。

六、法律链接

（一）《反不正当竞争法》（2017年）

第八条 经营者不得对其商品的性能、功能、质量、销售状况、用户评价、曾获荣誉等作虚假或者引人误解的商业宣传，欺骗、误导消费者。

经营者不得通过组织虚假交易等方式，帮助其他经营者进行虚假或者引人误解的商业宣传。

第二十条 经营者违反本法第八条规定对其商品作虚假或者引人误解的商业宣传，或者通过组织虚假交易等方式帮助其他经营者进行虚假或者引人误解的商业宣传的，由监督检查部门责令停止违法行为，处二十万元以上一百万元以下的罚款；情节严重的，处一百万元以上二百万元以下的罚款，可以吊销营业执照。

经营者违反本法第八条规定，属于发布虚假广告的，依照《中华人民共和国广告法》（以下简称《广告法》）的规定处罚。

（二）《广告法》（2018年）

第二十八条　广告以虚假或者引人误解的内容欺骗、误导消费者的，构成虚假广告。

广告有下列情形之一的，为虚假广告：（一）商品或者服务不存在的；（二）商品的性能、功能、产地、用途、质量、规格、成分、价格、生产者、有效期限、销售状况、曾获荣誉等信息，或者服务的内容、提供者、形式、质量、价格、销售状况、曾获荣誉等信息，以及与商品或者服务有关的允诺等信息与实际情况不符，对购买行为有实质性影响的；（三）使用虚构、伪造或者无法验证的科研成果、统计资料、调查结果、文摘、引用语等信息作证明材料的；（四）虚构使用商品或者接受服务的效果的；（五）以虚假或者引人误解的内容欺骗、误导消费者的其他情形。

第五十五条　违反本法规定，发布虚假广告的，由市场监督管理部门责令停止发布广告，责令广告主在相应范围内消除影响，处广告费用三倍以上五倍以下的罚款，广告费用无法计算或者明显偏低的，处二十万元以上一百万元以下的罚款；两年内有三次以上违法行为或者有其他严重情节的，处广告费用五倍以上十倍以下的罚款，广告费用无法计算或者明显偏低的，处一百万元以上二百万元以下的罚款，可以吊销营业执照，并由广告审查机关撤销广告审查批准文件、一年内不受理其广告审查申请……

（三）《最高人民法院关于审理不正当竞争民事案件应用法律若干问题的解释》（法释〔2007〕2号）

第八条　经营者具有下列行为之一，足以造成相关公众误解的，可以认定为《反不正当竞争法》第九条第一款规定的引人误解的虚假宣传行为：（一）对商品作片面的宣传或者对比的；（二）将科学上未定论的观点、现象等当作定论的事实用于商品宣传的；（三）以歧义性语言或者其他引人误解的方式进行商品宣传的。

以明显的夸张方式宣传商品，不足以造成相关公众误解的，不属于引人误解的虚假宣传行为。

人民法院应当根据日常生活经验、相关公众一般注意力、发生误解的事实和被宣传对象的实际情况等因素，对引人误解的虚假宣传行为进行认定。

七、运营思维

广东省东方谈判发展研究院院长、知本家教育创始人兼董事长·武向阳

众所周知，吉尼斯世界纪录是许多品牌梦寐以求的高度，因为这一荣誉可以增强产品宣传的效果，让消费者更愿意主动购买这个产品，从而拉动产品的销售额和企业的经营收入或提高品牌知名度等。冈本株式会社和大明公司的避孕套产品，在薄度方面先后获得了吉尼斯世界纪录，引发了“最薄避孕套”之争。两个品牌的避孕套在厚度方面虽然仅相差了0.002毫米，看似微不足道，却切切实实地关系到了企业的经济利益，所以大明公司的起诉是必然的。而且联络票显示，冈本株式会社于2013年12月3日便已得知大明公司获得了最新吉尼斯纪录，却没有采取措施收回正在市场上销售的贴有“最薄避孕套”吉尼斯世界纪录标识的冈本避孕套，这个行为在一定程度上对大明公司的产品销售造成了影响，故应承担应有的侵权责任和损害赔偿。

不难发现，“争”已经成了当今社会的一个普遍现象。不管是个人还是企业，都想为自己争取更多利益，但许多人往往都选择了用“争”的方式来“得到”更多。实际上即使真的侥幸赢了，也只是一种暂时性的“赢”，因为赢得的只是短期利益，背后的代价是输掉了人际关系，也失去了和强者联合以便让自己变得更强的合作机会。懂得让步的个人或企业往往会更容易实现长远的发展，拥有更宽阔的出路。

首席律师　陈均艺

经济学学士（国际贸易）、法学硕士（经济法），曾在国家外经贸口岸部门工作多年，熟悉海关和知识产权边境保护工作。2003年，陈均艺辞去公职任广东正大联合律师事务所专职律师、合伙人、监事会监事，至今已有16年的律师执业经验，擅长对外贸易、跨境（外商）投资与合作、涉外知识产权等涉外法律业务，能运用中英文工作。陈均艺现任广东省律师协会竞争与反垄断法律专业委员会副主任，广州市律师协会公平贸易法律专业委员会秘书长，曾任广东省律师协会国际业务法律专业委员会秘书长。

第六十一章

如何造就知名商品特有包装装潢 / 屈文静

一、案例背景

市场竞争最终都是商誉的竞争与沉淀。如果一个企业的商标、商品或标识能够被权威部门认定为“有一定影响”“知名”“驰名”，那么这对该企业或商品而言都极其重要的。目前，行政主管部门很少认定这些称号。在司法程序中，法院实行的是被动认定和个案认定原则。虽然是个案认定，但对一个企业来讲亦是非常重要的。知名商品特有的包装、装潢是《反不正当竞争法》规定的内容，对于何为“知名商品”以及何为“特有”，相关司法解释均有规定，但具体的认定一直是一个争论不休的难题。

二、权利的重点信息

2000年左右，深圳市深晖企业有限公司（下文简称“深晖公司”）开始使用“深晖菊花茶植物饮料”包装与装潢，该包装与装潢为绿色底色，正面三朵菊花，正上方为“深晖”商标。“深晖菊花茶植物饮料”包装与装潢的构成要素在文字、图形、色彩、形状、大小等方面的排列组合具有独特性，形成了显著的整体形象。同时，深晖公司对“深晖菊花茶植物饮料”的包装与装潢申请了外观设计专利。经过深晖公司多年的经营与推广，“深晖菊花茶植物饮料”及相应包装与装潢已具有一定知名度和影响力。

三、案例解析

深晖公司系一家饮料生产与销售企业，它生产和加工的“深晖菊花茶植物饮料”、清凉茶等饮料和食品畅销华南地区，深受广大消费者的喜爱。“深晖菊花茶植物饮料”系深晖公司生产、销售的特色商品。经过深晖公司的多年努力，“深晖菊花茶植物饮料”已经具有一定影响力与知名度。广州市益君嘉食品有限公司、普宁益君嘉食品有限公司（下文简称“益君嘉公司”）同样是生产、销售饮料的企业。益君嘉公司生产、销售的“深普菊花茶植物饮料”的包装和装潢与“深晖菊花茶植物饮料”的包装和装潢几乎一致，足以使相关公众对商品来源产生误认或认为两者之间具有关联性。深晖公司认为，益君嘉公司的行为属于擅自使用知名商品包装与装潢，这一行为已构不正当竞争，故向法院提起诉讼，要求益君嘉公司立即停止不当竞争行为，赔偿深晖公司的经济损失。法院经审理认为，益君嘉公司的行为构成不正当竞争，判决益君嘉公司赔偿损失及合理维权费用共计15万元。

（一）维权内容及诉求

深晖公司认为，益君嘉公司生产、销售的“深普菊花茶植物饮料”的包装和装潢与深晖公司的“深晖菊花茶植物饮料”特有的包装和装潢高度相似，足以使相关公众对产品来源产生误认或认为两者之间具有关联性，构成混淆。因此，深晖公司诉至法院，请求判令益君嘉公司立即停止不正当竞争行为，销毁侵权商品，赔偿深晖公司的经济损失及合理维权费用。

（二）双方抗辩情况

首先，益君嘉公司认为，“深晖菊花茶植物饮料”不属于知名商品。但深晖公司及“深晖”商品所获荣誉、新闻报道、广告宣传、行业认定以及“深晖”商品的销售等情况，足以证实深晖公司及“深晖菊花茶植物饮料”等“深晖”商品具有一定知名度及影响力。根据《关于禁止仿冒知名商品特有的名称、包装、装潢的不正当竞争行为的若干规定》之规定，商品名称、包装和装潢被他人擅自作相同或者近似使用，足以造成购买者误认的，该商品即可认定为知名商品。而且，修订后的《不正当竞争法》已将“知名商品”修改为“有一定影响”，已将认定标准降低。因此，人民法院应认定“深晖菊花茶植物饮料”为知名商品或具有一定影响的商品。

其次，益君嘉公司认为，“深晖菊花茶植物饮料”的包装与装潢不具有特有性。但结合本案情况，深晖公司可证实特有性：（1）“深晖菊花茶植物饮料”的包装与装潢的构成要素在文字、图形、色彩、形状、大小等方面的排列组合具有独特性，形成了显著的整体形象。（2）根据“深晖菊花茶植物饮料”商品的包装、装潢的使用情况以及知名度，说明无论其本身是否具有特有性，其经过使用已取得显著特征。（3）根据法律规定及指导案例，盛装或者保护商品的容器等包装，以及在商品或者其包装上附加的文字、图案、色彩及其排列组合所构成的装潢，在其能够区别商品来源时，即属于反不正当竞争法保护的特有包装、装潢。（4）修订后的《反不正当竞争法》对“包装、装潢”已不再有“特有”的要求。

（三）法院认定与结果

深圳市罗湖区人民法院经审理认为，深晖公司的深晖牌“菊花茶植物饮料”在国内广泛销售，并进行了大量的宣传，具有一定的知名度。经比对，深晖公司的产品包装装潢和被控侵权产品的包装和装潢都是以绿色为底色，突出使用了三朵黄色菊花图案，整个包装和装潢的字体排列及元素构成都基本相同。两款产品的包装和装潢都用在菊花茶饮料上，非常容易造成消费者的混淆误认，而这种混淆可能有损深晖公司的相关权益。益君嘉公司在生产、销售的产品中擅自使用与知名商品近似的特有包装，且易造成相关公众混淆，构成不正当竞争，应承担停止侵权和赔偿损失的责任。法院综合考虑侵权行为的性质、情节、益君嘉公司的规模以及深晖公司为维权支付的合理费用等因素，酌情确定赔偿经济损失及合理维权费用共计15万元。

四、律师建议

深晖公司为证明“深晖菊花茶植物饮料”的知名度提交了大量荣誉证书、新闻报道、广告合同、行业认定以及销售合同等证据，但益君嘉公司对这些证据的关联性不予认可，因为大部分证据无法明确体现“深晖菊花茶植物饮料”的包装和装潢。客观地讲，一个企业生产多种商品或在同一商品上使用多种不同包装和装潢，这个企业或商标的知名度不能完全等同于某一商品的知名度。

深晖公司展示了外观设计专利证书。“深晖菊花茶植物饮料”的包装和装潢在外观设计专利证书中有体现；在相关新闻报道以及凉茶研究书籍中亦能看到，再结合荣誉证书、广告合同、行业认定以及销售合同等证据，足以证明“深晖菊花茶植物饮料”的包装和装潢的知名度及影响力。

五、正确做法

首先，关于包装和装潢的特有与独创性。代表企业或商品的商业标识应具有显著性，应具有非常鲜明的特点。这种显著性可能是标识本身具有，也可以通过不断的使用与推广来完成。虽然修订后的《反不正当竞争法》删除了“特有”的表述，但任何标识的特有或显著性，均是其受到保护的基本前提。

其次，建议企业对生产经营的每一个步骤都留下痕迹。在生产、经营过程中，很多生产商都不会特意保留商品或标识的相关痕迹。其实，目前借助录像、拍照等手段已可实现随时记录，而且“时间戳”等具有公信力的确权技术也非常容易操作，企业应善于利用这些技术手段，记录企业经营过程中的点滴。

六、法律链接

（一）《反不正当竞争法》

第六条 经营者不得实施下列混淆行为，引人误认为是他人商品或者与他人存在特定联系：（一）擅自使用与他人有一定影响的商品名称、包装、装潢等相同或者近似的标识；（二）擅自使用他人有一定影响的企业名称（包括简称、字号等）、社会组织名称（包括简称等）、姓名（包括笔名、艺名、译名等）；（三）擅自使用他人有一定影响的域名主体部分、网站名称、网页等；（四）其他足以引人误认为是他人商品或者与他人存在特定联系的混淆行为。

（二）《最高人民法院关于审理不正当竞争民事案件应用法律若干问题的解释》

第一条 在中国境内具有一定的市场知名度，为相关公众所知悉的商品，应当认定为《反不正当竞争法》第五条第（二）项规定的“知名商品”。人民法院认定知名商品，应当考虑该商品的销售时间、销售区域、销售额和销售对象，进行任何宣传的持续时间、程度和地域范围，作为知名商品受保护的情况等因素，进行综合判断。原告应当对其商品的市场知名度负举证责任。

在不同地域范围内使用相同或者近似的知名商品特有的名称、包装、装潢，在后使用者能够证明其善意使用的，不构成《反不正当竞争法》第五条第（二）项规定的不正当竞争行为。因后来的经营活动进入相同地域范围而使其商品来源足以产生混淆，在先使用者请求责令在后使用者附加足以区别商品来源的其他标识的，人民法院应当予以支持。

第二条　具有区别商品来源的显著特征的商品的名称、包装、装潢，应当认定为《反不正当竞争法》第五条第（二）项规定的“特有的名称、包装、装潢”。有下列情形之一的，人民法院不认定为知名商品特有的名称、包装、装潢：（一）商品的通用名称、图形、型号；（二）仅仅直接表示商品的质量、主要原料、功能、用途、重量、数量及其他特点的商品名称；（三）仅由商品自身的性质产生的形状，为获得技术效果而需有的商品形状以及使商品具有实质性价值的形状；（四）其他缺乏显著特征的商品名称、包装、装潢。

前款第（一）、（二）、（四）项规定的情形经过使用取得显著特征的，可以认定为特有的名称、包装、装潢。

知名商品特有的名称、包装、装潢中含有本商品的通用名称、图形、型号，或者直接表示商品的质量、主要原料、功能、用途、重量、数量以及其他特点，或者含有地名，他人因客观叙述商品而正当使用的，不构成不正当竞争行为。

（三）《关于禁止仿冒知名商品特有的名称、包装、装潢的不正当竞争行为的若干规定》

第四条 商品的名称、包装、装潢被他人擅自作相同或者近似使用，足以造成购买者误认的，该商品即可认定为知名商品。

特有的商品名称、包装、装潢应当依照使用在先的原则予以认定。

七、运营思维

广东省东方谈判发展研究院院长、知本家教育创始人兼董事长·武向阳

纵观市场上的知名商品，其包装和装潢的显著性与特有性起了不可忽视的作用。知名商品的被知“名”，也许是因为商标，也许是因为包装和装潢，也可能是二者的结合所促成的结果，这取决于消费者对商品的关注点是什么。

在一个行业中，知名商品是“香饽饽”，大家都想蹭这个知名商品的商誉，以达到花更少的时间和精力快速占领行业制高点的目的。然而，市场竞争最终都是商誉的竞争与沉淀，靠踩着别人的脚印往前走是不可取的。要想真正成为行业的佼佼者，商家只有通过自己的努力和发展严抓产品的品质、包装和装潢等，才能把本企业的产品打造成知名商品，并且一步步扩大知名商品的影响力，为他人、为社会提供更多的便利。我始终认为，做正确的事比如何将事情做正确更为重要，我们只有抱着利他的初心，才能扩大自己的影响圈，进而提高企业的影响力，这才是企业发展、品牌传播的正道。

首席律师　屈文静

相关介绍见第二十章。

第六十二章

“小龙坎”火锅商标之争 / 陈震、易凯铭

一、案例背景

“小龙坎”是知名的品牌火锅服务商标。其实体店近年来发展很快，从最开始的10余张火锅桌发展到如今拥有的春熙、概念、盐市口、双林、交大等分布在成都市各区的13家门店。“小龙坎”采用高品质食材及独特的底料工艺，深受顾客喜欢，目前签约加盟店遍及全国各地和海外（已达上千家），每家店均顾客盈门，生意火爆。“小龙坎”曾获得2018年“中国十佳火锅连锁品牌”“中华火锅美食文化全球推介品牌”等荣誉。

一些商家未经商标持有人许可，故意“搭便车”以攀附“小龙坎”商誉，未经许可擅自在店招、装潢及宣传资料中使用与“小龙坎”注册商标相同或高度近似的标识，侵犯了“小龙坎”的商标专用权。有的商家还故意将“小龙坎”注册为个体户名称，同时在经营中将知名的“小龙坎火锅”商品的性能、功能、质量、销售状况、用户评价和曾获荣誉等商业宣传资料直接照搬用于自己的火锅餐饮服务，进行虚假宣传，对消费者进行欺骗和误导。这些故意混淆真假的行为使消

费者对这些攀附“小龙坎”商誉的商家经营的火锅产品来源产生误认——误认为是知名品牌“小龙坎火锅”。这些行为是明显的不正当竞争行为。

二、权利的重点信息

四川仁众投资管理有限公司（以下简称“仁众公司”）系第18096479号商标的权利人，商标为文字商标“小龙坎”，核定保护范围为第43类，核定保护类别包括自助餐厅、餐厅、餐馆、饭店等，注册日期为2017年6月21日，有效期至2027年6月20日。

三、案例解析

广州市海珠区龙坎情火锅店（以下简称“龙坎情火锅店”）成立于2017年9月26日，经营范围为中餐服务。龙坎情火锅店在其店招、餐具、菜单、室内装潢等物品上突出使用“小龙坎”商标，侵犯了仁众公司的注册商标专用权。同时，龙坎情火锅店在明知“小龙坎”已有一定社会影响力的情况下，又将“小龙坎”进行个体户名称登记注册，并对外进行虚假宣传，主观上明显具有“搭便车”及攀附商誉的故意，其行为已构成商标侵权及不正当竞争，严重侵犯了仁众公司的合法权益。

（一）维权诉求

仁众公司的诉讼请求有五项：（1）要求龙坎情火锅店立即停止侵权行为，即拆除含有“小龙坎”字样的店招和装潢，停止在店招、店铺装潢、菜单、餐具等经营标识中使用“小龙坎”字样；（2）停止使用含有“龙坎”字样的个体工商户字号并变更个体工商户名称，且变更之后的个体工商户名称不得含有与“小龙坎”相同或近似的文字；（3）立即停止以“小龙坎”名义对外进行的虚假宣传；（4）在《南方都市报》上进行书面道歉，消除影响；（5）赔偿经济损失及合理维权成本。

（二）对方抗辩

龙坎情火锅店的主要抗辩观点包括以下五点。

（1）使用“小龙坎”的行为不构成侵权。一方面，龙坎情火锅店构成在先使用。龙坎情火锅店于2017年5月装修，使用“小龙坎”系因小龙坎街道在火锅界的名气，并非“小龙坎”注册商标，且使用的时间早于“小龙坎”商标注册时间。另一方面，小龙坎街道是重庆市沙坪坝区的一条街道，“小龙坎”商标属于地名商标，龙坎情火锅店采用的“小龙坎”字体、排列方式与仁众公司的“小龙坎”商标差异较大，足以区分。

（2）仁众公司主张的赔偿及维权费用数额过高。“小龙坎”商标属于成都市域内有一定影响力的商标，但并非驰名商标，知名度不高。仁众公司的损失较小且没有证据证明。龙坎情火锅店为个体户形式，规模较小，获利小，使用“小龙坎”商标时间较短。在被诉后，龙坎情火锅店积极磋商赔偿，停止侵权，故主观过错较小。

（3）仁众公司的商标是“小龙坎”，龙坎情火锅店的企业名称为“龙坎情”，二者不相同，也不相似。

（4）《南方都市报》覆盖全国，要消除影响根本无须在《南方都市报》登报，这一诉求缺乏合理性。

（5）仁众公司没有证明火锅店的装潢设计特点，部分店铺的装潢设计不能代表所有的加盟商都采用该种装潢设计；况且龙坎情火锅店的装潢设计有异于仁众公司加盟店的装潢设计。

（三）法院认定

本案有五个焦点问题：（1）龙坎情火锅店在其经营场所中使用的标识是否侵犯仁众公司商标专用权；（2）龙坎情火锅店的被控行为是否构成擅自使用知名商品特有包装和装潢的不正当竞争行为；（3）仁众公司主张龙坎情火锅店在其个体户字号上停止使用“龙坎”二字诉求问题；（4）仁众公司主张龙坎情火锅店赔礼道歉及消除影响诉求；（5）龙坎情火锅店的赔偿数额。

针对第一个焦点问题，法院认为：龙坎情火锅店主要经营餐饮服务，与“小龙坎”商标核定使用在餐厅、餐馆属于相同服务类别。龙坎情火锅店在店招上使用“小龙坎”与仁众公司权利商标构成近似，在菜单上使用“小龙坎”标识与仁众公司构成相同。作为经营火锅店餐饮服务的主体，龙坎情火锅店有义务了解“小龙坎”“小龙坎火锅”“小龙坎老火锅”相关知识产权的事实，并尽到审慎的审查义务。龙坎情火锅店使用“小龙坎”标识经营火锅餐饮，其行为足以使一般消费者产生混淆——误认为龙坎情火锅店与仁众公司经营的小龙坎火锅店或小龙坎老火锅存在特定关联，实质上属于假冒仁众公司的加盟店行为，龙坎情火锅店的商标侵权主观恶意明显。

针对第二个焦点问题，法院认为：“小龙坎老火锅”在全国范围内具有一定的规模及市场占有率，享有较高的知名度，是知名餐饮店，即《反不正当竞争法》中的“知名商品”。各加盟店所使用的装修装潢保持了大体一致的视觉外观，主要由龙、青砖、木门、雕花窗、红灯笼等主要装修装潢元素构成，形成了较为一致和连贯的整体形象，其目的是在经营过程中起到与其他同类商家相区别，便于相关消费者识别的作用。法院据此可以认定仁众公司自营或许可经营的餐饮店有“特有的装修装潢”。龙坎情火锅店的店铺外部、店门口、大厅等地方的装修装潢与仁众公司自营或许可经营餐饮店的装修装潢近似，构成“擅自使用知名商品特有名称、包装、装潢”的不正当竞争行为，应承担相应的侵权责任。

针对第三个焦点问题，法院认为：仁众公司使用“小龙坎”商标还是龙坎情火锅店使用“龙坎情”字号，都必须与“火锅”“火锅店”“老火锅”联合起来使用。虽然单独比对“小龙坎”与“龙坎情”，二者不构成近似，但是，我们若将“小龙坎”与“龙坎情”分别与“火锅”“火锅店”“老火锅”搭配后进行对比，那就会发现差别是一方使用“小”字，另一方使用“情”字。据此法院可以认定龙坎情火锅店个体户字号中的“龙坎情”与仁众公司的“小龙坎”商标构成近似，具有明显“搭便车”的恶意。

针对第四个焦点问题，法院认为：龙坎情火锅店商标侵权行为及不正当竞争行为使准备加盟小龙坎老火锅的投资者及相关消费者产生混淆，对仁众公司从事小龙坎老火锅店的特许加盟经营产生不利影响，仁众公司主张龙坎情火锅店在《南方都市报》上刊登消除影响声明，合理合法，予以支持。

针对第五个焦点问题，法院认为：综合考虑“小龙坎”商标的知名度、影响力、被侵权行为性质、持续时间、影响范围，以及龙坎情火锅店经营地点、经营规模、实施侵权行为的主观状态、在本案诉讼中未举证证明停止侵权的行为以及具有侵权恶意等因素，考虑仁众公司进行证据保全、聘请律师参与诉讼的情况，并参考仁众公司提供的加盟合同中的加盟费用等因素酌情确定龙坎情火锅店的赔偿额。

（四）判决情况

龙坎情火锅店停止在店招、菜单上使用仁众公司第18096479号注册商标专用权的标识，停止使用含有“龙坎”二字的个体户字号，在其经营场所停止使用与仁众公司自营或许可经营“小龙坎老火锅”餐饮店特有装修装潢相似的装潢，变更原有装修装潢，避免产生混淆，在《南方都市报》上刊登消除影响声明，并赔偿仁众公司的经济损失及合理开支。

四、律师分析

本案的难点在于分析商标的“相同或者近似使用”行为，不正当竞争中的“特有装修装潢”的举证与比对以及赔偿数额的确定依据。这三点都需要着重举证、一一分析。

难点一，在分析商标的相同或近似使用问题上，关键是要对比权利商标与侵权标识。龙坎情火锅店在店招、菜单、店铺装潢、餐具等多处使用侵权标识，尽管字体不同、文字排列方向各异，但“小龙坎”商标是文字商标，无论使用的是什么字体、什么方向的文字，均是商标的相同或相似使用，构成商标侵权。

难点二，在不正当竞争案件中特有装修装潢的对比问题上，法院必须对仁众公司多家直营店的装修装潢与龙坎情火锅店的装修装潢进行一一比对。首先，门口的店招，店铺里龙头及两张红色椅子、水盆、大门装饰画及门把手、关公像、青砖、桌椅、红灯笼、雕花窗等装潢元素，在样式、色彩及布局等方面较为相似，虽然也有细节差异，但主要部分和整体部分相似度较高，足以使普通消费者产生混淆。其次，龙坎情火锅店辩称装潢元素都是中国风元素，没有独特性，将装潢元素一一分开来看，仅仅为中国风元素。然而，将多种多样的中国风装潢元素组合在一起，就构成了特有的装修装潢，具有显著性与识别性。综上所述，龙坎情火锅店构成侵犯“小龙坎老火锅”特有的装修装潢的不正当竞争行为。

难点三，在分析侵权赔偿数额的依据问题上，在权利人的实际损失与侵权人获得的利益难以确定的情况下，仁众公司向法院提交了如下证据：仁众公司多家加盟店的加盟合同可证明加盟费用；直营店及近700家加盟店铺情况综合证明“小龙坎”商标品牌的使用情况及规模；多份广告推广合同证明仁众公司对“小龙坎”商标及品牌的树立付出了极大努力与成本；“小龙坎”的获奖荣誉及大众点评网、美团网等线上线下的客户评价证明商标的美誉度与知名度；维权费用的票据足以证明维权支出金额；等等。最后，法院综合考虑多种因素，酌情确定龙坎情火锅店的赔偿数额。

五、正确做法

（一）证据选择

在商标侵权案件中，权利人应当积极举证，可以通过商标注册证或其他文件证明商标权利，或者提交驰名商标、著名商标、荣誉证书、市场占有率、社会效益、行业排名、商标使用情况、宣传情况、维护情况等证据证明商标价值与知名度，争取更大的保护范围。

在赔偿数额的举证方面，权利人应尽可能提交多种证据。第一，权利人因被侵权所受到的实际损失，如审计报告证明利润减少，公证费、律师费、取证费及差旅费等维权支出；第二，侵权人因侵权所获得的利益，如侵权的销售数量与价格、生产规模、库存、纳税证明、财务报告及账册等；第三、商标许可使用合同与支付证明确定商标许可使用费。

（二）法律选择

我国《商标法》和《反不正当竞争法》均对假冒他人注册商标的行为做出了规定，两法之间存在法条竞合关系，于是会发生适用法律的选择问题。这种情况下，关键在于选择适用《商标法》还是《反不正当竞争法》。

第一，《商标法》与《反不正当竞争法》之间是并列关系。在司法实践中，对于两法对商标权益保护的交叉重叠领域，当事人具有选择适用法律的自由，但是在假冒注册商标这一重叠领域，当事人更倾向于选择适用《商标法》来维护自身权利。《商标法》的关注重点是已注册商标的保护，而本应受到保护的具有一定影响力的未注册商标不能得到应有的保护；《反不正当竞争法》能够对未注册商标等在市场竞争中形成的各种经营成果和智力成果进行保护。由此可见，在案件处理过程中，如果是对未注册商标构成侵权，使用《反不正当竞争法》会有利于对商标权人的维权；如果是对注册商标构成侵权的，商标权人选择适用《商标法》会更有利于维护自身的合法权益。

第二，《反不正当竞争法》第二十条与《商标法》第六十三条分别规定了商标侵权及不正当竞争行为所产生的民事损害赔偿。前者规定了以被侵害者的实际损失确定损害赔偿额，当实际损失难以确定时，以侵权人所获利润进行确定。后者对商标侵权人民事赔偿责任的规定更加详细具体，进一步规定了当实际损失与所获利润都难以确定时，可以参照涉案商标许可费用的合理倍数进行确定；当许可费用也难以确定时，人民法院根据具体的侵权情节确定300万元以下的赔偿。由此，《商标法》形成了一套较为完整的赔偿数额确定规则。同时，《商标法》第六十三条还确立了惩罚性赔偿制度，这对制止商标侵权行为和维护权利人商标权益具有积极意义。不仅如此，《商标法》在当事人举证规则方面为商标权利人提供了便利，权利人不能举证时，人民法院可以责令侵权人提供涉案账簿资料。由此可见，《商标法》的规定有利于合理确定赔偿数额，其惩罚性赔偿制度更能提高当事人维护自身权益的积极性。因此，商标权利人优先选择适用《商标法》能更好地维护自己的合法权益。

六、风险防范

对于知名的商业标识，权利人应及时进行商标注册，这样可以使该标识获得更强有力的保护；为了防止他人在不同类别的商品上使用相同或近似的商标，我们建议在与该商标类似或非类似的商品类别上分别进行商标防御注册，以有效地防止该商标的商标权遭受侵害。必要时，权利人可以进行国际商标注册，以便在其他国家获得商标权保护。权利人应该密切关注国家注册商标动态，定期进行商标监测，在自己的商标被他人抢注或者发现可能导致对自己的商标构成混淆的注册申请或授权时，应该及时通过行政程序和诉讼程序尽早解决问题。权利人若发现自己的商标在使用过程中遭受侵害，可以向县级以上市场监督管理部门投诉，请求处理，也可以直接向人民法院提起诉讼，以便迅速、有效地制止和查处商标侵权行为。

七、法律链接

（一）《商标法》

第五十六条　注册商标的专用权，以核准注册的商标和核定使用的商品为限。

第五十七条　有下列行为之一的，均属侵犯注册商标专用权：（一）未经商标注册人的许可，在同一种商品上使用与其注册商标相同的商标的；（二）未经商标注册人的许可，在同一种商品上使用与其注册商标近似的商标，或者在类似商品上使用与其注册商标相同或者近似的商标，容易导致混淆的；……（七）给他人的注册商标专用权造成其他损害的。

第五十八条　将他人注册商标、未注册的驰名商标作为企业名称中的字号使用，误导公众，构成不正当竞争行为的，依照《中华人民共和国反不正当竞争法》处理。

第六十三条　侵犯商标专用权的赔偿数额，按照权利人因被侵权所受到的实际损失确定；实际损失难以确定的，可以按照侵权人因侵权所获得的利益确定；权利人的损失或者侵权人获得的利益难以确定的，参照该商标许可使用费的倍数合理确定。对恶意侵犯商标专用权，情节严重的，可以在按照上述方法确定数额的一倍以上五倍以下确定赔偿数额。赔偿数额应当包括权利人为制止侵权行为所支付的合理开支。

权利人因被侵权所受到的实际损失、侵权人因侵权所获得的利益、注册商标许可使用费难以确定的，由人民法院根据侵权行为的情节判决给予五百万元以下的赔偿。

（二）《最高人民法院关于审理商标民事纠纷案件适用法律若干问题的解释》

第一条 下列行为属于商标法第五十二条第（五）项规定的给他人注册商标专用权造成其他损害的行为：（一）将与他人注册商标相同或者相近似的文字作为企业的字号在相同或者类似商品上突出使用，容易使相关公众产生误认的。

第九条 《商标法》第五十二条第（一）项规定的商标相同，是指被控侵权的商标与原告的注册商标相比较，二者在视觉上基本无差别。

《商标法》第五十二条第（一）项规定的商标近似，是指被控侵权的商标与原告的注册商标相比较，其文字的字形、读音、含义或者图形的构图及颜色，或者其各要素组合后的整体结构相似，或者其立体形状、颜色组合近似，易使相关公众对商品的来源产生误认或者认为其来源与原告注册商标的商品有特定的联系。

第十六条 侵权人因侵权所获得的利益或者被侵权人因被侵权所受到的损失均难以确定的，人民法院可以根据当事人的请求或者依职权适用《商标法》第五十六条第二款的规定确定赔偿数额。

人民法院在确定赔偿数额时，应当考虑侵权行为的性质、期间、后果，商标的声誉，商标使用许可费的数额，商标使用许可的种类、时间、范围及制止侵权行为的合理开支等因素综合确定。

当事人按照本条第一款的规定就赔偿数额达成协议的，应当准许。

（三）《反不正当竞争法》

第六条 经营者不得实施下列混淆行为，引人误认为是他人商品或者与他人存在特定联系：（一）擅自使用与他人有一定影响的商品名称、包装、装潢等相同或者近似的标识；（二）擅自使用他人有一定影响的企业名称（包括简称、字号等）、社会组织名称（包括简称等）、姓名（包括笔名、艺名、译名等）。

八、运营思维

广东省东方谈判发展研究院院长、知本家教育创始人兼董事长·武向阳

纵观目前市场，类似“小龙坎”这种商标侵权行为并不鲜见，比如仿冒奶茶品牌“一点点”的门店随处可见，它们对原正版品牌构成了不正当竞争，严重侵犯了其合法权益。这种做法是不合法的，也是不道德的。

知识产权意识是每个企业家都应有的意识。然而，有一些企业把营业执照的概念和品牌的概念混为一谈了，实际上，这是缺乏商标意识的表现，因为有营业执照并不等于你拥有了这个品牌。所谓“品牌打造，商标先行”，就像我创办的两个平台“知本家”和“世界大师中国行”一样，从萌生创办平台的想法开始，我就会将对应的品牌标志注册商标或者对知识产权进行保护。因此，企业要重视对创新成果的保护与转化，尽早申请注册商标，提高商标权的保护意识。权利人发现近似商标注册时要及时采取维权措施。最根本、最关键的是，各企业在经营过程中要坚守自己的原则和底线，通过自己的努力将品牌做大做强，在此过程中可以合理整合资源，但不能通过损害别人的利

益来“成就”自己。一个企业要走得长远，除了要有品、有质、有料，还要有德。

首席律师　陈震

知识产权业务专家，广东省人大常委会立法咨询专家，现为北京德和衡（广州）律师事务所高级合伙人、党支部书记、知识产权业务团队总负责人，长期担任广州市律师协会知识产权业务委员会委员、版权业务委员会委员。陈震专业从事知识产权咨询和诉讼工作十余年，其代理的知识产权案件多次入选“广州市中级人民法院年度十大知识产权案件”名单，其领导的专业律师团队每年代理的知识产权案件数量在广东地区名列前茅，产生了深远的社会影响。

编撰律师　易凯铭

第六十三章

广药集团诉加多宝虚假宣传案 / 温旭、曾赟

一、案例背景

2012年11月，原告广州王老吉大健康产业有限公司（以下简称“王老吉”）在广州中院以虚假宣传为案由，起诉被告广东加多宝饮料食品有限公司（以下简称“加多宝”）。王老吉在诉状中“请求法院在本案开庭审理前先行做出禁令（禁止被告使用‘王老吉改名加多宝’‘全国销量领先的红罐凉茶改名加多宝’‘国家级非物质文化遗产代表作’或与之意思相同、相近的广告语进行广告宣传的不正当竞争行为”）并提交了诉中禁令申请书。

同年12月27日，广州中院就诉中禁令举行听证会，2013年1月31日下达（2012）穗中法知民初字第263之一号诉中禁令裁定书，裁定：广东加多宝饮料食品有限公司立即停止使用“王老吉改名为加多宝”“全国销量领先的红罐凉茶改名为加多宝”或与之意思相同、相近似的广告语进行广告宣传的行为。对此，加多宝不服该裁定，提出复议申请，广州中院维持原裁定。

但本案直到2013年9月才正式开庭审理，并于同年12月20日才下

达一审判决书，判决禁止加多宝使用涉案“改名”广告语，赔偿原告经济损失1 080万元，并在相关媒体上刊登消除影响的声明。随后，广东省高级人民法院二审维持了一审判决，加多宝公司亦履行了二审判决。但二审判决后，加多宝又向最高人民法院提起再审申请。

二、案例解析

在（2012）中国贸仲京裁字第0240号裁决结果未出之时，加多宝预料到其与广药集团之间的王老吉商标许可合同很可能会被裁定无效，从而实施了一系列非法转移原本附着在王老吉商标上的巨额无形资产的行为。

（1）加多宝公司擅自生产并销售同时标有“王老吉”“加多宝”商标的红罐凉茶，其目的就是让消费者产生商品特有名称或商标等概念上的模糊、混淆，让消费者将“王老吉”与“加多宝”混同。

（2）加多宝在广告上宣传“王老吉改名加多宝”或与之类似的使消费者产生混淆或误认的广告语，会使消费者认为王老吉凉茶不存在了，已经改名为加多宝凉茶了。但实际上，王老吉凉茶一直都存在，王老吉大健康公司自2013年6月起就开始生产并销售王老吉凉茶。换言之，王老吉从未更名。

（3）加多宝公司意识到了“王老吉改名加多宝”这句广告语存在较大法律风险，于是在全国范围通过各种媒介推广、宣传“全国销量领先的红罐凉茶改名加多宝”这一广告语。这一广告语本质上与“王老吉改名加多宝”是一样的。因为在当时的历史背景下，市面上“全国销量领先的红罐凉茶”就是王老吉，没有任何争议，即二者几乎可以等量代换。

（4）加多宝除使用上述广告语外，还使用“原红罐王老吉凉茶现在改名为加多宝凉茶”“原来的红罐王老吉改名为加多宝凉茶了”“加多宝生产的红罐凉茶，不再使用以往十七年沿用的商标，现更换为加多宝凉茶”等一系列类似的广告宣传语作为前述广告宣传的延续。

以上行为并不是一个阶段完结才进入下一个阶段的，而是互有重叠，其目的也是持续误导相关公众对王老吉的认知，加深消费者“加多宝就是原来的王老吉，王老吉改名了”这一误判。这实际上是加多宝通过虚假宣传的方式不断将原本归属于王老吉的商誉非法转移到加多宝上，是典型的不正当竞争行为。

（一）本案是否适用禁令制度？有何法律依据？

本案案由是《反不正当竞争法》中的虚假宣传纠纷。《反不正当竞争法》是多年前制定的，即使在中国加入世贸组织的过程中也没有马上对之进行修改，即没有如《专利法》《商标法》一样，将符合国际条约的一些内容（如请求停止侵权行为的临时禁令制度）增加到《反不正当竞争法》中。但是，一些司法解释、《民事诉讼法》及《民法通则》都规定了关于停止某行为的措施，这其实就是临时禁令制度。

虽然《反不正当竞争法》没有明文规定临时禁令制度，但是与一般民事侵权行为相比，知识产权侵权行为具有“实施便捷、侵权成本低、损害后果极易扩大”等特点。针对这一特点，国家才在立法层面对知识产权侵权诉讼制定了禁令制度，以使权利人的合法权益能够得到及时保护。《反不正当竞争法》作为其他知识产权法的兜底法规，与单行法相比较而言，《反不正当竞争法》扩大了知识产权的保护范围，对知识产权提供了深层次的保护。在知识产权单法领域采用的禁令制度，同样也适用于《反不正当竞争法》。

只要该不正当竞争行为符合运用禁令的条件，即“被申请人正在实施侵犯知识产权的行为，若不制止将会使申请人的合法权益受到难以弥补的损害”，就应适用禁令制度。而且，无论是从《民法》的原则性规定分析，或是从《民事诉讼法》的制度安排上，还是从在先的案例角度分析，本案都应适用禁令制度。

在本案中，“王老吉”既是“王老吉”凉茶这一知名商品的特有名称（也可称之为未注册商标），又是广药集团（本案原告的母公司）拥有的注册商标使用的文字，因此加多宝的虚假宣传行为，一方面构成了不正当竞争，对“王老吉”这一知名商品的特有名称构成了实质性损害；另一方面，由于“王老吉”又是原告的注册商标所用文字，所以加多宝的行为本质上也同时侵犯了原告的注册商标专用权，对“王老吉”注册商标的专用权造成了极大损害。

《最高人民法院关于修改后的民事诉讼法施行时未结案件适用法律若干问题的规定》第1条规定“2013年1月1日未结案件适用修改后的民事诉讼法，但本规定另有规定的除外”。由于2013年1月1日本案仍然在审理之中，因此适用2013年1月1日起施行的新《民事诉讼法》第100条第1款的新规定，即加多宝的行为完全符合“行为保全”的条件，原告向法院主张“行为保全”，禁止其继续进行有关王老吉“改名”的虚假宣传行为。

2013年1月1日实施的新《民事诉讼法》将原《民事诉讼法》第九十二条修改为现行的第一百条第一款，即“人民法院对于可能因当事人一方的行为或者其他原因，使判决难以执行或者造成当事人其他损害的案件，根据对方当事人的申请，可以裁定对其财产进行保全、责令其作出一定行为或者禁止其作出一定行为；当事人没有提出申请的，人民法院在必要时也可以裁定采取保全措施”。新增的“责令其做出一定行为或者禁止其做出一定行为”就是行为保全，根据新法条的规定，只要属于金钱请求权以外的请求权，行为保全均可适用。

（二）涉案的虚假宣传行为是否满足适用诉中禁令的要件？

临时禁令制度是指当有证据证明他人正在实施或即将实施侵犯其知识产权的行为时，不及时制止将会使其合法权益受到难以弥补的损害的，可以在起诉前向人民法院申请责令停止有关行为和财产保全措施的制度。

也就是说，在知识产权侵权诉讼中，运用禁令的要件是：被申请人正在实施侵犯知识产权的行为，若不制止将会使申请人的合法权益受到难以弥补的损害。

又根据“要准确把握诉前停止侵权的适用条件。采取诉前停止侵权措施既要积极又要慎重，既要合理又要有效，关键是要依法进行。诉前停止侵权主要适用于事实比较清楚、侵权易于判断的案件，侵权可能性应当达到基本确信的程度。要注意适度从严掌握认定侵权可能性的标准。……在认定是否会对申请人造成难以弥补的损害时，应当重点考虑有关损害是否可以通过金钱赔偿得以弥补……”[①]。由此可知：第一，“被申请人正在实施侵犯知识产权的行为”的要件主要考虑“事实比较清楚，侵权易于判断，侵权可能性达到基本确信”；第二，“是否会使申请人的合法权益受到难以弥补的损害”的要件主要考虑此种损害是否可以通过金钱赔偿来弥补之。

在本案中，加多宝公司的侵权行为满足以上要件，体现为以下两个方面。

（1）被申请人的虚假宣传行为覆盖面广，侵权行为明显成立，事实清楚，侵权事实易于判断。对于这一要件，首先要厘清两个问题：涉案广告的广告主如何界定？涉案广告行为是否构成虚假宣传？

《广告法》对于广告主的定义为：广告主是为推销商品或者提供服务，自行或者委托他人设计、制作、发布广告的法人、其他经济组织或者个人。《反不正当竞争法》第九条规定：“经营者不得利用广告和其他方法，对商品的质量、制作成分、性能、用途、生产者、有效期限、产地等作引人误解的虚假宣传。”

① 摘自曹建明于 2008 年 2 月 19 日在第二次全国法院知识产权审判工作会议上的讲话。

具体到本案，涉案的广告语受益者均是加多宝，按照商业惯例或者生活常识均可以合理推定加多宝就是涉案广告的广告主。《最高人民法院关于民事诉讼证据的若干规定》第七十五条规定：“有证据证明一方当事人持有证据无正当理由拒不提供，如果对方当事人主张该证据的内容不利于证据持有人，可以推定该主张成立。”在本案中，被告在原告提出了充分理由和相关证据证明其有证据证明广告主身份后，仍不提交能够证明真正广告主身份的证据。根据上述法律规定，人民法院可以据此推定涉案的广告主就是加多宝公司。况且，从原告提交的公证购买实物来看，含有涉案广告语的产品及外包装上均明确标注生产者为加多宝公司，因此，该证据可以作为直接证据证明涉案广告的广告主是加多宝公司。

此外，加多宝的代理人当庭承认涉案的“全国销量领先的红罐凉茶改名加多宝”这一广告语的广告主是加多宝。

关于涉案广告行为是否构成虚假宣传，在庭上，原告的代理律师认为：众所周知，连续多年全国销量领先的红罐凉茶是王老吉，并非加多宝。“改名”，顾名思义是指更换原来的名字，原来的名字被弃用了，不存在了。而实际上，王老吉凉茶一直都是存在的，从未改名。加多宝铺天盖地的“改名”广告，造成了消费者误认和混淆——消费者普遍认为，王老吉已改名为加多宝。试问，一个价值高达1 080亿元的品牌，其持有人怎么可能会将之随便改名呢？加多宝这么做目的是将红罐加多宝与原来的红罐王老吉画上等号，向消费者传递一个错误信息：原来的红罐王老吉已经改名加多宝，加多宝就是原来的王老吉。原告为了应对被告的虚假宣传行为，不得不在户外广告、电视、报刊等媒体额外投入大量资金对“王老吉从未更名”这一事实进行宣传，以消除负面影响，这不但增加了原告的经营成本，还给原告造成了巨大的经济损失。

针对改名广告，加多宝一直强调“全国销量领先”指代的是“红罐凉茶”，区别商品来源的主要标准是产品的口味、配方、质量及生产厂家，因此其改名广告是对客观事实的描述。这显然是荒谬的，消费者在选购商品时，据以区别商品来源的显然主要是商标或商品名称。消费者在选购饮料时对于口味、配方和质量根本就无从知晓，只有消费过后，甚至长期、频繁消费后对此才会有所察觉。因此，在消费之前，消费者区分商品来源的主要甚至唯一标准仍然是商标或商品名称，被告这样做的目的显然是在偷换概念、混淆视听。因此，涉案的改名广告行为构成虚假宣传。

从本案原告提供的大量证据可知，加多宝公司的“全国销量领先的红罐凉茶改名加多宝”这一广告语，通过电视、报纸、杂志、网站、户外广告、店面招牌、产品外包装、产品价格标贴等各种广告形式覆盖了全国各地，有几十份公证书予以证明。

（2）加多宝的涉案虚假宣传行为已经使消费者产生了混淆与误认，造成了不可挽回的损失。本案中，王老吉提交了十四份公证书，以此证明消费者甚至凉茶经营者已被涉案广告语误导。

《最高人民法院关于当前经济形势下知识产权审判服务大局若干问题的意见》（法发〔2009〕23号）第14条规定：“在认定是否会对申请人造成难以弥补的损害时，应当重点考虑有关损害是否可以通过金钱赔偿予以弥补以及是否有可执行的合理预期。”在本案中，即便法院最终判令加多宝赔偿原告经济损失1 000万元，也无法弥补由于不及时禁止加多宝虚假宣传行为所造成的损害。如不及时制止加多宝的虚假宣传行为，虽然“王老吉”注册商标还在，但是它所蕴含的商业价值已经完全被转移到“加多宝”商标上，那时的赔偿对于申请人来讲已经没有太大的意义。

综上所述，加多宝公司的涉案广告宣传行为是虚假宣传，且易于判定，如不及时制止会给王老吉造成难以用金钱来衡量和弥补的严重损失。基于此，广州市中院做出了（2012）穗中法知民初字第263之一号诉中禁令裁定书。

三、运营思维

广东省东方谈判发展研究院院长、知本家教育创始人兼董事长·武向阳

多年来，从商标之争、包装之争，再到后来的广告之争，王老吉和加多宝的纠纷一直持续着。2019年8月16日，这项长达5年之久的广告纠纷终于落下帷幕——最高人民法院判决加多宝立即停止使用相关广告词并赔偿广药集团100万元。

从谈判的角度来看，这是一场双输的谈判。不管是加多宝还是王老吉，其实都没有得到自己想要的结果。但其实，从它们只考虑自己的利益，不懂得“利他”、不懂得“思利及人利更多”的那一刻开始，就注定结果会是不尽如人意的。

诚然，目前的市场竞争日益激烈，许多企业的经营受到了挑战，但要记住，企业要不忘初心，方能长久运营，不正当竞争即使能带来眼前的“成功”，也不过是一种单赢，是不可取的。企业应学会思利及人，把目光放在共赢上，才能走得长远。如果当初的王老吉发展如日中天时，其品牌持有方广药集团并没有将其收回，而是继续和加多宝基于共赢重新策划一个合作方案，那今天可能完全是另外一种结局。例如，广药集团继续把品牌授权给加多宝，而加多宝则重新注入资金，双方重新成立一家公司继续来运作王老吉，广药集团贡献王老吉这个品牌，加多宝则负责其较为擅长的营销策划，双方充分利用和发挥各自的优势。果真如此的话，在理想的情况下，这个公司目前或许能超过可口可乐和百事可乐，成为继健力宝之后的又一个“东方魔水”。但遗憾的是，王老吉和加多宝都没有这样去做，广药集团收回了自己的品牌，加多宝也不愿意放弃辛苦多年打造的市场，所以双方一直处于斗争状态，造成了严重的内耗。

首席律师　温旭

中国资深律师，投身知识产权领域超过30年，是三环知识产权的主要创始人，具有超过30年的从业经验，是国内知识产权领域最早及执业时间最长的专业律师之一，被国务院授予有突出贡献专家称号并享受特殊津贴。其现任广东三环汇华律师事务所首席合伙人、三环知识产权（集团）总裁、中国人民大学律师学院客座教授、北京大学国际知识产权研究中心客座研究员等。

编撰律师　曾赟

第六十四章

王老吉与加多宝之间“10罐7罐”虚假宣传纠纷案 / 温旭、曾赟

一、案例背景

随着“王老吉”凉茶广告的播出，“王老吉”几乎成了凉茶的代名词，但想必大家对不久后出现的广告语也都十分熟悉：“中国每卖10罐凉茶，7罐加多宝，怕上火更多人喝加多宝，配方正宗当然更多人喝”（下称“广告语1”）、“全国销量领先的红罐凉茶——加多宝”（下称“广告语2”）、“加多宝凉茶，全国销量遥遥领先”（下称“广告语3”）等。

这些简短的广告语几乎家喻户晓。它们在向消费者传递广告主的商品名称的同时，又告知消费者其产品极受欢迎，吸引消费者前来购买。显然这种句式新颖、读起来朗朗上口的广告语本应是很优秀的广告，但事实本身并非如此。实际上，也正是由于这些广告语的播放，引起了一场关于虚假宣传广告语的纠纷大战。

二、权利的重点信息

如图64−1所示，商标1“王老吉”、商标2“王老吉及图形”、商标3“王老吉”、商标4“王老吉及图形”四商标均核定使用在第32类无酒精饮料等商品上。

（商标1）　（商标2）　（商标3）　（商标4）

图64−1　“王老吉”系列商标

广州医药集团有限公司（以下简称“广药集团”）是前三个商标的注册人。

商标4的注册人为广州羊城滋补药厂，后变更为广州羊城药业股份有限公司王老吉食品饮料分公司（以下简称“王老吉分公司”）。1995年3月28日，鸿道（集团）有限公司（以下简称“鸿道公司”）获得该商标的独占许可使用权。1997年8月28日，广药集团从王老吉分公司受让该商标。2000年5月2日，广药集团与鸿道公司签订《商标许可协议》，许可鸿道公司独占使用该商标；2002年11月27日，双方签订《补充协议》变更使用期限为20年；2012年5月9日，中国国际经济贸易仲裁委员会裁决前述两份协议无效，同日广药集团许可其下属公司广州王老吉大健康产业有限公司（以下简称“王老吉大健康”）使用王老吉系列商标。

三、案例解析

“王老吉”凉茶与“加多宝”凉茶是凉茶市场上的主要经营者和竞争者。同时，原告广药集团与被告加多宝的股东鸿道公司曾经是王老吉商标的许可人与被许可人的关系。

在鸿道公司获得独占许可使用权之前，王老吉商标就已是广东著名商标，具有很高的知名度。鸿道公司在获得商标使用权后，其年销售额曾超过百亿元，鸿道公司因此获得了高额的生产与销售利润。按正常情形，在续签许可使用合同时，商标许可费应当随着生产与销售利润的增加而适当提高。但鸿道公司为了继续以每年不足500万元的低价获取王老吉商标使用权，采取商业贿赂手段提前续签了商标许可协议，从而导致该许可协议被中国国际经济贸易仲裁委员会裁定无效，鸿道公司据此应停止使用王老吉商标。鸿道公司失去了王老吉商标使用权，责任完全在于其自身。

加多宝凉茶随即推出广告语“王老吉改名加多宝”“全国销量领先的红罐凉茶改名加多宝”，并接连推出广告语1、广告语2和广告语3。这些广告语刻意将王老吉凉茶品牌的销量统计成加多宝凉茶的销量，使消费者误认为2012年1～3季度销量领先的凉茶和多年领先的凉茶品牌均不是王老吉凉茶而是加多宝凉茶，构成虚假广告。

（一）维权诉求

广药集团诉请法院认定前述广告语1、2、3及与之意思相近的广告语属于虚假宣传，构成不正当竞争；认定被告构成共同侵权，并判令被告立即停止相应虚假宣传行为，立即销毁含有上述虚假宣传的广告、包装及其他宣传物品等；判令被告加多宝公开赔礼道歉并以其做上述虚假不实广告相同的媒体，以同样的方式、等同的时长或版面做出声明，以消除影响；判令被告加多宝赔偿经济损失500万元并承担相应诉讼费用。

（二）对方抗辩

加多宝认为：（1）虚假宣传案件的适格原告应以受到损害为前提，本案原告并未证明其遭受了什么损害，因此不具备诉讼主体资格。（2）原告已就基本相同的事实和理由向长沙和重庆法院提起诉讼请求基本相同的在先诉讼，本案属于重复诉讼，违反一事不再理原则。（3）原告没有明确哪些广告语属于与被诉广告语意思相近的广告语，故其诉讼请求不明确，应予以驳回。（4）被诉广告语的含义清楚，即市场上每卖10罐凉茶，有7罐是加多宝公司生产的。而且被诉广告语引用的数据来自权威机构，数据真实、权威、可靠。故被诉广告语不会导致消费者的混淆、误解，不构成虚假广告。（5）加多宝各公司通过优良的产品品质和大规模的有效宣传使涉案红罐凉茶从一种地区性的不知名商品发展成为全国性的知名商品，均付出了大量的人力、物力、财力。与之相反，原告没有做出任何贡献。无付出即无回报，无贡献如何谈损失，且原告没有提供任何证据证明其有损失。故原告的主张没有事实和法律依据。

（三）法院认定

对于该案是否属于重复诉讼的问题，一审法院认为：虽然该案与长沙、重庆案件所涉广告语相同，但是相应被告、案件法律关系、法律事实、诉讼请求均不相同，而且原告在各案中诉请被告承担责任的地域和赔偿范围也不相同，因此不构成重复诉讼。

对于加多宝是否为被诉广告语的广告主这一问题，一审法院认为：加多宝已确认是其要求经销商将原印在产品包装上的“全国销量领先的红罐凉茶改名加多宝”变更为“全国销量领先的红罐凉茶——加多宝”，据此足以认定加多宝为该广告语的广告主。同时，虽然加多宝表示加多宝红罐凉茶生产者包括六家公司，自己并非广告主，但是作为六家生产者之一的加多宝与其他五家生产者联系紧密，它应当持有广告主的证据，但该被告无正当理由拒不提供，因此推定被告加多宝为被诉广告语的广告主。

对于被诉广告是否构成虚假宣传和商业诋毁的问题，一审法院认为应当整体考虑综合判断。根据日常经验，被诉广告语的宣传内容应归纳为：名称或品牌为加多宝的红罐凉茶销量遥遥领先于其他罐装凉茶，占据70%的市场份额，更多人喝。因广告图文中明确标示数据来源于2012年，而事实上上述有关市场份额的数据和报告包括2013年的数据，因此其调查数据不真实。另外，即使上述数据真实，因2012年加多宝集团生产并销售的罐装凉茶包括“王老吉”凉茶、“王老吉和加多宝”凉茶与“加多宝”凉茶三个类别，由此加多宝集团生产和销售的罐装凉茶占据超过70%市场份额并不等于加多宝凉茶占据超过70%的市场份额。因此，该广告语构成虚假宣传。另外，因其广告的主要目的是拔高自己而非诋毁对手，故不构成商业诋毁。

对于赔偿数额，一审法院全额支持了原告的诉请，并指出：根据民事诉讼全面赔偿原则，法院根据相关情节酌定的赔偿数额并非绝对不能超过300万元。在权利人损失或侵权人获利虽然难以确定，但有证据显示明显超过300万元的情况下，法院应当在300万元以上进行酌定。

加多宝不服以上判决并提出上诉。

（四）判决结果

对于本案原、被告是否适格，二审法院认为；加多宝明显具有利用本案争议广告语谋取市场交易机会与获取竞争优势的意图，同时原、被告之间存在竞争关系，因此原告与争议广告有利害关系，是适格原告。同时，即便如加多宝所言，关于广告语1的广告行为是受加多宝

（中国）饮料有限公司的委托，广东加多宝也构成共同实施广告的行为。况且，对于本案广告语2和广告语3，广东加多宝并无相应证据证明其是受他人委托。综上所述，本案原、被告适格。

对于被诉广告行为是否构成虚假宣传和不正当竞争的问题，二审法院同意一审法院的观点并做如下补充：即使本案中的被诉广告内容非凭空杜撰，有一定的事实根据，有一定根据的事实也并不等于不构成虚假宣传。加多宝明知或应知实际市场销量，仍选择性编排数据，故意隐瞒真相，采用含歧义或与事实不符的宣传语，不正当地获取他人的商誉。其发布争议广告的目的不仅仅是宣传自己的商品，而且是通过广告宣传谋取更多的市场交易机会，影响消费者的选择并进而获取市场优势。由于内容表达上的不真实和不恰当地遗漏“加多宝”与“王老吉”商标及其产品载体的重要信息，本案争议广告足以造成相关公众误解，同时也损害了原告的正当利益，损害了公平竞争的市场秩序，构成虚假宣传。

关于重复诉讼及赔偿数额的问题，二审法院与一审法院观点一致。综上所述，二审法院判决：驳回上诉，维持原判。

四、律师分析

该案是王老吉继加多宝发布“王老吉改名加多宝”等系列改名广告案之后的再次维权，因而判断上述广告语是否构成虚假宣传对原被告双方而言，都是十分重要的——谁败诉了，就会给其产品销量带来消极的影响。

无疑，对于普通消费者而言，大多数人是不会也不可能深入探究广告语到底说得对不对。而如何根据日常经验，从相关公众的理解出发，以事实和法律为依据，判断出涉案广告语是否构成虚假宣传是本案的难点所在。

代理律师认为，涉案广告语中首先令人质疑的就是其援引的数据。通过多方求证，最终代理律师证明了被诉广告语中的数据确实存在造假现象。在解决了这一关键问题后，代理律师制定了案件的整体处理思路，并在最终取得胜诉的结果。

五、律师建议

广告可以兴企，亦可以败企。企业发布的广告中的数据应当真实，形式应当合法，内容应当健康。否则，企业将面临民事索赔及行政处罚的法律风险。同时，企业也应在合理合法的范围内采取正当行为进行竞争，切不可虚假陈述、投机取巧。

六、法律链接

（一）《民事诉讼法》

第一百一十九条 起诉必须符合下列条件：原告是与本案有直接利害关系的公民、法人和其他组织；有明确的被告；有具体的诉讼请求和事实、理由；属于人民法院受理民事诉讼的范围和受诉人民法院管辖。

第一百二十四条 人民法院对下列起诉，分别情形，予以处理：对判决、裁定、调解书已经发生法律效力的案件，当事人又起诉的，告知原告申请再审，但人民法院准许撤诉的裁定除外。

（二）《反不正当竞争法》（1993年）

第二条第一款 经营者在市场交易中，应当遵循自愿、平等、公平、诚实信用的原则，遵守公认的商业道德。（该款现修订为：经营者在生产经营活动中，应当遵循自愿、平等、公平、诚信的原则，遵守法律和商业道德。）

第九条第一款　经营者不得利用广告或者其他方法，对商品的质量、制作成分、性能、用途、生产者、有效期限、产地等作引人误解的虚假宣传。（现修订为第八条　经营者不得对其商品的性能、功能、质量、销售状况、用户评价、曾获荣誉等作虚假或者引人误解的商业宣传，欺骗、误导消费者。）

第十四条　经营者不得捏造、散布虚伪事实，损害竞争对手的商业信誉、商品声誉。（现修订为第十一条　经营者不得编造、传播虚假信息或者误导性信息，损害竞争对手的商业信誉、商品声誉。）

第二十条第二款　被侵害的经营者的合法权益受到不正当竞争行为损害的，可以向人民法院提起诉讼。（现修订为第十七条　经营者违反本法规定，给他人造成损害的，应当依法承担民事责任。经营者的合法权益受到不正当竞争行为损害的，可以向人民法院提起诉讼。因不正当竞争行为受到损害的经营者的赔偿数额，按照其因被侵权所受到的实际损失确定；实际损失难以计算的，按照侵权人因侵权所获得的利益确定。经营者恶意实施侵犯商业秘密行为，情节严重的，可以在按照上述方法确定数额的一倍以上五倍以下确定赔偿数额。赔偿数额还应当包括经营者为制止侵权行为所支付的合理开支。经营者违反本法第六条、第九条规定，权利人因被侵权所受到的实际损失、侵权人因侵权所获得的利益难以确定的，由人民法院根据侵权行为的情节判决给予权利人五百万元以下的赔偿。）

（三）《商标法》（2013年）

第六十三条第一款　侵犯商标专用权的赔偿数额，按照权利人因被侵权所受到的实际损失确定；实际损失难以确定的，可以按照侵权人因侵权所获得的利益确定；权利人的损失或者侵权人获得的利益难以确定的，参照该商标许可使用费的倍数合理确定。对恶意侵犯商标专用权，情节严重的，可以在按照上述方法确定数额的一倍以上三倍以下确定赔偿数额。赔偿数额应当包括权利人为制止侵权行为所支付的合理开支。

第六十三条第三款 权利人因被侵权所受到的实际损失、侵权人因侵权所获得的利益、注册商标许可使用费难以确定的，由人民法院根据侵权行为的情节判决给予三百万元以下的赔偿。（现修改为第六十三条第一款 侵犯商标专用权的赔偿数额，按照权利人因被侵权所受到的实际损失确定；实际损失难以确定的，可以按照侵权人因侵权所获得的利益确定；权利人的损失或者侵权人获得的利益难以确定的，参照该商标许可使用费的倍数合理确定。对恶意侵犯商标专用权，情节严重的，可以在按照上述方法确定数额的一倍以上五倍以下确定赔偿数额。赔偿数额应当包括权利人为制止侵权行为所支付的合理开支。）（以及第六十三条第三款 权利人因被侵权所受到的实际损失、侵权人因侵权所获得的利益、注册商标许可使用费难以确定的，由人民法院根据侵权行为的情节判决给予五百万元以下的赔偿。）

（四）《广告法》

第二条 本法所称的广告主，是指为推销商品或者提供服务，自行或者委托他人设计、制作、发布广告的法人、其他经济组织或者个人。（现修订为第二条 本法所称广告主，是指为推销商品或者服务，自行或者委托他人设计、制作、发布广告的自然人、法人或者其他组织。）

（五）《最高人民法院关于适用〈中华人民共和国民事诉讼法〉的解释》

第二百四十七条 当事人就已经提起诉讼的事项在诉讼过程中或

者裁判生效后再次起诉，同时符合下列条件的，构成重复诉讼：（一）后诉与前诉的当事人相同；（二）后诉与前诉的诉讼标的相同；（三）后诉与前诉的诉讼请求相同，或者后诉的诉讼请求实质上否定前诉裁判结果。当事人重复起诉的，裁定不予受理；已经受理的，裁定驳回起诉，但法律、司法解释另有规定的除外。

（六）《最高人民法院关于民事诉讼证据的若干规定》

第七十五条 有证据证明一方当事人持有证据无正当理由拒不提供，如果对方当事人主张该证据的内容不利于证据持有人，可以推定该主张成立。

（七）《最高人民法院关于审理不正当竞争民事案件应用法律若干问题的解释》

第八条 经营者具有下列行为之一，足以造成相关公众误解的，可以认定为反不正当竞争法第九条第一款规定的引人误解的虚假宣传行为：（一）对商品作片面的宣传或者对比的；（二）将科学上未定论的观点、现象等当作定论的事实用于商品宣传的；（三）以歧义性语言或者其他引人误解的方式进行商品宣传的。以明显的夸张方式宣传商品，不足以造成相关公众误解的，不属于引人误解的虚假宣传行为。人民法院应当根据日常生活经验、相关公众一般注意力、发生误解的事实和被宣传对象的实际情况等因素，对引人误解的虚假宣传行为进行认定。

第十七条 确定反不正当竞争法第九条规定的不正当竞争行为的赔偿额，可以参照确定侵犯注册商标专用权的损害赔偿额的方法进行。

七、运营思维

清华大学知识产权法研究中心主任・崔国斌[1]

广药集团和加多宝公司围绕凉茶产品的包装和广告行为所产生的一系列争议，在全国范围内引发了广泛的关注。从法律专业的角度来看，这些争议涉及《商标法》和《反不正当竞争法》的一些重要问题，法院的判决对于中国法治建设有着深远的影响。比如，商标许可的被许可人有哪些附随义务？在没有明确约定时，如何确定未注册的知名商品特有的名称、包装和装潢的权利归属？被许可人在许可合同终止后，在产品广告中直接或间接地提及被许可商标或商品，是否合法？这些问题大致处在现有法律的模糊地带，因此它们引发无尽的社会争议也就毫不奇怪了。

广东省广告协会会长、中国广告协会副会长・庞玉娟[2]

好的广告创造品牌价值，差的广告败坏企业名声。规范广告用语有利于建设健康有序的市场竞争环境，进而维护并保障广大消费者的合法权益，利国利企又利民。本案例涉及的广告语之争，客观上也起到了很好的广告效应，王老吉、加多宝双方官司胜负是由法院依法判决的，而市场的成败才是企业最关注的，两家企业仅国内市场的年销

① 崔国斌，清华大学法学院副教授，清华大学知识产权法研究中心主任。北京大学理学学士（化学）、法学硕士和博士，耶鲁大学法学硕士。

② 庞玉娟，广东省广告协会会长，中国广告协会副会长，中国广告协会学术专业委员会委员，中国公路学会高速公路广告联盟副秘书长，中山大学 EDP（高等培训与发展中心）班长联合会理事。

售额双双破百亿元，齐超可口可乐的骄人业绩。这在某种程度上不得不归功于双方的诉讼所带来的“不是广告却胜于广告”的客观效果。我们深切期望企业一定要依法广告、合法经营，此乃为企业真正的成功之道。(摘自温旭:《红罐之争：谁是凉茶领导者》，北京.知识产权出版社，第12页。)

广州市人民政府重大咨询决策专家、广东金融学院法学院副院长·安雪梅
广东金融学院法学院副教授、法学博士、知识产权学博士后·谢光旗

广告是企业提高品牌知名度、美誉度以及增加产品销量的重要途径。但是，虚假广告不仅会误导消费者，还会对同业竞争者的经营造成损害，因此被《反不正当竞争法》禁止。广药集团与加多宝公司因“王老吉”注册商标及红罐凉茶装潢产生的知识产权纠纷引来世人关注。本案具体涉及“中国每卖10罐凉茶，7罐加多宝”“全国销量领先的红罐凉茶——加多宝”“加多宝凉茶，全国销量遥遥领先”三条广告语是否属于我国《反不正当竞争法》禁止的虚假宣传。王老吉公司针对加多宝的涉案广告行为及时提起反不正当竞争诉讼，对于维护自身合法权益、避免消费者误解具有很大的积极作用。

广药集团曾就“全国销量领先的红罐凉茶改名加多宝”“原来的红罐王老吉改名加多宝凉茶了”广告起诉加多宝。广东省高级人民法院判决支持了广药集团的主张［(2014)粤高法民三终字第482号］。但是，2019年5月28日，最高人民法院再审撤销该判决，认定加多宝不构成虚假宣传的不正当竞争［(2017)最高法民再152号］。由此可见，正确判定虚假宣传，并非易事。

构成虚假宣传有两个要件：第一，广告内容是虚假或者片面的；第二，足以造成相关公众误解。具体而言，判定是否构成虚假宣传要

结合具体案情，根据日常生活经验，以相关公众的一般注意力，判断涉案广告语是否片面，是否有歧义，是否易使相关公众产生误解。经营者既要注重广告宣传，又要杜绝虚假宣传。杜绝虚假宣传的关键就是实事求是。

·智慧语录·

> 好的广告创造品牌价值，差的广告败坏企业名声。
>
> ——温旭

首席律师　温旭、曾赟

温旭，相关介绍见第六十三章。

曾赟，自执业以来一直从事知识产权业务，代理过200多起知识产权诉讼案件，其中超过10起在全国范围具有重大影响。他代理的王老吉与加多宝之间系列不正当竞争案件，被中华全国律协评为年度十大知识产权典型案例，连续两年被广东省律师协会评为“广东省十大知识产权典型案例”，荣获广州市律师协会“2016年度业务成果奖”。曾赟曾获得北京大学知识产权法学专业硕士研究生学位。他参与编著了由中国人民大学出版社出版的《律师知识产权实务》及中国知识产权出版社出版的《红罐之争——谁是凉茶领导者》两本书。同时，他也擅长处理金融借款纠纷、劳动纠纷、合同纠纷等公司法律业务，为多家跨国公司、10家上市公司及众多国内著名企业（如广药集团、王老吉大健康、广汽集团、罗浮宫、东鹏陶瓷、4399游戏、9377游戏、梦芭莎、爱普电器等）提供优质的法律服务。

第六十五章

“山特”商标及不正当竞争纠纷案 / 曾赟、张满兴

一、案例背景

山特电子（深圳）有限公司（以下简称“山特电子公司”）是专业从事不间断电源（UPS）开发、生产及经营的国际性厂商，拥有第619938号“SANTAK”、第512383号“山特”、第7825274号“SANTAK山特”注册商标，在国内已持续使用这些商标30多年，凭借其雄厚的技术研发实力、可靠的产品品质、完备高效的售后服务体系，在我国业界享有极高的声誉，树立了良好的品牌形象，得到了各行各业用户的一致肯定。

2013年12月，广州市天河区工商分局在广州市山特不间断电源科技有限公司（以下简称“广州山特”）处查获贴有“SANTAKUPS”标识的不间断电源产品共164台，随即做出处罚决定，没收侵权产品并处罚款。接到通报的山特电子公司经调查发现，广州山特、深圳市山特不间断电源有限公司（以下简称“深圳山特”）、深圳市美克电源有限公司（以下简称“深圳美克”）均是专门生产和销售涉嫌仿冒山特电子公司的“SANTAK”品牌的SANTAKUPS不间断电源产品的关联公

司，并注册santakups.net专门用于推广涉案产品。另外，广州山特和深圳山特的“山特”企业字号与山特电子公司完全相同，因此山特电子公司向广州市天河区人民法院提起侵害商标权及不正当竞争纠纷的诉讼。本案既涉及商标侵权，又有不正当竞争纠纷，如何撤销广州山特和深圳山特于2004年注册的“山特”企业字号是本案的疑难问题。

二、权利的重点信息

山特电子公司系第619938号“SANTAK”商标的权利人，该商标核准使用在第9类“不间断电源、逆变器、开关电源、精密稳压电源”商品上；同时也是第512383号“山特”商标的权利人，该商标核准使用在第9类“不间断电源、精密电源、稳压电源装置”商品上；还是第7825274号“SANTAK山特”商标权利人，该商标核准使用在第9类“不间断电源、精密电源、稳压电源装置、逆变器、开关电源、精密稳压电源、低压电源装置”商品上。而且，山特电子公司自1992年注册至今，“山特”字号及商标经过长期使用和卓有成效的经营与宣传，在行业内已经具有极高知名度，早在广州山特和深圳山特2004年企业登记注册之前就已经是知名企业。

三、案例解析

“SANTAK”“山特”商标原商标权利人美国山特公司与山特电子公司自1896年起至今，一直持续在不间断电源产品上使用及宣传这两个商标，且山特电子公司自1992年成立以来始终以“山特”为公司的字号，并长期使用在不间断电源等产品上。山特电子公司的“SANTAK”“山特”商标经过长期、持续和广泛的使用形成了稳定且唯一的对应和指向关系，并为相关公众所知悉，在行业内具有极高的知名度。广州山特公司和深圳山特公司均于2004年登记成立，为了傍山特电子公司的知名字号和商标，选取并登记了以“山特”为字号的企业名称，主要经营不间断电源产品；深圳美克为涉案产品的生产和制造主体。三被告均有一个共同的股东吴树华。原告认为三被告在产品、网站和字号等处使用山特电子公司涉案商标及知名字号的行为构成商标侵权和不正当竞争，容易使消费者误以为涉案产品是山特电子公司的商品，应当承担相应的侵权责任。

（一）维权诉求

山特电子公司希望通过诉讼使广州山特公司、深圳山特公司和深圳美克公司停止侵害注册商标专用权行为，变更企业名称字号，赔偿经济损失，登报道歉以消除影响。

（二）对方抗辩

1. 深圳山特辩词

（1）其使用“SANTAKUPS”“山特”字样不构成商标侵权和不正当竞争。深圳山特享有第9类第3342682号“SANTAKUPS”商标，该商标核准使用在“计算机、电源材料（电线与电缆）、避雷针、电子防盗装置、电池、电话机、测量仪器、计算机周边设备”上，因此其有权使用“SANTAKUPS”字样，且“山特”是该企业名称，有权使用“SANTAKUPS”“山特”字样。

（2）关于字号的问题，山特电子公司获取山特商标是在2006年通过受让方式获得的，深圳山特工商登记是在2004年，因此在山特电子公司获得商标权利之前已取得营业执照，因此没有侵权山特电子公司企业字号。

2. 广州山特辩词

（1）自己是不知情的销售者，通过其提交的销售合同和发票可以证明与深圳山特是正常的货物买卖关系，根据《中华人民共和国商标法实施条例》第八十条规定，不知情的销售者无须承担民事赔偿责任。

（2）关于字号的问题，山特电子公司获取山特商标是在2006年通过受让方式获得的，广州山特工商登记是2002年，在山特电子公司获得商标权利之前已取得营业执照，因此没有侵权山特电子公司企业字号。

（三）法院认定

本案的主要焦点问题是，广州山特公司和深圳山特公司用与他人注册商标及企业字号相同的文字作为自己的企业字号是否构成不正当竞争行为，以及究竟应当承担规范使用企业名称还是停止使用企业名称的法律责任。

一、二审法院在综合考虑以下三点的基础上，最终认为山特电子公司与三被告均系电源行业经营者，双方存在密切的同业竞争关系：在企业名称注册前，在先商标需要达到较高知名度；考察企业名称注册行为本身的正当性和合法性，即注册企业名称时的主观心态，是否具有攀附知名品牌的目的；客观上是否造成市场混淆的情况，以及按照诚实信用、公平竞争和保护在先权利的原则对使用企业名称的行为进行正当性判断。广州山特公司和深圳山特公司不正当地将山特电子公司在先的具有较高知名度的注册商标和字号作为字号注册登记为企业名称，其行为违反了诚实信用原则，属于将他人注册商标中相同的文字作为企业字号使用的不正当竞争行为，也同时属于擅自使用他人企业名称而引人误以为是他人商品的不正当竞争行为。最终判令广州山特公司和深圳山特公司变更企业名称，不得使用包括“山特”文字。

（四）判决情况

一、二审法院灵活适用《反不正当竞争法》条文，综合考虑山特电子公司的商标及企业字号知名度、主观恶意、实际使用方式等多个因素，最终判令广州山特公司和深圳山特公司立即停止侵害山特电子公司注册商标专用权的行为和擅自使用他人企业名称及虚假宣传的不正当竞争行为，变更企业名称，不得使用“山特”或与之近似的文字并公开登报道歉以消除影响。原告委托代理律师事务所综合运用证据披露原则和证据妨碍原则来确定侵权损害赔偿数额，在考虑本案三被告是否构成共同侵权的认定上采取了举证倒置原则，法院判令三被告对涉案侵权行为存在共同意思联络，构成共同侵权并连带赔偿140万元。广州知识产权法院不仅维持了一审法院做出的侵权认定和赔偿数额，还结合双方商标纠纷的行政处理结果，及时正确变更判决，更大范围地保护权利人利益。

四、律师分析

（一）本案对于“注册商标”与“没有突出使用的企业字号”之间相同或近似的冲突问题具有借鉴和参考意义

在商标保护法律实践中，有一些市场主体在企业名称中使用了与其他持有在先的商标权利人的注册商标相同或近似的文字作为企业字号，虽然没有突出使用，但也不同程度地造成了市场混淆，从而给持有在先商标的企业的产品营销和品牌推广带来障碍。这类法律纠纷面临企业名称与商标权冲突，在法律规范基础、侵权情节判定、法律适用选择、价值冲突判断和法律责任承担方式等方面体现出一定程度的复杂性。本案对此类问题具有指导和参考意义。

一般而言，如在先商标达到驰名商标的程度，此类案件可适用2013年新修订的《商标法》第五十八条规定：“将他人注册商标、未注册的驰名商标作为企业名称中的字号使用，误导公众，构成不正当竞争行为的，依照《中华人民共和国反不正当竞争法》处理。”

但在实践中，更多在先商标并未达到驰名商标的知名程度。关于如何认定企业名称侵害在先商标行为性质的判断标准，结合本案可知，在判断企业名称是否构成不正当竞争时，法院主要考察的因素为：在企业名称注册前，在先商标需要达到较高知名度；考察企业名称注册行为本身的正当性和合法性，即注册企业名称时的主观心态，是否具有攀附知名品牌的目的；客观上是否造成市场混淆。法院在此基础上按照诚实信用、公平竞争和保护在先权利的原则对使用企业名称的行为进行正当性判断。

本案为2009年《最高人民法院关于当前经济形势下知识产权审判服务大局若干问题的意见》第10点（妥善处理注册商标、企业名称与在先权利的冲突……如果不正当地将他人具有较高知名度的在先注册商标作为字号注册登记为企业名称，注册使用企业名称本身即是违法，不论是否突出使用均难以避免产生市场混淆的，可以根据当事人的请求判决停止使用或者变更该企业名称）的司法判断提供了可供参考的示范。

（二）本案在责任承担和赔偿数额确定上综合运用了举证责任分配、举证妨碍和证据披露三大规则，对知识产权案有借鉴意义

在本案中，如何确定广州山特公司、深圳山特公司和深圳美克公司存在共同意思联络也是一个疑难问题。但是，吴长华是广州山特公司、深圳山特公司和深圳美克公司的股东，广州山特公司和深圳山特公司都使用“山特”作为企业字号，吴长华就“SANTAKUPS”商标与深圳山特公司之间存在许可使用、转让的情况，以及涉案网站内容均涉及“山特”“santakups”等品牌不间断电源等产品的广告宣传和销售等事实。一、二审法院在此基础上结合广州山特公司、深圳山特公司和深圳美克公司没有提供充分相反证据予以证明的情况，认定三公司作为关联公司，对案涉侵权行为存在共同意思联络，其行为构成共同侵权并无不当。一、二审法院在原告山特电子公司所提交证据已证明三公司的关联关系的情况下，对于三被告所持并无共同故意的主张，

法院合理分配举证责任，最终在三被告并未提供充分相关证据予以证明的情况下，使其承担举证不能的后果，即三公司存在关联关系，构成共同侵权。

侵权损害赔偿额的确定一直是知识产权领域的重大疑难问题。由于知识产权侵权损失表现为市场份额和许可费收益的减少或丧失，基本为间接损失，然而间接损失的计算非常困难。一、二审法院在确定赔偿金额时综合运用了证据披露原则，同意原告山特电子公司调取被告财务账册的申请，当庭要求本案被告提供与被控侵权行为相关的财务账册；同时运用了举证妨碍原则，即三被告在一审法院释明后拒不提供账务账册且无任何正当理由，其行为构成证据妨碍，因此，本案酌定赔偿140万元是综合考虑了商标侵权的性质和情节、侵权的主观恶意、案涉侵权产品的平均价格、构成举证妨碍以及权利商标和企业名称均具有较高知名度与影响力。本案对于广东法院探索完善司法证据制度和破解知识产权侵权损害赔偿难的问题具有实践意义，对知识产权案件的赔偿数额确定具有借鉴作用。

（三）从社会意义来讲，本案权利人是具有极高知名度的大型企业，本案在行业内外和普通社会公众中都具有很大影响力

“搭便车”“傍名牌”是当今市场中存在的较为常见的不正当竞争行为。这些行为不仅扰乱了市场秩序，更打击了其他社会主体的创新和发展积极性，长此以往，也将对我国的改革创新和知识产权战略的实施产生不利影响。对于给供电系统起保障作用的不间断电源类产品来说，可靠的质量是用户安全和发展的基础，假冒、侵权等产品不仅侵犯了消费者合法权益，而且还影响市场经济的健康发展。对于本行业具有较高知名度的山特品牌的技术跟风和仿冒现象尤为严重，随之而来的使用与“山特”相同企业字号的“搭便车”行为也层出不穷。本案判决切实保障了商标权权利人的利益，打击了“搭便车”行为，

彰显了我国法律保护知识产权权利人利益的决心，具有良好的社会示范和导向意义。

五、正确做法

在面对注册商标与字号冲突的法律问题时，司法部门和当事人应当明确权利基础。在确定适用具有较高知名度的注册商标或在先具有较高知名度的字号为权利基础后，权利人更应当积极举证，通过大量的证据证明商标或字号具有非常高的知名度。此外，原告还应该从被告是否利用或损害了他人商誉的角度多方举证，以此来影响法官的自由心证，力求通过证据推定出被告规范使用企业字号仍不足以避免客观误认结果的发生，因此做出让被告停止使用企业字号的判决，并应及时将行政案件的结果反馈法院，让法院能够及时正确变更判决，更大范围地保护权利人利益。

六、法律链接

根据《反不正当竞争法》（1993年）第五条第（三）项规定，擅自使用他人的企业名称或者姓名，引人误认为是他人的商品的，构成不正当竞争。

《最高人民法院关于审理不正当竞争民事案件应用法律若干问题的解释》第六条规定，具有一定的市场知名度、为相关公众所知悉的企业名称中的字号，可以认定为《反不正当竞争法》（1993年）第五条第（三）项规定的企业名称。

2005年2月17日，最高人民法院在给江苏省高级人民法院《关于“涉及注册商标授权争议的注册商标专用权利冲突纠纷”的函复》中提到：“对违反诚实信用原则，使用与他人注册商标中的文字相同或者近似的企业字号，足以使相关公众对其商品或者服务的来源产生混淆的，根据当事人的诉讼请求，可以依照《中华人民共和国民法通则》有关规定以及《反不正当竞争法》第二条第一、二款规定，审查是否构成不正当竞争行为，追究行为人的民事责任。”

2008年《最高人民法院关于审理注册商标、企业名称与在先权利冲突的民事纠纷案件若干问题的规定》第四条规定：“被诉企业名称侵犯注册商标专用权或者构成不正当竞争的，人民法院可以根据原告的诉讼请求和案件具体情况，确定被告承担停止使用、规范使用等民事责任。”

2009年《最高人民法院关于当前经济形势下知识产权审判服务大局若干问题的意见》进一步指出：“妥善处理注册商标、企业名称与在先权利的冲突……如果不正当地将他人具有较高知名度的在先注册商标作为字号注册登记为企业名称，注册使用企业名称本身即是违法，不论是否突出使用均难以避免产生市场混淆的，可以根据当事人的请求判决停止使用或者变更该企业名称”。

七、运营思维

广东省东方谈判发展研究院院长、知本家教育创始人兼董事 · 武向阳

企业名称是识别和区分不同市场主体的标志。作为企业的无形财产，企业名称和文字商标不仅是企业信誉和商誉的重要载体，还可以给企业带来非常大的经济价值。然而，也正因为如此，一些企业怀着“搭便车”“傍名牌”等攀附商誉的意图，使用了与在先具有较高知名度的注册商标相同或近似的字号，导致市场混淆，在经营活动中对市场竞争秩序造成了破坏，也给持有在先商标的企业在产品营销和品牌推广等方面带来了障碍，对权利人造成了损害。

如在本案中，山特电子公司的“SANTAK”及“山特”商标，经

过长期、持续和广泛的使用，已在行业内具有极高的知名度，为相关公众所知悉。而广州山特公司、深圳山特公司和深圳美克公司在产品、网站和字号等处都使用了山特电子公司的涉案商标及知名字号，这一行为实际上已经构成了商标侵权和不正当竞争，破坏了诚实信用、公平竞争的市场环境，应当承担相应的侵权责任。为了保护经营者和消费者的合法权益，此类不正当竞争行为必须得到制止，这需要企业、社会和法律三方的共同努力，一起构建诚信社会，建立公平竞争的商业环境。

首席律师　曾赟

相关介绍见第六十四章。

编撰律师　张满兴

第六十六章

广州大众搬屋和广州大众搬家诉珠海大众及其广州分公司商标侵权与不正当竞争案 / 温丽莉、钟佳佳

一、案例背景

“大众搬屋”是广东省搬迁、装卸运输行业中历史最悠久的品牌之一。“大●众”“●”标识是在品牌创始人严先生及其书法家朋友手中诞生的，并且自20世纪90年代使用至今。1996年，该品牌旗下企业获准在搬迁服务类别（当时的第35类）使用“大●众”商标，这些企业一直使用“大众”作为字号。

该品牌旗下企业还曾在20世纪90年代的“中华之最”评选活动中，被国务院发展研究中心市场经济研究所和广东省人民政府社会经济发展研究中心评为“全国创办最早”“广东规模最大的专业搬迁企业”。从历史业绩、经营规模和持续获得多项业内奖项及荣誉等方面来看，该品牌在搬迁领域内具有极高的知名度，尤其在岭南地区可谓家喻户晓。

基于“大众搬屋”在业内的影响力，随着网络服务业的兴起，不良商家开启了花样百出的侵权。由于该行业从业者和运输车辆的流动

性大，行政部门干预度小，加之传统行业面临网络时代全新的经营方式冲击，权利人一度在维权工作中举步维艰，恶意侵权屡禁不止。对此，“大众搬屋”也采取了向平台发函和起诉等维权措施，各相关平台逐渐开始重视并协助“大众搬屋”维权，实现了从传播渠道上遏制侵权者的侵权行为。

二、权利的重点信息

该品牌旗下企业广州市大众搬屋运输有限公司（以下简称“广州大众搬屋公司”）经核准注册的商标包括第7328345号“大众”商标，核定使用在第39类包裹投递、码头装卸、商品打包和拖运等服务类别；第11463395号“ ”商标，核定使用在第39类搬运、货运、搬迁和运输等服务类别。以上商标经备案，仅许可给品牌旗下公司使用，如广州市大众搬家有限公司（以下简称“广州大众搬家公司”）。广州大众搬屋公司还经核准注册了多个包含上述字样、图形或同时组合使用两元素的商标。第11463395号商标于2016年被认定为“广州市著名商标”。

三、案例解析

（一）原被告企业工商登记概况

广州大众搬屋公司成立于2007年4月26日，而广州大众搬家公司成立于2014年1月9日。

珠海大众搬家有限公司（以下简称“珠海大众公司”）成立于2013年3月5日，珠海大众公司广州分公司（以下简称“珠海大众广州分公司”）成立于2013年4月22日，经工商局核准注册的经营范围为搬迁、运输、运送家具、家具拆装、普通货运与起重设备租赁，与广州大众搬屋公司、广州大众搬家公司主营业务基本一致，同属搬迁、搬运行业。

（二）两被告实施侵权的渠道和形式多样

（1）被告多处使用“大众搬家”“广州大众搬家”字样，并在其网站使用或标识。

（2）被告在类似服务上使用上述简称或标识，容易导致消费者混淆。

（3）被告在搬运、搬迁类别曾申请“大众搬家”商标，该商标被驳回受理，同时被告在非搬运、搬迁类别再次申请与涉案注册商标相近似的商标“图形+大众搬家+DAZHONGSERVICE”，获得注册后却在搬运、搬迁行业使用，其侵权恶意明显。

（4）被告使用“大众”作为企业字号并在类似服务上突出使用“大众”的行为，易使消费者误认为其是广州大众搬屋公司的关联公司，造成与广州大众搬屋公司混淆。

（5）被告在百度付费推广、微信公众号和车辆装潢等多种渠道使用上述标识和简称投放广告。

（6）原告发函并起诉某知名搜索引擎后，通过和解，该平台下架了珠海大众公司、珠海大众广州分公司的认证和竞价排名账号，但其仍在网站、微信公众号等渠道继续使用有关被控侵权标识和广州大众搬家公司的简称，有持续侵权的恶意。

（三）维权诉求

广州大众搬屋公司和广州大众搬家公司诉求珠海大众公司、珠海大众广州分公司停止使用涉案商标标识或字号，赔偿经济损失。

（四）对方抗辩

本案两个被告经一审法院合法传唤无正当理由拒不到庭，也没有提交任何答辩意见。在一审法院做出判决后，被告不服一审判决并向二审法院上诉，上诉理由主要有以下几点。

（1）认为没有侵犯注册号为7328345号、11463395号商标的商标专用权。所使用的被诉侵权标识与权利人的注册商标标识有明显差别。

（2）认为第7328345号商标核定使用的服务项目与其经营的搬家服务类别不同。

（3）认为其工商登记时间早于广州大众搬家公司的登记时间以及两个商标的申请日期，属于在先使用。

（4）认为“大众搬家”的字号为正当使用，广州大众搬屋公司以及广州大众搬家公司无权禁止其使用。

（5）认为注册商标并不属于驰名商标，珠海大众公司、珠海大众广州分公司对企业字号的使用没有攀附大众搬屋商誉的主观故意。

（五）法院认定

1. 一审法院

一审法院认为，珠海大众公司在其官方网站上使用的 或 标识，与广州大众搬屋公司的商标相比并无明显差异，二者构成近似，容易导致混淆。第7328345号注册商标核定的服务项目包含商品打包、托运等，第11463395号注册商标核定的服务项目包括搬运、搬迁、商品打包等，而被控侵权标识用于搬家服务上，二者构成类似服务，容易造成混淆，其行为侵害了广州大众搬屋公司的商标权。

关于珠海大众公司、珠海大众广州分公司使用“大众搬家”作为企业字号是否侵犯了广州大众搬屋公司的商标专用权，一审法院调查发现，广州大众搬屋公司在广州房屋搬迁领域享有较高的知名度，在广州房屋搬迁市场，“大众”二字与“ ”标识已为广州市消费者所熟知，形成了良好的口碑和商誉，消费者在房屋搬迁时看到“大众”

二字和“ ”标识就会当然地与广州大众搬屋公司所提供的服务相联系；珠海大众公司虽在广东省登记注册，但其服务区域主要是广州市，其使用上述字号攀附广州大众搬屋公司商誉的主观故意明显，其企业字号“大众搬家”与广州大众搬屋公司的注册商标中的“大众”“大众搬屋”文字构成近似，在广州房屋搬迁市场，容易使相关公众误认为珠海大众公司、珠海大众广州分公司提供的服务为广州大众搬屋公司所提供。综上所述，一审法院认定珠海大众公司、珠海大众广州分公司所使用的企业名称构成侵犯商标专用权以及不正当竞争行为。

2. 二审法院

二审法院认为，注册商标专用权与企业名称权均是受法律保护的民事权利，不同的权利主体在行使权利时，均不得超越其权利边界而损害他人的合法权益。上述大众系列商标随着多年的宣传与使用，在广州地区的搬迁领域已具有较高的知名度，且珠海大众公司、珠海大众广州分公司并未对其企业名称进行规范使用，其在官方网站及微信公众号上突出使用的“大众搬家”“广州大众搬家”字样，明显具有攀附上述大众系列商标商誉的恶意，易使相关公众对其服务来源产生混淆和误认。

（六）判决情况

两审法院均判令被告停止侵权并赔偿损失。

四、律师分析

（一）本案中法院未解决的问题

一方面，两审法院都没有支持原告要求销毁车体装潢的主张和登报道歉以消除影响的主张。另一方面，二审法院对原告主张的解读存在异议，尤其对“字号”的理解值得商榷。对此，广州大众搬屋公司可以采取申请再审或重新起诉的方式继续维权。

搬迁行业具有极大的流动性，车辆流动性强，管理散乱，一辆运输车可能涉及车主、使用者、车体广告装潢展示的信息，指向不同的主体。权利人一方面难以发现相关证据，也难以进行证据固定；另一方面也难以核查实施侵权的主体。对此，权利人已经举证它所拍摄到的一些使用了被认定为侵权的标识和被告业务电话的车辆照片，而被告并无相反证据证明自身车辆装潢。车辆是否属于从车体装潢得利的主体不应该作为判断侵权工具是否存在的阻碍。在这一问题上，关于举证责任的判断值得继续研究。

对于登报道歉、消除影响这一问题，实际上侵权者实施仿冒权利人商标、字号、装潢等信息的行为造成的影响是无法查明的。虽然这一行为必然导致权利人支付成本以澄清事实，但并不能认为侵权者只要赔偿权利人广告的损失就能弥补已经造成混淆的后果。一方面，侵权行为造成混淆的影响无可估量；另一方面，造成混淆者诚恳认错才能更有效地告知和取信于消费者。在后来的判例中也可以看到，支持这一诉求的依据也被认为是行为人使用的信息构成混淆并已经向一般消费者展示该构成混淆的信息。

关于字号，二审法院将“大众搬屋”“大众搬家”视为字号，但是实际上搬屋（粤语）、搬家都是工商核名过程中的行业词汇，在商标注册中也不是商标显著性的主体部分。本案中最核心的字号应当是“大众”一词，而“大众搬屋”“大众搬家”可以理解为企业简称。

（二）有关案件引发的思考

（1）本案的主要权利基础是服务商标，而当下刑法实务中并不保护服务商标，因此对服务商标的保护弱于商品商标，显然不利于对肆无忌惮的侵权者产生威慑力。

（2）工商管理体制不健全、部门细分但没有联络沟通，不利于整合工商管理的力量以实现市场监督管理的作用。在众多侵害商标专用权及不正当竞争案件中，普遍存在将他人的商标或字号换一个行政区域或稍做变化进行注册的情况。无论改变这样的现象需要付出多么大的努力，都不应该以此为由变相将监管责任转嫁给市场经营者。在施害者已经获益之时，权利人却还要面对继续遭受侵权并承担维权费用和时间损耗才能获得法院的支持，这不仅会导致类似案件剧增，还将使施害者有恃无恐，让法律流于形式。

（3）品牌之何谓？品牌俨然已经成为企业的无形资产，它的载体是用于和其他竞争者的产品或服务相区分的名称、术语、象征、记号或者设计及其组合。品牌能为企业增值的源泉来自消费者心目中形成的关于其载体的印象。品牌可以产生的意义和价值并不囿于登记注册，对品牌的保护也不应当仅着眼于证书所限定的时间或范围，而应当根据证据审查市场经营者的主观侵权意识。

五、正确做法

企业在建设自身品牌的同时，也要注重预先启动维护自身品牌权益的防御工作。尽早注册有关商标，注意保存好有关企业荣誉、广告、商标使用的各项历史材料，这有助于提高保护力度。

由于装潢的视觉美感和独特风格有助于消费者记忆，从而提高商业经营的收益，加之商标多与装潢结合，因此通常被侵权时也会涉及装潢被抄袭或仿冒。因此，为获得《反不正当竞争法》对自身装潢的保护，企业需要保存好与自身的装潢有关的证据。

此外，目前商标注册体系的分类注册方式，导致商标门类繁多且新旧商品和服务随时更替，企业也应当加以注意，有策略地注册防御商标并监测恶意注册商标的情况。

六、法律链接

（一）《商标法》

第五十七条　有下列行为之一的，均属侵犯注册商标专用权：（一）未经商标注册人的许可，在同一种商品上使用与其注册商标相同的商标的；（二）未经商标注册人的许可，在同一种商品上使用与其注册商标近似的商标，或者在类似商品上使用与其注册商标相同或者近似的商标，容易导致混淆的；……（七）给他人的注册商标专用权造成其他损害的。

第五十八条　将他人注册商标、未注册的驰名商标作为企业名称中的字号使用，误导公众，构成不正当竞争行为的，依照《反不正当竞争法》处理。

（二）《反不正当竞争法》

第二条　经营者在生产经营活动中，应当遵循自愿、平等、公平、诚信的原则，遵守法律和商业道德。

第六条　经营者不得实施下列混淆行为，引人误认为是他人商品或者与他人存在特定联系：（一）擅自使用与他人有一定影响的商品名称、包装、装潢等相同或者近似的标识；（二）擅自使用他人有一定影响的企业名称（包括简称、字号等）、社会组织名称（包括简称等）、姓名（包括笔名、艺名、译名等）；（三）擅自使用他人有一定影响的域名主体部分、网站名称、网页等；（四）其他足以引人误认为是他人商品或者与他人存在特定联系的混淆行为。

（三）《最高人民法院关于审理商标民事纠纷案件适用法律若干问题的解释》

第一条　下列行为属于《商标法》第五十二条第（五）项规定的

给他人注册商标专用权造成其他损害的行为：将与他人注册商标相同或者近似的文字作为企业的字号在相同或者类似商品上突出使用，容易使相关公众产生误认的。

七、运营思维

广东省东方谈判发展研究院院长、知本家教育创始人兼董事长·武向阳

本案中，“大众搬屋”的品牌标志是在品牌创始人严先生及其书法家朋友手中诞生，并由该企业从20世纪90年代使用至今，在搬迁领域内知名度极高。品牌是企业的无形资产，品牌标志作为品牌形象的重要载体，在注册商标以后应得到其应有的保护和对原创的尊重。无奈在现实市场竞争中，侵害商标专用权及不正当竞争的情况屡见不鲜。在这些案件中，有许多侵权者存在侥幸心理和侵权行为，比如将他人的商标或字号换一个行政区域或稍做变化进行注册，这实质是自欺欺人的不正当竞争行为，必须予以抵制。

回归商标专用权，目前行业中许多商标侵权情况会涉及商标的创作、商标的装潢、商标的使用、商标的注册等环节的先后顺序，稍有大意，容易成为日后侵权者可钻的“空子”。因此，要杜绝商标侵权事件发生在自家品牌上，权利人就要尽可能防患于未然，保存好自身商标的装潢、创作等有关历史证据，以备不时之需。此外，工商管理部门要把监管责任落实到位，其他相关部门除了要重视对商品商标的保护，也应进一步完善与商标保护相关的法律法规，通过法律对侵权者形成威慑，降低商标侵权事件的发生率。

首席律师　温丽莉

自2013年从事诉讼业务至今，主要经办民商事行政诉讼，涉及商标、专利和不正当竞争等领域；为多家企业提供风险防范、知识产权纠纷解决等法律服务；服务的客户包括华为、大众搬屋、国内某知名空调品牌等。温丽莉曾代表广州市知名品牌与国内搜索引擎龙头企业谈判，并在有关诉讼中胜诉。

编撰律师　钟佳佳

助理律师　莫馥榕

第六十七章

苹果醋商标侵权及不正当竞争系列案 / 谢有林

一、案例背景

一家企业想要在众多同类产品中提高销售量，就得花费时间和精力打造自己的品牌，因此就有人借别人辛苦打造的品牌来做“山寨产品”。越是大品牌就越有人仿造，因为品牌效应有助于获取更多的利益。在两广地区，醋饮料行业知名度较高的“天地壹号”苹果醋饮料遭到大量的恶意抄袭和模仿，给天地壹号公司的驰名品牌形象和消费者权益造成损害。“天地壹号”厂商特此委托广东哲诚律师事务所经办律师代理维权打假案件。经过为期一年半的市场调查、公证取证、行政投诉和民事诉讼，打假小组在广州市花都区、惠州市惠东县、佛山市南海区、江门市、茂名市茂南区、高州市、电白县等地成功打击了一系列的商标侵权及仿冒知名商品特有装潢的不正当竞争行为，为维护天地壹号驰名商标和知名商品特有装潢专用权做出了重大的贡献。

二、权利的重点信息

权利人天地壹号公司持有的“**天地壹号**”商标于2003年11月26日核准注册，并于2012年被认定为中国驰名商标，商标也于2013年2月14日核准注册。两个注册商标核定使用的商品均包括“无酒精果汁饮料、无酒精饮料、植物饮料等”。

同时，天地壹号公司持有的绿罐苹果醋饮料及包装纸箱的装潢为知名商品特有装潢。

三、案例解析

权利人天地壹号饮料股份有限公司（以下简称“天地壹号公司”）是一家集研发、生产、销售醋饮料及其他饮料的股份制企业。天地壹号醋饮料的产量、销售收入、税收和利润等指标上已连续多年位居全国醋饮料行业前列，从2009年至2016年连续8年稳居广东省醋饮料年销量第一。天地壹号公司是国家级高新技术企业，配有省级工程技术研究中心及省级企业技术中心，并拥有国家专利45项，注册商标200多件，主要参与了苹果醋饮料行业标准的制定。2008年至2016年陆续荣获中国饮料业“5年优秀企业”“中国饮料行业实践社会责任优秀企业”“中国饮料工业二十强”“中国饮料行业节能优秀企业”“广东省食品行业协会金奖”等称号。

鉴于两广地区市场上出现大量恶意抄袭、模仿“天地壹号”苹果醋饮料的侵权产品“大地壶号”苹果醋饮料，司法部门经过初步的调查分析，认定其涉嫌构成商标侵权及不正当竞争行为。

（一）正品与侵权产品的差异

对于正品“天地壹号”和侵权产品“大地壶号”的比对，见图67–1。

天地壹号产品外包装正视图

大地壶号产品外包装正视图

天地壹号产品外包装侧视图

大地壶号产品外包装侧视图

天地壹号苹果醋商品罐装正视图

大地壶号苹果醋商品罐装正视图

图 67-1　正品与侵权产品比对图

（二）维权打假历程

近年来，权利方天地壹号公司对各侵权主体展开了持续的打假维权行动（见表67-1）。

表 67-1　权利方天地壹号公司维权打假行动

时　间	涉嫌侵权主体	涉嫌侵权行为	维权措施
2016-01-18	佛山市南海××饮料有限公司	生产、销售“大地壶号”苹果饮料	行政投诉
2016-02-02	惠东县××贸易有限公司	仓储、销售“大地壶号”苹果饮料	行政投诉 民事诉讼
2016-12-11	广东××饮料有限公司	生产、销售“大地壶号”苹果饮料	行政投诉

（续表）

时　间	涉嫌侵权主体	涉嫌侵权行为	维权措施
2017-01-23	广西壮族自治区仓梧县沙头镇平安街 ×× 百货经营部	仓储、销售“大地壶号”苹果饮料	公证取证
2017-02-10	茂名市高州市 “高州 ×× 批发部” “高州 ×× 批发部” “高州 ×× 批发部” “高州 ×× 批发部”	仓储、销售“大地壶号”苹果饮料	公证取证 行政投诉
2017-02-13	茂名市茂南 ×× 经营部	仓储、销售“大地壶号”苹果饮料	行政投诉
2017-02-14	茂名市电白区观珠镇 ×× 百货店	仓储、销售“大地壶号”苹果饮料	行政投诉

（三）维权诉求及理由

1. 侵权人生产、销售的“大地壶号”苹果醋商品侵犯了权利人注册商标专用权

（1）侵权人在其生产、销售的“大地壶号”苹果醋饮料（下称涉嫌侵权产品）产品的外包装纸箱上突出使用“大地壶号”商标字样。侵权人故意将首个汉字“大”的一撇上方向左拉长，呈一个“天”字，并利用“壶”字与“壹”字形状上的高度近似性，使得“大地壶号”商标无论从字形、排列还是整体视觉效果上均与权利人的“天地壹号”驰名商标构成高度近似。同时，涉嫌侵权产品与“天地壹号”商标核定使用的商品构成相同或类似，公众极易将其与投诉人的“天地壹号”商标相混淆，两者已经构成相同或类似商品上的近似商标。

（2）通过对涉嫌侵权产品使用的苹果图形与权利人注册商标进行比对（结合图表），在图案构成要素上，两者均采用了一个完整的青

苹果和一个对半切开的苹果作为主要图样元素，完整的苹果位于上方，对半切开的苹果位于下方，苹果上以长条状缎带方式嵌入文字，且均为白色书法字体，与绿色底纹形成鲜明对比。因此，涉嫌侵权产品使用的苹果图形商标与权利人注册商标构成相同或类似商品上的近似商标。

综上所述，两个侵权人（侵权人一为生产厂家，侵权人二为销售商）的销售行为违犯了《商标法》第五十七条第（二）项、第（三）项之规定。

2. 侵权人二应当与生产商承担连带赔偿责任

作为销售商，侵权人二的销售行为不符合《商标法》第六十四条第二款免除赔偿责任的构成要件，因此应承担连带赔偿责任。

3. 认定侵权赔偿的考量因素

俩侵权人是否存在一系列故意侵权的主观恶意，对此要从如下四个方面综合考量。

（1）权利人的天地壹号注册商标为广东省著名商标和中国驰名商标，结合权利人提供的广东省食品行业协会证明可知，权利人的天地壹号醋饮料在广东的销量从2009年至2016年连续8年稳居第一，且侵权人一作为醋饮料业的同行理应知晓“天地壹号”苹果醋饮料及其包装装潢。

（2）侵权人一生产本案涉嫌侵权产品而被权利人提起行政投诉后，曾于2016年2月2日签署承诺书，承诺“现在或将来任何时候均不会在中国任何地方制造、出售或以其他任何方式经营侵犯权利人知识产权的侵权产品”，若再经营侵犯权利人知识产权的侵权产品，愿意接受并承担侵权行为所造成的一切法律责任。

（3）侵权人一是傍名牌的“职业侵权人”，全国信用网公示的行政处罚信息显示：被告一于2015年和2016年连续两年因不正当竞争侵权而收到佛山市南海区工商行政管理局签发的行政处罚决定书。

（4）侵权人生产销售的侵权产品还涉嫌侵犯了权利人知名商品的特有装潢专用权，构成不正当竞争行为。

（四）对方抗辩

两个侵权人共同的抗辩理由包括如下四点。

（1）涉嫌侵权产品使用的“大地壶号”商标已经在申请注册过程中，系对申请商标的合理使用。涉嫌侵权产品使用的包装装潢已经向国家知识产权局提交了外观设计专利申请。

（2）涉嫌侵权产品使用大地壶号文字商标与“天地壹号”在字形、读音和含义上不构成近似商标。涉嫌侵权产品使用的苹果图形商标与“ ”商标不构成近似商标。

（3）权利人天地壹号公司的绿罐和包装箱装潢不构成知名商品特有装潢，涉嫌侵权产品对该装潢的使用不构成不正当竞争行为。

（4）侵权人二（销售商）享有合法的进货凭证，并审查了涉嫌侵权产品使用的知识产权权利证明资料（如商标受理通知书和外观设计专利申请文书），不应当承担赔偿责任。.

（五）法院认定及裁决

广东省惠州市惠东县市场监督管理局做出的行政处罚决定书认定：惠东县××贸易有限公司销售的“大地壶号”易拉罐装苹果醋饮料侵犯了天地壹号公司注册的“苹果”图形注册商标权，并处罚金20万元。紧接着，天地壹号提起民事诉讼，广东省惠州市惠城区人民法院依法做出的民事判决书认定被告生产“大地壶号”苹果醋侵害了原告的“天地壹号”及苹果图形商标权，其行为亦构成不正当竞争，并判决侵权人一次性向原告赔偿经济损失及合理开支15万元，侵权人二在一定限额内承担连带赔偿责任。

茂名市电白区工商行政管理局行政处罚决定书认定：茂名市电白

县观珠镇××百货店购进商标标识与天地壹号苹果醋饮料商标标识商标相近似的大地壶号苹果醋饮料销售，其行为构成了销售侵犯他人注册商标专用权商品的违法行为。

高州市工商行政管理局处罚决定书认定天地壹号公司“天地壹号”苹果醋饮料的装潢为知名商品特有的装潢，××批发部销售的“大地壶号”苹果醋饮料的装潢属于对知名商品特有包装、装潢的仿冒。

佛山市南海区市场监督管理局行政处理告知书认定：广东××饮料有限公司销售的苹果醋饮料侵犯了注册商标专用权，销毁侵权产品并处以罚金。

类似行政处罚文书还有多份，在此不一一列举。

四、律师分析

第一，“天地壹号”商标维权系列案从2016年1月持续到2017年6月，历时一年半的时间，权利人的维权足迹遍及广州、佛山、江门、高州、电白、惠州、湛江、梧州等两广地区，充分体现了维权律师对知识产权保护付出的艰辛努力，在系列维权处理机关（工商局和法院）、持续性和地域跨度上具有典型的法律意义。

第二，惠州市惠城区法院在判决书中明确了在知名度极高的注册商标侵权纠纷案件中，销售者能否适用《商标法》第六十四条第二款关于免除赔偿责任的问题。在本案中，虽然被告二（经销商）提供了由厂家合法进货的凭证，被告一（生产厂家）也当庭予以确认，但法院认为鉴于“天地壹号”是中国驰名商标和广东省著名商标，且被告二同在广东地区理应知悉其原告商标的存在，不属于不知道侵权商品的情形，故判令其承担连带赔偿责任。因此，对于认定销售侵犯知名度极高的注册商标专用权的商品，一般情况下不能适用《商标法》第六十四条第二款的免除赔偿责任抗辩，否则该法条将成为经销商随意逃避法律赔偿责任的依据，该案对日后类似案件具有积极指导意义。

第三，“天地壹号”商标维权系列案涵盖文字商标“天地壹号”和图文组合商标“”，还涉及外观设计专利和知名商品特有装潢的保护，权利人综合运用了商标、专利及不正当竞争的相关法律对自己的权益进行全方位的立体保护。这是具有充分知识产权保护意识的天地壹号公司维权打假的胜利，也是中国知识产权法律制度在行政执法和司法过程对权利保护的胜利。

五、正确做法

做好维权的统筹和权利布局。在本案中，由于“天地壹号”的系列维权案件不仅涉嫌文字商标“天地壹号”和图文组合商标“”，而且涉及外观设计专利和知名商品特有装潢的仿冒，所以在行政投诉和诉讼中应当合并主张，尽最大可能地保护权利人的合法权益。最终，在惠州市惠城区人民法院的判决评述和高州工商行政管理局的处罚文件中，“天地壹号”苹果醋饮料的纸箱和易拉罐包装的装潢均被认定为“知名商品特有装潢”。该案件成为“天地壹号”牌苹果醋饮料认定知名商品特有装潢第一案，为日后打击特有装潢仿冒的侵权行为打下了坚实的权利基础。

及时补充证据，促成案件处理结果。维权打假的目的是通过生效的判决文书或行政处罚文书责令侵权人停止侵权行为，并承担行政责任和民事侵权赔偿责任。但在天地壹号系列案件的办理过程中，由于案情的主客观因素不同，每个地区的行政执法人员对案件的认定存在区别，甚至存在争议，所以经办律师需要及时地在各方之间进行沟通，甚至通过座谈会的方式进行交流，以便在侵权人已经承诺停止侵权的前提下补充收集不同时间、不同区域的恶意且持续侵权的证据，从而争取最大限度地获得对权利人有利的赔偿金额和法律结果。

六、风险防范

知识产权的维权打假是一项系统性和持续性的法律工作，在应对制假售假的风险防范时，企业要针对生产窝点、侵权产品的流向以及终端零售商的产销环节进行周密的市场走访和核查，权利人一旦发现侵权线索就要及时委托经办律师进行核查和跟踪。

掌握侵权产品的销售区域，提高投诉效率。维权打假首先要掌握侵权产品的销售规律，本案中的苹果醋饮料是广东人送礼的佳品和餐桌的第五道菜，同时“大地壶号”苹果醋饮料是仿冒中国驰名商标的侵权产品，广东地区的销量更大，相应地给权利人造成的影响也更严重。所以根据上述维权历程可知，经办律师的取证和行政投诉都优先选择在广东地区进行。

七、法律链接

（一）《商标法》

第五十七条 有下列行为之一的，均属侵犯注册商标专用权：……（二）未经商标注册人的许可，在同一种商品上使用与其注册商标近似的商标，或者在类似商品上使用与其注册商标相同或者近似的商标，容易导致混淆的；（三）销售侵犯注册商标专用权的商品的……

第六十四条 销售不知道是侵犯注册商标专用权的商品，能证明该商品是自己合法取得并说明提供者的，不承担赔偿责任。

（二）《反不正当竞争法》（1993年）

第二条 经营者在生产经营活动中，应当遵循自愿、平等、公平、诚信的原则，遵守法律和商业道德。

第五条 经营者不得采用下列不正当手段从事市场交易，损害竞争对手：……（二）擅自使用知名商品特有的名称、包装、装潢，或者使用与知名商品近似的名称、包装、装潢，造成和他人的知名商品相混淆，使购买者误认为是该知名商品……

八、运营思维

广州市人民政府重大咨询决策专家、广东金融学院法学院副院长·安雪梅
广东金融学院法学院副教授、法学博士、知识产权学博士后·谢光旗

创名牌就是创富，傍名牌定会受损。天地壹号苹果醋饮料给天地壹号公司带来了丰厚的回报。天地壹号公司2018年营业收入达到21亿元，同比增长23.76%，毛利率高达62.4%。“罗马不是一天建成的”，天地壹号苹果醋饮料之所以畅销市场，深受消费者青睐，与天地壹号公司持续的创造性经营是分不开的。

第一，归功于“**天地壹号**”文字商标及“”图文商标。早在1997年6月23日，天地壹号公司就申请了第一件天地壹号商标，并在1998年8月14日获得注册。目前，天地壹号公司在第30、32和33等多个类别共申请了100件天地壹号及相关商标，较完整地形成了商标布局。第3817409号“**天地壹号**”商标于2012年已经被认定为“中国驰名商标”。

第二，该公司还设计和推出绿罐苹果醋饮料及包装纸箱的装潢。该装潢契合苹果醋饮料健康特征并区别于同类其他产品，被认定为知名商品的特有装潢，受到《反不正当竞争法》的保护。

第三，天地壹号的口碑根本上源于其产品的质量，而这又归因于其持续的研发及取得的众多专利。注册商标、特有装潢及专利等构成了天地壹号公司良好的知识产权资产组合。

侵权人生产、销售“大地壶号”苹果醋饮料，自认高明，实则低

劣。“大地壶号”苹果醋在商标及装潢上与“天地壹号”苹果醋极为相似，明显属于侵犯天地壹号公司注册商标及知名商品特有装潢权利的行为。通俗地说，此举就是“傍名牌”，而这种行为是市场管理部门和人民法院都会严厉惩治的。

·智慧语录·

知识产权保护不仅关乎权利的救济，还应追求公平竞争与创造的价值。

——谢有林

首席律师　谢有林

相关介绍见第十六章。

第六十八章

同业竞争者将他人商标文字作为搜索引擎竞价排名，关键词使用构成不正当竞争 / 郜越群、刘鹏

一、案例背景

随着互联网时代的到来和大数据的繁荣发展，搜索引擎公司获得了巨大发展。传统经营者也看到了其中巨大的商业利益，将竞争领域从传统市场转移到网络平台，搜索引擎竞价排名服务（或推广服务）就是双方抓住新经济商机和需求结合的产物。一方面，竞价排名为经营者提供了更多的交易可能，也成为搜索引擎服务商的主要赢利模式。但涉及竞价排名的商标侵权和不正当竞争纠纷日益增多，越来越严重的攀附乱象不仅导致了商标权人的用户流量被大量攫取，也造成市场秩序的混乱，从而损害了消费者的根本利益。其中，作为排名竞价服务参与者的相关经营者是否构成商标侵权或者不正当竞争以及竞价排名服务提供方的责任认定等问题困扰着司法实践。实际上，搜索引擎服务商的竞价排名服务一直也是关切度较高的社会热点问题，“魏则西事件”所引发的对医疗竞价排名服务的诟病曾将对这一问题的关注推向高潮。

二、权利的重点信息

申请注册人基本情况：沈阳烹饪专业技术学校，民办非企业单位，业务范围为中式烹饪师面点师四、五级。

商标信息："沈阳烹饪专业技术学校及图（指定颜色）"注册商标。

核定服务项目：第41类，包括学校（教育）、函授课程、教育、培训、教学、讲课、教育信息、实际培训（示范）、就业指导（教育或培训顾问）、寄宿学校。

注册有效期限：2010年11月7日至2020年11月6日。

商标发展情况：沈阳烹饪专业技术学校在2004年4月被沈阳市劳动和社会保障局评为2004年度沈阳市民办职业培训合格单位，在2011年3月被沈阳市人力资源和社会保障局评为2009—2010年度诚信办学优秀单位，在2004年被第三届中国沈阳美食节组委会授予金鼎奖及"名师名店"称号，在2005年被第四届中国沈阳国际美食节组委会授予贡献奖。沈阳烹饪专业技术学校在2016年至2017年间分别与辽宁广播电视广告有限公司、沈阳新辽广传媒广告有限公司签订广告业务代理合同，并在辽宁之声《今日黑土地》栏目播出原告宣传广告。

三、案例解析

原告沈阳烹饪专业技术学校是"沈阳烹饪专业技术学校及图（指定颜色）"注册商标的权利人，商标核定服务项目为第41类，包括学校（教育）及函授课程等。注册有效期限自2010年11月7日至2020年11月6日止。沈阳烹饪专业技术学校数次被相关部门和组织评为办学合格单位或办学优秀单位并授予奖项，还在广播电视栏目播出其宣传广告。

被告沈阳新东方烹饪学校、沈阳市奇新烹饪艺术学校、沈阳志远职业中等学校、辽宁省厨师面点师培训学校利用北京百度网讯科技有限公司（以下简称百度公司）提供的“百度推广”服务，将“沈阳烹饪专业技术学校”设置为关键词，参加排名竞价服务。

沈阳烹饪专业技术学校的法定代表人程某于2017年8月15日到辽宁诚信公证处申请通过“www.baidu.com”搜索“沈阳烹饪专业技术学校”，对搜索到的相关结果页面进行保全证据公证。通过在“www.baidu.com”网页的搜索栏中输入“沈阳烹饪专业技术学校”进行搜索，原告进入搜索结果页面发现：前四个结果条目标题中均含有“沈阳烹饪专业技术学校”或“沈阳烹饪技术学校”字样，点击第一项至第四项搜索结果标题和内容后附的网址后，分别进入沈阳志远职业中等学校网站、辽宁省厨师面点师培训学校网站、沈阳市奇新烹饪艺术学校网站和沈阳新东方烹饪学校网站。

百度公司对下述内容做出公证：“百度推广”网站（网址为“www2.baidu.com”）页面中公示的《百度推广服务合同》（线上合同）中关于百度推广用户的义务写明：用户保证通过百度链接推广的信息不含有违法或侵权内容，保证其通过百度链接推广的网站与其提交的关键词有实质关联性；用户接受百度推广服务，则意味着同意并签署了本合同。百度推广用户可以添加和修改关键词及推广信息，百度公司在添加关键词时向用户提示认真复核使用的关键词，确保其不违法、不侵权且与待推广的网页信息相关；“www.baidu.com”网站页面下端的“使用百度前必读”，包含了知识产权声明、免责声明、权利声明、隐私权保护声明，其中权利声明提示了权利人的权利保护措施、步骤及维权渠道。

百度公司提供后台数据显示沈阳新东方烹饪学校、沈阳市奇新烹饪艺术学校、沈阳志远职业中等学校、辽宁省厨师面点师培训学校分别于2017年9月18日、2017年9月11日、2017年9月9日、2017年9月11日操作百度推广账号删除了“沈阳烹饪专业技术学校”关键词，原告对此予以确认。

（一）维权诉求及理由

沈阳烹饪专业技术学校诉请判令：被告立即停止侵犯原告注册商标专用权及不正当竞争行为；分别承担因侵权行为所致损失以及为制止侵权行为支出的合理费用，百度公司承担连带责任；被告在网络及辽宁省、市有影响的媒体进行为期十天的公开道歉；被告承担本案诉讼费用。

（二）对方抗辩

各被告辩称：沈阳新东方烹饪学校、沈阳市奇新烹饪艺术学校、沈阳志远职业中等学校、辽宁省厨师面点师培训学校主要从不构成商标侵权及不正当竞争、己方的使用行为具有合理性以及并未造成权利人损失的角度进行抗辩；百度公司主要围绕涉案的使用行为并非商标性使用、不会构成混淆、自身并未参与关键词的编辑和上传等行为且尽到了合理的监督义务等方面进行抗辩。

（三）法院认定结果

此案的认定集中在两个方面：同业竞争者将他人商标文字作为搜索引擎竞价排名关键词使用是否属于侵害他人商标权的行为，是否构成不正当竞争；搜索引擎服务商有偿提供竞价排名服务，是否应承担相应责任。

法院生效裁判认为，认定商标侵权的前提是被控侵权人将与权利商标相同或者相似的标识进行商标意义上的使用。本案中，“沈阳烹饪专业技术学校”被设置为搜索推广关键词使用，其实际发挥的作用是借助百度推广将沈阳新东方烹饪学校、辽宁省厨师面点师培训学校、沈阳市奇新烹饪艺术学校、沈阳志远职业中等学校的信息及网站链接地址显示给网络用户，从而达到吸引网络用户注意力，引导用户点击链接进入相关网站，并非直接借助原告的注册商标进行宣传和推广，网络用户不会对原告和被告提供的商品或服务产生误认、混淆，被控侵权行为没有发挥识别商品或服务来源的作用，不属于《商标法》规定的商标性使用，不构成侵害商标专用权；但设置和使用“沈阳烹饪专业技术学校”这一关键词的目的是借助他人商标的知名度对其自身进行宣传推广，主观上具有“搭便车”的不正当性。从客观结果来看，使用“沈阳烹饪专业技术学校”这一关键词搜索的前四个结果的标题中含有“沈阳烹饪专业技术学校”或“沈阳烹饪技术学校”字样，位置相对醒目、突出。网络用户因搜索结果而误入沈阳新东方烹饪学校、沈阳市奇新烹饪艺术学校、沈阳志远职业中等学校、辽宁省厨师面点师培训学校网站，这吸引了网络用户的注意力和关注度，进而创造更多的商业机会和交易可能性，客观上侵害了本属于原告的市场利益，违反了市场交易诚实信用原则和商业道德，构成不正当竞争行为。

百度公司在此过程中在其技术能力范围内已经尽到了审查义务，在官方网站等位置尽到了警示义务，也没有直接参与添加、修改关键词等直接行为。百度公司不构成侵害原告注册商标专用权或不正当竞争的行为，不应承担侵权责任。

四、法官建议

竞价排名是一种按照点击量付费的网络推广方式。经营者在购买该项服务后，通过注册一定数量的关键词，按照付费最高者排名靠前（购买了同一关键词的网站价高者靠前）的原则呈现在网络用户相应的搜索结果中。由于注册商标往往具有较高知名度和影响力，因此经常出现将他人注册商标设置为关键词进行竞价排名的行为，实际上不当利用了商标权利人已经取得的商誉和市场影响，从而为自身谋取交易机会，违反了诚实信用的市场原则，这一行为是我国《反不正当竞争法》所规制的。

司法界的主流观点是将搜索引擎服务商所提供的竞价排名定性为一种信息检索服务（也有部分案例将竞价排名定义为商业广告行为）。服务商只在自然算法之外对搜索结果的排序设定了其他条件而已，其本身并未直接实施选择、添加、推荐、人工编辑关键词等具体行为，而是对参加“竞价排名”的经营者在客观上提供了一定的“技术支持”——从行为的分工及属性来看，这是一种“帮助”行为。我国《反不正当竞争法》并未对该类情形进行具体的规定，故适用《侵权责任法》关于帮助侵权和网络侵权的一般规定。“帮助”既可以以积极的方式做出（如提供工具或者指导方法），也可以是具有作为义务之人故意不作为。《侵权责任法》第三十六条上确定了网络服务提供者在“知道”侵权行为后采取必要措施（包括删除、屏蔽、断开连接）的作为义务，违反这些义务则应承担相应的责任。故网络服务提供者在推广服务中应履行适当的注意义务和审查义务，一旦发现经营者存在侵权行为就应当立即采取相应的干预措施。

五、正确做法

经营者在参与市场活动时应遵循自愿、平等、公平、诚实信用的原则，遵守公认的商业道德。权利人包括注册商标、字号、商号、企业名称、企业简称、知名商品名称等在内的所有在先权利，他人不当利用并造成相关公众误认或者混淆，可构成不正当竞争。

作为互联网行业，搜索引擎服务商亦应该在相关法律法规的框架内守法经营，在提供排名竞价服务时，履行好事前的告知义务、事中的合理注意义务以及事后采取必要措施的义务。

六、法律链接

《侵权责任法》第三十六条第三款　网络服务提供者知道网络用户利用其网络服务侵害他人民事权益，未采取必要措施的，与该网络用户承担连带责任。

《反不正当竞争法》（2017年）第二条第一款、第二款　经营者在生产经营活动中，应当遵循自愿、平等、公平、诚信的原则，遵守法律和商业道德。本法所称的不正当竞争行为，是指经营者在生产经营活动中，违反本法规定，扰乱市场竞争秩序，损害其他经营者或者消费者的合法权益的行为。

七、运营思维

广州市人民政府重大咨询决策专家、广东金融学院法学院副院长·安雪梅
广东金融学院法学院副教授、法学博士、知识产权学博士后·谢光旗

“搭便车”不能创富，创品牌方能创富。沈阳烹饪专业技术学校在第41类给其校名注册了商标 。该学校还通过优质教学水平的口碑以及广播电视宣传树立了优良的品牌，赢得“诚信办学优秀单位”称号。这一金字招牌也必将为该学校及其投资人赢得丰厚的精神财富和物质财富。树大招风，大品牌可能遭他人不正当利用，品牌持有者要积极维权。关键字竞价排名是搜索引擎网络服务商新开发的商业模式。这种商业模式给一些企业提供了在网络空间“搭便车”的机会。但是，网络空间并非法外之地，仍然适用《反不正当竞争法》等法律。在本案中，人民法院就依法判决被告违反了市场交易诚实信用原则和商业道德，构成不正当竞争。值得探讨的是，本案中的百度公司是否尽了法定的合理注意义务？百度公司可否为竞价者提供明显

以他人商标或名称为关键词的排名服务？百度公司在网站上发布警示或者提醒是否就能免除其审查竞价者与关键词一致性的义务？

1993年施行的《反不正当竞争法》对关键词竞价排名只有原则规定，2017年修订的《反不正当竞争法》第十二条明确规定了经营者利用网络从事生产经营活动应当遵守的规范。该条规定，经营者不得利用技术手段，通过影响用户选择或者其他方式实施妨碍、破坏其他经营者合法提供的网络产品或者服务正常运行的行为。未经其他经营者同意，在其合法提供的网络产品或者服务中，插入链接、强制进行目标跳转，就是明令禁止的行为。百度公司的竞价排名业务受该条规制，并且已经被人民法院否定［（2017）粤73民终199号］。搜索引擎网络服务商应依法经营，积极调整，健康发展。

主审法官　邰越群

相关介绍见第四十三章。

助理法官　刘鹏

后　记

国家版权贸易基地（越秀）于2014年2月17日由国家版权局批准设立，于2014年5月28日正式挂牌成立，是华南地区唯一的国家级版权贸易基地。

国家商标品牌创新创业（广州）基地于2016年12月1日经国家工商总局同意，于2017年12月落户广州市越秀区，是全国首个国家级商标品牌双创基地。

自这两个基地运营以来，其运营机构华版公司以“保护促进交易，交易呈现价值”为宗旨，积极整合“调解、仲裁、行政执法、司法保护、大众监督”等多方维权调解力量，形成五位一体化维权保障体系，致力于打造“IP综合服务、IP保护、IP交易、IP金融”四大平台。通过“广州文化IP库”“CIPO（首席知识产权官）培训体系”“老广交IP交易会暨中国·广州国际版权授权大会”等核心项目，华版公司从资源汇聚、创意挖掘、人才培养、标准开发、产权确权、金融创新、科技引领、信用体系建设等方面探索IP商业授权衍生开发全生命周期，打造IP产业化运用体系，构建IP集聚共享价值交易平台，实现IP价值智慧解决之道，力争建成“立足湾区、辐射华南、服务全国、面向世界”的创新领先的IP综合服务平台。

同时，长期以来，华版公司积极引进全行业顶级专家资源，组建国家版权贸易基地（越秀）、国家商标品牌创新创业（广州）基地专家智库及维权专家委员会两大体系。作为特色科学支撑体系、理论创新研究的引领平台及IP商业化的价值平台，基地希望能持续为社会各界提供更多具备前瞻性、独特性、实战性及全面性的知识产权运营指导建议。因此，本书是华版公司运营双基地的成果结晶，也是华版公司自2018年出版《版权维权研究与实务》后，集结多位知识产权领域专业人士、律师和学者推出的又一知识产权系列经典读本。

诚挚感谢中央宣传部版权管理局局长于慈珂长久以来对国家版权贸易基地（越秀）的关心与支持，以及为本书作序；感谢国家版权贸易基地（越秀）、国家商标品牌创新创业（广州）基地管委会领导的大力支持；感谢基地维权专家委员会维权专家们的共同努力，以及所有参与本书出版工作的专家、律师、学者和工作人员。

本书是国家版权贸易基地（越秀）、国家商标品牌创新创业（广州）基地在知识产权运营方面的阶段性成果。由于时间紧迫，书中难免存在疏漏和不足之处，恳请专家、读者指正。

国家版权贸易基地（越秀）
国家商标品牌创新创业（广州）基地
运营机构：广州市华南版权贸易股份有限公司
2019年8月